全国高等学校法学专业核心课程教材

证 据 法 学

（第二版）

Evidence Law

主　编　卞建林

撰稿人（以撰写章节先后为序）

卞建林　吴思远　封利强　周长军

秦宗文　胡思博　占善刚　林喜芬

杨　波　陈越峰

中国教育出版传媒集团

高等教育出版社·北京

内容简介

近年来，随着我国社会主义法治的不断发展，以及以审判为中心的诉讼制度改革的不断推进，我国证据立法及证据理论研究取得了重大进步，证据在诉讼中的重要地位得到了进一步凸显。本书以《宪法》《刑事诉讼法》《民事诉讼法》《行政诉讼法》《人民法院组织法》《人民检察院组织法》《监察法》《关于办理刑事案件严格排除非法证据若干问题的规定》《关于办理刑事案件收集提取和审查判断电子数据若干问题的规定》《关于民事诉讼证据的若干规定》等重要法律法规和司法解释为依据，吸收近年来司法体制改革主要成果，分为"绪论""事实论""证据论""证明论"四编，对证据法的基本理论、证据法的基本原则、证据规则、待证事实、免证事实、证据形式、证据能力、证明标准、证明责任等进行了全面的分析与解读，反映了中外证据法理论研究的最新情况。在体例方面，除正文外，本书设置了导语、思考题、理论探讨、实务研究、案例研析、参考文献等栏目阐释相关内容，并通过二维码链接部分延伸内容，注重理论联系实际，强调内容推陈出新，最大限度优化教材功能。

图书在版编目（CIP）数据

证据法学 / 卞建林主编． -- 2 版． -- 北京：高等教育出版社，2023.12

ISBN 978-7-04-061354-4

Ⅰ．①证…　Ⅱ．①卞…　Ⅲ．①证据 - 法学 - 中国 - 高等教育 - 自学考试 - 教材　Ⅳ．① D925.013

中国国家版本馆 CIP 数据核字（2023）第 211826 号

Zhengju Fa Xue

策划编辑	程传省	责任编辑	程传省	闫润玉	封面设计	杨立新	版式设计	徐艳妮
责任校对	陈 杨	责任印制	田 甜					

出版发行	高等教育出版社	网　址	http://www.hep.edu.cn	
社　址	北京市西城区德外大街 4 号		http://www.hep.com.cn	
邮政编码	100120	网上订购	http://www.hepmall.com.cn	
印　刷	山东新华印务有限公司		http://www.hepmall.com	
开　本	787mm×1092mm　1/16		http://www.hepmall.cn	
印　张	19.5	版　次	2020 年 8 月第 1 版	
字　数	470 千字		2023 年 12 月第 2 版	
购书热线	010-58581118	印　次	2023 年 12 月第 1 次印刷	
咨询电话	400-810-0598	定　价	49.00 元	

本书如有缺页、倒页、脱页等质量问题，请到所购图书销售部门联系调换

物 料 号　61354-00

作者简介

卞建林

深圳大学特聘教授,教育部人文社会科学重点研究基地中国政法大学诉讼法学研究院名誉院长、教授、博士生导师,中国法学会常务理事、学术委员会委员,中国刑事诉讼法学研究会名誉会长。出版《刑事起诉制度的理论与实践》《刑事诉讼的现代化》《刑事证明理论》《现代司法理念》《中国刑事司法改革探索——以联合国刑事司法准则为参照》《论检察》《中国司法制度基础理论研究》《司法规律研究》等著作,以及《刑事诉讼法学》《证据法学》《外国刑事诉讼法》等教材。

周长军

山东大学法学院院长、教授、博士生导师。兼任教育部高等学校法学类专业教学指导委员会委员、中国法学会理事、中国刑事诉讼法学研究会常务理事暨学术委员会委员、中国人权法学研究会常务理事、中国法学会检察学研究会刑事执行检察专业委员会副主任、山东省法学会副会长等。在《法学研究》《中国法学》等期刊上发表专业论文一百一十余篇,出版著作十多部。科研成果曾获教育部第八届高等学校科学研究优秀成果(人文社科)二等奖、山东省社会科学优秀成果一等奖(两次)、全国检察基础理论研究优秀成果一等奖等。主持国家社科基金、教育部、司法部等课题十余项。

占善刚

武汉大学教授、博士生导师,武汉大学法学院诉讼法教研室主任,诉讼法学科带头人,兼任中国法学会民事诉讼法学研究会副会长、最高人民法院环境资源司法研究基地研究员等。在《中国法学》《法学研究》等期刊上发表学术论文百余篇,出版专著七部。主要著述有《证据协力义务之比较法研究》《主张的具体化研究》《附理由的否认及其义务化研究》《证明妨害论——以德国法为中心的考察》。科研成果曾获第一届全国中青年诉讼法学优秀成果三等奖、第二届全国中青年诉讼法学优秀成果二等奖、湖北省首届优秀法学成果一等奖等。

秦宗文

南京大学法学院教授、博士生导师。南京大学法学院证据法研究中心主任、诉讼法研究中心主任,兼任中国刑事诉讼法学研究会理事、江苏省刑事诉讼法学研究会副会长、江苏省检察学研究会副会长。出版专著《自由心证研究——以刑事诉讼为中心》;在《法学研究》《法学家》《法制与社会发展》等期刊上发表论文六十余篇,代表性论文有《刑事隐蔽性证据规则研究》《认罪案件证明标准层次化研究——基于证明标准结构理论的分析》《案例指导制度的特色、难题与前景》《讯问录音录像的功能定位:从自律工具到最佳证据》等,多篇文章被《中国社会科学文摘》《人大复印报刊资料》转载。主持国家社科基金、教育部、司法部等课题多项。

林喜芬

上海交通大学凯原法学院副院长、教授、博士生导师,上海交通大学中国法与社会研究院副院长、诉讼法与司法制度研究所所长。兼任中国刑事诉讼法学研究会常务理事、中国计算机学会(CCF)计算法学分会秘书长,入选国家级重大人才计划青年学者。出版《转型语境的刑事司法错误论——基于实证与比较的考察》《两个证据规定与证据排除规则》等著作;在《法学研究》《中国法学》以及 China Review 等中英文期刊上发表论文八十余篇;先后获最高人民检察院全国检察理论优秀成果一等奖、上海市哲学社会科学优秀成果二等奖等;主持国家社科基金、教育部等多项课题。

杨　波

吉林大学法学院教授、博士生导师,兼任《当代法学》杂志“刑事诉讼与司法制度”方向责任编辑,中国刑事诉讼法学研究会常务理事、吉林省法学会刑事诉讼法学研究会副会长。主要研究方向为刑事诉讼法学、证据法学。主要著述有《以事实认定的准确性为核心——我国刑事证据制度功能之反思与重塑》《我国刑事证明标准印证化之批判》《由证明力到证据能力——我国非法证据排除规则的实践困境与出路》《刑事诉讼事实形成机理探究》。

封利强

浙江工商大学法学院教授、博士生导师,浙江工商大学诉讼法研究所所长。兼任中国刑事诉讼法学研究会常务理事、中国廉政法制研究会常务理事、中国逻辑学会法律逻辑专业委员会常务理事、浙江省法学会监察法学研究会会长。出版《司法证明过程论——以系统科学为视角》等著作,在《法学研究》《中国法学》等期刊上发表论文四十余篇,其中多篇论文被《中国社会科学文摘》《高等学校文科学术文摘》《人大复印报刊资料》转载。荣获浙江省第十七届哲学社会科学优秀成果奖、第一届方德法治研究奖、第四届中青年刑事诉讼法学优秀成果奖等。主持完成多项国家级和省部级课题。

陈越峰

华东政法大学法律学院副院长、教授、博士生导师，上海市"曙光学者"。兼任中国法学会行政法学研究会理事、中国法学会网络与信息法学研究会理事。主要研究行政法、网络法、都市法、法律解释与法学方法。在《法学研究》《中国法学》《法学家》《清华法学》《环球法律评论》《政治与法律》《华东政法大学学报》《行政法学研究》等期刊上发表《关键信息基础设施保护的合作治理》《"互联网+"的规制结构——以"网约车"规制为例》《监察措施的合法性研究》《城市空间利益的正当分配——从规划行政许可侵犯相邻权益案切入》《公报案例对下级法院同类案件判决的客观影响——以规划行政许可侵犯相邻权争议案件为考察对象》《中国行政法（释义）学的本土生成——以"行政行为"概念为中心的考察》等学术论文近二十篇。四项成果获省部级以上优秀成果奖。

胡思博

中国政法大学诉讼法学研究院副教授、硕士生导师，钱端升青年学者，最高人民检察院博士后。兼任最高人民法院与中国政法大学共建人民法院司法改革研究基地副秘书长、最高人民检察院与中国政法大学共建检察基础理论研究基地执行副主任、中国法学会民事诉讼法学研究会办公室副主任、中国行为法学会执行行为专业委员会副秘书长、中国仲裁法学研究会会员。入选中国法学会研究会青年人才、北京市法学会百名法学英才培养计划。教学科研领域为民事诉讼法、民事证据法、民事强制执行法、仲裁法、公证法。出版专著《民事裁定研究》《民事检察监督的技术规则研究》。荣获中国法学会检察学研究会民事检察专业委员会第一届年会优秀论文一等奖、中国民事诉讼法学研究会第四届中青年优秀科研成果著作类二等奖、全国博士后管理委员会评选的"优秀博士后学术成果"、陈光中诉讼法学优秀博士学位论文奖和硕士学位论文奖、中国政法大学第六届青年教师优秀科研成果三等奖、中国政法大学优秀教学奖一等奖等。所撰写的内参受到党和国家领导人的单篇肯定性批示。

吴思远

华东政法大学刑事法学院副教授、硕士生导师，院长科研助理，兼任《青少年犯罪问题》编辑。美国纽约大学法学院访问学者。出版专著《我国控辩协商新论》，在《法学》《法学家》《当代法学》《中国刑事法杂志》《华东政法大学学报》《国家检察官学院学报》《中共中央党校学报》等期刊上发表论文多篇，并被《新华文摘》《人大复印报刊资料》等转载（摘）。参编《未成年人刑事诉讼法学》《刑事诉讼法（案例与图表）》等。主持教育部人文社科基金项目、中国法学会部级法学研究课题多项，作为主要成员参与国家社科基金重大项目与一般项目多项。

第二版前言

党的十八大以来,以习近平同志为核心的党中央高度重视我国哲学社会科学工作,提出了"加快构建中国特色哲学社会科学"的战略任务,为新时代新征程繁荣发展哲学社会科学和人才培养工作提供了根本遵循。党的二十大报告强调"加快构建中国特色哲学社会科学学科体系、学术体系、话语体系"。法学作为哲学社会科学的支撑学科,是新时代构建中国特色哲学社会科学体系的关键组成部分。中共中央办公厅、国务院办公厅于2023年2月印发的《关于加强新时代法学教育和法学理论研究的意见》,高度认可法学学科在推进中国式现代化进程中的重要作用,强调了法学教育和法学理论研究承担的新任务新使命。

证据法学作为法学的重要分支,是高等院校法学专业核心课程,对于推进中国特色社会主义法治体系建设具有重大意义,是建构中国自主法学知识体系的重要一环。教材是学科知识的系统承载,是教书育人的重要依托,本书作为全国高等学校法学专业核心课程教材,自2020年8月出版发行以来,被各大高校、研究机构、实务部门纷纷采用并获得广泛认可。为适应法律修订、理论研究与司法实践的需要,本书编写组根据党的二十大精神及最新法律法规对本书进行了修订,在保持第一版版基本框架和基本内容不变的基础上,补充了第一版出版后出台或修订的相关法律法规和司法解释,如2023年《民事诉讼法》和新出台的三大诉讼法相关解释文件,并吸收了证据理论研究的最新成果,更正了第一版中的技术性错误。

本次修订仍由卞建林教授任主编,具体分工如下(以撰写章节先后为序):

卞建林、吴思远:第一章;

封利强:第二章;

周长军:第三章、第八章;

秦宗文:第四章、第十一章;

胡思博:第五章、第六章、第十五章第三节;

占善刚:第七章、第十三章、第十四章第二节;

林喜芬:第九章、第十章;

杨波:第十二章、第十四章第一节、第十五章第二节;

陈越峰:第十四章第三节、第十五章第一节、第十五章第四节。

全书由卞建林教授审定统稿,吴思远副教授参加了统稿、编辑工作。书中不足之处在所难免,诚请各位读者提出宝贵的批评意见。

本书编写组

2023 年 9 月

前言

　　近年来,随着我国社会主义法治的不断发展,我国证据立法取得了重大进展。新修订的《宪法》《刑事诉讼法》《民事诉讼法》《行政诉讼法》《人民法院组织法》《人民检察院组织法》,以及新制定的《监察法》、两院三部《严格排除非法证据若干问题规定》、两院一部《电子证据规定》等重要法律法规和司法解释,进一步丰富与发展了我国证据法体系。随着以审判为中心的诉讼制度改革不断推进,证据在诉讼中的重要地位也得到了进一步凸显。与此同时,证据法的理论研究也取得了长足的进步,有关证据法学的教材先后面世或修订。

　　本书是关于证据法与证据法理论的新编教材。本书编写组吸收了最新的法律法规和司法解释,体现了近年来司法体制改革的主要成果,并适当反映了中外证据法理论研究的最新情况,对证据法的相关问题进行了全面的介绍与解读。本书的出版,凝结了证据法领域众多中青年学者的心血,系统反映了证据法领域最新的理论研究成果与发展动态,体现了这些中青年学者的学术追求与创新精神。

　　为了增强本书的针对性与理论性,本书编写组对体例进行了一些探索。第一编“绪论”,包括第一章“证据法概论”、第二章“证据法的基本理论”、第三章“证据法的基本原则”、第四章“证据规则”,主要围绕证据法的若干基础问题进行了系统介绍;第二编“事实论”,包括第五章“事实概述”、第六章“诉讼中的待证事实”、第七章“诉讼中的免证事实”,以事实为逻辑主线,揭示了证据法体系的构建基础;第三编“证据论”,包括第八章“证据概述”、第九章“证据形式”、第十章“证据能力”、第十一章“证明力”,主要研究了证据的概念、证明力和证据能力、证据的理论分类和法定形式等问题,解释了蕴含于各类证据规则背后的理论背景;第四编“证明论”,包括第十二章“证明概述”、第十三章“证据运用的环节”、第十四章“证明标准”、第十五章“证明责任”,主要研究了证明的概念、证明对象、证明责任、证明标准等问题,分析了司法证明机制的运行机理。

　　在形式方面,本书尝试通过思考题、理论探讨、实务研究、案例研析等多种形式阐释每章节的内容,注重理论联系实际,强调内容推陈出新,争取使教材功能在最大程度上得到优化,以便在校师生全面掌握证据法与证据法理论的基本内容。

　　本书由卞建林教授主编并审查统稿,吴思远博士予以协助,具体撰写分工如下(以撰写章节先后为序):

卞建林、吴思远:第一章;

封利强:第二章;

周长军:第三章、第八章;

秦宗文:第四章、第十一章;

胡思博:第五章、第六章、第十五章第三节;

占善刚:第七章、第十三章、第十四章第二节;

林喜芬:第九章、第十章;

杨波:第十二章、第十四章第一节、第十五章第二节;

陈越峰:第十四章第三节、第十五章第一节、第十五章第四节。

　　本书编写过程中,虽力求在统一全书风格与体现作者特色之间大致平衡,但不足之处仍在所难免,诚请各位读者与方家批评指正。

本书编写组
2020 年 3 月

本书法律文件全称简称对照表

全称	简称
《中华人民共和国宪法》	《宪法》
《中华人民共和国刑事诉讼法》(1979 年)	1979 年《刑事诉讼法》
《中华人民共和国刑事诉讼法》(1996 年)	1996 年《刑事诉讼法》
《中华人民共和国刑事诉讼法》(2012 年)	2012 年《刑事诉讼法》
《中华人民共和国刑事诉讼法》(2018 年)	《刑事诉讼法》
《中华人民共和国民事诉讼法(试行)》(1982 年)	1982 年《民事诉讼法(试行)》
《中华人民共和国民事诉讼法》(1991 年)	1991 年《民事诉讼法》
《中华人民共和国民事诉讼法》(2007 年)	2007 年《民事诉讼法》
《中华人民共和国民事诉讼法》(2012 年)	2012 年《民事诉讼法》
《中华人民共和国民事诉讼法》(2017 年)	2017 年《民事诉讼法》
《中华人民共和国民事诉讼法》(2021 年)	2021 年《民事诉讼法》
《中华人民共和国民事诉讼法》(2023 年)	《民事诉讼法》
《中华人民共和国行政诉讼法》(1989 年)	1989 年《行政诉讼法》
《中华人民共和国行政诉讼法》(2014 年)	2014 年《行政诉讼法》
《中华人民共和国行政诉讼法》(2017 年)	《行政诉讼法》
《中华人民共和国人民法院组织法》	《人民法院组织法》
《中华人民共和国人民检察院组织法》	《人民检察院组织法》
《中华人民共和国刑法》	《刑法》
《中华人民共和国监察法》	《监察法》
《中华人民共和国仲裁法》	《仲裁法》
《中华人民共和国民法典》	《民法典》
《中共中央关于全面深化改革若干重大问题的决定》	十八届三中全会《决定》
《中共中央关于全面推进依法治国若干重大问题的决定》	十八届四中全会《决定》

全称	简称
最高人民法院、最高人民检察院、公安部、国家安全部、司法部《关于推进以审判为中心的刑事诉讼制度改革的意见》	两院三部《以审判为中心刑事诉讼制度改革意见》
最高人民法院《关于全面推进以审判为中心的刑事诉讼制度改革的实施意见》	最高法《以审判为中心刑事诉讼制度改革意见》
最高人民法院《人民法院办理刑事案件第一审普通程序法庭调查规程（试行）》	最高法《法庭调查规程》
最高人民法院、最高人民检察院、公安部、国家安全部、司法部《关于办理死刑案件审查判断证据若干问题的规定》	两院三部《办理死刑案件证据规定》
最高人民法院、最高人民检察院、公安部、国家安全部、司法部《关于办理刑事案件排除非法证据若干问题的规定》	两院三部《非法证据排除规定》
最高人民法院、最高人民检察院、公安部、国家安全部、司法部《关于办理刑事案件严格排除非法证据若干问题的规定》	两院三部《严格排除非法证据若干问题规定》
最高人民法院、最高人民检察院、公安部《关于办理刑事案件收集提取和审查判断电子数据若干问题的规定》	两院一部《电子证据规定》
最高人民法院《关于适用〈中华人民共和国刑事诉讼法〉的解释》	最高法《刑诉法解释》
最高人民检察院《人民检察院刑事诉讼规则》	最高检《刑事诉讼规则》
公安部《公安机关办理刑事案件程序规定》	公安部《刑事案件程序规定》
最高人民法院、最高人民检察院、公安部、国家安全部、司法部、全国人大常委会法制工作委员会《关于实施刑事诉讼法若干问题的规定》	六机关《规定》
最高人民法院《关于适用〈中华人民共和国民事诉讼法〉的解释》	最高法《民诉法解释》
最高人民法院《关于适用〈中华人民共和国民事诉讼法〉若干问题的意见》	最高法《民诉适用意见》
最高人民法院《关于民事诉讼证据的若干规定》	最高法《民诉证据规定》
最高人民法院《关于适用〈中华人民共和国行政诉讼法〉的解释》	最高法《行诉法解释》
最高人民法院《关于行政诉讼证据若干问题的规定》	最高法《行诉证据规定》
最高人民法院《关于民事经济审判方式改革问题的若干规定》	最高法《民事审改规定》

目录

第一编

绪论

第一章 证据法概论

■ 导语

　　证据法是旨在规范证据运用和事实认定的法律规范的总称。证据法是公法性质的法律,但个别内容也体现了私法的特点;证据法兼具程序法与实体法性质。证据法的功能包括事实发现功能、权力制约功能、权利保障功能、程序规范功能。证据法的价值应当从公正、效率与秩序等方面加以考察。从证据法的历史沿革来看,域外证据法经历了神示证据制度、法定证据制度与自由心证制度的发展历程。我国证据法在经历了古代、近代与现代等阶段的发展后,逐步确立了具有中国特色的证据法体系。证据法的立法模式包括统一立法模式、单行立法模式、融合立法模式三种。当前,我国采用了与大陆法系国家相似的证据法立法模式,即将证据法的内容融合到三大诉讼法之中,但也体现了一定的本国特色。在制定统一证据法典的条件尚未成熟之际,应当对三大诉讼法中关于证据制度的内容进行修订和补充,对于一些特殊问题也可以考虑出台单行的证据法。

第一节 证据法概述

一、证据法的概念

　　证据法是旨在规范证据运用和事实认定的法律规范的总称,有广义与狭义之分。广义的证据法,指所有关于证据及其取得和运用的有关法律规范的总称。具体而言,就是关于证据的定义和分类、证据的收集与提供、证据的运用与采信、证据规则、证明责任和证明标准等法律规范的总和。广义的证据法包括诉讼证据法和非诉讼证据法。前者又可进一步分为刑事诉讼证据法、民事诉讼证据法、行政诉讼证据法;后者则包括行政证据法、仲裁证据法、公证证据法和监察证据法等。狭义的证据法,通常仅指诉讼证据法。这是由于证据在诉讼活动中运用最为广泛,要求最为严格,各种有关证据运用的规则也大都产生于诉讼程序的发展演进中,而且有关诉讼证据的法律规范和司法实践对处理其他非诉讼法律事务中的证据运用也具有重要的参照和借鉴作用,[①]故诉讼证据法应当是证据法的核心部分。

　　作为现代法学体系中的一个重要分支,证据法学是研究证据法的科学,它是关于证据的法

---

① 卞建林、谭世贵主编:《证据法学》(第四版),中国政法大学出版社2019年版,第1—2页。

律规范和诉讼或非诉讼法律事务处理过程中运用证据证明和认定案件事实或其他法律事实的规律、方法和规则的学科。证据法学以证据制度为重点研究对象。我国先后制定的《刑事诉讼法》《民事诉讼法》和《行政诉讼法》，均以专章对诉讼中的证据和证据运用作出了规定。《监察法》《人民法院组织法》《人民检察院组织法》《仲裁法》等法律规范中也有关于证据的规定。这些规定明确界定了证据特别是诉讼证据的表现形式，初步确立了不同诉讼中证据运用的方法与程序，为司法实践中证据的运用提供了基本的法律依据。此外，最高人民法院、最高人民检察院作出的与证据有关的司法解释，也构成了现行证据法的重要内容。证据法学作为主要研究诉讼证据和证据运用的专门学科，应当研究一切有关证据和证据运用的法律规范和司法解释，准确领会立法之要义，释明其内容。此外，证据法学的研究对象还包括古今中外关于证据和证据运用的理论。证据法学应当对这些证据理论的产生、发展和特点进行研究，客观评析其优劣，以便从中汲取经验和教训。

二、证据法的性质

（一）证据法兼具公法与私法性质

公法是调整国家与个人之间关系的法律，私法则是调整个人与个人或其他平等主体之间关系的法律。划分公法和私法，意在强调对公权力的制约以及对私权利的平等保护。从证据法的角度来看，证据法调整的正是国家权力和公民权利在诉讼活动中的关系。例如，刑事诉讼是以解决被告人刑事责任为核心的活动，国家权力与公民权利相互作用于刑事诉讼场域之中。为了防止国家权力在追诉犯罪时过分干预公民的合法权利，剥夺被追诉人最基本的防御权，刑事诉讼证据法建立了无罪推定原则、非法证据排除规则等一系列原则和准则，实现国家权力与公民权利之间关系的平衡；再如，民事诉讼是以解决平等主体之间纠纷为主要目标的活动，尽管实行当事人处分原则，但人民法院代表国家解决纠纷，并以国家强制力来保障裁判的执行，民事诉讼证据法所要确保的，正是人民法院依法运用证据来解决纠纷、保障当事人权利。各种证据规则限定了国家权力与私法自治之间的界限。总体来看，证据法作为具有公法性质的法律，首要考虑的是国家应当通过何种手段和方式来发现及认定事实真相，防止国家滥用发现事实真相的权力进而侵犯公民的合法权利。

不过，由于证据法主要是关于事实认定的法律，与一般意义上的公法和私法所调整的法律关系有所不同，证据法的个别内容也体现了私法的特点。如按照当事人意思自治原则所适用的自认规则，即依照诉讼当事人的自由意志承认不利于己的事实，除非涉及国家利益、社会公共利益或者他人合法权益，对双方当事人及法院都产生相应的拘束力；又如，民事证明责任、民事证明标准的设计都强调对争论双方的平等保护，充分体现了与民法上的意思自治原则相呼应的处分原则。相比之下，刑事诉讼之性质相对特殊，其中关于案件事实的确定、证据方法的采用、鉴定人确定等问题并未像民事诉讼那样为当事人的合意留下更多的空间。然而，近年来各国的立法和司法实践都充分说明，刑事证据问题上的合意并非绝对不可能。[①] 因此，在证据问题上的合意即体现了刑事证据法所具有的个别私法特质。

---

① 王新清、李蓉：《论刑事诉讼中的合意问题——以公诉案件为视野的分析》，《法学家》2003 年第 3 期。

（二）证据法兼具程序法与实体法性质

证据法具有鲜明的程序法特征。证据法中有关程序规则的内容,均要求国家与公民在诉讼活动中运用证据时,必须符合正当的程序原则,遵循法定的程序要求。比如,在刑事诉讼过程中,国家必须遵循法定的程序收集证据,不可为了获取证据而不择手段、牺牲程序,否则便可能因违反了证据合法性的要求,而承担证据被排除的不利后果;再如,在民事诉讼过程中,同样注重获得证据的程序的正当性与合法性,以严重侵害他人合法权益、违反法律禁止性规定或者严重违背公序良俗的方法形成或者获取的证据不得作为认定案件事实的根据。证据法的程序法特性,意味着证据法是程序法的重要组成部分,是诉讼程序固有的既成规则。如果失去了证据规则,诉讼程序便失去了重要的基础。证据规则真正成为程序法的一部分,使得其从纯粹的经验论、逻辑学、认识论中得以解脱,并让研究者从法律程序的视角观察、研究证据问题。[①]

证据法兼具部分实体性特征。本书认为,实体法和程序法的划分并不是绝对的,强调证据法的基本性质是程序性,并不否认证据法与实体法之间存在某些特殊的联系。证据法部分规则或规定包含了实体法的内容,体现了其与实体法在逻辑上的共生关系。例如,有关证明责任分配的问题。在民事诉讼中,当事人承担证明责任。凡主张权利存在的当事人,应就权利发生法律要件存在的事实予以证明;凡否定权利存在的当事人,应就权利阻碍法律要件、权利消灭法律要件、权利制约法律要件的存在事实承担证明责任。[②] 如果承担证明责任的一方当事人不能主动履行提出证据的责任或者提出的证据不能达到法定的证明标准要求,就可能承担败诉的不利后果。证据法集程序性与实体性于一身的特征,是对司法证明活动规律性的反映[③],有利于确保司法证明的规范性与正当性。

三、证据法的功能

证据法究竟为何而存在,国家期望证据法在诉讼过程中发挥何种具体的作用,这是国家在制定证据法时首先要解决的问题。换言之,证据法的功能,考察我们制定证据法的目的,而“目的是全部法律的制造者,每条法律规则的产生都源于一种目的,即一种事实上的动机”[④]。

一般认为,证据法的功能包含以下几个方面:

（一）事实发现功能

长期以来,发现事实真相都被认为是证据法的首要功能或传统功能。可以说,这一点受到了大多数学者的认同。[⑤] 在诉讼活动中,司法人员运用证据的目的就是要正确地认定案件事实。证据法概括了人类认定事实的一般经验和公正司法的一般要求[⑥],包含了一系列认定事实的规则与方式,在案件情况与证据情况复杂难辨的情况下,为司法人员运用证据认定案件事实的活

[①] 陈瑞华:《刑事证据法学》,北京大学出版社 2012 年版,第 6 页。
[②] 毕玉谦:《民事证明责任研究》,法律出版社 2007 年版,第 185 页。
[③] 张保生主编:《证据法学》(第二版),中国政法大学出版社 2014 年版,第 141 页。
[④] [美]E.博登海默:《法理学——法哲学及其方法》,邓正来、姬敬武译,华夏出版社 1987 年版,第 104 页。
[⑤] 李浩:《民事证据法的目的》,《法学研究》2004 年第 5 期;纪格非:《论证据法功能的当代转型——以民事诉讼为视角的分析》,《中国法学》2008 年第 2 期;何家弘:《证据法功能之探讨——兼与陈瑞华教授商榷》,《法商研究》2008 年第 2 期。
[⑥] 张保生:《证据规则的价值基础和理论体系》,《法学研究》2008 年第 2 期。

动提供了规范性指引,从而保证司法证明结论的正确性。当然,国家制定证据法的目的不仅在于发现事实真相,更要准确发现事实真相。准确发现事实真相是实现司法公正的前提,因为只有准确发现事实真相,才能有效地解决争端、维护诉讼各方的合法利益。这就意味着要使真正享有权利的人通过诉讼获得保护,或者使负有义务的人通过诉讼确定履行方案。最终需要将相关的实体法正确地适用于个案的具体事实之中,而准确发现事实真相也就成了必要前提。

(二) 权力制约功能

国家通过制定证据规则,将经过司法实践检验的、能够正确指导法官判断证据的经验上升为规则。[1] 按照法治原则的基本要求,法院在作出裁判时必须遵循一系列明确的规则,以确保当事人双方／控辩双方对于证据的采纳、事实的认定以及法律的适用具有最基本的明确性和可预期性,而其根本目的就是限制裁判者的裁量权,防止其恣意妄为,产生消极后果。证据法对于裁判者裁量权的限制体现为:(1)对证据资格的限制,对于法官审查和采纳证据方面的自由裁量权起到了限制作用;(2)伦理法则作为推理、演绎的逻辑规则[2],经验法则作为一般人所知的日常生活知识,合力约束了法官的裁量空间;(3)对诉讼证明过程的限制,如证明对象的确定、证明责任的分配、证明标准的掌握等,都要求裁判者必须在遵循证据规则的基础上作出裁判。

(三) 权利保障功能

切实保障诉讼各方合法权利也是证据法的重要功能之一。这是因为,证据法为诉讼各方公平参与诉讼活动提供了规则。在证据法的约束之下,诉讼各方必须在尊重规则的前提下参与诉讼,任何一方不得凌驾于规则之上而对另一方实施地位上的压制。比如,民事诉讼中,民事诉讼证据规则指引诉讼当事人双方依法参与诉讼,分配各方的举证责任,促使各方于举证期限内提交主张与证据,而法官则在双方当事人对席的情况下,听取当事人陈述、证人证言并作出裁判;再如,刑事诉讼中,任何可能对被告人权利产生影响的实体事实与程序事实,都必须纳入司法证明的对象,并确保控辩双方都能平等参与到诉讼活动中,进而确保控辩双方在法庭审判过程中保持相对的平衡。尤其是证据法对国家追诉机关设定了种种限制,从某种程度上体现了国家对被告人人权保障价值的重视。

(四) 程序规范功能

规范程序运行也是证据法的一大重要功能。证据法的内容大都涉及对案件事实的认定,具有重要的程序性意义,成为约束国家与公民运用证据的基本要求。值得注意的是,尽管证据法主要发挥作用的场域是审判程序,但审前程序也会受到证据法的调整与影响。这在刑事诉讼中体现得尤为明显。具体来说,就是证据法将引导追诉机关的活动趋于正当规范。尽管现代刑事证据法是以法庭审判为中心的,但这并不意味着它对追诉机关而言是可有可无的,原因就在于刑事证据法能对追诉机关的诉讼活动起到评价与引导的作用。[3] 追诉机关的指控能否获得法院的支持,关键就在于追诉活动的合法性与有效性能否通过法庭审判的检验,而检验的标准实际上就是刑事证据法。一方面,非法证据排除规则、自白规则等证据规则,让法院可以通过

---

[1]　江伟、徐继军:《在经验与规则之间——论民事证据立法的几个基本问题》,《政法论坛》2004 年第 5 期。

[2]　林钰雄:《严格证明与刑事证据》,法律出版社 2008 年版,第 96—97 页。

[3]　喻名峰:《刑事证据法的价值结构》,《法学评论》2015 年第 4 期。

评价追诉机关指控犯罪的证据是否具备证据资格,决定是否允许追诉机关将这些证据作为指控犯罪的根据;另一方面,追诉机关的指控必须达到有罪判决的证明标准,才能使法官达到内心确信,继而作出认定被告人有罪的判决。这些证据规则都对追诉机关的追诉活动起到引导作用,如果追诉机关未能遵循这些证据法规则,将最终无法得到法院对其追诉活动的认可与支持。因此,从这个角度来说,证据法也能引导和倒逼审前程序不断趋于正当与规范。

四、证据法的价值

价值乃"意义"这个概念的延伸。[①] 从某种程度上来看,价值应被视为哲学基本范畴。哲学范畴下的价值,通常包含了价值的客观性、主观性及主客观之间的关联性。[②] 法的价值是以法与人的关系为基础的,法对于人所具有的意义,是法对于人的需要的满足,也是人关于法的绝对超越指向。[③] 证据法的价值,体现的不仅仅是证据法的有用性,还包括了证据法自身的属性以及判断证据法是否有用的标准,故已经超越了证据法的功能。随着证据法的不断发展,证据法自身独立价值的觉醒,意味着证据法逐步实现了从物质认识到哲学反思的蜕变。

本书认为,证据法的价值应当从以下几个方面来考量:

(一) 公正价值

公正是现代法治社会的重要价值,证据法的首要价值就在于公正。证据法的公正价值可以体现为程序与实体两个层面。从程序层面来说,证明程序法定原则要求诉讼证明活动必须经过举证、质证与认证的程序,为运用证据提出了严格的程序性要求,以确保诉讼证明活动合乎法定程序。并且,程序正义价值体现在一系列证据规则之中,这些规则旨在引导司法机关与当事人以正当的方式收集证据,指引裁判者以正当的方式发现事实真相,以防为了得到发现真实的结果而牺牲程序正义。这就意味着司法裁判最终将以合法正当的形式获得社会成员的认可与接受,继而有效维护司法权威与司法公正。从实体层面来看,证据法的许多制度与规则都旨在实现公正价值。例如,刑事证据法以无罪推定为基本原则,由此设定了刑事审判中的诉讼证明机制,要求被告人有罪这一判定应有充分的证据加以证明,并由承担追诉职责的国家追诉机关承担证明责任。这一原则不仅督促法官从法庭上进行的理性论争和争辩中形成对事实真相的认识,不得预断或有偏袒倾向,还有助于防止法院对任何人作出无根据的、错误的判决,从而最大限度地实现刑事实体公正。再如,民事证据法对特定侵权案件的举证责任设置了倒置规则,实际上就是基于公正价值的考量。

(二) 效率价值

避免诉讼过分迟延已经成为国际社会普遍认可的一项司法目标。司法活动的效率价值,不仅反映在诉讼制度上,更反映在证据制度上。因此,诉讼证明活动不仅追求实体正义和程序正义,也讲究诉讼效率。证据法的内容是否符合效率的考量、能否实现效率与公正的平衡,将对诉讼活动产生直接影响。可以说,如果证据制度效率低下,诉讼制度的效率肯定也是低下的。应

---

① 石磊、崔晓天、王忠编著:《哲学新概念词典》,黑龙江人民出版社 1988 年版,第 114—115 页。
② 孙正聿:《哲学通论》,复旦大学出版社 2007 年版,第 265 页。
③ 卓泽渊:《法的价值论》,法律出版社 1999 年版,第 11 页。

当注意的是,本书强调证据法的效率价值,不仅是出于对司法资源的考量,更是出于对认定事实与保障人权的考量,即避免诉讼过分迟延导致认定事实的偏差、当事人的诉累等。我国三大诉讼法中有关证据制度的内容都相应体现了证据法的效率价值。比如,我国《民事诉讼法》明确了由法律规定或法院确定的当事人提供证据的期限,超期提交证据的,应当承担相应不利的法律后果;又如,《行政诉讼法》规定,被告对作出的行政行为负有举证责任,应当提供作出该行政行为的证据和所依据的规范性文件,被告不提供或者无正当理由逾期提供证据的,视为没有相应证据。

(三) 秩序价值

秩序是法律制度的基本价值之一。美国法理学家博登海默(Bodenheimer)就曾指出,"凡是在人类建立了政治或社会组织单位的地方,他们都曾力图防止不可控制的混乱现象,也曾试图确立某种适于生存的秩序形式"。[1] 在法律层面,追求秩序价值的核心在于维系程序运作的一致性、连续性和确定性,继而为实现法的安定性提供制度上的保障。秩序也是证据法的价值之一,其通过规制发现案件事实的方式,确保认定案件事实的过程具有稳定性。诉讼证据法是证据法的核心,证据法规范的主要是诉讼过程中运用证据认定案件事实的活动。因此,在审判中心主义语境之下,证据法直接发挥作用的对象应当是审判程序。或者可以理解为,证据法的直接意义是实现认识过程的形式化。[2] 证据法的秩序价值就在于实现认识过程的形式化,呈现有序的状态,防止诉讼程序成为"法律秩序的破坏者"。因此,所有主体都必须按照规则和程序,有序地参与庭审活动;裁判者对于事实的认定都必须按照证据法规则进行,如必须贯彻直接言词原则、尊重各方当事人举证权与质证权、遵循传闻证据法则等;裁判者对于可采性与证明力的判断不得违反证据规则,应将不合法与不可靠的证据排除于法庭之外。

第二节　证据法的历史沿革

一、外国证据法的历史沿革

(一) 神示证据制度

1. 神示证据制度的概念

神示证据制度,也称神明裁判证据制度,是证据制度发展史上最原始的一种证据制度。这种证据制度凭借神的各种启示来判断案件的是非曲直,并以此作为裁判依据。神示证据制度曾普遍存在于亚欧各国的奴隶社会,甚至在欧洲封建社会早期还保留有神示证据制度的残余。神示证据制度的本质特征是以获取神的启示作为断案的方法,而其"基础是人们对神灵的信仰和崇拜"[3]。

---

[1]　[美]E.博登海默:《法理学——法哲学及其方法》,邓正来、姬敬武译,华夏出版社 1987 年版,第 207 页。
[2]　纪格非:《论证据法功能的当代转型——以民事诉讼为视角的分析》,《中国法学》2008 年第 2 期。
[3]　何家弘主编:《外国证据法》,法律出版社 2003 年版,第 23 页。

神示证据制度的产生有诸多原因:(1)神示证据制度与奴隶制社会落后的生产力不无关系。在生产力发展水平低下的情况下,文化水平与技术水平落后,人们不可能通过科学的方式正确认识人类的社会现象和自然现象,因此求助于神灵被认为是最公正的方式。(2)神示证据制度与当时的控告式诉讼模式相适应。控告式诉讼模式之下,起诉权由私人掌握,原、被告双方的利害关系是直接对立的,在案件审理过程中,双方当事人往往争执不下。在这种情况下,对于难以查明的案情、难以决断的争议,往往只能求助于神意来判明是非和解决争议,并以此为基础对案件作出判决。

2. 神示证据制度的内容

(1) 对神宣誓。对神宣誓是神示证据制度最常用的一种方法,即控告人、被告人以及证人都要对神宣誓以证明自己的陈述是真实的。他们相信神的力量,确认宣誓具有法律效力。对神宣誓的方法,在许多奴隶制国家以及欧洲封建制国家早期的法典中都有明确规定。比如,《汉谟拉比法典》第 20 条规定:"倘奴隶从拘捕者之手逃脱,则此拘捕者应对奴隶主指神为誓,不负责任。"该法第 131 条规定:"倘若自由民之妻被其夫发誓诬陷,而她并未被破获有同其他男人同寝之事,则她应对神宣誓,并得回其家。"在当时,由于人们普遍认为神灵是最公正的,欺骗了神就必定会遭受神的惩罚,因而对神宣誓就成为法官判断宣誓者对案情的陈述真实与否的依据。如果谁不敢进行宣誓,或者在宣誓过程中慌乱,或者在宣誓后出现某种受报应的情况,则可据此判断他所说的是假话,或者是理屈,或者有罪,从而承担相应的法律后果。如果没有出现上述情况,对神的宣誓就成为法官确认宣誓者陈述案情真实性的依据。

(2) 水审。水审是指通过一定的方式使当事人接受水的考验,显示神意,并依此判定当事人对案情的陈述是否真实,或者被控人是否有罪。水审又分为冷水审与沸水审两种方式。所谓冷水审,一般是将原、被告双方当事人或被告人一方投入河水,看其是否沉没,以检验其陈述的真伪及是否有罪;所谓沸水审,一般令受审人用手从沸水或沸油锅中取出放置锅底的某种物品,然后包扎好其烫伤手臂,同时向神祈祷。经过一段时间后再根据其烫伤是否愈合来判定其陈述是否真实或是否有罪。如果烫伤日有起色,渐趋痊愈,法官则认为是神意所致,因而他是诚实的、无辜的,反之则判断他是虚假的、有罪的。

(3) 火审。所谓火审,就是让被告人接受火或烧红的铁器的考验,显示神意,借以判定当事人的陈述是否真实或被控人是否有罪。火审与水审一样,都是比较重大的考验方法,一般用在大案、要案中,并伴随着牧师或神父等主持的宗教仪式。例如,9 世纪法兰克的《麦玛威法》即规定:"凡犯盗窃罪,必须交付审判。如在审判中为火所灼伤,即认为不能经受火的考验,处以死刑。反之,如果不为火所灼伤,则可允许其主人代付罚款,免除死刑。"

(4) 决斗。决斗是让诉讼中争讼的双方当事人进行搏击,以胜负来决定神的旨意,并判断当事人的陈述是否真实及被告人是否有罪。许多国家的习惯法对此都有明确规定,并且决斗的证明方法也盛行于中世纪欧洲各国的诉讼中。司法决斗在法国持续的时间最长,直到 1818 年才为法国国会所废除。

(5) 其他方式。除了上述几种常见的神示证据制度的证明方式之外,还曾出现过抽签审、十字形证明法、面包奶酪法等方式,作为判定当事人陈述是否真实、被告人是否有罪的证明方法。

3. 对神示证据制度的评价

神示证据制度以宗教信仰为思想基础,法律并未把审查判断证据的权力赋予法官,而赋予神灵,因而其采用的各种证明方法都是唯心主义的,其可靠性与合理性是存在重大瑕疵的。此外,神示证据制度还是一种残忍的、不人道的司法证明制度,甚至以牺牲人的尊严、性命为代价来发现所谓的真实。

然而,神示证据制度的产生与当时的历史条件相适应。在生产力落后的情况下,统治阶级利用了人们愚昧无知与信奉神灵的特点,运用神示证据制度来断狱息讼,不仅使得司法权威得到了充分的保障,更维护和巩固了自己的统治地位。此外,神示证据制度在正确断狱息讼方面也存在一定的价值。人们信奉神灵,在神灵面前人们的心理会受到很大的压力,唯恐作不真实的陈述会遭到神的惩罚,因而不敢不如实陈述案件事实真相,最终对于判断证据的证明力起到了一定的作用。

(二) 法定证据制度

1. 法定证据制度的概念

法定证据制度,或称形式证据制度,是指法律根据各种证据的不同形式,对其证明力的大小以及如何审查判断和运用证据预先作出明文规定,法官审理案件必须据此作出判决,而不得自由评断和取舍。法定证据制度只要求法官机械地适用法律规定的各项规则认定案情,而无须考虑案件的真实情况。这是因为法定证据制度理论主张,每一种具有一定特征的证据,其证明力在一切案件中都是永恒不变的,因此,可以通过法律预先规定各种具有不同特点的证据的证明力。[1]

法定证据制度是一种适应当时历史变化的全新证据制度。首先,其适应封建君主专制的政治体制。封建君主专制政治的一个特点就是中央集权,强化国家权力对社会的控制,而法定证据制度恰与这个政治特点相适应。其次,其适应纠问式诉讼模式。所谓纠问式诉讼模式,是指司法机关对于犯罪案件,不待有人告发,即可进行追诉、审理,被追究的犯罪嫌疑人只是被拷问的对象,而不是诉讼主体,不享有反驳控诉的辩护权利,而且诉讼不公开进行。在纠问式诉讼模式下,无论是否有被害人控告,司法机关都有权主动追究犯罪,法官集起诉权和审判权于一身。被告人负有招供的义务,对被告人刑讯逼供是法定的程序。在这样的情况下,就需要确立法定证据制度这样强有力的证据法制度,以达到统治阶级控制司法权的效果。

2. 法定证据制度的内容

(1) 法律预先规定了各种证据的证明力和判断证据的规则。这是法定证据制度的一个最主要的特点。法官只能依据法律的预先规定裁判案件,不得自由裁量,即法官在判断证据证明力时,没有任何主观能动性,只能机械地按照法律规定对证据证明力进行计算,或者将几个不完善的证据相加形成一个完善的证据。可见,法定证据制度不仅限制了法官在判断证据及其证明力问题上的自由,还不允许法官在采证问题上进行裁量。据此,"法官的形象就是立法者所设计和建造的机械操作者,法官本身的作用也是机械的"[2]。

(2) 证据的形式化和等级性色彩明显。在法定证据制度中,法律对于证据证明力和判断证据规则的规定,主要根据证据的外在形式,而不是实质内容。例如,被告人自白被视为最完善、最有价值的证据,被封为"证据之王";两个典型证人的证言构成完全的证据,而一个可靠证人的证言不具有完全的证明力,只能算作半个证据;只有公文书和原本等才具有较大的证明力;

---

[1]　卞建林、谭世贵主编:《证据法学》(第三版),中国政法大学出版社 2014 年版,第 14 页。

[2]　[美]约翰·亨利·梅利曼:《大陆法系》(第二版),顾培东、禄正平译,法律出版社 2004 年版,第 37 页。

等等。此外,在法定证据制度下,由于封建等级特权极为盛行,因而常常根据提供证据的人的社会地位来确定证据的效力。比如,1875年的《俄罗斯帝国法规全书》规定,当几个地位或性别不同的证人的证言发生矛盾时,要依照下列原则处理:"男人的证言优于妇女的证言;学者的证言优于非学者的证言;显贵者的证言优于普通人的证言;僧侣的证言优于世俗人的证言。"

(3)刑讯逼供是为取得被告人自白所普遍采用的合法方式。这也是法定证据制度的重要特征。由于被告人的自白被认为是所有证据中最具有价值和最完善的证据,即"证据之王",其对案件的判决和被告人的命运起着决定性作用,因而在司法实践中侦查人员和法官往往会千方百计、不择手段地获取被告人的自白,以致刑讯逼供"已经成了一种合法的暴行"[1]。当时的许多法典对于讯问被告人的内容、步骤、方式等,都有明确的规定。例如,《加洛林纳法典》第31条即规定:"假如某人被怀疑对他人有损害行为,而嫌疑犯被发觉在被害人面前躲躲闪闪、形迹可疑,同时嫌疑犯又可能是犯这类罪的人时,那么这就是足以适用刑讯的证据。"当时的法律还规定,不完全的证据虽然不能成为认定被告人有罪的根据,却可以成为对被告人进行刑讯的根据。如果经过刑讯,仍然不能取得被告人的自白,则可以根据不完全证据作出"存疑判决",这体现了有罪推定思想对法定证据制度的影响。

3. 对法定证据制度的评价

法定证据制度的积极性和进步性表现在:(1)法定证据制度体现了人类的进步和理性。法定证据制度是在对神示证据制度否定的基础上建立起来的,其产生是人类文化科学发展的结果,也是人们运用证据的经验在法律上的反映。与神示证据制度相比,法定证据制度要求法官从法律中寻求判断证据证明力的答案,在运用证据上摆脱了宗教迷信,使之服从于法律,因而是人类进步和理性的表现。(2)法定证据制度有助于提高司法裁决的规范性。法定证据制度要求法官必须按照法律对证据证明力、判断证据规则的预先规定来审理案件,有利于消除运用证据中的混乱状态,也限制了法官的司法专横。

然而,法定证据制度毕竟是维护封建主阶级统治的一种工具,其从本质上表现出浓厚的封建性、残酷性和非人道性。首先,刑讯逼供体现了法定证据制度的野蛮性和落后性。将通过刑讯所取得的证据作为定案的主要依据,直接导致中世纪的欧洲冤狱遍地、大量的无辜者蒙冤受罚,司法以黑暗与专横著称,刑讯逼供也由此成了此后资产阶级革命在司法领域重点抨击的对象。其次,法定证据制度是建立在唯心主义和形而上学理论基础之上的,其将证据材料的外部特征视为内在的具有普遍性的规律,且脱离了案件的具体情况,忽视了法官在审查判断证据中的主观能动性,从而束缚了法官的手脚,使他们难以从客观实际出发,揭露和查明案件事实真相。

(三)自由心证制度

1. 自由心证制度的概念

自由心证制度是指对于一切证据证明力的大小以及证据的取舍和运用,法律不预先作出规定,均由法官根据自己的良心、理性自由判断,并根据其形成的内心确信来认定案件事实的一种证据制度。自由心证制度是在资产阶级反对封建专制统治的斗争中,代表新兴资产阶级利益和要求的思想家、法学家,在对封建专横的法定证据制度进行抨击的基础上,所提出的一系

---

[1]　[意]贝卡里亚:《论犯罪与刑罚》,黄风译,中国法制出版社2005年版,第37页。

列反映资产阶级意志的证据制度。与法定证据制度不同的是,自由心证制度赋予法官审查判断证据充分的自由权,法官完全可以凭借自己的理性、良心,根据自己的内心确信灵活地、有效地运用证据和认定案情,追究危害其统治的犯罪。

自由心证制度的确立与欧洲资产阶级革命有着密不可分的联系。在 18 世纪末 19 世纪初,欧洲资产阶级革命胜利以后,在确立资本主义制度的同时,包括各种法律制度在内的上层建筑领域也相应地发生了变革:在诉讼制度方面,以诉讼主义诉讼制度否定了封建社会的纠问主义诉讼制度;在证据制度方面,以自由心证制度取代了法定证据制度。这些代表资产阶级意志的制度,与资产阶级革命所推行的公正、平等、自由、博爱等价值观念充分吻合,继而体现了民主性与进步性,适应资本主义政治、经济需要,有利于维护资产阶级统治利益。

2. 自由心证制度的内容

自由心证制度是在否定、批判法定证据制度的基础上建立起来的,因而从理念与内容等方面与法定证据制度形成对立。法定证据制度将审查判断证据的权力赋予法律而非法官,法官只能机械地按照法律预先对证据所作的各种规定来判断和运用证据、认定案情,最终只能达到法律规定的形式真实,而难以符合案件的实质真实。自由心证制度则相反,其为法官自由裁量提供了有利的制度条件,使其最大可能地查明案情、公正地处理案件。

据此,自由心证制度的内容可以概括为以下几个方面:(1)法律不预先规定证据的证明力;(2)证据的证明力由法官自由判断;(3)理性和良心是法官自由评判证据证明力和证据取舍的依据;(4)内心确信是法官认定案件事实的标准。

应当注意的是,自由心证并不意味着法官享有绝对的自由,法官对案情的认定必须以证据为前提和基础,而对证据证明力的判断又必须达到内心深处确实相信是真实的程度。为了避免从一个极端走向另一个极端,以防止法官权力的绝对自由化和主观擅断,资产阶级统治者又在立法上对法官运用证据裁判案件作出了一定的限制。例如,《日本刑事诉讼法》在规定法官有权自由判断证据证明力的同时,又规定当被告人的自白成为对他不利的惟一证据时,不得认定其有罪。英美法系国家还在立法上设立了一些规范法官审判行为的规则,如自白规则、非法取证规则等。由此可见,自由心证中的“自由”并非毫无限制。

除此之外,还有一些对自由心证的限制是由立法者的基本决定间接推演而来的,即立法者不一定会特别言明这些评价规则,但是通过法律体系之间的相互参照可以推论得知,典型的如程序基本权利与基本原则。[①] 当然,这些程序基本权利与基本原则,如不得自证其罪原则等,对于自由心证制度限制的程度亦有所不同。

3. 对自由心证制度的评价

资产阶级在反对封建专制统治的斗争中,以自由心证制度代替了法定证据制度,体现了资产阶级改革封建证据制度的时代要求,并且在政治上适应了资产阶级自由民主的思想,具有一定的历史进步意义:(1)自由心证制度的确立,推动了诉讼制度的民主化,引起了诉讼结构的变革。它从法律上废除了封建法定证据制度中的刑讯逼供和封建等级特权,宣扬人道主义、人权主义,并依此原则改革政治制度和法律制度。(2)对于诉讼参与人来讲,自由心证制度代替法定证据制度,使被告人获得了辩护权,确定了当事人的诉讼权利平等,使公民的基本权利在法律上得到了一定程度的尊重,这无疑是证据制度史上的一大进步。(3)自由心证制度的确立,对于

---

① 林钰雄:《严格证明与刑事证据》,法律出版社 2008 年版,第 122 页。

法官、陪审官来讲，也使其从法定证据制度的束缚中获得解放。对于证据的审查判断、案件事实的认定，完全听凭法官根据自己的理性和良心自由判断，从而为法官查明案件事实真相提供了某种可能性。

当然，自由心证制度也并不完美，也具有一定的局限性。比如，自由心证制度缺乏统一的认证标准或尺度，容易造成司法实践的混乱。尤其是自由心证制度很大程度上依赖于法官个人的专业素质和道德素质，因而存在着法官专断或者恣意的制度风险。

二、我国证据法的历史沿革

（一）我国古代证据制度

古代中国的诉讼活动刑民不分，在诉讼制度上与大陆法系国家有许多相似之处，具有纠问式诉讼的特点，但在证据制度上，却与中世纪欧洲国家实行的法定证据制度有所不同。尽管我国在一定程度上也受到法定证据制度的影响，在法律中规定了个别形式主义的证据规则，如"断罪必取输服供词"、被告人不合拷讯时"据众证定罪"等，但这只是个别情形，并未形成真正意义上的法定证据制度。法官并非机械地适用法律规定的证据证明力规则，而主要以"五听"方式辨别证据真伪，评判证据证明力。此外，我国历代的法律都将讯囚和刑讯规定为主要内容。

具体来说，我国古代证据制度的主要内容包括以下几个方面：

1. 早期曾经实行神判方法，但是消失较早

《说文解字》将古代"灋"字解释为："灋，刑也。平之如水，从水；廌，所以触不直者去之，从去。"其中，对"廌"的解释为："廌，解廌兽也，似山牛，一角。古者决讼，令触不直。"还有，古代传说中讲到"皋陶治狱用神羊"。皋陶是舜帝时期的司法官。他在审理案件的时候，如果遇到疑难的案件，就会把被告人带到神羊的面前。如果神羊用独角顶他的话，说明他就是有罪的；如果神羊对他很友善，不用独角顶他，说明他是无罪的。这也可以说是我国历史上带有神明裁判色彩的一种断案方法。另外，记载周代法律制度的《周礼·秋官·司盟》记载："有狱讼者，则使之盟诅"；"凡盟诅，各以其地域之众庶，共其牲而致焉。既盟，则为司盟，共祈酒脯"。盟诅，即对神宣誓。这说明当时进行诉讼，有要求当事人盟誓、盟诅之类的制度和做法。根据我国古代的记载和传说，虽然可以认为当时实行过某些神判的方法，不过由于中国古代文明发达得较早，始终未能形成西方国家那样成型的神判制度，而且在周代就基本上消失了。

2. 以有罪推定为基础，实行"疑罪惟轻"原则

对于定罪或不定罪都有一定理由的"疑罪"案件，我国古代的刑事司法通常采用以下几种处理方式：一是"疑罪从赦"，即对于疑罪案件的被告人加以赦免。如《尚书·吕刑》记载："五刑之疑有赦，五罚之疑有赦。"《礼记·王制》记载："疑狱，氾与众共之，众疑赦之。"二是"疑罪从轻"，即对于疑罪案件的被告人从轻处理。如《尚书·大禹谟》记载："罪疑惟轻，功疑惟重，与其杀不辜，宁失不经。"三是"疑罪从赎"，即对于疑罪案件的被告人，允许其交纳一定的金钱财物"赎买"刑罚。其实，无论是疑罪从赦、疑罪从轻还是疑罪从赎，其本质都是疑罪从有，因此它们的基础都是有罪推定。然而对于那些证据不足、难以处断的"疑罪"案件，实行疑罪从赦、从轻、从赎的方式，体现了古代统治者"疑罪从有""疑罪惟轻"的办案原则。

3. 法官断案依据审判经验,重视采用"以五声听狱讼"的证明方法

《尚书·吕刑》记载:"两造具备,师听五辞;五辞简孚,正于五刑。"据此,当时的司法机关"断狱理讼"时,都要求原、被告双方当事人到齐后进行陈述,由司法官以察听五辞的方法,审查判断其陈述的真伪,并以其供词作为定罪判刑的主要根据。在《周礼·秋官·小司寇》中则有"以五声听狱讼,求民情"的记载。"五声"即"五听":辞听、色听、气听、耳听、目听。"以五声听狱讼"就是要求司法官吏在审理案件时,要注意受审人讲话是否合理,声色是否从容,气息是否平和,精神是否恍惚,眼睛是否有神,并据此推断其陈述之真假和案件之是非。"以五声听狱讼"的证明方法,表明了我国古代司法官吏注意到了被讯问人的心理和表情。这种审案的方法是长期的审判经验的积累和总结,反映了一定的客观规律,与神示证据制度相比有其进步性,但也有明显的主观臆断色彩。同时,也说明了我国古代证据制度,允许司法官员根据案件的具体情况和个人的经验积累对证据的采信和案件事实的认定进行自由判断。

4. 以人证为主要证明手段,定罪重视被告人的供述

在我国古代社会,司法官吏审理刑、民事案件,就已比较注意和重视听取当事人的陈述和获取被告人口供。因此,当时司法证明的主要手段是人证,包括当事人陈述和证人证言。当然,最主要的人证就是当事人的陈述。在刑事案件中,被告人的认罪口供被视为最重要和最好的定罪证据。没有被告人的供认,一般不得定罪。封建法律规定"断罪必取输服供词""罪从供定,犯供最关紧要"。之所以如此,《资治通鉴》的解释是"狱辞之出于囚口者为款。款,诚也,言所吐者皆诚实也"。即狱因在受审时供述的犯罪供词是真实可信的,是最好的证据,必须"罪从供定"。因此,除了法律规定的少数案件可以"据众证定罪"外,一般的案件都必须有囚犯的供词才能定罪判刑。于是,"断罪必取输服供词"便成为中国古代法律中一个重要的审判原则,并遵从所谓的"无供不录案"的诉讼规则。

5. 刑讯是合法的取证手段

在我国古代诉讼中,口供是最有分量的证据,没有被告人的供述一般是不能定罪的。因此,为了获取被告人的认罪供述,法律明文规定允许采取刑讯的手段。《睡虎地秦墓竹简·封诊式》"讯狱"篇就是主要规范刑讯手段的使用的,从中可以看出秦朝的审讯活动是以获取供词为中心展开的,讯问要持续进行直到被告人作出有罪供述为止。[①]《汉律》也规定,对犯重罪的被告人,如果有充分的证据足以证明其有罪,而他仍不服狡辩的,即可拷打,但应把已查证清楚和抵隐的情况在汇报材料中注明。南北朝时,对刑讯的方法、用具及用刑限度等作了具体的规定。至唐朝,刑讯制度已相当完备,不仅规定了刑讯的条件、方法、适用对象和用刑限度,还规定了拷讯违律者的责任。例如,妇女怀孕缓拷;证人也可拷打;若刑讯逼不出供词,告发者就有诬告之嫌,同样应对其刑讯等。宋朝的法律对刑具和拷打的次数等都有明确的规定,如拷讯只能用荆条,一次拷打不得超过 30 下,总数不得超过 200 下。正是我国古代法律以人证作为主要证明手段,将口供奉为"证据之王",坚持"无供不录案""断罪必取输服供词",导致司法官吏为获取口供或者其他人证而不择手段,刑讯逼供也就应运而生,并逐渐发展成为较为完备的法律制度。

6. 建立了一系列重要的证据制度

(1)诬告反坐制度。我国历代封建法律对诬告都严加禁止,法律要求控告他人犯罪的人必

---

① 陈光中:《中国古代司法制度》,北京大学出版社 2017 年版,第 230 页。

须指陈实事,不得捏造事实进行陷害。《秦律》中就有"诬告反坐"的制度。汉朝法律也实行诬告反坐,甚至把诬告作为一种严重的罪行进行追究。曹魏时,文帝曾下诏:"敢以诽谤相告者,以所告者罪罪之。"[1]唐律对诬告反坐作了一系列具体规定,为宋元明清历代所继承。

(2)伪证责任制度。在古代,故意提供不真实的证言需要承担刑事责任。根据东汉《建武三年候粟君所责寇恩事册》的记载,法官先以"证财物故不以实,臧五百以上;辞已定,满三日而不更言请者,以辞所出入罪反罪"之律辨告,乃爰书验问。据此,惩罚伪证采取了"罪反罪"的反坐原则。至唐朝与明清也基本采取这个原则,不过量刑稍轻。如《唐律·诈伪》就规定:"诸证不言情及译人诈伪,致罪有出入者,证人减二等,译人与同罪。"

(3)亲亲相隐制度。亲亲相隐制度是我国传统法律和诉讼中的重要原则,它允许一定范围内的亲属相互隐瞒犯罪、不予告发。汉朝法律就规定了亲亲相隐的原则[2],之后的法律也有相应规定。《唐律》规定:"诸同居,若大功以上亲及外祖父母、外孙,若孙之妇,夫之兄弟及兄弟妻,有罪相为隐。部曲、奴婢为主隐,皆勿论。……其小功以下相隐,减凡人三等。"《大明律》虽较唐律严苛,但同样规定了"同居亲属有罪,得互相容隐""弟不证兄、妻不证夫、奴婢不证主"的法律原则。

(二)我国近代证据制度

1.清末修律时期证据制度

鸦片战争后,西方列强用坚船利炮打开了我国的大门,我国沦为半殖民地半封建国家。清政府被迫宣布"仿行宪政",并着手修订法律。这段时期,清政府陆续制定并颁布了一系列近代意义上的法律制度,立法数量之多、涉及领域之广、体系之完备,堪称我国历史之最。这些举措直接导致了传统中华法系的解体,为近代资产阶级法律制度的建立打下了基础。清末修律时期是我国法制从传统向现代过渡的重要阶段,也是我国证据制度形成与发展的重要时期。

清末修律的主要内容包括两个方面:(1)删修旧律旧例,改订刑罚制度,废除凌迟、枭首、戮尸等酷刑。对旧律进行修改的最具代表性的成果是《大清现行刑律》的颁布,其将原先法典中的民事部分条款划出,以示民刑区分的原则。(2)制定新律,公布了《大清新刑律》《大清民律草案》《大清商律草案》《大清刑事诉讼律草案》《大清民事诉讼律草案》等一系列新法律。在修律的过程中,沈家本提出"以刑法为体,以诉讼法为用"的原则。正是在他的推动之下,修订法律馆着手制定中国的诉讼法典。

1906年,《大清刑事民事诉讼法草案》完成。该草案采用刑事民事诉讼合一的体例,分为总则、刑事规则、民事规则、刑民事通用规则、中外交涉案件处理规则等5章,共260条,引进了大量西方诉讼原则和制度。遗憾的是,草案遭到各省督抚的反对和礼教派的攻击,最后未能被清政府采纳。1911年1月,《大清刑事诉讼律草案》《大清民事诉讼律草案》分别完成。《大清刑事诉讼律草案》是我国历史上第一部独立的刑事诉讼法,全编分为总则、第一审、上诉、再理、特别诉讼程序、裁判之执行等6部分,共515条,系统采用了近代资产阶级的公诉制度、辩护制度以及审判公开、自由心证、干涉主义等原则。《大清民事诉讼律草案》是我国历史上第一部独立的民事诉讼法,全编分为审判衙门、当事人、通常诉讼程序、特别诉讼程序等4部分,共800

---

[1] 《三国志·魏书》。
[2] 陈光中:《中国古代司法制度》,北京大学出版社2017年版,第234页。

条,采用了西方各国通用的法院不干涉原则、辩论原则等。

　　由于辛亥革命的爆发,两部草案均未能付诸实施。然而,清末修律仍然具有重要意义,其标志着我国法律的近代转型。《大清刑事诉讼律草案》《大清民事诉讼律草案》中关于证据制度的许多内容,如自由心证、证据裁判等都被保留了下来,成为此后临时政府、北洋政府、南京国民政府时期证据制度的蓝本。

　　2. 临时政府、北洋政府、南京国民政府时期证据制度

　　1911 年 10 月,孙中山领导的资产阶级民主主义革命推翻了清王朝,结束了我国延续两千多年的封建君主专制制度,建立起中华民国,揭开了资产阶级民主法治的新篇章。此后,我国先后经历了北洋军阀政府与国民党政府的统治时期。在这段时期内,民主共和的思想日渐深入人心,我国证据法也因此受到了资本主义国家诉讼法典的影响,取得了一定的发展与进步。

　　(1) 明确了禁止刑讯逼供的原则。1912 年 3 月,南京临时政府颁布了《大总统令内务、司法两部通饬所属禁止刑讯文》,其中明确规定:“不论行政司法官署,及何种案件,一概不准刑讯。鞫狱当视证据之充实与否,不当偏重口供。”并命令各级官府将“从前不法刑具,悉令焚毁”。为保证上述规定的执行,令文还宣布,上级官府“不时派员巡视,如有不肖官司,日久故智复萌,重煽亡清遗毒者,除褫夺官职外,付所司治以应得之罪”。国民党政府对于刑讯逼供也持否定态度。1945 年修正公布施行的《刑事诉讼法》第 98 条规定:“讯问被告,应出于恳切之态度,不得用强暴、胁迫、利诱、诈欺、疲劳讯问、违法羁押或其他不正之方法。”第 270 条则规定:“被告之自白,非出于强暴、胁迫、利诱、诈欺、疲劳讯问、违法羁押或其他不正之方法且与事实相符者,得为证据。被告经自白,仍应调查其他必要之证据,以察其是否与事实相符。”由此可见,法律明确禁止以酷刑等非法方式获取被告人之供述。尽管司法实践中,废除刑讯和酷刑未能完全付诸实施,但是这一原则的确立是我国证据制度史上的一大进步。

　　(2) 确立了证据裁判原则与自由心证原则。1914 年,北洋政府公布施行的《县知事审理诉讼暂行章程》第 27 条规定,县知事办理刑、民事案件的“审判方法,由县知或承审员相机为之,但不得非法凌辱”。1922 年颁行的《刑事诉讼条例》第 305 条规定“犯罪事实,应依证据认定之”;第 306 条又规定“证据,由法院判断之”。这表明,受资产阶级法律观点的影响,这个时期我国已初步确立了证据裁判原则与自由心证原则。1945 年,国民党政府在制定《刑事诉讼法》与《民事诉讼法》时,同样贯彻了以上证据法原则。如《刑事诉讼法》第 268 条规定:“犯罪事实,应依证据认定之,证据之证明力,由法院自由判断之。”《民事诉讼法》第 222 条也规定:“法院为判决时,应斟酌全辩论意旨及调查证据之结果,依自由心证,判断事实之真伪。”

　　3. 新民主主义革命时期证据制度

　　新中国的证据制度创始于新民主主义革命时期。1927 年第一次国内革命战争失败以后,中国共产党领导人民展开了艰苦卓绝的武装斗争,在全国创建了十几个革命根据地和工农民主政权。工农民主政权在废除压迫人民的旧司法制度的同时,建立了人民司法制度。证据制度,作为人民司法制度的重要组成部分也随之产生。人民政权关于诉讼制度最早的一些成文规定,对于在诉讼活动中坚持实事求是、一切从实际出发的科学态度,广泛深入开展调查研究工作,防止错捕错判起了重要作用。1931 年 12 月中央执行委员会非常会议通过的《中华苏维埃共和国中央执行委员会训令(第六号)》规定:“在审讯方法上,为彻底肃清反革命组织,及正确的判决反革命案件,必须坚决废除肉刑,而采用搜集确实证据及各种有效方法。”并且,该训令在严禁肉刑的同时,还规定不得仅凭口供捉人,要求“收集确实证据”“充分的证据”等。在工农民主

政权时期,尽管有关证据的法律规范并不系统,但是它所确立的证据制度的基本原则,为我国证据制度的形成和发展奠定了基础。

到抗日战争中后期,我国的证据制度又有了进一步发展。这一时期颁布的一系列法令和决定,始终强调办案必须坚持实事求是、调查研究、重证据不轻信口供、严禁刑讯逼供的原则。1940 年 8 月公布的《晋察冀边区目前施政纲领》第 17 条规定:"对汉奸审判须依确实证据。"1940 年 12 月毛泽东同志在《论政策》一文中首次明确提出,对任何犯人都要"重证据而不轻信口供"。之后,1941 年 11 月通过的《陕甘宁边区施政纲领》规定:"改进司法制度,坚决废止肉刑,重证据不重口供。"1942 年 2 月公布的《陕甘宁边区保障人权财权条例》规定:"逮捕人犯不准施以侮辱、殴打及刑讯逼供、强迫自首,审判采证据主义,不重口供。"这些规定都要求司法机关办理案件必须彻底废除刑讯逼供,认定案情、处理案件必须依靠确实、充分的证据,而不能轻信被告人的口供。"重证据而不轻信口供"原则的提出,在司法实践中具有十分重要的意义,至今,它仍然是我们在诉讼中运用证据时所必须遵循的一项基本原则。此外,这一时期所颁布的《苏中区处理诉讼案件暂行办法》《晋冀鲁豫边区太岳区暂行司法制度》,对于当事人等提供证据的责任、各种证据的收集与审查判断程序也作了明确规定。不仅如此,当时还十分强调调查研究、实事求是的工作作风,将"调查研究,分清是非轻重"作为审判的方针之一,因此这两部法律都设专章具体规定了调查研究的方法和程序。并且,马锡五同志所创造的携卷下乡,深入群众进行调查研究,实事求是了解案情,就地审判的司法民主审判方式在各根据地得到了提倡和推广,解决了大量积压多时的疑难案件,减少了讼争,促进了团结,保证了抗战,为新民主主义司法制度增添了宝贵的内容,为新中国证据制度的创立提供了宝贵的经验。

解放战争时期,人民民主政权除了沿用抗战时期有关证据制度的规定外,又颁布了一系列法律和文件,进一步丰富和充实了我国证据制度的内容。1948 年 11 月,华北人民政府在《关于县市公安机关与司法机关处理刑事案件权责的规定》中指出,刑事案件"侦查的责任,在于公安机关";"侦查的主要任务是,收集罪犯的犯罪事实及证据,拟以起诉"。案件"经公安机关向司法机关起诉后,司法机关即有权责审判该案,对于被告的犯罪事实和证据,加以审理研究";"若被告仅有嫌疑,没有积极的证据可以证明被告确系犯罪时,即不能论罪判刑"。关于如何解决民事纠纷,《东北行政委员会关于建设司法工作的几项具体指示》强调,解决"民事纠纷应本着实事求是之精神"。这些规定,再次强调了办案依靠证据、实事求是、调查研究的审判工作作风。而且,1949 年 1 月,华北人民政府在《为清理已决及未决案犯的训令》中还具体规定了由于证据失实、不充分等造成判决缺乏客观依据而应予改判的各种情况。总之,在新民主主义革命时期,我国的证据制度尽管还存在许多有待改进之处,但人民民主政权的证据制度已具雏形,为中华人民共和国证据制度的创建与发展奠定了坚实的基础。

(三)我国现代证据制度

1. 我国现代证据制度的发展历程

新中国成立后,废除了"六法全书",人民民主政权的司法制度得以确立,现代证据制度获得了全面的发展。当然,随着新中国的发展,我国证据制度也经历了一个艰难曲折的发展过程。

1949 年 2 月,中共中央颁发的《关于废除国民党的六法全书与确定解放区的司法原则的指示》明确提出,司法人员必须从思想上划清新旧法律观点和司法作风的原则界限。在新中国成立初期,为了保障革命秩序和土地改革政策法令的实施,政务院于 1950 年 7 月通过的《人民法庭组织通则》规定,法庭"受理案件后,应认真地进行调查证据,研究案情,严禁刑讯"。1952年,我国开展了司法改革运动,批判了旧法观点和坐堂问案、不依靠群众、不调查研究、不从实际出发的旧的审判作风,进一步清算了旧法残余。1954年诞生的我国第一部《宪法》以及《人民法院组织法》《人民检察院组织法》中关于证据制度的一系列规定,是我国证据制度发展的重要标志,标志着我国社会主义法制进入了崭新的历史阶段。1956年最高人民法院根据《宪法》《人民法院组织法》的规定,结合司法实践经验所作的《各级人民法院刑、民事案件审判程序总结》,系统地总结了调查证据的原则、方法和程序,对于健全我国的证据制度、树立实事求是的审判作风发挥了重要作用。直到今天,其对于司法机关运用证据、认定案情仍然具有十分重要的指导意义。20世纪50年代后期,我国的司法制度受到了"左"的思潮的干扰,已经确立的证据制度遭到破坏,本已被法律所否定的不调查研究、轻视证据、轻信口供、非法逼供的主观主义思想方法和工作作风又有所抬头。自1966年"文化大革命"开始,我国社会主义民主法制遭受了重大破坏。随着公、检、法被砸烂,各种证据原则和规定也惨遭践踏。

1976年10月以后,我国逐步走向改革开放,尤其是十一届三中全会以后,我国的法律制度以及证据制度逐步恢复、发展和完善,我国社会主义民主和社会主义法治建设进入了全面发展的新阶段。1979年、1982年、1989年先后通过的《刑事诉讼法》《民事诉讼法》和《行政诉讼法》都有有关证据制度的规定。这些证据的立法规定,成为当代中国证据制度的重要基础和依据。近年来,三大诉讼法先后都经过了重大修改,使现行的证据制度有了很大的完善,确立了大批重要的证据原则和规则,大大推进了我国证据制度的发展。除此之外,关于证据的有关规范性文件和司法解释,也进一步完善了我国证据制度的内容,如最高法《民诉证据规定》《行诉证据规定》,以及两院三部《办理死刑案件证据规定》《非法证据排除规定》《严格排除非法证据若干问题规定》等。这些司法解释或者规范性文件,也是我国证据制度的重要内容,对证据立法和证据实践都有着积极的推动作用。

2. 我国现代证据制度的特点

我国已经逐步确立了具有中国特色的证据法体系,主要体现为以下几个方面:

(1)坚持以事实为根据的指导思想。我国证据制度的建构以辩证唯物主义认识论作为理论基础[1],强调司法机关运用证据的目的是查明案件的事实真相,继而要求国家专门机关在处理刑事、民事、行政案件时必须以事实为根据,司法人员所认定的案件事实必须准确反映案件的客观情况。具体来说,就是要求司法人员必须忠于事实真相。换言之,它要求司法人员在收集、认定和判断证据时,证据事实本身是什么,就认定什么;它的证明力有多大,就如实地认定它有多大;它能证明哪些事实,就承认它能证明哪些事实。主观要如实地反映客观,既不能主观地设想某个证据的可靠性和证明力,也不能随意废弃证据。[2] 此外,我国坚持"案件事实清楚,证据确实、充分"的证明标准,在三大诉讼法中均有一定程度的体现。[3]

(2)强调国家机关收集证据的权力。要求国家专门机关在处理刑事、民事、行政案件时必须以事实为根据,强调国家专门机关运用证据的目的是追求案件的实质真实。为了达到这一目标,三大诉讼法都赋予了国家专门机关收集证据的权力。在刑事诉讼中,公安机关、人民检察

---

[1]　陈光中、陈海光、魏晓娜:《刑事证据制度与认识论——兼与误区论、法律真实论、相对真实论商榷》,《中国法学》2001年第1期。

[2]　陈卫东、谢佑平主编:《证据法学》,复旦大学出版社2009年版,第48页。

[3]　卞建林、谭世贵主编:《证据法学》(第三版),中国政法大学出版社2014年版,第37页。

院、人民法院有责任收集证据以查明案情。《刑事诉讼法》第52条规定："审判人员、检察人员、侦查人员必须依照法定程序,收集能够证实犯罪嫌疑人、被告人有罪或者无罪、犯罪情节轻重的各种证据。……"第196条规定："法庭审理过程中,合议庭对证据有疑问的,可以宣布休庭,对证据进行调查核实。人民法院调查核实证据,可以进行勘验、检查、查封、扣押、鉴定和查询、冻结。"《民事诉讼法》第67条第2款规定："当事人及其诉讼代理人因客观原因不能自行收集的证据,或者人民法院认为审理案件需要的证据,人民法院应当调查收集。"《行政诉讼法》第40条规定："人民法院有权向有关行政机关以及其他组织、公民调取证据。……"当然,为了改变我国强职权主义的色彩,尤其是法院过于主动的做法,最高人民法院的相关司法解释也对法院收集与调取证据的范围进行了明确的限定。

(3) 确立了证据裁判原则。证据裁判原则,也称证据裁判主义,是指对于案件争议事项,应当依据证据予以认定。证据裁判原则要求裁判的形成必须以证据为依据;没有证据,不得认定案件事实;据以作出裁判的证据必须达到法律规定的要求。证据裁判原则是对我国"以事实为根据,以法律为准绳"原则的进一步发展与完善。2010年《办理死刑案件证据规定》明确规定"认定案件事实,必须以证据为根据",标志着刑事证据法正式确立了证据裁判原则。最高法《刑诉法解释》第69条对此重申:"认定案件事实,必须以证据为根据。"证据裁判原则的确立具有重要意义:首先,强调应该将证据作为认定事实的基础,排斥那些缺乏证据基础的主观臆断或者长官意志等不科学的事实认定方式;其次,强调作为认定案件事实之根据的证据,必须具有法定的证据资格,即证据必须具有合法性或证据能力;最后,强调作为认定案件事实之根据的证据,必须是法庭经过审查后予以采纳的证据。据此,证据未经当庭出示、辨认、质证等法庭调查程序查证属实,不得作为定案的根据。证据在法庭审查环节能否被采纳,则需要根据证据可采性的各种标准来加以规范,因而也进一步强化了审判中心主义。

(4) 建立了非法证据排除规则。近年来,冤假错案的频频曝光反映了我国证据制度的不足,因而非法证据排除规则的构建与完善成为我国刑事证据法发展的重点。根据中央司法改革部署,2010年两院三部出台的《办理死刑案件证据规定》与《非法证据排除规定》,标志着我国正式确立了非法证据排除规则。2012年《刑事诉讼法》则在立法层面正式确立了非法证据排除规则,对非法证据排除规则作了系统规定,包括排除范围、排除程序、证明标准等。在此基础上,相关司法解释对非法证据排除规则还作出了更为详尽的规定。为了进一步完善我国非法证据排除规则,尤其是考虑到司法实践中仍然存在非法证据证明难、认定难、排除难等问题,2017年6月,两院三部又联合颁布了《严格排除非法证据若干问题规定》,对诸多问题予以细化,进一步健全了我国非法证据排除规则的体系,对于规范司法机关办案、保障被告人权利起到了积极作用。

(5) 初步构建了我国证据规则体系。由于先前关于证据的立法相对原则,缺乏明确细致的证据规则,司法人员在运用证据认定案件事实时享有较大的自由裁量权。近年来,随着司法改革的进一步推进,我国诉讼制度不断完善,也逐步构建了证据规则体系。除了非法证据排除规则外,补强证据规则、意见证据规则、最佳证据规则等内容相继完善,最高人民法院也先后就刑事诉讼证据、民事诉讼证据和行政诉讼证据的审查判断问题颁布了具有司法解释效力的证据规则,并对各类证据的证明力大小作出了一系列的规定,明确了质证规则与认证规则,有助于裁判者准确认定事实,采纳证据。尽管传闻证据规则等在我国证据法体系中仍未完全确立,但随着证人出庭作证等制度的不断推进,相信我国证据规则体系也将得到进一步完善。

第三节 证据法的立法模式

一、域外证据法的立法模式

世界各地的法律传统与文化的差异,导致不同国家和地区在证据法的立法模式上存在显著差异。当前,域外证据法的立法模式主要有三种:

(一) 统一立法模式

统一立法模式,即国家制定独立于其他部门法律的证据法典,将民事证据与刑事证据规范规定在一起,其适用效力及于所有诉讼。目前,美国、澳大利亚、印度等国采取了统一立法模式,1872 年《印度证据法》、1975 年美国《联邦证据规则》、1995 年《澳大利亚证据法》是其典型代表。

(二) 单行立法模式

单行立法模式,即国家并不制定统一的证据法典,而是制定诉讼领域独立的证据法,内容仅涉及刑事诉讼证据或民事诉讼证据。英国是采取这种模式的代表性国家。虽然英国也是英美法系国家,但在证据法模式上却采取了与美国截然不同的做法。在单行立法模式之下,英国颁布了《1972 年民事证据法》《1995 年民事证据法》《1965 年刑事证据法》《1984 年警察与刑事证据法》《1999 年青少年审判与刑事证据法》等。实行民刑证据相分立,不制定统一的证据法典,与英国民事诉讼和刑事诉讼中证据法发展不平衡有着很大的关系。[①] 除英国之外,新西兰也采取了单行立法模式。

(三) 融合立法模式

融合立法模式即国家在诉讼法典或实体法典之中,分散地对证据制度或证据规则加以规定。大陆法系国家大多采用这种立法模式。以刑事证据立法为例,一般来说,刑事证据法分散规定于大陆法系国家的刑事诉讼法之中。不过,在具体的立法体例上也存在着差异:(1)将几乎所有关于证据的内容都集中规定在刑事诉讼法的某一专门章节之中,而将法庭证据调查的规则规定在审判程序之中,意大利《刑事诉讼法》即如此。(2)将有关证据的规范分散规定在刑事诉讼法的通则以及相应的诉讼程序之中,法国、德国的《刑事诉讼法》即如此。(3)将有关证据的收集、审查和判断的具体规定分散于刑事诉讼法的总则或者其他具体程序之中,但以专章或专节的形式对证据的基本原则、证据能力等问题予以规定,这以日本、韩国的《刑事诉讼法》为典型代表。(4)将证据的收集、审查和判断的具体规定分散于其他具体程序之中,而将证据的定义、种类等作为一章专门规定在刑事诉讼法的总则部分,俄罗斯的《刑事诉讼法》即如此。值得注意的是,尽管大多数大陆法系国家将证据法的内容规定在诉讼法典之中,但也有少数国家将其规定在实体法之中,如《法国民法典》就规定了部分民事证据法的内容。

---

① 尹丽华:《论我国证据法的立法模式》,《求是学刊》2004 年第 5 期。

二、我国证据法的立法模式

受大陆法系传统影响,我国现行的证据法采用了与大陆法系国家相似的立法模式,即没有制定统一的证据法,证据法的内容主要规定在《刑事诉讼法》《民事诉讼法》和《行政诉讼法》之中。尽管我国三大诉讼法都设有专章或专节来规定证据法的内容,但相关规定过于原则与粗放,相关规则难成体系,这与证据法在诉讼活动中应有的地位并不相符,导致其未能充分发挥应有的功能价值,甚至成为影响我国诉讼程序正义和诉讼结果公正的重大障碍。为了弥补这一不足,最高人民法院、最高人民检察院出台了专门的司法解释,对证据规则与证据运用等问题进行了细化规定,充实与发展了我国证据法的内容。这也成为我国证据法立法模式的一大特色。例如,2010 年《非法证据排除规定》与《办理死刑案件证据规定》就是刑事证据法领域两部重要的司法解释。两部司法解释对刑事诉讼中证据运用问题作了较为系统的规定,构建了非法证据排除规则的基本框架,许多内容为 2012 年《刑事诉讼法》所吸收,成为我国刑事证据制度的重要组成部分。2017 年,两院三部又颁布了《严格排除非法证据若干问题规定》,成为我国刑事证据法又一重要的法律渊源,进一步完善了我国刑事证据法的体系。

近年来,证据法的立法模式始终是理论界研究的热点问题。目前,对于我国未来证据法的立法模式,理论界主要有以下几种主张:(1)制定统一的证据法典,即将刑事证据、民事证据和行政诉讼证据的内容进行整合,统一规定在一部证据法典之中;[①](2)出台单行的证据法,即分别制定刑事证据法、民事证据法和行政证据法;[②](3)完善现有三大诉讼法中有关证据的法律规定,即通过修改《刑事诉讼法》《民事诉讼法》《行政诉讼法》,对其中有关证据制度的内容进行补充与完善;[③](4)将证据法融入现行实体法,并予以协调和完善。[④]

三、证据法立法模式的选择

(一)证据法立法模式的比较

无论是统一立法模式、单行立法模式还是融合立法模式,都有其各自的特点。

统一立法模式最大特点在于国家制定了统一的证据法典,效力及于所有诉讼。然而,证据法典庞杂,内容涉及众多,必然需要花费更多的资源去协调与归纳诉讼法的共通性内容,从而确保适用规则的普遍化。因此,对于证据法制度尚未发展成熟的国家而言,这项立法工作的难度将会比较大。

单行立法模式充分考虑到刑事诉讼法、民事诉讼法及行政诉讼法在制度属性、功能、主体、证明标准、证明责任与证明规则等方面的差异,以及制定统一的证据法典的实际难度,相对而言,可以减少立法工作与法律适用上的不便。不过,单行立法模式可能会导致对某些问题的重

---

①　张保生:《证据规则的价值基础和理论体系》,《法学研究》2008 年第 2 期。

②　毕玉谦:《民事证据立法基本问题之管见》,《人民司法》2001 年第 1 期;汤维建:《我国民事证据立法的模式选择》,《人民司法》2001 年第 7 期。

③　宋英辉、郭云忠:《我国刑事证据立法模式之选择》,《中国刑事法杂志》2003 年第 1 期。

④　王利明:《审判方式改革中的民事证据立法问题探讨》,《中国法学》2000 年第 4 期。

复规定,甚至导致单行立法之间的冲突。

融合立法模式,由于证据法分散规定于既有的法典之中,因而具有很强的针对性。尤其是将证据法融合至诉讼法中的做法,认可且突出了证据法与诉讼法之间的重要关联,不仅有利于司法实践的操作与适用,还有利于诉讼程序的有序进行。此外,这一模式之下的证据立法难度与成本也相对较小。但是,这种模式可能面临着证据法内容过于分散的风险,而如何与诉讼法进行协调也是较为现实的困难。

(二) 证据法立法模式的考量

选择什么样的立法模式,不仅关系到证据法的内容和体例结构,更是影响证据法规范在实践中能否充分发挥其功能的关键。本书认为,证据法立法模式的选择应当考量以下几个方面的因素:

1. 国家立法技术的问题

三大诉讼证据之间尽管存在着许多共性内容,但是由于诉讼性质、法律属性、具体功能、诉讼主体等方面的不同,在举证主体、证明对象、证明标准、证明程序以及证据效力等内容上存在着较大差异。因此,相对于其他立法方案,制定统一的证据法典将面临更大的立法技术难题,即如何统一协调三大诉讼法的内容。事实上,在美国,证据法的法典化经历了三次漫长而艰辛的努力,最终才成功出台了 1975 年美国《联邦证据规则》。考虑到司法实践工作对于证据规则指引的客观需求,如果等待工作量巨大的统一证据法典的制定,恐怕无法满足现实的立法需要。这也说明了,选择什么样的证据法立法模式,离不开对国家立法技术的考量。

2. 证据法与诉讼法协调的问题

证据法兼具实体法与程序法的特征。但是,从内容上来看,证据法更多涉及对案件事实的认定规则,这些规则具有重要的程序意义。加之证据法运行和实现于诉讼程序之中,无论是证据的收集与审查,还是证据的质证和认证,都是重要的诉讼活动。因此,证据法与诉讼法有着非常密切的联系,在选择证据立法模式时就面临着如何协调、统一二者关系的问题。为了确保证据法与诉讼法协调统一,避免产生矛盾与重复,必须慎重考虑哪些证据法的内容应当被纳入诉讼法,哪些内容则可从诉讼法中独立出来。

3. 本土法律传统的问题

从域外经验来看,证据法立法模式与国家法律的形成特征有着紧密关联,因而英美法系国家与大陆法系国家采取了截然不同的证据法立法模式。具体来看,法官在英美法系国家证据法的形成过程中起到了不可替代的作用,证据法的内容是法官长期司法实践和遵循司法先例的结果,继而逐步发展与完善了英美法系的判例法制度。判例的繁荣发展又催生了总结、归纳乃至最终制定独立的证据法典的客观需求。并且由于英美法系国家采取的是以陪审团为基础的当事人主义诉讼模式,在对抗激烈的审判过程中作出证据裁决时,法典化能使证据法容易被理解和接受,从而保障了裁判的一致性。[1] 相比之下,大陆法系国家传统上实行职权主义诉讼模式,法官在证据法的形成过程中并未发挥如此积极的作用。但由于大陆法系法官为查明事实真相有权主动进行证据调查,不受当事人双方的限制,因而为了减少法官在职权调查方面的障碍与束缚,国家对于证据规则并不倾向作出专门规定,而仅将证据法规范作为诉讼法律制度的

---

[1]　约翰·J.凯博思奇、封利强:《证据法典化、统一立法与分别立法》,《证据科学》2008 年第 2 期。

一部分反映在诉讼法之中。由此可见,本土法律传统也是选择证据法立法模式时必须考虑的因素。

(三) 我国证据法立法模式的完善

在全面推进依法治国的时代背景下,随着司法体制改革的不断深入推进,证据作为法治的基石,在诉讼中的地位得到了进一步的凸显。现行三大诉讼法中有关证据的规定已经逐渐不能适应建设现代法治国家的需要,也无法满足司法实践的实际需求。因此,完善证据法立法、发展证据制度是我们面临的重要议题。

考虑到当前我国采用了与大陆法系国家相似的证据法立法模式,即将证据法的内容融合到三大诉讼法之中,若要分别从中抽取证据法的内容并加以整合,制定统一的证据法典,则存在着不小的难度,立法成本也相对较高。因此,在制定统一证据法典的条件尚未成熟之际,目前较为妥当的方式是在照顾整个法典结构体例的基础上,对三大诉讼法中关于证据制度的内容进行修订和补充。同时,对于一些特殊问题也可以考虑出台单行的证据法,如证人作证法、证人保护法、传闻证据规则等,以解决司法实践在证据运用上的现实需要。

此外,党的二十大报告指出,推进马克思主义中国化时代化,应当把马克思主义基本原理同中国具体实际相结合、同中华优秀传统文化相结合。同样,在证据法领域,完善我国证据立法与证据法体系,也应当充分考虑我国司法实践的实际情况,不宜盲目移植域外的证据法立法模式。我国古代证据制度是新时代证据制度的重要基础,应对其中的有益部分予以创造性转化、创新性发展。上述方案不仅能够兼顾不同诉讼的特点和发展状况,同时也考虑到了我国的立法传统与实际情况。更为重要的是,通过完善三大诉讼法中关于证据制度的内容,也能进一步推动我国三大诉讼法的发展与进步。

【思考题】

1. 简述证据法的性质。
2. 简述法定证据制度的内容与特点。
3. 简述我国现代证据制度的主要特点。
4. 证据法立法模式有哪几种类型?
5. 谈谈对完善我国证据法立法模式的认识。

思考题参考答案

【参考文献】

1. 陈光中主编:《证据法学》(第四版),法律出版社 2019 年版。
2. 陈光中:《中国古代司法制度》,北京大学出版社 2017 年版。
3. 卞建林、谭世贵主编:《证据法学》(第四版),中国政法大学出版社 2019 年版。
4. 张保生主编:《证据法学》(第二版),中国政法大学出版社 2014 年版。
5. 陈瑞华:《刑事证据法学》,北京大学出版社 2012 年版。
6. 林钰雄:《严格证明与刑事证据》,法律出版社 2008 年版。
7. 毕玉谦:《民事证明责任研究》,法律出版社 2007 年版。
8. 陈卫东、谢佑平主编:《证据法学》,复旦大学出版社 2009 年版。

9. 喻名峰:《刑事证据法的价值结构》,《法学评论》2015 年第 4 期。

10. 张保生:《证据规则的价值基础和理论体系》,《法学研究》2008 年第 2 期。

11. 纪格非:《论证据法功能的当代转型——以民事诉讼为视角的分析》,《中国法学》2008 年第 2 期。

12. 何家弘:《证据法功能之探讨——兼与陈瑞华教授商榷》,《法商研究》2008 年第 2 期。

13. 李浩:《民事证据法的目的》,《法学研究》2004 年第 5 期。

14. 宋英辉、郭云忠:《我国刑事证据立法模式之选择》,《中国刑事法杂志》2003 年第 1 期。

15. 江伟、吴泽勇:《证据法若干基本问题的法哲学分析》,《中国法学》2002 年第 1 期。

16. 陈光中、陈海光、魏晓娜:《刑事证据制度与认识论——兼与误区论、法律真实论、相对真实论商榷》,《中国法学》2001 年第 1 期。

17. 何家弘:《论司法证明的目的和标准——兼论司法证明的基本概念和范畴》,《法学研究》2001 年第 6 期。

18. 毕玉谦:《民事证据立法基本问题之管见》,《人民司法》2001 年第 1 期。

19. 汤维建:《我国民事证据立法的模式选择》,《人民司法》2001 年第 7 期。

20. 王利明:《审判方式改革中的民事证据立法问题探讨》,《中国法学》2000 年第 4 期。

第二章 证据法的基本理论

■ 导语

　　证据法的基本理论,又称证据法的理论基础,是指在宏观层面对证据法的具体理论、制度和实践发挥指导作用的基础性理论。证据法的基本理论不同于某一特定单项证据制度或者证据规则的具体理论依据。20世纪,我国证据法学研究比较薄弱,学者对证据法的基本理论问题关注较少。21世纪初开始,证据法的基本理论逐渐成为我国证据法学研究的热点问题之一。

　　我国传统证据法理论往往只强调认识论对证据法的指导作用,但随着证据法学研究的不断深入,价值论和方法论对证据法的指导作用也逐渐被人们所认识。证据法的基本理论应当包括认识论、价值论和方法论三个部分。

第一节 认 识 论

　　诉讼主体运用证据来揭示、阐明和确定案件事实的活动是一种认识活动。虽然这种认识活动与人类生产和生活实践中的其他认识活动相比,具有某些方面的特殊性,但同样需要遵循认识活动的普遍规律,在认识论的指导下进行。

一、认识论概述

　　认识论是关于人类认识的对象和来源、认识的本质和目的、认识的能力、认识的结构、认识的过程和规律以及认识的检验的哲学理论。[1] 国内外证据法的相关理论、制度和实践都有相应的认识论基础。

(一)西方证据法的认识论基础

　　从历史上看,证据法学理论自产生之初就是在近代认识论的指导下形成的。西方近代认识论主要包括"经验论"和"唯理论"两种流派。经验论也被译为"经验主义",与"唯理论"相对,其坚持将知识与经验结合在一起,认为感性经验是知识的来源和界限。[2] 这种认识论学说的代表人物包括培根(Bacon)、霍布斯(Hobbes)、洛克(Locke)、巴克莱(Berkeley)和休谟(Hume)等。

---

① 《辞海》(第七版)(缩印本),上海辞书出版社2022年版,第1868页。
② 《辞海》(第七版)(缩印本),上海辞书出版社2022年版,第1140页。

唯理论也被译为"理性主义",与"经验论"相对,其在知识的来源和获取上推崇或夸大理性的作用,只承认理性认识的可靠性,否认理性认识依赖于感性经验。[①] 这种认识论学说的代表人物包括笛卡尔(Descartes)、斯宾诺莎(Spinoza)和莱布尼茨(Leibniz)等。从地域上看,经验论主要集中在英国,唯理论主要集中在欧洲大陆,所以习惯上二者被分别称为"英国经验论"和"大陆唯理论"。

英美证据法的产生和发展深受"经验论"的影响。从证据理论的角度来看,"英美证据研究扎根于一种单一的哲学传统——由洛克、边沁、J.S. 密尔、西季威克以及像 A.J. 艾耶尔这样的现代分析哲学家所代表的英国经验主义"[②];"威格莫尔的认识论——同样是在未加思索或论证的情况下采取的——是洛克、边沁和约翰·斯图亚特·密尔传统下的一种常识经验主义"[③]。1754 年出版的由吉尔伯特(Gilbert)所著的《证据法》一书被认为是英美证据法学专门化研究的开端。该书将洛克的经验论思想作为立论依据,阐释了评价证据的原则和方法。洛克曾经在《人类理解论》一书中分别开辟专章讨论了"知识的等级"(degrees of knowledge)、"盖然性"(probability)、"赞同的程度"(degrees of assent)和"理性"(reason)等问题。洛克指出,盖然性是不完善的证明(fallible proofs)的表现形式,旨在弥补知识的缺乏。[④] 吉尔伯特在序言中引用了洛克的论断:"首先,已经为人类智慧所观察到的是,存在着数种刻度:从完善的确定性证明(perfect certainty demonstration),到未必可能(improbability)和不太可能(unlikeliness),直到不可能(impossibility)。相对于这种证据的刻度,人类理智也存在相应的几种刻度,这可以称作为'赞同的程度'(degrees of assent):从完全的肯定和确信(full assurance and confidence),到猜测(conjecture)、怀疑(doubt)、不信任(distrust)和不相信(disbelief)。"[⑤] 吉尔伯特认为,在一切公正审判中所要做的就是将所有的材料依照盖然性标准进行排列,以便将大部分分量置于应当占据优势的理由上。所以,首要的也是最为重要的证据规则就是:必须获得符合事实性质的最佳证据。[⑥] 据此,他将证据划分为不同的种类,并依据对其确信的程度予以排列,从而形成了一个形式化的等级结构。这一盖然性等级被后世的英美证据法学者所沿用。学者指出:"无论评价原则发展中的可能性如何,还是有一个已建立的词汇表——说服力和证明力的等级,据此可以在法庭和其他语境中加以表达。值得注意的是,这个词汇表在过去两个世纪中几乎没有变化。"[⑦]

从证据制度的角度来看,英美证据法同样体现了经验主义的认识论。在历史上,英美证据法经历了由"文书中心主义"向"人证中心主义"的演变。近代以来英美法系国家普遍采用"人证中心主义"的证明方法,整个制度体系都是围绕人证设置的。"人证中心主义"的基本含义就是"实体法中对证据形式一般不做特殊要求,任何法律行为都可以用证人的形式加以证明"[⑧]。有学者指出,吉尔伯特及其后继者们犯了如下错误:他们忽视了实物证据,对间接证据关注不

---

① 《辞海》(第七版)(缩印本),上海辞书出版社 2022 年版,第 2333 页。

② [英]威廉·特文宁:《证据理论:边沁与威格摩尔》,吴洪淇、杜国栋译,中国人民大学出版社 2015 年版,第 26 页。

③ [英]威廉·特文宁:《证据理论:边沁与威格摩尔》,吴洪淇、杜国栋译,中国人民大学出版社 2015 年版,第 189 页。

④ John Locke, *An Essay Concerning Human Understanding*, T. Tegg and Son, 1836, p. 500.

⑤ Geoffrey Gilbert, *The Law of Evidence*, S. Cotter, 1754, p. 1.

⑥ Geoffrey Gilbert, *The Law of Evidence*, S. Cotter, 1754, pp. 1—3.

⑦ [美]特伦斯·安德森、[美]戴维·舒姆、[英]威廉·特文宁:《证据分析》(第二版),张保生等译,中国人民大学出版社 2012 年版,第 304 页。

⑧ [美]约翰·W. 斯特龙主编:《麦考密论证据》(第五版),汤维建等译,中国政法大学出版社 2004 年版,代译序。

足并且忽略了几个至关重要的区分。① 正是基于以人证为中心的制度设计,英美法系国家采用专家证人制度,像对待普通证人那样在法庭上通过交叉询问来获取专家证言。与大陆法系的司法鉴定制度相比,专家证人制度更多地反映了立法者对感性经验的重视。此外,有学者指出,经验主义哲学是英美国家的主导哲学理论,具体到认识论方面,就表现为对人类的认识能力持谨慎的怀疑态度。② 英美学者普遍认为,案件发生在过去,人类无法通过诉讼证明活动达到对案件事实的绝对确定性认识。从辩证唯物主义认识论的观点来看,这是一种不可知论的观点。例如,当代英国证据法学家威廉·特文宁(William Twining)就认为,相较决斗、免罚宣誓审判(compurgation)或者痛苦考验这样的"非理性"模式,裁判作出模式一般被认为是"理性的"。然而,现代裁判体系是"理性的"这样一种主张,是对什么应该被视为这一体系的一个可行的目标的一个表述,它并不必然包含对这样一种观点的承诺:这样一种目标在现实中总是、常常甚至偶尔能够实现。③

大陆法系国家证据法的产生和发展或多或少地受到了"唯理论"的影响。与英美法系国家通常将事实认定看作常识和经验问题而交由陪审团裁判不同,大陆法系国家一般实行职业法官审判制度,注重发挥法官的专业知识和技能在事实认定中的作用。即使中世纪盛行的法定证据制度也体现了立法者通过总结和运用审判实践中的一般规律来规范事实认定过程和结果的努力。在自由心证原则得以确立的背景下,大陆法系国家的事实裁判者不像英美法系国家的陪审团那样无须说明理由,而必须在裁判文书中阐明心证形成的根据。"在大陆法系国家,法官必须遵循思维规律、经验法则和自然科学规律。根据科学知识能够认定的事实,法官在形成确信方面便没有空间。违反思维规律、经验法则或者自然科学规律的裁判可能被上级法院撤销。"④ 此外,大陆法系国家没有英美法系的"人证中心主义"传统,其更为注重实物证据在事实认定中发挥的作用。

除了经验论和唯理论,西方近代认识论还包括其他一些流派,也对证据法的相关理论和实践产生了影响。例如,1820年,被传统英美学者视为"离经叛道者"的苏格兰律师兼地方司法官詹姆斯·格拉斯福德(James Glassford)在其出版的《证据原理及其在司法探知中的应用》一书中,倡导一种整体主义的事实认定方法,对传统的原子主义的事实认定方法提出了挑战。⑤ 尽管格拉斯福德所提出的理论在当时并没有产生多少影响,在其后很长的历史时期内也不为人所关注,但是到了20世纪80年代经由艾布·哈瑞拉(Abu Hareira)的解说和阐释,格拉斯福德的思想开始为学界所熟知。格拉斯福德的"整体主义"思想的哲学基础是以托马斯·里德(Thomas Reid)、杜格尔德·斯图尔特(Dugald Stewart)为代表的苏格兰常识学派的认识论思想。与洛克主张借助于经验、通过观念的契合来获得认识的思想路线不同,他们认为,认识来源于人的内心固有的结构,常识是一切推理和全部科学的基础。人类在认识世界的过程中并非首先获得互不关联的观念,然后再据此作出关于这些观念之间关系的判断,而是凭借感觉的"提示"直接获得判断。所以,人类的知觉是由感觉通过"提示"产生的,而感觉是人心固有结构的产物。

---

① 〔英〕威廉·特文宁:《反思证据:开拓性论著》(第二版),吴洪淇等译,中国人民大学出版社2015年版,第42页。

② 左卫民、周长军:《刑事诉讼的理念》(第三版),北京大学出版社2022年版,第218—219页。

③ 〔英〕威廉·特文宁:《证据理论:边沁与威格摩尔》,吴洪淇、杜国栋译,中国人民大学出版社2015年版,第23—24页。

④ 何家弘主编:《外国证据法》,法律出版社2003年版,第399页。

⑤ James Glassford, *An Essay on the Principles of Evidence and Their Application to Subjects of Judicial Inquiry*, Edinburgh and London, 1820.

此外,怀疑主义同样对证据法的相关理论和实践产生了影响。有学者指出:"认识论怀疑主义和相对主义与哲学本身一样古老。"① 尽管经验主义哲学对人类的认识能力持谨慎的怀疑态度,但它毕竟要与怀疑主义划清界限。对此,英国证据法学家威廉·特文宁曾作出以下概括:(1)英美的主流证据理论家们全都是英国经验主义传统中的认知主义者。(2)认知主义者已经对怀疑论观点作了许多重要的让步,而且其中一些让步对于任何 EPF(证据、证明和事实)理论都有着潜在的影响。(3)在今天,真正的哲学怀疑论是非常稀少的,而在法律情境中,我们应该细致地审查提出这种主张的那些人的凭证。② 近年来兴起的"新证据学"思潮同样遭遇了各式各样的怀疑主义的挑战。比如,有些学者主张,"新证据学"实际上是另一轮的"科学主义"。这些批评者认为,关于事实的推理和证明本来就是凭直觉的、主观的和模糊的过程,"新证据学"的错误之处在于试图将这一过程变成科学的、可精确量化的和客观的。③

尽管当代西方认识论有了新的发展,但近代哲学家培根、洛克、休谟等的认识论思想仍然对英美证据法发挥着重要的指导作用。有学者对当今英美证据法的认识论假设作出了如下概括:(1)事件(events)或事态(states of affairs)发生之后便产生了一个独立于人类观察的存在;真实的陈述是那些与事实(fact)——存在于外部世界的真实事件或事态——相符合的陈述。(2)对过去事件的当前认知大致是可能的。在这一语境下,"认知"(knowledge)意味着正当的确信,并且这些确信达到了真实世界中事实陈述之真实性的具体证明标准。(3)对过去事件的当前认知通常建立在不完整证据的基础上,由此可以推知对所主张的过去事件之真实性的确立通常是一个缺乏完全确定性的概率问题或可能性问题。(4)一般来说,对过去事实之主张的盖然性真实的判断必须建立在外部世界对事件之共识(common course)的现有"知识库"(stock of knowledge)的基础上。④

(二) 我国证据法的认识论基础

我国证据法的认识论基础是辩证唯物主义认识论。辩证唯物主义认识论也称"马克思主义认识论",是马克思和恩格斯等先哲在总结、批判与继承以往哲学史上的各种认识论的基础上建立和发展起来的科学的认识论。它的基本原理是能动的革命的反映论,在坚持从物质到意识的认识路线的基础上,把辩证法应用于认识论,并把实践的观点提到第一的地位。认为实践是认识的基础,认识是在实践基础上的主体对客体的能动反映,是合规律性与合目的性的统一;它不是对客观外界的直观的消极的反映,而是为了改造客观世界而进行的积极的能动的反映;人类认识真理的过程,是从感性认识能动地飞跃到理性认识,又从理性认识能动地飞跃到革命实践的辩证过程:真理是在与谬误的斗争中发展的,同时也是由相对到绝对的过程;一个正确的认识,往往需要经过由实践到认识,再由认识到实践的多次反复,才能完成。实践是检验真理的唯一标准。辩证唯物主义的认识论科学地揭示了认识的本质、来源、发展过程及其规律,克服了旧唯物主义认识论的根本缺陷,彻底驳倒了唯心主义的认识论和不可知论。⑤ 其主要内容可以概括为以下四个方面:

---

① ［英］威廉·特文宁:《反思证据:开拓性论著》(第二版),吴洪淇等译,中国人民大学出版社 2015 年版,第 106 页。
② ［英］威廉·特文宁:《反思证据:开拓性论著》(第二版),吴洪淇等译,中国人民大学出版社 2015 年版,第 122 页。
③ Peter Tillers, "Webs of Things in the Mind: A New Science of Evidence", 87 *Michigan Law Review*, 1225 (1989).
④ ［英］威廉·特文宁:《证据理论:边沁与威格摩尔》,吴洪淇、杜国栋译,中国人民大学出版社 2015 年版,第 20 页。
⑤ 《辞海》(第七版)(缩印本),上海辞书出版社 2022 年版,第 145 页。

1. 能动的反映论

西方哲学史上有两种占据主导地位的真理观,即符合论的真理观和融贯论的真理观。符合论认为一切跟认识对象相符合的认识都是真理,有机械唯物主义的符合论与唯心主义的符合论之分。前者把认识看作同外界对象简单的、机械的符合;后者以主观经验或宇宙精神为认识对象,其所谓的符合无非是精神的东西和精神的东西相符合。① 融贯论也被译为"贯通说",认为任何概念、判断、规律、理论,只要能够同其他概念、判断、规律、理论相一致,与之融会贯通并能自圆其说,就是真理。② 通常认为,英美证据法在产生和发展的过程中,比起真理融贯论,一般更偏爱于某种真理符合论。作为实现法律正义的一种手段,探求真相作为一种社会价值,获得了一种崇高的但并不必然压倒一切的优先性。③ 但是,也有不少英美学者倾向于坚持真理融贯论。比如,有的学者主张以所谓的"辩证的证明方法"来取代"古典的科学证明方法",以真理融贯论来取代真理符合论。也就是不再探究我们所建构的理论是否跟事实相符,而要看理论能否融为连贯一致的整体。这些学者并不否认,这一做法似乎为某种怀疑主义留下了余地,而这种怀疑主义成了许多20世纪作品的特征。④

辩证唯物主义认识论不再纠缠于符合论和融贯论之争,进而创立了能动的反映论。反映论是对近代符合论的继承和发展,是唯物经验符合论的最高发展阶段。它认为人类的感觉概念和全部认识过程都是对客观世界的反映。旧唯物主义的反映论不了解认识对社会实践的依赖关系,不能把辩证法应用于反映论,因此是消极的、直观的反映论。辩证唯物主义认为,人的认识是基于实践的辩证发展过程,它不仅反映世界,而且通过实践改造世界。这种反映论是能动的革命的反映论。⑤

2. 唯物论观点

根据辩证唯物主义认识论,人的认识是人脑这一特殊物质对外部现实世界的反映,是物质最高级的反映形式。辩证唯物主义认识论在肯定物质世界在意识之外并且不依赖于意识而客观存在这一前提下,肯定物质世界的可知性和人们认识世界的可能性,认为人们的意识或思维能够认识客观的现实世界,人们关于现实世界的表象和概念,能够正确地反映现实,认识的内容来自外部现实世界。辩证唯物主义认识论否定一切形式的唯心主义认识论,反对一切不可知论。

坚持辩证唯物主义认识论,就要承认真理的客观性。凡是真理都具有客观性,因此真理也被称为客观真理,这是真理之所以为真理的首要条件。真理的客观性或客观真理,主要是指在真理性的认识中包含着不以人和人的意志为转移的客观内容。一切科学的定律、学说、理论之所以是真理,就是因为它们同客观事物及其发展规律相符合。真理当中不能含有同客观实际相违背的主观成分。⑥

3. 辩证法思想

辩证唯物主义认识论把辩证法应用于反映论,克服了西方哲学史上经验论和唯理论的片

① 《辞海》(第七版)(缩印本),上海辞书出版社2022年版,第628页。
② 《辞海》(第七版)(缩印本),上海辞书出版社2022年版,第1878页。
③ [英]威廉·特文宁:《证据理论:边沁与威格摩尔》,吴洪淇、杜国栋译,中国人民大学出版社2015年版,第23页。
④ J.D.杰克逊:《刑事诉讼程序中的两种证明方法》,李明译,张志铭主编:《师大法学》(2017年第2辑),法律出版社2018年版。
⑤ 《辞海》(第七版)(缩印本),上海辞书出版社2022年版,第556页。
⑥ 李秀林、王于、李淮春主编:《辩证唯物主义和历史唯物主义原理》(第五版),中国人民大学出版社2004年版,第296页。

面性。它强调辩证法科学地阐明了认识发展的辩证过程,揭示了认识过程中各种因素之间的辩证关系。辩证唯物主义认识论指出,人们在实践基础上得到的关于外部世界的初级认识是感性认识,它包括感觉、知觉、表象等形式。感性认识是对外部世界的直接反映,是人们获得知识的第一步,属于认识的初级阶段。辩证唯物主义认识论强调认识主体在获得感性认识的基础上,必须用理性思维对感性材料进行逻辑加工,即遵循从感性具体到抽象,又从抽象上升到思维具体的方法以及逻辑的东西与历史的东西相统一的原则,通过归纳和演绎、分析和综合,以概念(范畴)、判断、推理的形式,形成理论知识的体系,把客体作为许多规定的综合,亦即多样性的统一的整体在思维中观念地再现出来,这就是理性认识。理性认识是对事物的本质及其内在规律的反映,是认识的高级阶段。

辩证唯物主义认识论反对那种建立永恒不变的绝对知识体系的企图,也反对对认识活动及其结果作出超历史的抽象评价,强调认识的历史特点,强调真理的具体性。一定的具体历史条件下的社会实践的性质和发展水平决定着相应时代的认识的结构和发展水平。但是,一切在实践基础上产生并经过实践检验的认识,都具有不依赖于实践主体的内容。辩证唯物主义认识论建立了关于绝对真理和相对真理的辩证关系的学说。任何真理总是对无限发展着的客观世界的某些部分、某些方面、某个具体发展过程的有限认识,任何真理都是相对的。但是,任何真理的内容都是客观的,都是对无限发展着的物质世界的完全正确的认识,都不能被推翻,并且这种正确认识每前进一步,都是对无限发展着的物质世界的接近,所以,真理又是绝对的。

4. 实践的观点

辩证唯物主义认识论在坚持唯物主义反映论的同时,克服了以往一切唯物主义离开人的社会性、离开人的历史发展去观察认识问题,因而不能了解认识对社会实践的依赖关系的缺点,把科学的实践观引入认识论,对认识论的研究进行了根本的改造,认为人的社会生活在本质上是实践的,同时强调社会生活和社会实践在认识领域的地位和作用。

辩证唯物主义认识论认为,认识不是由某种纯粹的自我意识或不依附于人身的理性来实现的。人作为认识的主体,首先在于人是社会实践的主体。只有通过社会实践,人才能形成和发展自己作为主体的本质力量,从而确立自己的主体地位。事物之所以能够成为认识的客体,首先在于它们是主体能动的实践活动的客体。实践是认识的直接来源,认识只有在实践的基础上才能发生,也只有依赖于实践的推动才能发展。实践的需要和发展既不断地向人们提出认识课题,又不断地为解决这些课题提供必要的经验材料和必要的工具、手段。实践还在改造客观世界的过程中不断改造人们的主观世界,锻炼和提高主体的认识能力。随着主体认识能力的发展,认识客体的广度和深度也会不断扩大,从而推动认识更加全面、更加深入地发展。认识的任务是要使主体的思想符合于客体的实际,达到客观真理,并用以指导进一步改造世界的实践,从而达到主观和客观、主体和客体的一致。但是,人的思维是否具有客观的真理性,要靠实践证明。从这个意义上说,辩证唯物主义认识论就是实践论。一个正确的认识,往往需要经过由实践到认识、再由认识到实践的多次反复,才能完成。实践是检验真理的唯一标准。

在整个社会历史发展过程中,人们的实践不断地向前发展,人们对客观现实的认识也不断地向前发展。认识发展的过程,是在实践的基础上由感性认识上升到理性认识,又由理性认识向实践能动地飞跃的过程。实践、认识、再实践、再认识,循环往复以至无穷,认识的内容由此而不断地扩展和加深,展现了整个人类认识从相对真理向绝对真理不断迈进的辩证过程。

二、认识论的基本内涵

马克思主义法学是人类历史上最先进、最科学的法学理论体系。[1] 马克思主义包括辩证唯物主义认识论的产生是人类思想史上的伟大变革,是马克思、恩格斯对人类思想理论、精神文化的发展所作的极为重要的贡献。[2] 辩证唯物主义的认识论在坚持反映论的基础上,把实践提到第一的地位,把辩证法应用于认识论,从而创立了能动的革命的反映论,科学地解决了认识论的根本问题。[3] 因此,辩证唯物主义认识论是我国证据法的指导思想,这一点必须毫不动摇地予以坚持。在我国证据法上,认识论的基本内涵可以被概括为以下几个方面:

(一)真实发现是证据法的首要目的

发端于 20 世纪初的关于"客观真实"与"法律真实"的讨论推动了对证据法的目的与功能的探索,学界出现了关于证据法的功能应当是促进真相发现抑或限制真相发现的争论。[4]

本书认为,真实发现是证据法的首要目的。正如学者所言,"法律程序的内在目的是查明真相与解决争执"[5]。古今中外的证据制度主要是为查明真相而设计的。这一点从英美证据法的历史和现实中也可以得到证实。从历史的角度来看,英美历史上第一部重要的证据法学著作是由吉尔伯特完成的,他认为:"与证据相关的首要规则就是获取与事实相符合的最佳证据,法律的设计就是要追求事实的确定性,而没有与事实相符的最佳证据就没有该事实的确定性。"[6] 从传闻规则的产生来看,"英国法庭之所以坚持排除传闻证据的可采性,是因为这种证据系经过传播、转述而来的'第二手证据',因此在传播、转述过程中容易出现错误或者伪造的可能性"[7]。从现实的角度来看,英美法系的证据规则由三部分构成:基础性规则、证据排除规则及其例外。作为基础性规则的相关性规则强调证据应当具有"实质性"和"证明性",这显然旨在确保真相的揭示;大部分证据排除规则的确立,如传闻规则、自白规则、意见规则等,都或多或少地基于发现真实的考虑;而之所以要为证据排除规则设置例外,就是为了避免刑事证明活动对形式真实的追求过分偏离于案件的真相,这几乎完全出于保障真实发现的目的。

虽然诉讼证明活动是一种特殊的认识活动,但不应基于其特殊性而否认其作为认识活动所具有的共性。诉讼证明活动就是在特定的时间和空间范围内,在一系列法律规则的制约下,运用证据"再现事实"的活动。所以,从立法者的角度来看,证据制度的设计必须优先考虑发现真相的需要。有学者对此以刑事证据制度为例进行了阐述。他们指出,刑事证据制度所要解决的核心问题是如何保证公安司法人员能够正确认定案件事实,亦即如何保证其主观符合客观。因此,它首先是一种认识活动,要受到认识规律的制约。辩证唯物主义认识论是关于人类认识自然、社会包括认识具体事物的一般规律的科学,它与刑事证据学是普遍理论与部门理论的关

①　张文显主编:《法理学》(第五版),高等教育出版社、北京大学出版社 2018 年版,第 43 页。

②　陈金美:《当代认识论问题研究》,中南大学出版社 2004 年版,第 12 页。

③　《辞海》(第七版)(缩印本),上海辞书出版社 2022 年版,第 1868 页。

④　陈瑞华:《从"证据学"走向"证据法学"——兼论刑事证据法的体系和功能》,《法商研究》2006 年第 3 期;何家弘:《证据法功能之探讨——兼与陈瑞华教授商榷》,《法商研究》2008 年第 2 期。

⑤　[美]迈克尔·D. 贝勒斯:《法律的原则——一个规范的分析》,张文显等译,中国大百科全书出版社 1996 年版,第 37 页。

⑥　Peter Murphy, *Evidence, Proof, and Facts: A Book of Sources*, Oxford University Press, 2003, p.41.

⑦　王以真主编:《外国刑事诉讼法学(新编本)》,北京大学出版社 2004 年版,第 92 页。

系,即一般与特殊的关系。[①]

(二) 诉讼证明是主体对客体的能动反映

诉讼证明究竟是一种对客观事实的摹写,还是对法律事实的建构? 对于这一问题,学界存在不同的看法。我国传统证据理论倾向于将事实认定过程视为证明主体对客观事实的一种"摹写"。一种有代表性的说法是,"司法机关所确定的这些事实,必须与客观上实际发生的事实完全符合,确定无疑"[②]。

近年来有些学者开始对这一传统理论进行反思,倾向于接受某些西方学者提倡的"建构说"。有西方学者指出,当人类经历了对客观真实概念的怀疑并认识到我们的事实认定方法并不可靠时,一些学者便开始将关于真理的"交互理论""对话理论""合意理论"奉为法律活动中事实认定制度的理论基础。这些理论的共同之处在于,强调的重点不再是事实真相,而是对事实主张的确证过程。事实真相仅仅被看作以合理方式建构的证据调查程序的理想目标。这些理论似乎主张,既然不能清楚地查明事实真相,我们至少应当以适当的方式作出关于事实认定的裁判。由此,通过以适当方式组织的、在持不同观点的人们之间展开的商谈,更有可能产生司法裁判所需的事实真相。[③] 显然,在这一观点之下,事实认定过程不再被看作对客观事实的"摹写",而被看作对法律事实的一种"建构"。

西方学者的上述思想对我国学者产生了很大的影响。近年来,不少国内学者也开始主张事实认定的"建构说"。比如,有的学者认为:"法律事实是人们在诉讼过程中对客体事实的认识结果,这一认识开始于个别主体对客体事实的经验和感受。当经验者用言语方式表达其对客体事实的经验和感受时,客体事实便转换成语言流传物。诉讼过程就是各方主体以言语方式表达事实主张,以寻求主体间的共同理解和解释,从而建构法律事实的过程。在这一过程中,制度性语境和规则成为主体间对话和评价的依据,在此基础上形成的共识便成为法律事实合理性的来源。"[④]

应当承认,上述学者所倡导的"建构说"是有一定道理的,尤其是"建构说"对主体之间的"交互""对话"和"共识"的强调表明,学者们已经注意到诉讼证明过程不是一个单向的思维过程,而是证明主体之间交互作用的过程。而这一点被传统的"摹写说"忽略了。同时,"建构说"也更能够形象地揭示裁判者在事实认定中的主观能动性,能够对裁判事实与客观事实的不一致提供更有说服力的解释。不过,"建构说"也有着其内在的缺陷:这一理论过分关注证明主体之间的互动关系,而忽略了证明主体与证明客体之间的互动关系,对证明客体之于证明主体的制约作用视而不见。达马斯卡(Damaska)尖锐地指出:"如果折中能够产生事实真相,那么,通过地心说与日心说之间的争论,所产生的正确结果就会是地球和太阳在绕着与它们等距离的中轴运转。"[⑤] 主体交互性和客体制约性是诉讼证明过程的两个基本属性。诉讼证明过程在

---

① 陈光中、陈海光、魏晓娜:《刑事证据制度与认识论——兼与误区论、法律真实论、相对真实论商榷》,《中国法学》2001 年第 1 期。

② 巫宇甦主编:《证据学》,群众出版社 1983 年版,第 78 页。

③ 〔美〕米尔吉安·R. 达马斯卡:《比较法视野中的证据制度》,吴宏耀等译,中国人民公安大学出版社 2006 年版,第 52 页。

④ 李力、韩德明:《解释论、语用学和法律事实的合理性标准》,《法学研究》2002 年第 5 期。

⑤ 〔美〕米尔吉安·R. 达马斯卡:《比较法视野中的证据制度》,吴宏耀等译,中国人民公安大学出版社 2006 年版,第 53 页。

证明主体之间的互动下推进,但同时受到证明客体的指引和证明手段的制约。从系统科学的角度来看,"摹写说"与"建构说"都是还原论思维范式的产物,二者分别从不同的侧面对事实认定活动进行了描述和刻画,但各有缺失。"摹写说"忽略了证明过程的主体交互性,而"建构说"则忽略了证明过程的客体制约性。

根据辩证唯物主义认识论,认识是在实践基础上的主体对客体的能动反映,具有摹写性与创造性两个基本特征。这种能动的反映论能够将"摹写说"与"建构说"有机地整合起来。一方面,事实认定是一种对客观事实的摹写,但它不同于科学研究领域的摹写。在证据法上,裁判事实并不包括真实、不真实和真伪不明三种状态,而只有事实主张成立与事实主张不成立两种状态。并且,事实主张成立也仅仅意味着其证明达到了法定的证明标准,并不意味着与客观案件事实完全一致。虽然立法者希望从制度设计上保障真相的发现,但是,在实践中,证明主体只能在各种主客观条件的制约下揭示案件的真相。只要对待证事实的证明达到了法定的证明标准,裁判者就必须对事实作出认定。另一方面,事实认定是证明主体对待证事实的建构,但是,无论从诉讼证明的目的、功能,还是从证据制度的具体规定来看,这种建构活动必须以客观事实为参照物。诉讼证明活动不能沦为政治商谈活动,一旦背离了真相也就远离了司法公正。当代英美学者关于证明过程的研究都深受传统经验主义哲学和当代实用主义哲学的影响。这些哲学思想不仅使英美有关证明过程的研究饱受各种怀疑主义的困扰,还促使学者们在一定程度上放弃了追求客观真实的努力,转而寻求证明主体间的"共识",将裁判结论的可接受性作为诉讼证明活动的目标。我国证据法以辩证唯物主义认识论为指导思想,诉讼证明应当以真实发现作为首要目标。事实认定结论不能仅仅满足于证明主体之间的"共识",而应当最大限度地追求与客观事实的一致性。

(三) 逻辑证明是案件事实的检验手段

在 20 世纪初有关"客观真实"与"法律真实"的争论中,部分法律真实论者对通过诉讼证明活动实现客观真实的可能性提出了质疑,而客观真实论者则坚持认为,如果以辩证唯物主义作为指导思想,就应当承认反映论和可知论,而承认可知论,就应当承认案件的客观事实从总体上来说是可以被办案人员所认识的。诉讼中认定案件事实即诉讼证明,与一般的认识事物相比,既有共性又存在特性。就其特性来说,诉讼证明必须以诉讼证据作为证明的手段,而证据的收集和运用必须遵循特定的程序和规则。但我们不能以此否定认识活动的共性,认为案件的真实情况根本不可能认识到。[1] 他们认为,法律真实论者"把认识论的一般规律与诉讼证明的特殊规律对立起来,以个性否定共性,以特殊规律否定一般规律,犯了'白马非马'的错误"。[2]

归结起来,法律真实论者否定客观真实的可实现性主要是基于以下三个方面的理由:一是司法人员能够获得的证据材料是有限的,并且需要借助盖然性的经验法则来推断出待证事实;二是根据真理相对性原理,司法人员在特定时空限制和法律规制下获得的只能是相对真理,而非绝对真理;三是根据辩证唯物主义认识论,实践是检验真理的唯一标准,发生在过去的案件事实无法通过实践加以检验。本书认为,上述观点不无道理,但据此完全否定客观真实的可实现性是值得商榷的,现分述如下。

---

① 陈光中:《诉讼中的客观真实与法律真实》,《检察日报》2000 年 7 月 13 日,第 3 版。
② 陈光中、陈海光、魏晓娜:《刑事证据制度与认识论——兼与误区论、法律真实论、相对真实论商榷》,《中国法学》2001 年第 1 期。

首先,实践中确实有些证据由于遗失或非法取得等不能作为定案根据,从而导致某些案件事实不能被法庭认定,但这并不意味着在所有的案件中都存在此种情形。诉讼证明确实离不开经验法则的运用,而经验法则往往具有盖然性。正如某些学者所言,经验法则往往不能采用全称判断的形式来表述,而只是盖然性的命题,这是因为,经验法则都是建立在不完全归纳的基础上的。[①] 然而,我们对于经验法则的性质也要作具体分析:一方面,并非所有的经验法则都是盖然性命题。有学者指出,在证据法意义上,经验法则是法官将日常生活中形成的反映事物之间内在必然联系的事理作为认定待证事实的根据的有关法则,这种事理作为一种事物的发展常态,并非仅为法官的主观经验作用,它应具有一定的确实性和合理性作为其客观基础。[②] 经验法则有"绝对经验法则"和"相对经验法则"之分。前者的逻辑形式是"所有的……都……",后者的逻辑形式是"大多数的……一般都……"。相对经验法则固然是盖然性命题,而绝对经验法则是确定性命题。如果不承认这一点,就意味着不承认客观真理的存在。我们知道,科学的基础是数学,而数学中逻辑性最强的当数几何学。几何学的求证过程要求逻辑严谨,但要证明一个几何命题,常常要引用一些"两点之间以直线为最短"之类的公理。这些公理目前是无法证明的,但我们不能因此而认为它是不可靠的。古希腊的先哲早就说过,"并非一切知识都是证明的知识;相反,直接前提的知识是独立于证明的"[③]。这里所说的"直接前提的知识"就是指公理,否认公理的真理性,是怀疑主义认识论的表现。正如国外学者所言,在一切事物中,偏偏科学竟无一例外地建立在其合法性无法用实验验证的基础上,这实在令人尴尬。它使许多经验主义的哲学家陷入不可知论、非理性主义或者神秘主义的泥潭,有的甚至被引入宗教歧途。[④] 自然科学上的证明尚且如此,更何况社会科学领域的证明。可见,在刑事诉讼中,绝对经验法则就是一些不证自明的公理,否认绝对经验法则的确定性,就会在诉讼证明领域陷入怀疑主义和不可知论。另一方面,虽然很多经验法则是盖然性命题,司法人员据此获得的推论具有一定的不确定性,但是,将所有的盖然性推论组合在一起却可能获得确定性的结论。早在 19 世纪,伯里尔(Burrill)就曾明确地指出了这一点:"具有推断的或者指定的含义的证据事实在很多情况下可以被比作一根根绳索,它们与案件主要事实之间形成了多种形式的联系,每一个联系彼此独立。尽管每个联系在力度上都很薄弱,但是,当它们交织在一起并达到足够数量的时候,便构成了一个牢不可破的连接媒介。"[⑤]

其次,法律真实论者关于绝对真理和相对真理的论断人为地割裂了真理的两种属性。正如人类的认识能力同时具有至上性与非至上性,任何真理也同时具有绝对性和相对性这两种属性。实际上,诉讼证明中的客观真实、绝对真实与相对真实是三个不同的概念,不应将客观真实与绝对真实或相对真实混为一谈。客观真实意味着司法人员要准确认定案件事实,达到主观认识与客观事实相符合,但这里要求办案人员达到的只是对案件事实在一定范围、一定层次上的正确认识。所谓"一定范围",是指法律并不要求办案人员查明案件事实的全部细节,只要查明与定罪量刑有关的事实即可。查清案件的全部细枝末节不仅不必要,而且不可能。所谓"一定

---

① 樊崇义等:《刑事证据法原理与适用》,中国人民公安大学出版社 2001 年版,第 17—62 页。

② 毕玉谦:《试论民事诉讼中的经验法则》,《中国法学》2000 年第 6 期。

③ [古希腊]亚里士多德:《工具论》,李匡武译,广东人民出版社 1984 年版,第 162—163 页。

④ [英]布赖恩·马吉:《波普尔》,郭昌辉、郭超译,昆仑出版社 1999 年版,第 5 页。

⑤ Alexander M. Burrill, *A Treatise on the Nature, Principles and Rules of Circumstantial Evidence: especially that of the Presumptive Kind in Criminal Cases*, Baker, Voorhis, 1868, p.598.

层次",是指法律并不要求司法人员对案件事实的认识达到绝对正确的程度,因为任何真理性认识都只能是对绝对真理的无限接近,而永远达不到绝对真理的程度。显然,客观真实并不是法律真实论者所批判的"绝对真实"。他们实际上是把客观真实曲解为绝对真实,然后加以批驳,自然难以令人信服。此外,法律真实论者还不适当地夸大了真理的相对性。真理虽然有相对性,但在一定的条件下,真理就是真理,谬误就是谬误,二者的界限是明确的。片面地理解真理的相对性,就会导致怀疑主义、诡辩论和不可知论。我们必须承认,在特定的条件下形成的确定性认识尽管还存在继续深化、细化的可能,但就我们当前面对的问题而言,此种认识程度已经包含了一定的客观内容,并足以满足实践的需要。[1]

真理的绝对性和相对性亦即绝对真理和相对真理,是真理的两种属性,不能割裂开来理解。恩格斯曾经指出:"真理和谬误,正如一切在两极对立中运用的逻辑范畴一样,只是在非常有限的领域内才具有绝对意义。"[2]而列宁又指出:"马克思和恩格斯的唯物主义辩证法无疑地包含着相对主义,可是它并不归结为相对主义,这就是说,它不是在否定客观真理的意义上,而是在我们的知识向客观真理接近的界限受历史条件制约的意义上,承认我们的一切知识的相对性。"[3]因此,我们可以在某种意义上说客观真理是绝对真理,也可以在另一种意义上讲客观真理是相对真理,但决不可简单地将客观真理等同于绝对真理抑或相对真理。可见,客观真实既不是绝对真实,也不是相对真实。其实,从证明程度层面上讲,"客观真实"与"法律真实"之间的关系并非哲学上的"绝对真理"和"相对真理"的关系,而是逻辑学上的"确定性命题"和"盖然性命题"的关系。应当承认,"客观真实"在某些个案中是可以实现的。"当一个唯物主义者,就要承认感官给我们揭示的客观真理。"[4]

最后,案件事实无法通过实践来检验,但可以通过逻辑证明来检验。辩证唯物主义认识论认为,实践是检验真理的唯一标准,但这并不排斥人类理性和逻辑证明在检验真理过程中的作用。诉讼证明的确是对发生于过去的事实的认识活动,不可能通过实践来检验,然而我们可以借助于逻辑证明来检验其认识结论的真理性。[5]

有学者指出,逻辑证明就是以已知的正确判断为前提,通过逻辑推理来确定待证判断是否正确的思维过程。[6]在实践检验认识之真理性的过程中,逻辑证明具有重要作用。例如,对于在实践上不可重复的遥远的过去的认识,固然可以借助于考古发掘的实践、科学检测的实践等加以检验,但在缺乏足够的实证资料的情况下,人们不得不求助于尽可能严密的逻辑推理。[7]

由以上分析可见,逻辑证明是通过案件事实认定结论真理性的检验手段。为了确保案件事实经得起逻辑证明的检验,我国应当像大陆法系国家那样对裁判者提出如下要求:审判法官不仅有义务明确法庭已经认定的事实,还有义务阐明支持每一个调查结论的各项证据以及从

---

①　吴宏耀:《刑事证明标准研究评述》,樊崇义主编:《诉讼法学研究》(第一卷),中国检察出版社2002年版,第535页。
②　《马克思恩格斯选集》(第三卷),人民出版社2012年版,第467页。
③　《马列著作选读·哲学》,人民出版社1988年版,第229页。
④　《列宁选集》(第二卷),人民出版社2012年版,第92页。
⑤　阮方民、封利强:《论我国刑事证明标准的现实选择:混合标准》,《浙江大学学报(人文社会科学版)》2002年第5期。
⑥　上海市高校《马克思主义哲学基本原理》编写组:《马克思主义哲学基本原理》(第九版),上海人民出版社2005年版,第154页。
⑦　李秀林、王于、李淮春主编:《辩证唯物主义和历史唯物主义原理》(第五版),中国人民大学出版社2004年版,第300页。

这些证据导向特定事实判断的推理环节。[①]

第二节　价　值　论

　　价值是指在实践基础上形成的主体和客体之间的意义关系,是客体对个人、群体乃至整个社会的生活和活动所具有的积极意义。[②]价值问题本来就是人类实践和现实生活中的一个基本问题,是人们在处理人与自然的关系、人与人的关系以及人与自身的关系中无法逃避的、必须面对的一个问题。[③]然而,在我国,价值论曾长期被看作资产阶级唯心主义哲学的领地,直到20世纪80年代才开始出现马克思主义价值论研究。而证据法上的价值论问题直到21世纪初才开始被广泛关注。

一、价值论概述

　　在我国证据法学研究中,诉讼证明价值论长期以来被学界忽视。我国传统证据理论未能充分关注诉讼证明活动相较一般认识活动的特殊性,从而使诉讼证明活动的法律属性未得到应有的强调,诉讼证明在很大程度上被混同于一般的认识活动。于是,辩证唯物主义认识论成为我国传统证据法学的唯一理论基础。近年来,在学者们的倡导下,我国证据法学研究正在逐渐走出单一的认识论视角,开始关注价值论问题。

(一)我国证据法的价值论基础

　　自20世纪初开始出现的关于证据法学理论基础的讨论催生了我国证据法基本理论的第一次变革,即扭转了认识论"一统天下"的格局,价值论作为证据法的基本理论最终得以确立。

　　早在2000年,就有学者对我国证据法学的理论基础展开了反思:"如果诉讼活动不是认识活动,或者至少在一定程度上不属于认识活动,那么将认识论作为证据法学的理论基础,就显得不科学了。"[④]随后,该论者对诉讼证明活动的性质进行了分析:"显然,诉讼中的证据运用活动,尽管包含着一定认识过程,但这种认识活动既不具有终局的意义,也不对争端的解决具有决定性影响。同时,这种证据运用活动还是一种以解决利益争端为目的,受到程序法的严格限制和规范的法律实施活动,其中涉及一系列法律价值的实现和选择过程。"[⑤]据此,该论者认为,我们可以为证据法学确立两个方面的理论基础:一为形式理性观念;二为程序正义理论。

　　针对这一观点,有些学者在给予部分肯定的基础上进行了反驳。比如,有的学者指出,我国传统理论坚持辩证唯物主义认识论作为刑事证据制度的理论基础无疑是正确的,而且正是我国马克思主义证据法学的特色和优势。虽然在如何将认识论运用于证据法学上存在一定的片面性和不足之处,但这属于应当加以完善和发展的问题,而不应对认识论完全或不同程度地加

---

①　[美]米尔建·R.达马斯卡:《漂移的证据法》,李学军等译,中国政法大学出版社2003年版,第62页。

②　本书编写组:《马克思主义基本原理》,高等教育出版社2021年版,第90页。

③　李德顺、马俊峰:《价值论原理》,陕西人民出版社2002年版,第21页。

④　陈瑞华:《刑事诉讼的前沿问题》,中国人民大学出版社2000年版,第197页。

⑤　陈瑞华:《刑事诉讼的前沿问题》,中国人民大学出版社2000年版,第202页。

以否定。[①] 据此,该论者认为,刑事证据制度的理论基础主要是辩证唯物主义认识论和司法公正论,二者相互补充,相互协调,共同构建了我国刑事证据制度的基础理念。[②] 此外,还有的学者主张,认识论是证据法学的理论基础之一,而证据法的另一重要的理论基础是法律价值及其平衡、选择理论。[③]

近年来,尽管在证据法学理论基础问题上,学者们仍然各执己见,分别提出了"从认识论走向价值论""从哲学范畴走向法律范畴""认识论与价值论相结合"等不同主张,但在检讨和修正我国传统证据法单一的理论基础这一点上,学界已经达成了广泛的共识。从这个意义上说,学界对证据法学理论基础的反思堪称证据法学领域的一场思想解放运动,其主要理论贡献就在于倡导对诉讼证明价值论的关注。

(二) 价值论与认识论之间的关系

马克思主义认为,为了满足自身生存和发展的需要,人们必须通过实践改造世界。在这一过程中,不仅存在主观符合客观的真理问题,而且存在按照主体的需要认识世界和改造世界的价值问题。[④] 依据这一原理,诉讼证明活动具有双重属性,它既是一个认识过程,也是一个价值选择过程。作为一个认识过程,它要在辩证唯物主义认识论的指导下进行;而作为一个价值选择过程,它要体现立法者的意志,符合法的规律性。[⑤] 因此,将价值论与认识论共同确立为证据法的基本理论是十分必要的。

诉讼证明活动离不开价值论的指导。从立法层面来看,某些证据制度的确立并非为了保证查明真相,而仅仅立足于对各方面利益的平衡和对实体公正、程序公正、诉讼效率等各种价值的取舍。正如学者所言,在任何一个国家,刑事证据制度都会面临多种利益或价值的冲突,包括个人利益与群体利益或社会整体利益的冲突、打击犯罪与保护人权的冲突、实体公正与程序公正的冲突、查明事实与司法成本的冲突、程序保障与司法效率的冲突、被告人利益与受害人利益的冲突等。这些冲突是客观存在的,是不以人的意志为转移的。任何一种刑事证据制度都不得不在这错综复杂的冲突关系中寻找自己的定位,以求得不同利益的平衡。[⑥] 那么,证据法上价值论与认识论的关系如何呢?

本书认为,认识论和价值论分别服务于诉讼证明的两个目的,即真实发现和价值选择,二者相辅相成,共同构成证据法的理论基础。

首先,认识论并非证据法的唯一理论基础。诉讼的目的是解决纠纷,即司法机关依据实体法公平地分配当事人之间的权利义务,这要以查明事实真相为前提。证据制度主要就是为查明真相而设计的,真实发现也就成为诉讼证明的首要目的,认识论对于证据法的重要指导作用是不言而喻的。然而,在证据法上,"真实发现"只不过是实现正义的手段之一,除此之外,还有另一个实现正义的手段,那就是"价值选择"。正如美国学者迈克尔·D. 贝勒斯(Michael

---

① 陈光中、陈海光、魏晓娜:《刑事证据制度与认识论——兼与误区论、法律真实论、相对真实论商榷》,《中国法学》2001 年第 1 期。

② 陈光中、陈海光、魏晓娜:《刑事证据制度与认识论——兼与误区论、法律真实论、相对真实论商榷》,《中国法学》2001 年第 1 期。

③ 张建伟:《证据法学的理论基础》,《现代法学》2002 年第 2 期。

④ 本书编写组:《马克思主义基本原理》,高等教育出版社 2021 年版,第 90 页。

⑤ 阮方民、封利强:《论我国刑事证明标准的现实选择:混合标准》,《浙江大学学报(人文社会科学版)》2002 年第 5 期。

⑥ 何家弘主编:《外国证据法》,法律出版社 2003 年版,第 72 页。

D.Bayles)所言:"与纯科学不同,法律并非旨在真理,全部为了真理,除真理之外别无他求。那样不仅代价过高,而且真理有时与解决纠纷的目的无关。"[1] 德国学者也指出,在德国的法学理论和法学著作中存在一种共识,就像联邦上诉法院曾经指出过的——"不惜任何代价来调查真相并不是刑事诉讼法的原则"。[2]

其次,在真相无法查明的情况下只能以价值论为指导作出裁判。真相并不总是能够查明的,然而,"在控辩主义制度下,法官的判断只存在'得到证明'和'没有得到证明'两种判断,而不存在真相不明这种判断"[3]。于是,证据制度还必须解决在案情真伪不明的情况下,如何"再现事实"的问题。证据制度中的某些规则就是专门为此目的设计的,例如推定、证明责任、证明标准等。严格来说,诸如证明责任、推定等制度设计,与其说旨在发现真实,还不如说旨在从证据法的角度平衡双方当事人的利益。波斯纳(Posner)就此评论道:"律师和法官们都赞美这个制度'公平'(在这个制度中,认为释放10个有罪的被告也比将一个无辜被告定罪要好),这是试图摆出一副善良的面孔,而实际上,这只是承认法律制度完全没有能力决定有罪无辜的问题。"[4] 可见,在真伪不明的情况下,价值选择是真实发现的必要补充,即价值选择体现出来的正当性能够在一定程度上弥补真实发现的不足。另外,特免权规则的确立并非为了发现真实,而是为了保护配偶之间、医生和病人之间、律师和当事人之间等的信赖关系,以维护特定的社会利益。至于如何保护和平衡各方面的利益,取决于立法者的价值选择。

最后,认识论与价值论相互渗透和补充。一方面,真实发现是价值选择的基础。这是因为,旨在进行价值选择的规则不能完全不顾及真实发现的需要。例如,我国现行司法解释规定:"一方当事人控制证据无正当理由拒不提交,对待证事实负有举证责任的当事人主张该证据的内容不利于控制人的,人民法院可以认定该主张成立。"[5] 这一规定体现了对当事人妨碍证明行为的否定性评价。但是在这里,作为推定的基础事实应当是得到证明的,而且,这一推定也是符合日常生活经验的,所以,在通常情况下能够做到与客观事实相符。况且,推定本身是可以被推翻的,即一旦有足以证明相反事实的证据,人民法院就可以作出相反的认定。另一方面,任何认识活动都要遵循价值原则。"主体进行认识活动,必须遵循一定的原则。以往认识论只注意事实原则,其实,主体在实践基础上,从感性认识上升到理性认识,既要遵循事实原则,也要遵循价值原则。遵循事实原则,就是主体必须按照事物的未来面貌去认识事物,了解和服从客观事物及其规律。遵循价值原则,就是主体必须按照自己的本性和需要去认识事物,希望事物的变化适合自己的生存和发展。"[6]

不过,由于司法人员对客观真实的过分追求,不可避免地会抑制对诉讼证明活动正当性的追求,所以,在某些情况下,"真实发现"与"价值选择"之间也会发生冲突。正如波斯纳所言:"我并不是说,美国法律制度对事实真相毫无兴趣,而只是说求真的目的会与其他目的(比方说,经济性、保护某些自信、助长某些活动、保护某些宪法性规范)相互竞争。"[7] "真实发现"与"价值选

① Michael D.Bayles, *Principles of Law: A Normative Analysis*, D.Reidel Publishing Company, 1987, p.21.
② [德]托马斯·魏根特:《德国刑事诉讼程序》,岳礼玲、温小洁译,中国政法大学出版社2004年版,第187页。
③ [日]田口守一:《刑事诉讼法》,刘迪、张凌、穆津译,法律出版社2000年版,第224页。
④ [美]理查德·A.波斯纳:《法理学问题》,苏力译,中国政法大学出版社2002年版,第273页。
⑤ 参见最高法《民诉证据规定》第95条。
⑥ 陈金美:《当代认识论问题研究》,中南大学出版社2004年版,第195页。
⑦ [美]理查德·A.波斯纳:《法理学问题》,苏力译,中国政法大学出版社2002年版,第273页。

择"这两个目标之间的冲突在一定程度上反映了认识论与价值论之间的冲突。因此,确保认识论与价值论之间的协调一致也是我们必须加以考虑的问题。

从实践的角度来看,有什么样的认识论就需要相应的价值论与之相配套。例如,有国内学者指出:"完全站在认识论的立场上看待证据规则,极容易在价值观上掉入程序工具主义的陷阱,使得认识论意义上的'客观真实'受到过多的强调和重视,而诉讼活动的正当过程则受到不应有的忽视。以这一理论视角观察法律程序问题,必然会使大量旨在维护控辩双方公平对抗的证据规则,难以在中国证据法中得到真正确立。"① 这一论断表明,对案件实质真实的过分强调必然弱化对其他价值的追求。有英美学者认为,对抗制有助于通过放弃解决的努力来解决再现现实的哲学难题。对真相的探求转化为争讼双方之间的一场对抗,所主张的并不是对"真相"或"真实"进行界定或者对它们的一种追求,而是有关某一案由的争辩。② 可见,英美证据法在某些情况下会将对客观真实的追求转化为对程序公正的追求,进而彰显诉讼中的其他价值。

在我国,坚持辩证唯物主义认识论就必须承认案件事实的可知性,证据制度的设计通常应当优先考虑真实发现的需要。并且,注重实质真实的司法观念在我国由来已久。我国古代的证据制度就是建立在朴素的唯物主义和辩证法思想基础上的,要求司法官吏刻意追求"真实",即"竭尽心力,务求(案件的)本来面目"③。因此,我国证据法的价值论应当与辩证唯物主义认识论相协调,不应采取英美法系国家过分注重形式真实的价值观。

二、价值论的基本内涵

马克思主义价值论属于马克思主义哲学的一个领域、一个分支、一个部分,它体现的是马克思主义对于价值问题的基本立场和观点。从这个意义上说,马克思主义价值论的基本原则和研究方法与马克思主义哲学以及整个马克思主义都是一致的。而相对于其他学派的价值论,这些基本原则又是马克思主义价值论所特有的。这些基本原则包括理论与实践相统一的原则、真理与价值相统一的原则、个人主体与人民主体相统一的原则等。④ 我们应当遵循上述原则,并结合我国实际,对证据法的价值论基础展开分析。

诉讼证明中涉及哪些方面的价值目标? 这是诉讼证明价值论必须加以解决的问题。然而,在这一问题上,学者们各自采取了不同的归纳和表述方式。例如,陈光中教授提出了刑事证据法的五大基本理念,即人权、秩序、公正、真实、效率。⑤ 樊崇义教授主张在运用证据的价值选择上,从客观真实的实质合理的法律观,转变为法律真实的形式合理的法律观。⑥ 卞建林教授等从证据立法的价值目标、证据制度的理论基础和证据立法的并行原则的角度对刑事证据立法的基本理念进行了探索⑦,并将刑事证明的客观性、相对性、正当性和价值权衡作为刑事证明理念⑧。张保生教授指出,证据法只能反映社会上大多数人共享的价值或者对社会发展至关重要

① 陈瑞华:《刑事诉讼的前沿问题》,中国人民大学出版社 2000 年版,第 212 页。
② [英]威廉·特文宁:《反思证据:开拓性论著》(第二版),吴洪淇等译,中国人民大学出版社 2015 年版,第 120 页脚注。
③ 郑禄:《诉讼证明的中国传统模式初探》,《政法论坛》1993 年第 1 期。
④ 李德顺、马俊峰:《价值论原理》,陕西人民出版社 2002 年版,第 18 页。
⑤ 陈光中主编:《中华人民共和国刑事证据法专家拟制稿(条文、释义与论证)》,中国法制出版社 2004 年版,代序言。
⑥ 樊崇义:《论刑事诉讼法律观的转变》,《政法论坛》2001 年第 2 期。
⑦ 卞建林、姜涛:《中国刑事证据立法的基本理念》,《江苏行政学院学报》2003 年第 1 期。
⑧ 卞建林主编:《刑事证明理论》,中国人民公安大学出版社 2004 年版,第 27—78 页。

的价值,其中最具普遍意义的是准确、公正、和谐与效率,它们构成了证据法的四大价值基础。[①]陈瑞华教授认为,现代证据法学的核心问题应当是发现事实真相的方式和手段的正当性问题,因此它必须建立在程序正义理论的基础上。[②]张建伟教授认为,证据法学的理论基础与其说是程序正义理论,不如说是法律价值及平衡、选择理论。在证据法中,作为其基础的若干法律价值具有多元化的特征,有的已经超越了诉讼本身而具有更为深远的意义,这种意义有时不是"实质正义(发现案件实质真实)"或者"程序正义(正当程序)"所能尽数涵盖的。所以,证据法的价值既不是一元的(如实质真实或者程序正义),也不是二元的(实体正义与程序正义),而是多元的,它们共同构成证据法的价值体系,将证据法的价值仅仅定位为实质正义或者仅仅定位为程序正义,就将一个多元价值体系简单化了。在证据法的价值中,至少有四项价值是基本价值,即秩序、个人自由、公平和效率。[③]美国学者罗纳德·艾伦(Ronald Allen)教授把美国证据规则价值概括为五项内容:解决争端的适当方式;知识的性质;小群体决策的动因;道德和伦理关怀;正义理想和效率价值的关系。[④]美国学者戴维·伯格兰(David P.Bergland)列举了构成美国证据规则基础的八项价值:生命;个人自由;稳定性;正当程序;事实真相;司法经济;联邦制;健康和安全。[⑤]

由以上分析可见,在诉讼证明的价值问题上,学界尚未达成共识。尤其值得注意的是,三大诉讼活动所追求的价值目标存在一些差异。例如,人权通常被认为是刑事诉讼证明的重要价值目标,效益通常被认为是民事诉讼证明的重要价值目标,而控权通常被认为是行政诉讼证明的重要价值目标。

本书认为,三大诉讼证明活动所共同追求的价值目标主要包括三个方面,即公正、秩序和效率。

(一) 公正

公正,又称正义,通常被认为是法律制度最根本的价值目标。美国著名伦理学家罗尔斯(Rawls)曾说过,"正义是社会制度的首要价值,正像真理是思想体系的首要价值一样"[⑥]。从证据法的角度来看,公正可以被区分为形式公正与实质公正两个方面。

证据法上的形式公正是指诉讼证明活动应当符合"形式真实"的要求。所谓"形式真实",是指规范意义上的真实,即证据法规范所确立的真实。我们不妨把形式真实理解为一系列法律要素的组合,形式真实就是以证据符合这些法律要素为标准来判定的真实。它侧重于案件事实认定的一般规律,强调事物的普遍性。同时,在"真实"被"形式化"的过程中,不可避免地会掺杂立法者对各方面利益和价值的权衡取舍。作为现代证据法基石的证据裁判原则就是形式公正价值追求的体现。在刑事诉讼中,一个人被指控的罪名没有充分的证据加以证明,就不得被认定为有罪,这一规则就反映了法律对形式真实的追求。在民事诉讼中,真正享有民事实体权利的当事人要想获得胜诉,还必须向法庭提供证据证明自己权利的存在,这同样反映了对形式

---

① 张保生:《证据规则的价值基础和理论体系》,《法学研究》2008 年第 2 期。

② 陈瑞华:《刑事诉讼的前沿问题》,中国人民大学出版社 2000 年版,第 196—219 页。

③ 张建伟:《证据法学的理论基础》,《现代法学》2002 年第 2 期。

④ [美]罗纳德·J. 艾伦等:《证据法:文本、问题和案例》(第三版),张保生等译,高等教育出版社 2006 年版,第 49 页。

⑤ [美]戴维·伯格兰:《证据法的价值分析》,张保生、郑林涛译,何家弘主编:《证据学论坛》(第十三卷),法律出版社 2007 年版,第 247 页。

⑥ [美]约翰·罗尔斯:《正义论》,何怀宏、何包钢、廖申白译,中国社会科学出版社 1988 年版,第 3—4 页。

真实的追求。可以说,在证据法的视野里,有证据即有事实,无证据即无事实。

形式真实体现了法律对诉讼证明活动合法性的要求,为法庭认定事实提供了整齐划一的标准,能够有效地防止司法官员的恣意。奥地利教授阿道夫·瓦赫(Adolf Wach)曾说过:"必须坦率地说,在绝大多数场合下,我们所得到的结果,都是形式上的真实。能够做到这一点便该谢天谢地了。因为如果不是这样就会造成专横行为,使法律处于一种不容许的不确定状态,也否认了我们通行的原则。"[1]

证据法上的实质公正是指诉讼证明活动应当符合"实质真实"的要求。一般认为,"实质真实"这一概念,是大陆法系学者在反对封建的法定证据制度时提出来的,是相对于法定证据制度之下的"形式真实"而言的。[2]所谓"实质真实",是指符合案件客观事实的真实。实质真实不拘泥于法律规范所明确的形式要件,而是以客观事实的本来面目为标准来判定的真实,关注个案事实认定的具体情形,强调事物的特殊性。

实质真实体现了法律对诉讼证明活动合理性的要求,是实体法和程序法得以正确适用的重要保障。因为无论是实体法的适用,如是否构成犯罪、合同是否成立、侵权行为存在与否等,还是程序法的适用,如是否符合逮捕条件、应否回避、应否裁定财产保全和先予执行等,均有赖于事实的查明。可以说,实质真实是通过诉讼活动实现社会正义的重要保障。

形式公正与实质公正同为正义的重要方面,二者在多数情况下相互包含、相互支撑。首先,实质公正需要借助于形式公正得以实现。有学者深入分析了"实质合理"与"形式合理"的辩证关系,指出"事实的实质合理却是一个因人们的需求不同而具有多样性的问题,每个人的背景不同,认识能力不同,经验不同,世界观、价值观、人生观不同,对实质合理的需求和标准就不同",而"形式合理所追求的是人们处理事情的形式上的公正标准,形式合理是一般性实质合理的标志,形式合理的标准甚至超过实质合理本身"[3]。就诉讼证明活动而言,如果不借助于形式公正,实质公正就成了"千人千面"、难以捉摸的事物。所以,在现代法治社会,决不允许抛弃形式公正而将实质公正作为唯一追求。其次,形式公正以实质公正为依归。立法者确立形式真实的目的是发现实质真实。我们可以说,任何国家、任何时代法律上的真实都是一种"形式真实",这是因为它们都要求采取法律规范的方式来获得,而这些法律规范往往在不同程度上体现了实质真实的要求。背离了实质真实,形式真实就成了"无源之水"。即使在片面强调形式真实的法定证据制度之下,证据规则也在一定程度上反映了人类理性,而并非完全不考虑发现实质真实的需要。从法定证据制度下的"法定真实"到自由心证证据制度下的"主观真实",正体现了证据制度从片面强调形式真实向注重实质真实的转变。在美国,很多学者认为传闻证据规则的确立主要是为了保障对质权,从而被看作体现形式公正要求的规则。但是,威格莫尔(Wigmore)指出:"18世纪初,律师对质权的最终确立,使我们的证据法因拥有了有史以来对揭示真相最为有效的手段而负有盛名。"[4]可见,对质权的最终落脚点仍然在于确保真相的发现。背离了发现真相的目标,对质权也就失去了意义。美国为非法证据排除规则设置例外的做法,也反映了为防止形式公正过分偏离实质公正所作出的努力。此外,在一般情况下,二者的目标指向是一致的。形式公正着眼于诉讼证明的合法性,而实质公正着眼于诉讼证明的合理性,二

---

① 裴苍龄:《论实质真实》,陈光中、江伟主编:《诉讼法论丛》(第八卷),法律出版社 2003 年版。

② 周振想主编:《法学大辞典》,团结出版社 1994 年版,第 958 页。

③ 樊崇义:《论刑事诉讼法律观的转变》,《政法论坛》2001 年第 2 期。

④ John H.Wigmore, *Evidence in Trials at Common Law*, Little, Brown and Company, 1983, vol.1, p.608.

者共同保障诉讼证明的正当性。

不过,形式公正与实质公正毕竟属于相对独立的价值范畴,二者之间存在不少的差异,甚至在某些特定情况下会发生冲突。首先,二者的价值属性不同。形式公正是证据法的内在价值,或者说是固有价值,即证据法能够体现出"同等情况同等对待"的法治精神。[①] 它要求对任何待证事实的证明都必须依靠证据,并且必须符合法定的证明程序和方法的要求。而实质公正则是证据法的外在价值,或者说是工具价值,是指证据法能够为实体法律规范和程序法律规范的适用提供可靠的事实依据,以便实现社会正义。它要求证据法的制度设计科学合理,能够确保客观真相得到揭示。其次,二者的评价标准不同。形式公正的评价标准是"同等情况同等对待""类似情况类似处理"等法治原则。而实质公正则以能否达成符合案件事实本来面目的裁判结果作为评价标准。最后,在某些情况下,形式公正与实质公正会发生冲突。例如,在刑事诉讼中,基于非法证据排除规则而将警察非法搜查、扣押所取得的物证排除在定案证据之外,也许会符合形式公正的要求,但可能导致真正有罪的人逍遥法外,从而违背实质公正。再比如,在民事诉讼中,基于当事人超过举证时限而产生"证据失权"的法律效果固然符合形式公正的要求,但可能导致受侵害的民事权利得不到救济。因此,在无法兼顾的情况下,立法者需要在二者之间进行权衡取舍。不同的证据法律制度往往反映了立法者在形式公正与实质公正之间的价值选择。

(二) 秩序

所谓秩序,是指人们在长期的社会交往过程中所形成的相对稳定的关系模式、结构和状态。有西方学者曾言,"与法律永相伴随的基本价值,便是社会秩序"[②]。一定的社会秩序有赖于人们统一而合乎规则的行为。在现代社会,国家通过创制和实施法律来明确人们应当遵循的行为准则,以便规范和统一人们的行为。然而,诉讼的前提是纠纷的出现,即社会关系处于无序状态,因而,诉讼证明活动必须将恢复社会秩序作为重要的价值追求。即使在推崇正当法律程序的英美法系国家,秩序也是诉讼证明的重要价值之一。例如,英国的丹宁勋爵曾指出:"排除合理怀疑的证明并不意味着排除任何疑点,如果法律因为一点离奇的可能性而扭曲了司法进程,它就难以保护社会。"[③] 2000 年,英国上议院裁定,证据的采用与否属于法官的自由裁量权,国会立法不能越俎代庖。该裁定指出:人们必须记住,保护被告人的权利不是(刑事司法)要追求的唯一价值目标。刑事司法的目标是要让每一个人在日常生活中免除犯罪对人身或财产的侵害或由此带来的恐惧。而且,严重犯罪应该受到有效的侦查和起诉,这是符合每个人利益的。(司法)对各方都必须是公正的。在一个刑事案件中,它要求法官考虑三角型利益关系,包括被告人、被害人或其家庭以及公众的利益。[④]

在刑事诉讼证明活动中,个人自由和社会秩序之间常常存在着紧张关系。"目的在于保护无辜者的规章必然会被犯罪分子滥用。因此,人们必须在有效地减少犯罪行为和广泛保护个人之间作出选择。不管人们选择前者还是选择后者,有一个结论是不可避免的,那就是这种选

---

① 有学者甚至将证据法称作"法律形式主义的最后避难所"。参见 John W.Salmond, *Jurisprudence or the Theory of the Law*, Stevens and Haynes, 1902, p.597.

② [英]彼得·斯坦、约翰·香德:《西方社会的法律价值》,王献平译,中国法制出版社 2004 年版,第 45 页。

③ David Byrne QC, J.D. Heyon, *Cross On Evidence*, Butterworths, 1986, p.243.

④ 何家弘主编:《外国证据法》,法律出版社 2003 年版,第 78—79 页。

择要求付出不愉快的代价"①。在这一情况下，仅仅注重被追诉人的个体自由显然是不够的。为此，应当在法律上赋予国家机关足够的应对犯罪的手段，这就要求证据立法体现对秩序价值的偏重。美国 1994 年的《暴力犯罪控制与执法条例》、"9·11 事件"后出台的《爱国者法》以及英国《反恐怖主义法》等法律都是面对严峻的犯罪形势而强调秩序价值的体现。英国刑事司法改革白皮书——《所有人的正义》明确提出："我们的目标是建设强大和安全的社会。这意味着：对反社会行为、顽固的毒品犯和暴力犯罪采取强硬行动；重新调整刑事司法制度以有利于被害人；为警察和检察官提供必要手段，将更多罪犯绳之以法。"②

此外，秩序还意味着社会关系的和谐。因此，在诉讼证明活动中，应当保障诉讼利益与社会利益的平衡。在我国古代，统治者为了维护封建伦理纲常确立了"亲亲相隐"的法律规则，这种特别的法律制度对于当时社会秩序的维系发挥了不可替代的作用。当今英美法系国家盛行的特免权规则对于社会秩序的维系具有类似的功能。无论是基于特定职业关系而确立的特免权，还是基于亲属关系而确立的特免权，都旨在维系社会主体之间的相互信任，保护特定的社会关系。尽管我国尚未在法律上确立特免权制度，但现行刑事诉讼法的有关规定体现了类似的精神。我国《刑事诉讼法》第 193 条第 1 款规定："经人民法院通知，证人没有正当理由不出庭作证的，人民法院可以强制其到庭，但是被告人的配偶、父母、子女除外。"

（三）效率

我国传统证据理论强调"实事求是"，追求主观认识与客观事实的完全符合，欠缺证明效率观念。近年来，学者们逐渐认识到，对于证明活动来说，"真实"仅仅是一个质的要求，除此之外还应该有一个量的要求，那就是"效率"。贝勒斯认为，法律的主要目的之一是避免诉讼（为了合理而及时解决争端所必要的诉讼除外），因为诉讼是负值交互行为。所谓负值交互行为，就是说诉讼具有负价值。在错误成本与直接成本大于程序利益的情况下，尽管个别被告因获得损害赔偿和其他救济而从诉讼中受益，但从社会或潜在原被告的立场来看，诉讼是一种需要成本的活动。③可见，真实和效率是诉讼证明的两个不可或缺的评价指标。其中，"真实"是任何时代、任何国家诉讼证明活动均追求的首要目标，也是对诉讼证明活动进行评价的主要指标。不论"形式真实"还是"实质真实"，都体现了诉讼证明对"真实"的追求。"效率"是对经济学概念的借用。证明效率是指诉讼证明活动投入与产出的比率，它揭示了证明成本与真实发现之间的关系。证明成本取决于多种因素，如取证方式、诉讼周期的长短等。证明效率理念要求诉讼主体尽可能地节约人力和时间等成本，提高诉讼证明活动的收益。

现代证据法上有很多体现诉讼证明效率理念的制度，如推定、司法认知、举证时限、证据开示等。美国《联邦证据规则》第 102 条强调要"确保规则的公正实施，消除不合理的费用和迟延"。同时，第 403 条进一步明确："证据虽然具有相关性，但可能导致不公正的偏见、混淆争议或误导陪审团的危险大于该证据可能具有的价值时，或者考虑到过分拖延、浪费时间或无须出示重复证据时，也可以被排除。"这些规定充分体现了证明效率的要求。

---

① ［丹麦］伊娃·史密娃：《如何保证在诉讼中增加公平处理的机会》。转引自龙宗智：《相对合理主义》，中国政法大学出版社 1999 年版，第 37 页。

② 最高人民检察院法律政策研究室组织编译：《所有人的正义——英国司法改革报告》，中国检察出版社 2003 年版，第 1 页。

③ 张保生：《证据规则的价值基础和理论体系》，《法学研究》2008 年第 2 期。

　　在诉讼证明实践中,真实与效率之间是对立统一的关系。首先,真实与效率在通常情况下是一致的,效率的提高有助于真实的发现。一方面,从总体上讲,在司法资源总量恒定的情况下,证明效率的提高意味着发现更多的真实。另一方面,从具体案件来看,诉讼证明依赖于证据的及时获取,如果不讲效率,随着时间的推移,很多实物证据会遭到毁损、灭失,而且,证人对案情的记忆也会模糊,从而导致信息的减损和扭曲,这对于发现真实是极为不利的。此外,真实的发现也有助于效率的提高。如果不强调真实,有时会由于程序倒流而导致很多重复劳动,反而不利于保障效率。

　　其次,真实与效率有时难免会发生冲突。正如波斯纳所言,寻求真实的法律制度要在精确性和成本之间追求最大兼顾。[①] 在发生冲突的情况下,一般应当考虑“真实优先”,因为远离真实的效率没有任何意义。不过,这并不排除在必要的情况下,优先追求诉讼证明的效率。这主要基于以下三个方面的考虑:(1)基于诉讼及时性的考虑。在刑事诉讼中,刑罚的及时性是刑罚威慑力的重要保障。“迟到的正义非正义”,为了及时审结案件,必须强调效率。如美国《联邦证据规则》第 403 条规定,法庭可以基于不合理的迟延、浪费时间而排除原本具备相关性的证据。我国民事诉讼中的“举证时限制度”,也确立了在特定情况下“真实让位于效率”的规则。(2)基于诉讼合目的性的考虑。人们在选择证明方法的时候,不能不考虑成本因素。贝卡里亚(Beccaria)曾说,“如果刑罚超过了保护集体的公共利益这一需要,它本质上就是不公正的”[②]。我们同样可以说,如果司法活动超出了保护当事人合法权益的需要,它本质上就是不合理的。例如,实践中出现过当事人因一头母猪的所有权发生争议而反复申请作 DNA 鉴定的案例[③]。本书认为,在本案中,法庭完全可以基于诉讼经济原则,拒绝当事人的此类鉴定申请。(3)基于合理分配诉讼证明资源的考虑。任何国家在任何时期能够投入诉讼证明活动的人力、物力和财力都是极为有限的,为此,世界各国都需要设置一定的分流程序来优化配置诉讼证明资源。“法律不理会琐碎之事”这个古老的法谚也包含着这样的思想。

　　综上所述,公正、秩序和效率是我国证据法的三大价值目标,任何诉讼证明活动都必须兼顾这些价值目标的实现。不过,诉讼证明活动中的价值追求具有多元化特征,并非上述归纳所能尽数涵盖的。尤其值得注意的是,基于历史文化等方面的原因,不同国家的人们在价值取向上存在着较为显著的差异。因此,在诉讼证明的价值权衡和取舍方面并不存在普适的标准。

第三节　方　法　论

　　我国传统证据理论曾因内容陈旧、视野偏狭和方法单一而备受学者诟病。进入 21 世纪以来,随着证据法学研究不断走向深入,这一局面已经有了初步改观。学者们开始认识到,证据法学是一个交叉性的学科,具体包括与多部门诉讼法学的交叉、与哲学的交叉、与自然科学的交叉。[④] 在这一背景下,国内对证据法学的跨学科研究逐渐兴起,特别是国内学者对英美“新证据学”研究成果的翻译和介绍有力地促进了证据法学研究方法的多元化,催生了我国证据法基本

---

① ［美］理查德·A. 波斯纳:《法理学问题》,苏力译,中国政法大学出版社 2002 年版,第 259 页。
② ［意］贝卡里亚:《论犯罪与刑罚》,黄风译,中国法制出版社 2005 年版,第 10 页。
③ 刘秀梅:《为讨清白,给猪做 DNA》,《法律与生活》2003 年第 1 期。
④ 卞建林主编:《证据法学》,中国政法大学出版社 2005 年版,第 7 页。

理论的第二次变革,即方法论作为证据法的基本理论得以确立。

一、方法论概述

方法论是关于认识、评价和改造世界的方法的理论。按其不同层次有哲学方法论、一般科学方法论、具体科学方法论之分。[①] 这里所讨论的方法论既不是哲学方法论,也不是一般科学方法论或者普遍适用于法学学科内部其他分支学科的法学方法论,而是证据法的方法论。

那么,证据法的方法论与认识论、价值论之间是什么关系呢? 本书认为,证据法的认识论解决的是诉讼证明活动中真实发现的世界观问题;证据法的价值论解决的是诉讼证明活动中价值选择的世界观问题;而证据法的方法论解决的是诉讼证明活动中真实发现和价值选择的基本方法问题。因此,方法论为认识论和价值论在诉讼证明活动中发挥作用提供根本的保障。

具体而言,证据法的方法论至少应当由两部分组成:一是真实发现的基本方法;二是价值选择的基本方法。前者涉及运用证据来认定案件事实的手段,属于技术层面的问题;后者涉及对不同价值进行权衡取舍的制度,属于法律层面的问题。需要注意的是,方法论本身应当具有高度的抽象性和概括性,以便从宏观上为证据法的理论、制度和实践提供指导。

与英美学者相比,国内学者对证据法的方法论研究相对滞后。早在 20 世纪初,美国证据法学家威格莫尔(Wigmore)就开始对以证据可采性为中心的传统英美证据理论展开反思,率先倡导运用逻辑学、心理学等方法对诉讼证明过程展开科学化探索。虽然威格莫尔的“司法证明科学”思想在当时不过是“昙花一现”,但这一思想后来被学者们发扬光大。20 世纪六七十年代在英美法系国家兴起的“新证据学”引起了方法论的革命性变革。之所以说这场变革是“革命性”的,是因为长期以来,“大部分作者都几乎未能意识到将证据研究割裂于程序法、实体法以及‘非法律’层面——尤其是逻辑学、认识论和心理学层面——的研究所带来的矫揉造作”[②]。“新证据学”这一术语出自 1986 年理查德·莱姆伯特(Richard Lempert)的《新证据学:对证明过程的分析》一文。在该文中,莱姆伯特对美国 20 世纪 60 年代以来证据法学领域发生的变化进行了概括。他指出:“证据理论正在从一个关注规则解说的领域转变为一个关注证明过程的领域。威格莫尔的其他伟大作品(《司法证明原理》)被重新发现,法学以外的学科,如数学、心理学和哲学,都在探求其所能给予这门学科的指导。”[③]

近年来,英美学者在“新证据学”领域不断取得新的突破和进展。除了概率论在司法证明中的应用之外,学者们还将逻辑学、心理学、语言学等学科的思想和方法引入证据法学研究。在这一背景下,特文宁(Twining)总结出了“新证据学”兴起背景下证据学科的八大主题:(1)法教义学研究;(2)程序学,包括比较程序学;(3)法律制度和诉讼程序的社会学或法律社会学(含微观经济学)研究;(4)推理;(5)话语研究,包括构造论者、解构论者、符号学、修辞学、叙事学和现象学的方法;(6)心理研究;(7)科技发展,包括法庭科学、计算机应用和专家系统;(8)以上诸项的历史研究。特文宁还指出,这一概括是不周延的,因为“新证据学”还在继续发展。[④]

---

① 《辞海》(第七版)(缩印本),上海辞书出版社 2022 年版,第 562 页。
② [英]威廉·特文宁:《证据理论:边沁与威格摩尔》,吴洪淇、杜国栋译,中国人民大学出版社 2015 年版,第 18 页。
③ Richard Lempert, "The New Evidence Scholarship: Analyzing the Process of Proof", 66 *B.U.L. Rev.* 439 (1986).
④ William Twining, *Rethinking Evidence: Exploratory Essays*, Cambridge University Press, 2006, p. 246.

二、方法论的基本内涵

在证据法学方法论上，学术界比较一致的认识是，证据法学的深入发展，需要通过有效的方法论来解决传统法学方法论的非自足性问题。科学方法论本身不断发展产生的新方法，交叉学科、边缘学科的兴起，以及学科之间交流的扩展，为证据法学研究提供了广阔的理论"原野"。[①]证据法学方法论具有其自身的特殊性。就价值选择的基本方法而言，传统法学方法论是完全可以被适用的，在这一点上证据法学与其他法学学科并不存在显著的差异。然而，就真实发现的基本方法而言，证据法学却有别于其他法学学科。近年来，系统论、逻辑学、心理学、语言学、哲学、数学、人工智能等跨学科方法在司法证明研究中得到越来越多的应用。本书结合国内外的研究现状，着重将系统论方法、逻辑学方法和心理学方法作为证据法领域新兴的跨学科方法加以介绍。

（一）系统论方法

按照马克思主义哲学的观点，任何人类实践活动均由实践主体、实践手段和实践客体三要素构成。"主体和客体是实践活动的两极，但只有主体和客体还不能形成现实的实践活动。在主体和客体之间还有一个将两者现实地联结起来的中介，这就是各种形式的工具、手段以及运用、操作这些工具的程序和方法。"[②] "实践主体、实践手段、实践客体三个方面综合作用而构成现实的实践活动。具体来说，实践就是由实践主体凭借实践工具作用于实践客体而形成的活动。"[③]诉讼证明作为一项社会实践活动，自然也不例外。以系统论的观点来看，主体、手段和客体等要素构成了一个有机联系的系统。无论从制度层面还是从技术层面对诉讼证明活动进行考察，都必须立足于主体、手段和客体之间的互动关系。可见，将系统论确立为证据法的基本方法是十分必要的。

从历史的角度来看，系统论是基于对还原论的反思而产生的。在人类社会早期，认识能力的低下使人们难以对事物展开深入细致的分析，所以，整体论的思维范式较为盛行。随着科学技术的发展，由古代原子论演变而来的近代还原论开始逐渐占据主导地位。然而，在人类进入现代社会以后，面对越来越多的复杂问题，传统的还原论研究范式开始显得捉襟见肘。较早意识到还原论弊端的是分子生物学家贝塔朗菲（Bertalanffy）。当生物学研究已经发展到分子生物学时，贝塔朗菲指出，我们对生物在分子层次上了解得越多，对生物整体反而认识得越模糊。[④]为此，他强调从生物体系统的整体上来研究问题，并将这一系统论思想推广到其他科学领域，于20世纪三四十年代创立了一般系统论。后来，系统科学逐步发展成为以系统论为核心，以信息论、控制论、耗散结构论、协同学、突变论等为重要内容的学科群。伴随着系统科学的产生，系统论的研究范式应运而生。

系统论思维范式是解决复杂性问题的有效方法，被托马斯·库恩（Thomas Kuhn）称为"科学思维的新范式"。以系统论的观点来看，古代整体论作为一种原始的混沌一体式的认识方法，已

---

① 宋英辉、汤维建主编：《我国证据制度的理论与实践》，中国人民公安大学出版社2006年版，第43页。
② 袁贵仁主编：《马克思主义哲学原理》（修订版），北京出版社2003年版，第158页。
③ 叶敦平主编：《马克思主义哲学原理（本科本）》，高等教育出版社2003年版，第40页。
④ 于景元：《钱学森综合集成体系》，《西安交通大学学报（社会科学版）》2006年第6期。

经已难以适应现代科学发展的需要。毕竟缺乏对事物构成要素的细致分析，就不可能深入把握事物的本质。而近代还原论思维范式的弊端在于，它在强调分析方法时，在相当程度上忽视了整体、动态、层次、演化等重要思想和概念。[①] 所以，系统论强调把事物作为系统来看待，不仅要有对系统构成要素的条分缕析，还要有对要素之间的关系以及系统与环境之间关系的整体把握。

与其他方法相比，系统论在考察证据法的运行规律方面具有独特的优势。诉讼证明是由争讼双方之间的竞争、当事人向裁判者的说服以及裁判者对争讼双方事实争议的裁决等活动共同构成的。这是一个复杂的多因素交互作用的过程，不仅涉及从证据到事实的推理和论证，还涉及多方证明主体之间的互动。因此，我们必须深入探索这一过程中发生的证明主体、证明手段和证明客体之间的复杂互动关系及其内在规律。系统科学方法有助于我们对诉讼证明过程的整体性、结构性、开放性、动态性和复杂性进行准确的描述和刻画。

长期以来，我国证据法学研究者们习惯于采用还原论的研究范式。以对证明过程的研究为例，众所周知，诉讼证明是以证据为起点，经由多方共同参与的推理和论证，进而获得事实认定结论的活动。但是，近年来国内学者研究的焦点主要局限于旨在规范证据资格的证据规则等问题以及作为事实认定标尺的证明责任和证明标准等问题。前者着眼于诉讼证明的"始点"，后者着眼于诉讼证明的"终点"，而处于二者之间的证明过程却在很大程度上被学者们忽略了，由此导致了我国证据法学在研究内容上的人为"断裂"。

当前国内很多学术论争都源于考察视角的不同。例如，关于诉讼证明概念的"广义说"与"狭义说"之争、关于事实认定本质的"摹写说"与"建构说"之争、关于事实认定模式的"原子主义"与"整体主义"之争等均源于学者们从不同的角度对诉讼证明过程所作的还原式分析。此外，不少西方学者也囿于还原式分析进路得出了片面的研究结论。比如，有的英美学者认为，证据法基本上只解决证据的采纳和排除问题；[②] 还有的英美学者认为，证据法的主要目标是分配事实认定中的错误风险。[③] 这些观点的偏颇之处在于模糊了证据规则子系统或证明责任子系统与证据法大系统的区别。一旦我们树立起系统思维，便能够走出还原论的思维误区，摆脱"只见树木，不见森林"的认知偏误，在系统诸要素之间以及系统与环境之间的互动关系中把握诉讼证明的内在规律。

(二) 逻辑学方法

诉讼证明的过程是运用证据展开逻辑推理的过程。证明结论的正确性也需要运用逻辑方法加以检验。根据辩证唯物主义认识论，"严格的、科学的逻辑证明的作用，不过是实践检验作用的间接的、集中的表现。尊重逻辑不但同尊重实践不相抵触，而且恰恰是尊重实践的必然要求"[④]。在诉讼证明活动中，案件事实发生在过去，无法通过实践来进行检验，所以，逻辑证明是事实认定准确与否的检验手段。英国哲学家科恩(Cohen)也认为，每个人都具备人类共有的认识能力，而且这是其获得科学知识的唯一正确途径。自由证明所依据的标准都具有客观性，包括逻辑和概率标准、自然规律标准、人类行为标准及其他普遍真理标准。尽管人们有时会对某项知识是否应归入真理的范畴产生不同意见，但是人们至少都认为逻辑上、数学上或事实上的

---

① 陈禹、钟佳桂编著：《系统科学与方法概论》，中国人民大学出版社 2006 年版，第 4 页。
② ［美］约翰·J. 凯博思奇：《证据法典化、统一立法与分别立法》，封utilized强译，《证据科学》2008 年第 2 期。
③ ［美］亚历克斯·斯坦：《证据法的根基》，樊传明等译，中国人民大学出版社 2018 年版，第 159 页。
④ 李秀林、王于、李淮春主编：《辩证唯物主义和历史唯物主义原理》，中国人民大学出版社 1982 年版，第 232 页。

真假问题完全是一个客观性问题。[①] 可见,逻辑学方法无疑应当成为证据法的基本方法之一。

总体而言,目前国内外证据法学界对逻辑学方法的运用尚不尽如人意。在当今世界,法医学、物证技术学等法庭科学的发达已经使证据的获取和鉴别从依赖经验向依赖科学转变,然而,证据推理却基本上仍处于经验判断领域。导致这一现状的根本原因在于,人们长期以来没有把证据推理作为科学来看待,而仅仅将其视为常识和经验问题。[②]

近年来,英美学者在"新证据学"研究中开始关注"证据推理"等问题,并且取得了一些初步的成果。这一研究最早可以追溯到边沁(Bentham)所处的时代,他曾经分析过从证据到关键系争事实之间的链式或阶式属性。[③] 斯蒂芬(Stephen)在 1872 年所著的《司法证据原理》一书中对求同和求异的逻辑方法展开了阐述。塞耶(Thayer)则提出了广为人知的"逻辑相关性学说"(doctrine of logical relevancy),认为相关性是一个经验和逻辑问题,而完全不是法律问题。威格莫尔于 1913 年在《伊利诺斯法律评论》上发表了《证明的难题》一文,提出了一个旨在通过对大量证据展开逻辑思考,进而理性地获得司法裁判结论的逻辑框架,即"威格莫尔分析法"(Wigmore Analysis)。同年,他在为法学院学生编撰的教科书中对图表方法作了进一步的阐述。在威格莫尔看来,证据推理可以采取两种方法:叙事方法和图表方法。[④] 传统的演绎推理和归纳推理都是以叙事的方式展开的。为了深入阐释证明机理,威格莫尔借鉴逻辑学的思想和方法创建了图表方法,以便对从复杂的"证据群"到最终事实的推理过程展开动态分析。他指出:"逻辑学家们已经为我们获取特定的单个推论提供了充分的推理准则;但是,针对有争议的整个证据群,他们却无能为力。"[⑤] 对此,他质疑道:"既然我们能够设计出数学公式,为什么不能设计出一个思维上的证明公式呢?"[⑥] 于是,他借助图表对证据推理的过程进行描述,运用各种符号表达证据与证据、证据与中间事实和最终事实之间的逻辑关系。不过,遗憾的是,威格莫尔的创见在当时并未引起足够的关注。直到 20 世纪 80 年代以后,威格莫尔分析法才被特文宁重新发掘出来,其后在蒂勒斯(Tiles)、安德森(Anderson)以及舒姆(Schumm)等学者的共同努力下,最终得以"复活"。这些"新威格莫尔主义者"(the New-Wigmoreans)并没有停留在对威格莫尔的思想和方法的评介和推广,而是在新的时代背景下对其加以修正和发展。

大陆法系国家的学理和法律通常明确要求裁判者的证据推理活动符合逻辑法则和经验法则。比如,有学者指出,起初,自由证明原则被理解为极端的形式,它不仅要让司法者从法律锁链中获得分析证据价值的自由,还要从规范事实认定结论的所有可以超越个体主观意志而确定的标准中获得这种自由。只要裁判者内心确信事实已被证明,就可以作出判决。然而,至少除了法国以及与其文化紧密相连的几个国家之外,这种罗曼蒂克的观点并没有持续太久。一个相对不太扩张的自由证明概念开始出现和传播。按照这一新的观点,自由证明被认为只是将事实认定者从有关证据价值分析的法律规则中解放出来,它不再意味着司法者获得了无视关于有效推定之超法律教条的许可证。[⑦] 目前在大陆法系国家,"逻辑"会在上级法院审核下级法

---

① [美]乔纳森·科恩:《证明的自由》,何家弘译,《外国法译评》1997 年第 3 期。

② 封利强:《司法证明机理:一个亟待开拓的研究领域》,《法学研究》2012 年第 2 期。

③ [美]里德·黑斯蒂主编:《陪审员的内心世界——陪审员裁决过程的心理分析》,刘威、李恒译,北京大学出版社 2006 年版,第 218 页。

④ William Twining, *Rethinking Evidence: Exploratory Essays*, Cambridge University Press, 2006, p.307.

⑤ John H. Wigmore, *The Principles of Judicial Proof*, Little, Brown, and Company, 1913, pp.3—4.

⑥ John H. Wigmore, *The Principles of Judicial Proof*, Little, Brown, and Company, 1913, p.4.

⑦ [美]米尔建·达马斯卡:《漂移的证据法》,李学军等译,中国政法大学出版社 2003 年版,第 28 页以下。

院如何得出关于事实的结论时受到检验。虽然在权衡证据方面不可能出现违反法律规则的情况,但下级法院采信某一特定证据而不是其他证据的理由很可能被认为是薄弱或不完备的,这可能导致其结论因"错误逻辑"而被推翻。[①]

目前国内学者对证据推理的研究相对滞后,但相关法律和司法解释均强调逻辑和推理的重要性。例如,两院三部《办理死刑案件证据规定》第 5 条第 2 款规定,"证据确实、充分是指:……(五)根据证据认定案件事实的过程符合逻辑和经验规则,由证据得出的结论为唯一结论。"最高法《刑诉法解释》第 140 条规定:"没有直接证据,但间接证据同时符合下列条件的,可以认定被告人有罪:……(五)运用证据进行的推理符合逻辑和经验。"最高法《民诉法解释》第 105 条规定:"人民法院应当按照法定程序,全面、客观地审核证据,依照法律规定,运用逻辑推理和日常生活经验法则,对证据有无证明力和证明力大小进行判断,并公开判断的理由和结果。"最高法《行诉证据规定》第 54 条规定:"法庭应当对经过庭审质证的证据和无需质证的证据进行逐一审查和对全部证据综合审查,遵循法官职业道德,运用逻辑推理和生活经验,进行全面、客观和公正地分析判断,确定证据材料与案件事实之间的证明关系,排除不具有关联性的证据材料,准确认定案件事实。"最高法《行诉法解释》第 47 条第 3 款规定:"当事人的损失因客观原因无法鉴定的,人民法院应当结合当事人的主张和在案证据,遵循法官职业道德,运用逻辑推理和生活经验、生活常识等,酌情确定赔偿数额。"可见,在三大诉讼中,逻辑推理是必不可少的证明方法。

诉讼证明中的逻辑推理方法既包括形式逻辑方法,也包括非形式逻辑方法。在诉讼证明活动中,运用证据来认定案件事实往往要经历几个环节:证据直接证明的事实可被称为"证据性事实",若干个"证据性事实"可以通过推理获得某个"中间事实",而若干个"中间事实"可以再藉由推理获得案件的"最终事实"。在这一过程中,传统形式逻辑中的演绎法和归纳法是常用的逻辑方法。此外,近年来兴起的非形式逻辑方法也有很大的应用空间。"非形式逻辑"并非一个具体的逻辑推理类型,而是对各种不同于传统形式逻辑的学说的统称。有学者指出,关于演绎、归纳之外的第三类论证形式,在溯因推理、诱导推理、似真推理、检证推理、假设推理等不同的名称下被探索过。[②]对于第三种类型的论证,皮尔斯(Peirce)称之为"溯因论证"或"回溯论证",沃尔顿(Walton)称之为"推定论证",雷歇尔(Rescher)称之为"似真论证"(又译为"合情论证"),等等。[③]

(三) 心理学方法

诉讼证明过程是一个典型的学科交叉地带,可以从不同学科的角度加以审视。从法学的角度来看,它是一种诉讼活动;从哲学的角度来看,它是一种认识活动;从逻辑学的角度来看,它是一个推理过程;从心理学的角度来看,它是一种思维活动。无论是证据制度的设计还是诉讼证明的方法都离不开心理学理论的指导,因此,心理学方法应当被作为证据法的基本方法来看待。

从制度设计的角度来看,证据规则的确立都有相应的心理学基础。比如,英美法系国家的

---

① ［美］米尔伊安·R.达玛什卡:《司法和国家权力的多种面孔——比较视野中的法律程序》,郑戈译,中国政法大学出版社 2004 年版,第 74 页。

② 杨宁芳:《图尔敏论证逻辑思想研究》,人民出版社 2012 年版,第 104 页。

③ 熊明辉:《诉讼论证——诉讼博弈的逻辑分析》,中国政法大学出版社 2010 年版,第 61 页。

品格证据规则、传闻证据规则、自白规则、意见证据规则等都可以通过对裁判者、当事人或者证人展开心理分析提出相应的理论根据。再比如,英美证据法上的宣誓程序规则、刑事自认免证规则、临终陈述作为传闻规则之例外、不利于己的陈述作为传闻规则之例外、不得质疑己方证人规则等都是基于某些与心理分析相关的假定而确立的。[1]并且,证明程序的设计同样离不开心理分析。例如,两大法系所采取的对抗制和审问制调查程序分别有着各自的心理学依据。英美学者认为,对抗制有助于充分发挥争讼双方在诉讼证明中的能动作用,减少裁判者的主观偏见和认知错误对事实认定的负面影响。一位英国的著名法官曾经形象地描述了对抗制的优势:"英国人认为获得真相的最好方法是让各方寻找能够证实真相的各种事实,然后双方展示他们所获得的所有材料……两个带有偏见的寻找者从田地的两端开始寻找,他们漏掉的东西要比一个公正无私的寻找者从地中间开始寻找所漏掉的东西少得多。"[2]还有的学者指出:"竞争性法庭证明方式更深一层的含义在于:证据可以获得更有力的检验,这是在职权主义查明事实制度下所不能设想的。"[3]大陆法系的学者一般认为,审问制有助于充分发挥中立的裁判者在证据调查中的能动作用,防止与案件处理结果有直接利害关系的争讼双方误导裁判者,混淆争议。两大法系分别采用的专家证人制度与鉴定人制度也反映了同样的理念。此外,在心证形成的相关制度设计上同样离不开心理学的指导。例如,大陆法系国家注重对裁判者的自由心证施加必要的制度约束,要求裁判者公开心证形成的理由。有些大陆法系国家还明确了合议庭的评议规则。比如,在法国轻罪案件中,每一司法官均需表明自己的意见与看法。最年轻的司法官首先发言,审判长最后发言。[4]英美法系国家同样关注陪审团的评议规则。例如,20世纪80年代初,美国心理学家黑斯蒂(Hastie)等曾探讨了两种不同类型的陪审团决策模式,即"裁决驱动型"(verdict-driven)与"证据驱动型"(evidence-driven)。前者是指陪审员们先公开表决,形成不同派别,然后在不同阵营之间展开辩论;后者是指陪审员们在合作分析证据的基础上,共同形成对事实认定的结论。[5]

从证明方法的角度来看,心理学对诉讼证明活动具有更为重要的指导作用。人们逐渐认识到,无论是职业法官还是陪审员,其所作出的裁判结论都不可能完全摆脱个体主观因素的干扰,甚至包含着荒诞不经的逻辑和执迷不悟的偏见。科学心理学的研究已经表明,人类所具有的错觉、疏忽、遗忘、偏见等理性错误在某种程度上是无法克服和避免的。因此,只有深入把握诉讼证明的心理规律,才能引导裁判者走出认知误区,确保裁判结论的客观性和科学性。

直觉、顿悟等心理机制对事实认定的过程和结果均有重要影响。首先,直觉是一种特殊的思维活动,对于证明主体发现证据与证据、证据与事实乃至事实与事实之间的内在关联具有重要作用。直觉实际上就是一种对事物的整体把握,而这种通过直觉形成的整体认识是难以被还原的。哈耶克(Hayek)曾说:"法官所具有的那种训练有素的直觉会使他不断得出正确的结论,

---

① 封利强:《对英美证据法借鉴价值的理性审视》,《政法论坛》2008年第3期。

② 陈光中、陈海光、魏晓娜:《刑事证据制度与认识论——兼与误区论、法律真实论、相对真实论商榷》,《中国法学》2001年第1期。

③ [美]米尔吉安·R.达马斯卡:《比较法视野中的证据制度》,吴宏耀等译,中国人民公安大学出版社2006年版,第240页。

④ 何家弘主编:《外国证据法》,法律出版社2003年版,第382页。

⑤ Reid Hastie, Steven D. Penrod & Nancy Pennington, *Inside the Jury*, Harvard University Press, 1983, p.163.

尽管他很难就这些结论给出无懈可击的法律理由。"① 其次,顿悟在事实认定过程中的作用也是显而易见的。顿悟是在对各类证据进行全面把握和深入思考的基础上,产生结论时的瞬间感悟。美国法官哈奇森(Hutcheson)曾对裁判思维过程作出生动的描述:"我在仔细审查所掌握的所有材料并经过充分思考之后,任凭想象力发挥作用,陷入沉思,等待着感觉即预感的到来。这种预感是理解问题的瞬间直觉,它能够在问题和决策之间建立起跳跃性的联系,并且,照亮通往裁决的途中最黑暗的那段路程。"② 弗兰克(Frank)对此评论道:"我们可以把它视为对于法官们如何进行思考的一个大致正确的描述。"③ 达马斯卡注意到了直觉、顿悟等心理机制在事实认定中的功能,他指出:"大多数心理学家主张,促使人们对证据作出反应的因素对认知者而言并不十分透彻,甚或不易以命题表达。在证据与结论之间似乎存在着宛如跳跃一般的中断。直觉的低语、冲动的意志乃至本能的情感,它们联合起来作出一项判决。正如帕斯卡尔的著名论断:心有知而理不明。"④ 此处所谓的"直觉的低语""冲动的意志"以及"本能的情感"都体现了裁判者心理因素对诉讼证明活动的重要影响。

西方学者对心理学在证据法领域的应用较早给予了关注。从 19 世纪末到 20 世纪初,法国、德国、意大利、奥地利等国出现了不少有关证人心理和审判心理的著作。其中,奥地利人汉斯·格罗斯(Hans Gross)出版的《犯罪心理学》作为较早的一部关于证言心理学的系统性论著,被威格莫尔誉为"伟大的先驱性著作"。⑤ 然而,由于学科壁垒的存在,当时心理学界的研究成果并未真正被法学界所接受。例如,心理学家闵斯特伯格(Münsterberg)主张在司法审判中使用心理学专家证人,为法庭提供心理学方面的专家意见,并以心理学研究成果取代陪审员的常识作为事实认定的依据。但是,这一观点分别遭到了法学家摩尔(Moore)和威格莫尔的抨击。按照特文宁的说法,威格莫尔对心理学家闵斯特伯格的批判在很大程度上抑制了心理学家萌生的热情,使司法心理学沉睡了数十年。⑥ 不过,当时的证据法学者们并不否定心理学研究的必要性。摩尔在 1908 年出版的《论事实:证据的分量和价值》一书中尝试从以往的判例中总结和提炼出关于证明心理的某些规律。威格莫尔在 1913 年出版的《司法证明原理》一书中则以一种业余编者的方式大量引用法学界人士和一个印度公务员阿诺德的证据心理学作品。⑦1928 年至 1929 年,证据法学者罗伯特·哈钦斯(Robert Hutchins)与心理学者唐纳德·施莱辛格(Donald Slesinger)合作开展对证据心理学的研究,发表了一系列关于证明心理的论文。

近些年来,"新证据学"研究的兴起为证明心理研究提供了"枯木逢春"的契机,心理学家们运用认知心理学和社会心理学的成果对司法证明中的心理现象展开了深入的考察,其中尤以旨在揭示陪审团心证形成过程的故事模型理论最具代表性。这一理论认为,在实践中,未经职业训练的陪审员们不是通过分析证据之间的逻辑关系来推导案件事实,而是直接对争讼双

① ［英］弗里德利希·冯·哈耶克:《法律、立法与自由》(第一卷),邓正来等译,中国大百科全书出版社 2000 年版,第 183 页。

② Joseph C. Hutcheson, Jr., "The Judgment Intuitive:The Function of the 'Hunch' in Judicial Decision", 14 *Cornell L. Q.*274, 278(1929).

③ Jerome Frank, *Law and the Modern Mind*, Transaction Publishers, 1930, p. 112.

④ ［美］米尔建·R. 达马斯卡:《漂移的证据法》,李学军等译,中国政法大学出版社 2003 年版,第 57—58 页。

⑤ John H. Wigmore, *the Principles of Judicial Proof:As Given by Logic, Psychology, and General Experience, and Illustrated in Judicial Trials*, Little, Brown, and company, 1913, p. 2, note 1.

⑥ William Twining, *Rethinking Evidence:Exploratory Essays*, Cambridge University Press, 2006, p.17.

⑦ William Twining, *Rethinking Evidence:Exploratory Essays*, Cambridge University Press, 2006, p.17.

方所提供的事实版本加以评判或比较,进而决定取舍。兰斯·本奈特(Lance Bennett)和玛莎·费尔德曼(Martha Feldman)在 1981 年出版的《法庭上的事实重建》一书中主张,美国的刑事审判实际上是围绕"讲故事"展开的,并对法庭中的故事构建进行了初步探讨。[①] 作者指出:"首先,最显而易见的是,故事讲述这一视角能够为陪审员们实际上是如何组织和分析与作出裁判相关的大量信息的这一问题提供答案。……故事是用以存储、更新、重组、比较、检验以及解读关于社会行为的信息的一种系统方法。"[②] 这一理论得到了南希·彭宁顿(Nancy Pennington)和里德·黑斯蒂等心理学家的传承和发展。里德·黑斯蒂、史蒂文·彭罗得和南希·彭宁顿在 1983 年出版的《陪审团的内心世界》一书中提出了一种关于陪审员裁决的心理语言学——"故事模型"。后来,南希·彭宁顿和里德·黑斯蒂又在 1991 年发表的《陪审员裁决的认知理论:故事模型》一文中对故事模型进一步作了阐述。[③]1993 年,里德·黑斯蒂主编的论文集——《陪审员的内心世界:陪审员裁决过程的心理分析》一书又汇集了多名心理学家的研究成果。[④] 这些研究成果对陪审员作出事实裁判的思维过程给予了心理学的描述,即认为陪审员裁判的核心认知过程是"故事构建"(story construction)。这种描述被认为非常接近美国刑事司法的现实状况。

故事模型理论的关键不在于控辩双方的故事讲述,而在于裁判者对故事版本的比较、选择和建构。在当事人主义的对抗性审判中,陪审员们通常是在两个相互竞争的故事中选择一个故事,或者从呈现给他们的材料中建构出第三个故事。[⑤] 根据心理学家们所作的研究,陪审员作出裁判的思维过程大体上可以分为三个阶段:(1)通过故事构建来评估证据;(2)通过了解判决类型来列出裁判选项;(3)通过将故事归类到最匹配的判决类型来作出裁判。[⑥] 其中,在第一阶段,陪审员将证据项目及其含义进行编码,使之成为一个语义命题网络,最终存入长时记忆储存。个体陪审员的语义命题网络就是对证言的选择性总结,即一个直觉上被认为具有"一致性"的关于发生了何种事件的故事版本。在第二阶段,法官在诉讼即将结束时向陪审员提供一套判决选项,使其最大限度地了解相关选项。在第三阶段,陪审员将证据所表明的故事与其对判决类型特征的记忆相对照,找到最佳匹配。如果找到了主观上满意的匹配,那么陪审员就会作出相应的裁判,其所获得的置信度与其匹配的满意度、主观完整性、故事证据总结的一致性等是成正比的。[⑦] 不过,也有学者指出,故事是"必要却危险"的。故事帮助我们理解事件,建构一个论证,并且能提供连贯性,但它也是进行"欺骗"的奇妙工具,"好"故事能够驱逐真实的故事。[⑧]

近年来,国内学者也开始关注心理学在证据法领域的应用,并且取得了初步的研究成果,但是无论与西方国家相比,还是与司法实践的现实需要相比,尚存在较大的差距。运用心理学原理和方法来完善我国证据制度设计,将有助于充分调动证明主体的主观能动性,减少和避免

---

① W. Lance Bennett, Martha S. Feldman, *Reconstructing Reality in the Courtroom: Justice and Judgment in American Culture*, Rutgers University Press, 1981.

② W. Lance Bennett, Martha S. Feldman, *Reconstructing Reality in the Courtroom: Justice and Judgment in American Culture*, Rutgers University Press, 1981, p. 5.

③ Nancy Pennington and Reid Hastie, "A Cognitive Theory of Jury Decision-making: The Story Model", 13 *Cardozo Law Review* 519 (1991).

④ Reid Hastie (ed.), *Inside the Juror: The Psychology of Juror Decision Making*, Cambridge University Press, 1993.

⑤ William Twining, *Rethinking Evidence: Exploratory Essays*, Cambridge University Press, 2006, p. 295.

⑥ Reid Hastie (ed.), *Inside the Juror: The Psychology of Juror Decision Making*, Cambridge University Press, 1993, pp. 192—193.

⑦ Reid Hastie (ed.), *Inside the Juror: The Psychology of Juror Decision Making*, Cambridge University Press, 1993, p. 26.

⑧ [英]威廉·特文宁:《反思证据:开拓性论著》(第二版),吴洪淇等译,中国人民大学出版社 2015 年版,第 452 页。

疏忽、遗忘、错觉、偏见等心理因素对事实认定的不利影响。

【思考题】

1. 证据法的基本理论包含哪些部分?
2. 简述我国证据法认识论的基本内涵。
3. 简述我国证据法价值论的基本内涵。
4. 证据法领域新兴的跨学科方法有哪些?

思考题参考答案

【参考文献】

1. [英]威廉·特文宁:《证据理论:边沁与威格摩尔》,吴洪淇、杜国栋译,中国人民大学出版社 2015 年版。

2. [美]特伦斯·安德森、[美]戴维·舒姆、[英]威廉·特文宁:《证据分析》(第二版),张保生等译,中国人民大学出版社 2012 年版。

3. [美]约翰·W. 斯特龙主编:《麦考密克论证据》(第五版),汤维建等译,中国政法大学出版社 2004 年版。

4. [美]里德·黑斯蒂主编:《陪审员的内心世界——陪审员裁决过程的心理分析》,刘威、李恒译,北京大学出版社 2006 年版。

5. [美]亚历克斯·斯坦:《证据法的根基》,樊传明等译,中国人民大学出版社 2018 年版。

6. 本书编写组:《马克思主义基本原理》,高等教育出版社 2021 年版。

7. 张文显主编:《法理学》(第五版),高等教育出版社、北京大学出版社 2018 年版。

8. 陈金美:《当代认识论问题研究》,中南大学出版社 2004 年版。

9. 王以真主编:《外国刑事诉讼法学(新编本)》,北京大学出版社 2004 年版。

10. 卞建林主编:《刑事证明理论》,中国人民公安大学出版社 2004 年版。

11. 封利强:《司法证明过程论——以系统科学为视角》,法律出版社 2012 年版。

12. 栗峥:《司法证明的逻辑》,中国人民公安大学出版社 2012 年版。

13. 李德顺、马俊峰:《价值论原理》,陕西人民出版社 2002 年版。

14. [德]托马斯·魏根特:《德国刑事诉讼程序》,岳礼玲、温小洁译,中国政法大学出版社 2004 年版。

15. [日]田口守一:《刑事诉讼法》,刘迪、张凌、穆津译,法律出版社 2000 年版。

16. [美]理查德·A. 波斯纳:《法理学问题》,苏力译,中国政法大学出版社 2002 年版。

17. 宋英辉、汤维建主编:《我国证据制度的理论与实践》,中国人民公安大学出版社 2006 年版。

18. 何家弘主编:《证据法学研究》,中国人民大学出版社 2007 年版。

19. 熊明辉:《诉讼论证——诉讼博弈的逻辑分析》,中国政法大学出版社 2010 年版。

20. [荷]弗洛里斯·贝克斯:《论证、故事和刑事证据——一种形式混合理论》,杜文静等译,中国政法大学出版社 2020 年版。

第三章　证据法的基本原则

■ 导语

　　在证据立法、收集和运用实践中,应当遵循一些基本的准则,此即证据法的基本原则。证据法的基本原则这一范畴介于证据法的目的、任务与证据规则、证据收集和运用程序之间,在证据运行机制中具有重要的基础性地位。深入理解证据法的基本原则,能够促进对证据规则、证据收集与运用程序的认识和掌握。三大诉讼法对证据法的基本原则均未作出明确规定,因而学界对于证据法基本原则的范围和内容存在不同的认识和看法。总的来看,证据法的基本原则包括真实发现原则、证据裁判原则和自由心证原则。

第一节　真实发现原则

　　诉讼的基础在于案件真相的究明或真实的发现。这一命题在当代可以说已经获得了超越各种法文化体系的一般意义。[1] 如果不能发现真实,案件事实的正确认定便无从得到保障,而如果作为前提的事实认定存在错误,案件的法律适用自然也就会出现偏差,形成错案。因此,无论是刑事证据法,还是民事证据法或行政证据法,都将真实发现作为基本原则。

一、真实发现原则的含义与意义

　　诉讼中必须查明案件真相,这种以查明案件真相为基准的理念就称为真实发现原则。[2] 诉讼法中的“真实”“案件真相”,首先是诉讼上的真实,而不是自然科学所探求的绝对的真实。对于过去发生的事件,只有依据证据法所认定的诉讼上的事实才是真实。其次是实体上的真实。在以当事人的私人权益为对象的民事诉讼法中,可以采取形式的真实主义,即只要有当事人的承诺,该事实就被认为是真实的;刑事诉讼法则不能采用这一原理。当然,即便是刑事诉讼法中的实体的真实,也不是实体法意义上的确凿事实(绝对的真实),而只能是尽可能接近于真相的事实。[3]

　　理解真实发现原则,应当把握以下两点:

---

　　① 　王亚新:《刑事诉讼中发现案件真相与抑制主观随意性的问题——关于自由心证原则历史和现状的比较法研究》,《比较法研究》1993 年第 2 期。

　　② 　[日]田口守一:《刑事诉讼法》(第五版),张凌、于秀峰译,中国政法大学出版社 2010 年版,第 14 页。

　　③ 　[日]田口守一:《刑事诉讼法》(第五版),张凌、于秀峰译,中国政法大学出版社 2010 年版,第 14 页。

1. 真实发现的限制性

在现代诉讼中,真实发现不是单纯的认识活动,而承载着多元的价值追求,这些价值追求之间可能存在一定的冲突。比如,为破获案件、追究犯罪、侦查人员采取刑讯逼供方式获取的犯罪嫌疑人的口供,能否被采纳为定案依据,就面临秩序与人权的价值冲突。现代法治国家证据立法与证据运用活动应当合理兼顾秩序、诉讼效率、人权保障等价值的实现,不能一味地偏执于对案件真相的探寻。易言之,真实发现活动必须通过法定的正当程序并在遵循证据规则的前提下完成。正如有刑事法学者所指出的,"刑事诉讼法追求之目的在于在不侵害刑事被告权利之前提下,发现实质之真实,进而对有罪者科处刑罚,用以维护法律秩序与生活利益。国家不能为贯彻实质真实之发现,而使刑事被告之权利完全失却保障;他方面,亦不宜为保障刑事被告之权利,而置真实发现于不顾,致使犯人逍遥法外,无法达成处罚犯人之目的"①。

就此而言,现代诉讼所致力于发现的真实是一种限制性的真实。一方面,诉讼中的真实发现是在法定程序、证据规则和有限时间的约束下,由结果追溯原因的过程。受主客观因素的影响,很多案件中赖以发现案件真相的信息材料本就难以查找,而有些了解案件情况的人还行使法定的沉默权或作证特免权,拒绝提供信息材料。另一方面,任何诉讼制度都不可能不惜一切代价地寻找真实,在已经通过各方诉讼主体的努力收集和获取的信息材料中,还需要根据证据规则排除掉一部分。比如,基于证据的合法性要求,将办案人员通过刑讯逼供等非法方式取得的犯罪嫌疑人口供或者将当事人私自通过侵犯他人合法权益制作的录音材料排除在定案根据之外。因此,与自然科学的真实是绝对真实不同,诉讼上的真实属于接近/近似之真实。

2. 真实发现的相对性

任何诉讼均以探明真相为重任,但不同的程序形态对真相探究程度的要求不尽一致,甚至可能存在较大差异。比如,大陆法系国家刑事诉讼普遍实行职权原则,追求实质真实,即便被告人承认犯罪,法院也不能停止刑事诉讼程序,而应当结合全案证据进行分析,确定被告人是否承担刑事责任;民事诉讼则实行当事人处分原则,追求形式真实,只要当事人自认,法院就直接认定有关事实。程序的形态不同导致真实发现具有相对性,这就是相对的实体真实主义。

真实发现原则具有重要的诉讼意义,主要表现在:

1. 是维护社会安宁和公共秩序的要求

在刑事诉讼中,弄明白是否存在犯罪事实、谁是罪犯以及犯罪是如何实施的,是重建社会安宁和公共秩序的必要前提;在民事诉讼和行政诉讼中,搞清楚诉讼发生的经过以及前因后果也是化解纠纷、解决社会矛盾的必要基础。概言之,无论是刑事冲突,还是民事冲突或者行政冲突,都不可能基于对虚假事实的处理来获得有效解决。

2. 是实现司法正义的要求

正义与真相紧密地交织在一起。只有正义被感觉到是建立在寻找"真实"的真诚努力之上,公众才接受作为"正义"呈现的任何东西。②法院公正司法的首要环节就是依据真实发现原则正确认定案件事实,因而一个不以真实发现为目标的诉讼制度很难寻找到司法正义。即便在一

① 蔡墩铭:《刑事诉讼法概要》(修订九版),三民书局 2010 年版,第 12 页。
② [德]托马斯·魏根特:《刑事诉讼关涉真实吗?——一个德国的视角》,冯俊伟译,《中国刑事法杂志》2011 年第 7 期。

向强调当事人处分权的美国,《联邦证据规则》第 102 条也规定:"解释本法应力求执法之公平,避免不当之耗费与拖延,促进证据法的成长与发展,以达发现真实及公正裁判之目的。"可见,美国《联邦证据规则》对公正裁判目的的追求是建立在真实发现的基础之上的。

3. 是强化裁判可接受性的要求

无论从一般人的正常心理,还是从人类长期的司法实践来看,建立在真实基础上的裁判,比建立在不真实或者真伪不明基础上的裁判具有更高的可接受性,当事人与社会公众的认同度高,司法的公信力自然就得到了提升。

二、真实发现原则在不同诉讼中的展开

刑事诉讼与民事诉讼、行政诉讼在参与主体、解决的实体争议等方面存在很大区别,因而真实发现原则的实践展开也不尽相同。

(一) 刑事诉讼中的真实发现原则

刑事诉讼旨在解决犯罪嫌疑人、被告人是否承担刑事责任以及如何承担刑事责任的问题,直接关涉涉案人员的财产、自由乃至生命等权利的限制或剥夺,因而现代大陆法系国家职权主义刑事诉讼模式普遍追求实质真实,采行实质真实主义。在实行职权主义诉讼模式的国家看来,尽管人类的认识能力有限,而且事后澄清案件事实具有特殊的困难,但这不妨碍对客观事实的追求。"如果付出足够努力并且刑事诉讼原则上是一个寻找实质真实的过程,那么实质真实可以被发现。"[1] 易言之,只要精心设计合理的诉讼程序和证据制度,配置适格的法律从业人员和足够的司法资源,充分发挥侦、控、审、辩各方的主观能动性,就可以查明案件真相,法官也能够判断自己的裁判是否符合案件真相。

在真实发现方式上,职权主义诉讼模式将权威的中立的法官置于主导地位,法官不仅主导法庭调查活动,听取控辩双方对证据的举证、质证和辩论活动,而且在一定范围内有权主动调查有助于查明案件真相的一切证据材料,而不管是否有违当事人的意愿。正如学者所指出的:"法院关于事实及证据,不为当事人之意思所拘束,而务期发现实质上之真实之事实也。"[2] 当事人可以积极参与法庭调查,也可以袖手旁观。即使一方当事人承认对方所主张的事实,法院依然要进行调查,并综合全案证据判定被告人是否有罪。这种制度设计与大陆法系国家的如下认知有关:法官作为中立的司法官员,较之于控辩双方,更能做到不偏不倚地调查证据,因而更有利于发现实质真实。

英美法系国家由于经历了长期的刑事诉讼与民事诉讼不分的历史,因而其建构的当事人主义刑事诉讼模式采取了类似民事诉讼的真实发现原则,秉持形式真实的理念。在当事人主义诉讼中,真实完全是一个程序概念,实质真实在一定程度上被认为是难以发现的,程序的公平就成了裁决合法性的主要基础,根据程序规则确立的任何结果都被认为可以接受。[3] 也就是说,当事人主义诉讼模式尽管也重视真实的发现,但不太在意认定的事实是否符合客观真相,更强调事实认定的法律程序、规则和要求,强调控辩双方的可接受性,"法院关于事实及证据,恒为

---

① [德]托马斯·魏根特:《刑事诉讼关涉真实吗?——一个德国的视角》,冯俊伟译,《中国刑事法杂志》2011 年第 7 期。
② 陈瑾昆:《刑事诉讼法通义》,北平朝阳大学 1930 年版,第 136 页。
③ [德]托马斯·魏根特:《刑事诉讼关涉真实吗?——一个德国的视角》,冯俊伟译,《中国刑事法杂志》2011 年第 7 期。

当事人之意思所拘束,而仅须发现形式上之真实之事实也"①。

在上述理念指导下,当事人主义诉讼模式采取了一种让控辩双方当事人发挥主导作用的真实发现方式。当事人负责收集和提出证据,并通过交叉讯问机制开展法庭证据调查活动,法官和陪审团居中听审,不参与法庭调查,只在当事人双方庭审质证活动的基础上认定事实,作出裁判。该制度建立在如下的理论假设之上:控辩双方与案件处理结果有切身的利害关系,因而较之于法官,会更尽力地收集和调查有利于己方的证据,这样一来,两个片面性的半个真实就组合成了一个完整的真实。当然,更能体现其形式真实理念的是辩诉交易制度。比如,在美国辩诉交易制度中,被告人只要答辩有罪,法官就不再调查其他证据,而直接作出定罪判决,从而取消了以公开审理和言词审理为基本特征的对抗制庭审方式,带有很强的当事人合意色彩,相应地,"所谓的'裁决'并不是客观真实,而只是对抗一方的胜利事实"②。

综上可见,大陆法系职权主义刑事诉讼模式追求的是实质真实,重视的是被发现的"真实";英美法系当事人主义刑事诉讼模式追求的是形式真实,重视的是发现真实的"方法"。

(二) 民事诉讼中的真实发现原则

现代民事诉讼调整当事人之间的私法关系,普遍实行辩论原则和处分原则,当事人可以选择争议处理方式,追求当事人间合意的形式真实③。尤其是英美法系国家,通常将刑事诉讼和民事诉讼视为一体,以证据调查方式为基本视点,实行交叉讯问的证据调查方法,坚持形式真实发现原则。

在发现真实的方式上,现代民事诉讼通常将当事人置于相对主导的地位。一方面,证据的主张、收集和提出,都由当事人承担;另一方面,法院要受当事人主张事实的约束,当事人没有主张的事实,或者没有在当事人的辩论中出现的事实,不能作为法院裁判的依据。此外,实行自认制度,对于当事人一方提出的事实,对方当事人没有争议的,法院应当将其作为裁判的依据。

(三) 行政诉讼中的真实发现原则

行政诉讼调整行政机关或法律、法规授权的组织与公民、法人或者其他组织在行政管理过程中发生的争议。历史上,我国行政诉讼制度的建构较多地受到了德国等大陆法系国家的影响。在德国,行政诉讼适用调查原则和职权进行原则。法院依职权调查案件,调查时不受参加人的陈述和举证申请的拘束,如果法院忽略了一个案情所要求的且对结果有显著影响的事实调查,就构成程序瑕疵;法院自己,而非当事人,对诉讼和判决的送达、期间设定、事实调查等方面负责。当然,德国行政诉讼也适用处分原则,即就诉讼标的而言,法院受当事人请求的约束,法院只能依申请行事,不得超越诉讼请求作出裁判,或者对未被申请的事项作出宣判,原告可以变更或撤回诉讼,允许法庭和解。可见,德国行政诉讼总体上倾向于实质真实,但一定范围内也吸纳了形式真实的理念。

---

① 陈瑾昆:《刑事诉讼法通义》,北平朝阳大学 1930 年版,第 8 页。
② [德] 许乃曼:《论刑事诉讼的北美模式》,茹艳红译,《国家检察官学院学报》2008 年第 5 期。
③ 林钰雄:《刑事诉讼法》(上册 总论编),中国人民大学出版社 2005 年版,第 7 页。

三、我国诉讼中真实发现原则的立法与实践

(一)刑事诉讼领域

我国刑事诉讼长期以来一直坚持实行以查明案件客观真实为目的的实质真实发现原则。法官负有查明案件真相的职责,在审判中可以不受控辩双方提交的证据之限制,自行调查取证;认定被告人有罪,不能单凭被告人的有罪供述,还必须调查口供以外的其他证据,印证口供的真实可靠性,防止口供虚假,并综合全案证据,认为已经达到事实清楚,证据确实、充分,排除合理怀疑的标准时,才能定罪。

当然,2018 年《刑事诉讼法》规定了认罪认罚从宽制度,犯罪嫌疑人、被告人自愿如实供述自己的罪行,承认指控的犯罪事实,愿意接受处罚的,可以依法从宽处理,而且可以简化诉讼程序,甚至不进行法庭调查和法庭辩论。有学者认为,这种情况事实上成为实质真实原则的例外,贯彻的是一种类似于形式真实的理念。不过,本书认同陈光中教授的观点,对于认罪认罚从宽的案件,"公安司法机关不仅要审查被追诉人的自愿性、合法性,而且要基于客观真实原则审查判断被追诉人的有罪供述和其他证据是否达到了法定证明标准。只有达到证明标准并符合认罪认罚从宽制度规定的,才可以作出相应的从宽处理"[1]。易言之,由于我国《刑事诉讼法》并未规定罪状认否程序,因而即使被告人自愿认罪,法院查明案件事实的职责仍然存在,法官不仅要保证无罪的人不受刑事追究,也要保证有罪的人受到公正的惩罚。相应地,认罪认罚从宽的案件虽然庭审程序简化,但是事实认定的标准未变,法院也应贯彻实质真实发现原则,只有在案件已经具备事实清楚,证据确实、充分,排除合理怀疑的条件时,才能作出有罪判决。

近些年来,伴随着一些冤假错案的相继曝光,刑事司法的公信力遭受冲击,实质真实发现原则也因此受到了一定的质疑与批判。如何准确理解和落实实质真实发现原则,更好地平衡犯罪控制与人权保障的价值追求,成为当下摆在理论界与实务界面前的共同课题。

(二)民事诉讼与行政诉讼领域

在我国民事诉讼理论中,对于证明标准,长期以来占据主导地位的是"客观真实说",认为民事诉讼与刑事诉讼一样,都要求查明案件客观真实;与之相应,立法没有认可约束性辩论原则,当事人处分原则受到很大限制,诸如审判范围、再审程序的职权启动、裁判依据事实的来源、证据职权调查、诉讼调解的职权干预、诉讼契约的有限等具体诉讼制度,都体现了职权干预型诉讼体制的特征。但近些年来,主张"优势证据"或者"高度盖然性"证明标准的观点逐渐成为主流,形式真实的理念越来越受到民事诉讼理论界与实务界的推崇。随着《民事诉讼法》的修改以及最高法《民诉证据规定》《民诉法解释》的颁布,我国民事诉讼正在向当事人主导型诉讼体制转型,从职权探知主义转向辩论主义。[2] 比如,《民诉法解释》第 92 条规定:"一方当事人在法庭审理中,或者在起诉状、答辩状、代理词等书面材料中,对于己不利的事实明确表示承

---

[1] 陈光中、马康:《认罪认罚从宽制度若干重要问题探讨》,《法学》2016 年第 8 期。

[2] 张卫平:《民事证据法》,法律出版社 2017 年版,第 11—14 页。

认的,另一方当事人无需举证证明。对于涉及身份关系、国家利益、社会公共利益等应当由人民法院依职权调查的事实,不适用前款自认的规定。自认的事实与查明的事实不符的,人民法院不予确认。"这些规定无疑体现了我国民事诉讼体制的转型和事实发现理念的转变。此外,《民诉法解释》第 108 条对于证明标准的规定更是彰显了形式真实发现的理念:"对负有举证证明责任的当事人提供的证据,人民法院经审查并结合相关事实,确信待证事实的存在具有高度可能性的,应当认定该事实存在。对一方当事人为反驳负有举证证明责任的当事人所主张事实而提供的证据,人民法院经审查并结合相关事实,认为待证事实真伪不明的,应当认定该事实不存在。法律对于待证事实所应达到的证明标准另有规定的,从其规定。"

实务研究

案例研析

在我国行政诉讼中,对于证明标准,有学者认为一般情况下应适用"明显优势证明标准",但作出对原告、第三人的人身自由及财产权益产生重大影响的剥夺、限制性的行政处罚或强制措施以及责令停产停业、吊销许可证或执照、处以较大数额罚款等行政行为时,应适用"排除合理怀疑的证明标准";而在行政赔偿或行政裁决类案件时,则可以采取"优势证明标准"。[①] 另有学者认为,一般情况下应适用"高度盖然性证明标准",但在行政机关作为中立机关对平等主体的民事纠纷作出裁决而引起的行政诉讼以及原告承担证明责任的情形中,应适用"优势证明标准";在限制人身自由的行政处罚、强制措施的案件中,应适用"排除合理怀疑的证明标准"。[②] 在起草《行政诉讼证据规定》时,最高人民法院曾试图确立以"明显优势证明标准"为原则,以"优势证明标准"(适用于财产权或者人身权争议的行政裁决案件)和"排除合理怀疑的证明标准"(适用于拘留、责令停产停业和吊销执照等对人身财产权益产生较大影响的行政案件)为补充的证明标准体系,但在最终通过的版本中将证明标准删除。删除的原因不是草稿确定的证明标准不合适,而是觉得证明标准很灵活,在司法解释中可以暂不规定,但在培训中仍然可以介绍这些内容。[③] 概言之,应该根据行政行为对相对人权益影响的大小来适用不同的证明标准,即在一般证明标准之外,肯定例外情形的存在。[④] 因此整体而言,我国行政诉讼实行的是多元化的事实发现原则。

第二节　证据裁判原则

证据是诉讼的基石。无论是刑事诉讼,还是民事诉讼、行政诉讼,均以认定事实、适用法律为主要内容。认定事实的过程,必须依靠证据。证据裁判原则,又称证据裁判主义,是指在诉讼过程中,裁判者必须根据证据认定案件事实;没有证据或者证据不符合法定要求的,原则上不能认定案件事实。证据裁判原则是人类从非理性裁判走向理性裁判的重要标志,在现代诉讼中

---

① 马怀德主编:《司法改革与行政诉讼制度的完善——〈行政诉讼法〉修改建议稿及理由说明书》,中国政法大学出版社 2004 年版,第 257—262 页。

② 胡建淼主编:《行政诉讼法修改研究——〈中华人民共和国行政诉讼法〉法条建议及理由》,浙江大学出版社 2007 年版,第 265—268 页。

③ 孔祥俊:《行政诉讼证据规则与法律适用》,人民法院出版社 2005 年版,第 226 页。

④ 王万华:《中国行政程序法典试拟稿及立法理由》,中国法制出版社 2010 年版,第 279—280 页。

具有举足轻重的地位。我国台湾地区有学者将证据裁判原则称为证据规定的帝王条款之一。[①]

一、证据裁判原则的产生与意义

(一) 证据裁判原则的产生

证据裁判原则并非自古有之,而是伴随人类理性的进步逐步确立的。有社会就有纠纷。为维持社会的和谐稳定,自然就需要构建一定的纠纷解决机制。考诸人类解决纠纷的实践,在证据制度方面,历史上曾经先后出现过神明裁判、法定证据、自由心证三个阶段,证据裁判原则就出现在自由心证阶段。

人类社会产生之初,理性发展尚不成熟,自然生存条件差,科技水平低,因而纠纷解决实行神明裁判制度。比如,采取"水审""火审""面包奶酪审""决斗"等,依据"神的指示"或者"神的旨意"解决纠纷。欧洲 9 世纪法兰克人的《麦玛威法》就规定:"凡犯盗窃罪,必须交付审判。如在神判中为火所灼伤,即被认为不能经受审火的考验,处以死刑。反之,如不为火所灼伤,则可允许其主人代付罚金,免处死刑。"在神明裁判时代,负责纠纷解决的裁判人员一般通过主持一定的仪式,让当事人承受肉体痛苦或精神折磨,然后根据履行过程中发生的情况或履行后的结果来判断是非曲直,作出裁决和处理。这种制度的有效运行仰赖于当事人的神灵信仰及其对神灵辨别是非、惩恶扬善"法力"的笃信。神明裁判制度尽管在历史上曾经对社会的稳定发挥了积极作用,但从当今理性、文明的视角加以评判,其以超自然力量作为纠纷解决依据的不合理性显而易见。

随着社会生产力的发展和人类认识能力的提高,神明裁判制度慢慢被法定证据制度取代。从 13 世纪开始,作为教会法向世俗法渗透的一环,法定证据制度逐渐向西欧大陆各主要封建国家扩散,并在这些国家的诉讼制度中得到普及和发展,到 16 世纪,大多数欧洲国家都实行了法定证据制度。1532 年神圣罗马帝国《加洛林纳法典》、1670 年法兰西王国《刑事法令》、1853 年奥地利《刑事诉讼法》、1857 年俄罗斯《帝国法规全书》等都是确立了法定证据制度的代表性法典。[②] 不过,作为例外,英国并没有经过法定证据阶段,而直接从神明裁判制度转向了以陪审团为中心的自由心证制度。

在法定证据时代,证据的取舍、证明力大小以及证据运用规则均由法律事先加以规定,法官在审理案件过程中无权自由判断证据的资格和证明力,仅需机械地适用法律的规定即可。比如,1857 年俄罗斯《帝国法规全书》规定,男人的证言优于女人的证言;基督徒的证言优于犹太人的证言;学者的证言优于非学者的证言。又如,1532 年《加洛林纳法典》规定,被告人在法庭上的供认是完全证据中的最好证据,足以认定犯罪。[③] 法定证据制度的一个鲜明特征是:重视口供的证据价值,将口供视为"证据之王",因此,允许采取刑讯手段获取口供。法定证据制度的目的在于,规范法官的证据裁判行为,防止裁判活动的混乱。

毫无疑问,较之于神明裁判,法定证据制度是重要的历史进步,不仅契合了当时实行的纠问式诉讼模式,而且适应了西欧君主专制国家中央集权和统一司法的需要。但另一方面,也不

---

① 　林钰雄:《刑事诉讼法》(上册 总论编),中国人民大学出版社 2005 年版,第 344 页。
② 　李浩主编:《证据法学》(第二版),高等教育出版社 2014 年版,第 55 页。
③ 　《中国大百科全书·法学》(修订版),中国大百科全书出版社 2006 年版,第 68 页。

难看到,法定证据制度的形式主义色彩过重,以法定方式将不同证据的价值予以绝对化,强制法官无视具体情况对证据进行机械的、划一的评价,使证据评价及事实认定成为一种消极、呆板的三段论式的演绎过程①,法官的证据裁断活动严格受制于法律关于证据取舍和证明力的规定,丧失了必要的能动性和灵活性,从而与案件处理实践中丰富多样的证据情况脱离甚至背离。不仅如此,口供中心主义的做法以及刑讯逼供的普遍存在也导致了大量的冤假错案。

欧洲文艺复兴、启蒙运动的开展和资产阶级革命的胜利,使得民主、自由、人权、法治理念日渐深入人心,司法机械化、口供至上、刑讯逼供盛行的法定证据制度受到了严厉的考问和猛烈的批判,自由心证制度由此确立。1808 年法国《刑事诉讼法典》第 342 条对自由心证制度作出了如下经典表述:法律仅要求陪审员深思熟虑,并本诸良心诚实推求已经提出的对于被告不利和有利的证据在他们的理智上产生了何种印象。只向他们提出这样的问题:"你们已经形成内心的确信否?"与法定证据制度通过法律规定严格控制法官对于证据取舍和证明力的判断不同,自由心证制度对法官的良心和理性给予了充分信任,赋予法官根据案件具体情况自由判断证据取舍和证明力的权力,同时废除了口供至上和刑讯逼供的做法。由于 1808 年法国《刑事诉讼法典》第 342 条隐含着事实认定必须以"已经提出的对于被告不利和有利的证据"为基础的重要内容,要求在证据基础上经由裁判者的"内心的确信"来完成事实认定活动,因而某种意义上也被视为有关证据裁判原则的规定。在立法中最先明确规定证据裁判原则的是日本,1876 年日本在法国影响下制定的《断罪依证律》规定:"凡断罪,依证据。"②据此,在个案裁判活动中,必须以诉讼各方提交法庭调查的证据材料作为事实认定的基础,司法者的臆想、猜测不能成为定案的依据。日本现行《刑事诉讼法》第 317 条进一步规定:"认定事实,应当依据证据。"韩国《刑事诉讼法》第 307 条也规定:"认定事实,应当根据证据。"目前证据裁判原则已被明确写入许多大陆法系国家的立法中,英美法系国家立法中虽没有证据裁判原则的表述,但理念上也认同证据裁判原则,并根据自己的普通法特色发展出关联性规则、可采性规则等证据规则来体现证据裁判原则。③

需要指出的是,从形式上看,法定证据制度也是以证据为基础的事实认定模式,因而似乎也遵循了证据裁判原则。但本书认为,证据裁判原则是人类理性发展到一定阶段即自由心证时代的产物,其具体内容和要求体现了理性的高度成熟,而法定证据制度尽管在形式上也采用证据进行裁判,但对于证据取舍和证明力的法律规定充满了机械的形式主义和封建等级色彩,对口供证据的过分依赖以及刑讯逼供方式的合法化更是有悖于现代文明社会的基本理念,因而并未体现证据裁判原则的实质内核。

(二)证据裁判原则的意义

1. 证据裁判原则是自由心证原则的必要前提,为法官自由心证的达成提供了切实的保障

证据裁判原则与自由心证原则相伴而生,是人类理性成熟在裁判领域的必然产物。自由心证原则赋予法官裁量的权力,但这种权力如果不加以必要的限制,极易出现滥用,催生恣意

---

① 王亚新:《刑事诉讼中发现案件真相与抑制主观随意性的问题——关于自由心证原则历史和现状的比较法研究》,《比较法研究》1993 年第 2 期。

② [日]松尾浩也:《日本刑事诉讼法》(下卷新版),张凌译,中国人民大学出版社 2005 年版,第 4 页。

③ 陈光中:《刑事证据制度改革若干理论与实践问题之探讨——以两院三部〈两个证据规定〉之公布为视角》,《中国法学》2010 年第 6 期。

的裁判。证据裁判原则的作用就是为法官的裁量行为划定边界,防止法官在证据裁断方面的自由心证过于"自由",保障法官心证的理性化。正如有学者所指出的:"证据裁判主义不仅要求法官必须依证据而为事实之认定,而且对于一定之证据限制法官为自由心证,如无证据能力、未经合法调查,显与事实有违或与认定事实不符之证据,不得作为自由心证之证据。"[①]

2. 证据裁判原则强化了裁判结果的可接受性,提升了裁判公信力

证据裁判原则明晰了法官裁量行为的法定边界,减少了公众对裁判误解的可能性,促进了当事人和社会公众对裁判结果的认同和接受。

3. 证据裁判原则有助于保障当事人的诉讼权利

证据裁判原则强调对案件事实的认定必须建立在合法证据的基础之上,而不能单纯依凭办案人员的主观推测或者臆想。这会促使公安司法人员强化证据意识,认真收集和保管证据,重视犯罪嫌疑人、被告人的合理辩解,进而防范冤假错案的发生。

二、证据裁判原则的基本要求与适用例外

相比于民事诉讼和行政诉讼,证据裁判原则在刑事诉讼中得到更多的强调。究其原因,是因为刑事诉讼关涉对当事人的生命、财产、自由等重大法益的限制或剥夺,而民事诉讼和行政诉讼关涉的法益相对较小,故民事法与行政法领域存在较多的法律推定和承认当事人的处分权。当然,民事诉讼与行政诉讼也要遵循证据裁判原则,只是在有关证据资格、证明方式、证明范围及证明标准等方面的要求与刑事诉讼有所不同。[②]

(一)证据裁判原则的基本要求

根据学界通说,证据裁判原则主要有三方面的要求:案件事实的认定原则上必须以证据为基础;据以认定案件事实的证据必须符合证据资格的要求;据以认定案件事实的证据必须经过法庭调查程序。不具备法定资格或者未经法庭调查的证据材料不能作为定案的依据。

1. 案件事实的认定原则上必须以证据为基础

除法律另有规定外[③],司法人员认定案件事实只能根据证据,而不能求诸水审、火审、决斗或者非理性的神明启示,也不能依赖于司法人员的主观臆断或者无端猜测。当案件证据存在相互矛盾时,司法人员不能仅凭个人喜好裁剪事实。在我国以往的司法实践中,不少司法人员并未养成依证据进行裁判的习惯,即便在犯罪构成的部分要素缺乏证据证明的情况下,也往往倾向于认定被告人有罪,这是造成一系列冤假错案的思想根源。司法人员应当吸取惨痛的历史教训,强化证据意识,对没有证据加以证明的案件事实,应当视为不存在或者未曾发生过。

---

① 蔡墩铭:《刑事证据法论》,五南图书出版公司 1997 年版,第 428 页。

② 卞建林、谭世贵主编:《证据法学》(第三版),中国政法大学出版社 2014 年版,第 80 页。

③ 在这一点上,民事诉讼与刑事诉讼有所不同:刑事诉讼要求法院必须依据相关的证据认定案件事实;民事诉讼对案件事实的认定则不仅要依赖证据,还需要根据证据之外的辩论程序中获得的其他资料信息,如当事人、代理人陈述时的态度和表现,共同诉讼人的自认,当事人或代理人对已陈述内容的修正,以及攻击防御方法提出的时间等。参见张卫平:《民事证据法》,法律出版社 2017 年版,第 252 页。日本有学者指出,在民事诉讼中,除证据资料以外,口头辩论的整体内容也构成证据原因;但在刑事诉讼中,只有证据资料可以作为法官形成心证的依据。参见[日]石井一正:《日本实用刑事证据法》,陈浩然译,五南图书出版公司 2000 年版,第 18 页。

2. 据以认定案件事实的证据必须符合证据资格的要求

不是所有的证据都可以作为认定案件事实的根据,只有具有证据资格的证据才能成为定案依据。证据资格,又称证据能力,是指某一证据能够用于严格证明的能力或者资格。即对于"牵涉本案犯罪事实之证据材料,必须未经禁止使用(消极之必要条件),并且又经严格证明之合法调查程序后(积极之必要条件),才能取得证据能力,也才能作为本案裁判之基础"①。在案件办理实践中,提交法庭调查的证据千差万别,有些不符合证据规范甚至系非法取得,比如通过刑讯逼供获取的犯罪嫌疑人口供,就违背了法律关于取证方式的规定,不符合证据资格,应当被依法排除在定案根据之外。此外,非适格主体取得的证据、违反法定程序取得的证据以及不符合法定形式的证据,都不能作为定案的根据。有学者就此指出,现代证据法的主要功能就在于对各类证据的法律资格作出明确的限制,并据此将那些不具备法律资格的证据排除在法庭之外。②从理论上讲,只有通过了证据资格的判断,才能进行证明力的判断。但我国传统刑事诉讼模式往往强调积极的实体真实主义和犯罪控制价值,司法人员在审查证据时,重视证据的价值或者证明力,而不太关注对证据资格的审查,导致实践中出现了为获取被告人的供述而刑讯逼供或者威胁、引诱等非法取证的现象,造成了冤假错案。因此,应当在认真反思的基础上,严格贯彻非法证据排除规则,确保作为定案依据的证据之适格性。

3. 据以认定案件事实的证据必须经过法庭调查程序

这是证据裁判原则在动态方面的要求。庭审是司法人员对案件事实进行认定的关键环节。只有在公开、公平的庭审活动中,诉讼各方才得以面对面地展开控告、抗辩和裁判活动,当事人也才能充分地进行举证、质证、辩论,表达对案件法律适用的看法,反驳对方的主张和意见。法庭由此得以对案件事实、法律适用形成全面的认识,进而作出公平合理的裁判,保障当事人的合法权益。未经法庭出示、质证并查证属实的证据,不能作为认定案件事实的依据;经法庭调查发现的不真实、不合法或者不具有关联性的证据,也不能作为认定案件事实的依据。在这方面,我国尚存在不少的问题。比如,最高法《刑诉法解释》第71条规定:"证据未经当庭出示、辨认、质证等法庭调查程序查证属实,不得作为定案的根据。"第271条第2款又规定:"对公诉人、当事人及其法定代理人、辩护人、诉讼代理人补充的和审判人员庭外调查核实取得的证据,应当经过当庭质证才能作为定案的根据。但是,对不影响定罪量刑的非关键证据、有利于被告人的量刑证据以及认定被告人有犯罪前科的裁判文书等证据,经庭外征求意见,控辩双方没有异议的除外。"这就意味着,对于控辩双方补充的和法庭庭外调查核实取得的证据,可以省略法庭调查程序,以致许多本应在法庭上出示和调查但没有在法庭上出示和调查的证据被作为定案根据。又如,庭审实践中,允许书面证言、大量使用庭前证言笔录,也与证据裁判原则的要求存在实质性的冲突。

(二) 证据裁判原则的适用例外

依据证据认定案件事实,这是一般原则。实践中,基于诉讼目的、诉讼政策等方面的考量,也存在着一些例外情形,不需要运用证据进行证明。主要包括:

1. 民事诉讼中当事人自认的事实

自认是指在民事诉讼中,当事人一方对于不利于己方的事实或证据,以明示或默示的方式

---

① 林钰雄:《刑事诉讼法》(上册 总论编),中国人民大学出版社2005年版,第346页。
② [日]田口守一:《刑事诉讼法》(第五版),张凌、于秀峰译,中国政法大学出版社2010年版,第267页。

承认,并接受相应的法律后果。由于自认具有无争议性、自愿性和高度真实性的特点,因而法院可以将当事人自认的事实直接认定为案件事实而无须再以证据证明,或者将当事人自认的证据直接作为定案根据而无须再查证。最高法《民诉证据规定》第 3 条规定:"在诉讼过程中,一方当事人陈述的于己不利的事实,或者对于己不利的事实明确表示承认的,另一方当事人无需举证证明。在证据交换、询问、调查过程中,或者在起诉状、答辩状、代理词等书面材料中,当事人明确承认于己不利的事实的,适用前款规定。"这条规定反映了我国民事诉讼制度在一定程度上确立了自认制度。

2. 司法认知的事实

司法认知是指法官在审理案件的过程中,对于待认定事实是否存在或者是否真实,直接予以确认,而无须凭借任何证据证明,以确保审理顺利进行的事实认定方式。最高法《民诉法解释》第 93 条规定:"下列事实,当事人无须举证证明:(一)自然规律以及定理、定律;(二)众所周知的事实;(三)根据法律规定推定的事实;(四)根据已知的事实和日常生活经验法则推定出的另一事实;(五)已为人民法院发生法律效力的裁判所确认的事实;(六)已为仲裁机构生效裁决所确认的事实;(七)已为有效公证文书所证明的事实。前款第二项至第四项规定的事实,当事人有相反证据足以反驳的除外;第五项至第七项规定的事实,当事人有相反证据足以推翻的除外。"最高法《行诉证据规定》第 68 条也规定:"下列事实法庭可以直接认定:(一)众所周知的事实;(二)自然规律及定理;(三)按照法律规定推定的事实;(四)已经依法证明的事实;(五)根据日常生活经验法则推定的事实。前款(一)、(三)、(四)、(五)项,当事人有相反证据足以推翻的除外。"可见,我国民事诉讼与行政诉讼均确立了司法认知制度。

3. 推定的事实

作为一种替代证明的事实认定方法,推定是指根据已有的基础事实与另一未知事实之间存在的一般联系规律,从前者推出后者。或者说,由前者的存在认定后者的存在,包括法律推定与事实推定。巨额财产来源不明罪是推定在刑事诉讼中的典型体现。根据我国《刑法》第 395 条第 1 款的规定,国家工作人员的财产或者支出明显超过合法收入,差额巨大,本人不能说明其来源是合法的,差额部分推定为非法所得。在民事诉讼领域,最高法《民诉证据规定》第 95 条就规定:"一方当事人控制证据无正当理由拒不提交,对待证事实负有举证责任的当事人主张该证据的内容不利于控制人的,人民法院可以认定该主张成立。"

当然,为了确保证据裁判原则的贯彻落实,维持各种相关的诉讼价值之间的平衡,上述例外情形受到严格的条件限制。

三、证据裁判原则在我国的确立

如果不考虑证据裁判原则的价值追求,仅从形式上理解证据裁判原则,那么中国古代立法中就出现了相关的内容。比如,唐律中的《断狱律》规定:"若赃状露验,理不可疑,虽不承引,即据状断之。"[①] 所谓"虽不承引,即据状断之",就是说被追诉人虽然不承认自己所犯的罪行,但是能够通过其他证据加以证明的,可以认定为犯罪。该规定无疑具有相当积极的进步意义。尽管如此,受制于当时的政治制度、社会环境特别是纠问式的诉讼模式,古代立法整体而言并未出

---

① 《唐律疏议》,刘俊文点校,法律出版社 1999 年版,第 593 页。

现现代意义上的以理性为内核的证据裁判原则。

证据裁判原则在我国目前的诉讼立法中已经基本得到确立。

首先,在刑事诉讼领域,证据裁判原则最早明确出现在 2010 年两院三部《办理死刑案件证据规定》第 2 条:"认定案件事实,必须以证据为根据。"最高法《刑诉法解释》第 69 条也规定:"认定案件事实,必须以证据为根据"。现行《刑事诉讼法》则间接地予以确立,比如第 55 条第 1 款规定:"对一切案件的判处都要重证据,重调查研究,不轻信口供。只有被告人供述,没有其他证据的,不能认定被告人有罪和处以刑罚;没有被告人供述,证据确实、充分的,可以认定被告人有罪和处以刑罚。"第 200 条第 1 款规定:"在被告人最后陈述后,审判长宣布休庭,合议庭进行评议,根据已经查明的事实、证据和有关的法律规定,分别作出以下判决……"无论是对案件裁判中应当重证据不轻信口供的强调,还是要求合议庭评议时应当根据"已经查明的事实、证据和有关的法律规定",都体现了对依据证据定案的重视和对口供中心主义思维模式的纠偏,彰显了制度理性,具有重要的意义。

其次,在民事诉讼与行政诉讼领域,虽然《民事诉讼法》与《行政诉讼法》均未明确规定证据裁判原则,但相关的司法解释确立了这一原则。比如,最高法《民诉证据规定》第 85 条第 1 款规定:"人民法院应当以证据能够证明的案件事实为根据依法作出裁判。"最高法《民诉法解释》第 90 条规定:"当事人对自己提出的诉讼请求所依据的事实或者反驳对方诉讼请求所依据的事实,应当提供证据加以证明,但法律另有规定的除外。在作出判决前,当事人未能提供证据或者证据不足以证明其事实主张的,由负有举证证明责任的当事人承担不利的后果。"最高法《行诉证据规定》第 53 条也规定:"人民法院裁判行政案件,应当以证据证明的案件事实为依据。"

理论探讨

当然,从实践层面考察,如前所述,证据裁判原则的贯彻落实并不乐观,尚存在许多需要加以解决的问题。正是在这种背景下,2014 年党的十八届四中全会《决定》明确要求,推进以审判为中心的诉讼制度改革,全面贯彻证据裁判规则,严格依法收集、固定、保存、审查、运用证据,完善证人、鉴定人出庭制度,保证庭审在查明事实、认定证据、保护诉权、公正裁判中发挥决定性作用。

案例研析

第三节　自由心证原则

案件事实是一种历史事实。"历史事实的认定不仅需要逻辑,还需要判断。"[1] 那么,作为案件事实认定依据的证据应当如何判断和评价? 有无一定的规则可循? 这是证据裁判原则确立之后必然面临的问题。自由心证原则是证据法领域关于证据评价或者判断的基本原则。

一、自由心证原则的基本要义 [2]

"自由心证"一词自近代由日本传入。在日本和我国台湾地区,自由心证原则又被称为自由心证主义。自由心证既是一个早已有之的法律概念,又是一个歧义多出的概念。由于民事诉

---

① ［美］罗纳德·J. 艾伦等:《证据法:文本、问题和案例》(第三版),张保生等译,高等教育出版社 2006 年版,第 143 页。
② 关于自由心证原则的词源及内涵,详见本书第十一章第二节,本节不再赘述。

讼、行政诉讼与刑事诉讼之间存在一定的差异,诉讼法学界对自由心证原则的概念界定不一,其中比较容易产生争议的问题是:证据能力能否被涵括在自由心证的范围中? 对此,有学者持否定立场,认为自由心证原则是指证据的证明力由法官自由判断[1],或者是关于如何评价证据"证明力"的原则[2]。但也有学者认为,自由心证主义是指对于证据能力与证据价值(证明力)不加限制,证据之取舍、证据价值之有无,由法院自由判断之主义[3],或者认为自由心证原则是指法官在认定案件事实的过程中,对于证据方法(证据资格、证据适格)、证据资料以及事实推定等事项,法律一般不作规定,而是交由法官依照经验法则予以判断的原则。[4]

总体而言,民事诉讼法学者对自由心证的范围界定大多较为宽泛,既包括对证据证明力的评价,也包括对证据能力的裁量,而刑事诉讼法学者的界定通常较为严格,仅仅限定于对证据证明力的评价。对此,不宜简单地论断对错,而应当进行语境化的理解。由于民事诉讼中民事纠纷的复杂性以及证据的收集一般通过私权利为之,因而并非绝对排除对证据资格适用自由心证,某些证据资料即使通过违法手段获得,法官也可以根据具体情形裁量其具有证据资格;而刑事诉讼基于对人权保障的特殊要求,不得将证据资格问题交由法官自由心证。[5]比如,在日本,民事诉讼法学原则上不限制证据能力,而允许广泛使用证据,这是民事诉讼法中自由心证原则的内容[6];但日本《刑事诉讼法》第 318 条明确规定,只有证据的证明力才能由法官自由判断。

基于证据法而非仅仅刑事证据法的角度,本书认为,自由心证原则是指对于证据能力、证明力的有无和大小,法律原则上不作预先的规定,而交由审判官自由判断,形成内心确信的原则。1808 年法国《刑事诉讼法典》第 342 条是对刑事诉讼中自由心证原则的经典表述,该条规定:"法律对于陪审员通过何种方法认定事实,并不计较;法律也不为陪审员规定任何规则,使他们判断是否齐备及是否充分;法律仅要求陪审员深思细察,并本诸良心,诚实推求已经提出的对于被告不利和有利的证据在他们的理智上产生了何种印象。法律未曾对陪审员说:'经若干名证人证明的事实即为真实的事实';法律也未说:'未经某种记录、某种证件、若干证人、若干凭证证明的事实,即不得视为已有充分证明';法律仅对陪审员提出这样的问题:'你们已经形成内心的确信否?'"有学者将该条的内容转换如下:在对被告人定罪的问题上,你们在自由地评价完所有控方的证据和被告人的证据之后,如果还认为他是有罪的,那么你们是真诚确信他有罪吗? 如果是真诚确信的,那你就大胆地投票定他有罪;如果没有达到真诚地确信,你就应当投票反对。这是对所谓的"他们",也就是对陪审员们提出的要求,就是对证据自由地进行评价。[7]

从理论上分析,自由心证原则大致包括三方面的内容:(1)心证开始的前提是证据。正是在这一点上,证据裁判原则与自由心证原则密切关联,甚至可以说,前者是后者的配套原则。1808年法国《刑事诉讼法典》第 342 条既是对自由心证原则的经典表述,在某种意义上也是关于证据裁判原则的规定;日本《刑事诉讼法》第 317 条规定的是证据裁判原则,第 318 条紧接着规定

① [日]田口守一:《刑事诉讼法》(第五版),张凌、于秀峰译,中国政法大学出版社 2010 年版,第 270 页。
② 林钰雄:《刑事诉讼法》(上册 总论编),中国人民大学出版社 2005 年版,第 90 页。
③ 转引自姜世明:《证据评价论》,厦门大学出版社 2017 年版,第 2 页。
④ 张卫平:《民事证据法》,法律出版社 2017 年版,第 258 页。
⑤ 张卫平:《民事证据法》,法律出版社 2017 年版,第 260 页。
⑥ [日]松尾浩也:《日本刑事诉讼法》(下卷新版),张凌译,中国人民大学出版社 2005 年版,第 8 页。
⑦ 易延友:《证据法学:原则 规则 案例》,法律出版社 2017 年版,第 51 页。

了自由心证原则。二者在立法层面联系的紧密性由此可见一斑。从理论层面看,在刑事诉讼中,二者共同调控着证据判断的整个流程:证据裁判原则以证据能力的判断为核心;自由心证原则则重在评价证据的证明力。证据裁判原则之确立,在于使刑事诉讼程序之核心运作建立在证据之认定上,成为认定事实存在与否之基础,即事实发生后以迄证据确认之过程,系证据裁判原则所涵盖之范围;惟有在证明至事实存在与否之阶段,始得形成事实心证,故自由心证原则在于建构证据评价之过程,并就形成事实心证之过程中,对于如何之证据得证明至如何之事实加以适用,最主要者,其评价之过程中,系以高度盖然率作为基准。[①](2)法官自由判断证据的依据是经验、理性与良心。法官应当依凭经验、理性和良心作出判断,形成合理的心证,这是自由心证原则的支撑与保障。(3)法官心证的结果应当达到内心确信的程度,这是自由心证原则的核心。内心确信是指法官在诉讼中,通过当事人的举证、质证、辩论以及阅卷等活动,对证据予以审查判断所形成的内心信念达到了确信的程度。正如有学者所指出的,法官对于事实的认定应达到确信程度,方可为待证事实真假之认定,而此"确信",某种程度上应属于法官的主观确信,这部分乃自由心证主义之思想核心。[②]

二、自由心证的内在限制与外部制约

自由心证原则克服了法定证据制度的机械化弊病,将如何评价证据、认定事实的问题交给法官自由裁量,表现出对法官理性和良心的信赖,也促进了法官主观能动性的发挥,较好地解决了发现案件真实、惩罚犯罪与保障人权等价值之间的冲突。但与此同时,也潜藏着较大的诉讼风险,容易出现法官擅断和司法腐败,对当事人造成不当损害,因而有必要建构自由心证的内在限制和外部制约机制,以便既准确发现真实、解决纠纷,又有效防范法官恣意裁量,避免损害当事人合法权益。

正是在此意义上,自由心证主义必须是合理的心证主义。[③]自由心证原则适用的好坏,主要取决于其内外部制约措施的建构状况。

1. 自由心证的内在限制

法官依据自由心证原则认定案件事实时,不能违反经验法则和论理法则,这构成了自由心证的内在限制。否则,当事人有权提起上诉或者上告。

经验法则,是指从人类日常生活经验中归纳出的一切知识或法则,包括日常生活法则、自然法则和专门学科法则。经验法则尽管一般不能采用全称判断的形式来陈述,只是盖然性的命题[④],但由于其反映了事物之间存在高度盖然性的联系,因此法官认定案件事实时,将经验法则作为推理程序的大前提就不仅正当,而且必要。法官不能随心所欲地评价证据和事实,无论对证据进行单独评价还是综合评价,都要受到经验法则的制约。

论理法则,又称逻辑法则,是指根据逻辑分析方法进行演绎的法则。根据论理法则,推论应当符合逻辑思考的要求,不得违反同一律、不矛盾律和排中律,不能出现逻辑上的论证谬误,

---

①　黄翰义:《论刑事证据之基本原则》,《军法专刊》第 55 卷第 5 期。

②　姜世明:《证据评论》,厦门大学出版社 2017 年版,第 113 页。

③　[日]田口守一:《刑事诉讼法》(第五版),张凌、于秀峰译,中国政法大学出版社 2010 年版,第 273 页。

④　王亚新:《刑事诉讼中发现案件真相与抑制主观随意性的问题——关于自由心证原则历史和现状的比较法研究》,《比较法研究》1993 年第 2 期。

如偶然性谬误或以偏概全之谬误、循环论证之谬误、诉诸人格之谬误、诉诸感情之谬误、诉诸权威之谬误、诉诸他恶之谬误、论证不足之谬误、观察不当之谬误、复合质问之谬误、不当概括之谬误、原因虚妄之谬误以及稻草人攻击之谬误。[①] 论理法则反映了思维分析法则的客观性,也应当成为法官自由心证的内在限制。

2. 自由心证的外部制约

法官的自由心证要达到"合理的心证主义"之状态,除需遵循经验法则和论理法则外,还有赖于多方面的外部制约。择其要者,主要包括:

(1) 构建现代诉讼制度和司法体制,优化司法环境,确保法官客观上能够独立审判,主观上具有理性判断能力和良好的职业素养。为此,需要确立回避、司法惩戒等相关制度。

(2) 实行合议制或陪审制,防止法官独断专行,保证证据评判和事实认定的合理性。

(3) 强化司法公开,贯彻直接言词原则。一方面,通过司法公开,督促法官心证的合理化;另一方面,诉讼以直接言词方式进行,有助于法官兼听则明,发现案件真实。

(4) 推行判决书说理制度,展示法官心证的过程、内容和根据,同时健全法官心证的事后审查制度,为不服法官心证结果的一方提供法律上的救济,倒逼法官心证合理化。为此,需要完善二审程序和审判监督程序。

(5) 明确规定一些必要的证据评价法则。基于诉讼效率、司法统一等方面的考量,法律在少数例外情况下可以对特定证据的取舍或者证明力大小作出明确规定。比如,日本《民事诉讼法》明确规定,关于代理权的证明必须是书证;法庭笔录是关于口头辩论方式的唯一证明;票据诉讼必须采书证方式。日本《民事诉讼法》对小额诉讼的证明方式也有相应的限制。[②] 又如,由于许多刑事案件中的争议均围绕供述证据展开,如何评价自白的真实性及其证明力是司法裁判的难题,因而许多国家的法律规定了口供补强规则。以我国为例,《刑事诉讼法》第 55 条第 1 款就规定了口供补强规则:"对一切案件的判处都要重证据,重调查研究,不轻信口供。只有被告人供述,没有其他证据的,不能认定被告人有罪和处以刑罚;没有被告人供述,证据确实、充分的,可以认定被告人有罪和处以刑罚。"该规定对口供证明力的评价进行了限制,强调只有被告人作出的不利于自己的口供,不能判定被告人有罪,防止过于重视或者偏信被告人的供述,导致冤假错案。在民事诉讼领域,最高法《民诉证据规定》第 90 条也确立了补强证据规则。根据该条规定,下列证据不能单独作为认定案件事实的根据:当事人的陈述;无民事行为能力人或者限制民事行为能力人所作的与其年龄、智力状况或者精神健康状况不相当的证言;与一方当事人或者其代理人有利害关系的证人陈述的证言;存有疑点的视听资料、电子数据;无法与原件、原物核对的复制件、复制品。

三、自由心证原则在我国立法和实践中的体现

(一) 我国对自由心证原则的认识

1949 年以后的相当长一段时间,我国证据法理论对自由心证原则是持否定甚至批判态度

---

① 姜世明:《证据评价论》,厦门大学出版社 2017 年版,第 16 页。
② 张卫平:《民事证据法》,法律出版社 2017 年版,第 263 页。

的。传统观点认为,一方面,我国没有经历过欧洲国家那样的法定证据制度时代,所以不存在自由心证原则产生的历史条件;另一方面,自由心证原则仅凭法官的良心来判断证据,自然是不受客观实际的限制和检验的,有悖于唯物主义的认识观。因此,改革开放后颁布的三大诉讼法的证据部分均未提到法官自由心证的只言片语,司法实践中对其也是讳莫如深。

随着在这一问题上认识的不断深入和发展,我国理论界和实务界逐渐意识到传统看法的缺陷和粗疏。一方面,我国不存在法定证据的历史不能构成排斥自由心证原则的理由。自由心证原则虽肇始于对法定证据制度的批判,但其民主、公平和理性的精神为现代社会所共通。不少现代法治国家,特别是英美法系国家,虽也没有经历法定证据阶段,但审判实践中基本上都贯彻了自由心证原则的精神。我们不能以是否在法律中明确提出自由心证的概念作为判断一国是否确立该原则的唯一标准。许多国家仅是基于历史原因才未把自由心证原则形成文字,但历史的作用仅此而已,它只能造成这种表面上的差别,而对于已融入审判实践精髓的自由心证原则的灵魂则无能为力。另一方面,自由心证原则虽然赋予法官较大的自由裁量权,但绝不意味着法官可以毫无限制地自由专断。心证的形成,必须以人类的共同认识能力和方式为基础,必须符合论理法则与经验法则,必须接受诸多外部的制约。

(二) 我国关于自由心证原则的规定

上述认识的转化反映到规则层面,最突出的表现便是最高人民法院先后在2001年12月颁布的最高法《民诉证据规定》和2002年7月颁布的《行诉证据规定》中对自由心证原则进行了突破性的设置。2015年1月颁布的《民诉法解释》和2019年10月修正的最高法《民诉证据规定》重申了该原则。

1. 自由心证原则的确立

最高法《民诉证据规定》第85条第2款规定:"审判人员应当依照法定程序,全面、客观地审核证据,依据法律的规定,遵循法官职业道德,运用逻辑推理和日常生活经验,对证据有无证明力和证明力大小独立进行判断,并公开判断的理由和结果。"第88条进一步规定:"审判人员对案件的全部证据,应当从各证据与案件事实的关联程度、各证据之间的联系等方面进行综合审查判断。"《民诉法解释》第105条与最高法《民诉证据规定》第85条第2款的表述有一定不同,规定:"人民法院应当按照法定程序,全面、客观地审核证据,依照法律规定,运用逻辑推理和日常生活经验法则,对证据有无证明力和证明力大小进行判断,并公开判断的理由和结果。"《行诉证据规定》第54条规定:"法庭应当对经过庭审质证的证据和无需质证的证据进行逐一审查和对全部证据综合审查,遵循法官职业道德,运用逻辑推理和生活经验,进行全面、客观和公正地分析判断,确定证据材料与案件事实之间的证明关系,排除不具有关联性的证据材料,准确认定案件事实。"

而最高法《民诉证据规定》第85条第1款"人民法院应当以证据能够证明的案件事实为根据依法作出裁判"和《行诉证据规定》第53条"人民法院裁判行政案件,应当以证据证明的案件事实为依据"的规定则明确了自由心证原则的重要内容之一,即法官对事实真伪的判断应以证据调查结果为依据。

《民诉法解释》第108条第1款对我国民事诉讼中法官采纳证据确认事实的标准——优势证据作了如下规定:"对负有举证证明责任的当事人提供的证据,人民法院经审查并结合相关事实,确信待证事实的存在具有高度可能性的,应当认定该事实存在。"易言之,在我国民事诉讼中,裁判者依据日常经验判断待证事实的存在具有高度可能性时,疑问即告排除,事实即可认定。

2. 对自由心证原则的限制

当然,最高人民法院颁布的两个证据规定还对法官的自由心证作了一些限制性规定,主要有:

第一,补强规则。即特定的情形下,某种证据不得作为法官认定案件事实的唯一依据。最高法《民诉证据规定》第 90 条规定:"下列证据不能单独作为认定案件事实的根据:(一)当事人的陈述;(二)无民事行为能力人或者限制民事行为能力人所作的与其年龄、智力状况或者精神健康状况不相当的证言;(三)与一方当事人或者其代理人有利害关系的证人陈述的证言;(四)存有疑点的视听资料、电子数据;(五)无法与原件、原物核对的复制件、复制品。"《行诉证据规定》第 71 条规定:"下列证据不能单独作为定案依据:(一)未成年人所作的与其年龄和智力状况不相适应的证言;(二)与一方当事人有亲属关系或者其他密切关系的证人所作的对该当事人有利的证言,或者与一方当事人有不利关系的证人所作的对该当事人不利的证言;(三)应当出庭作证而无正当理由不出庭作证的证人证言;(四)难以识别是否经过修改的视听资料;(五)无法与原件、原物核对的复制件或者复制品;(六)经一方当事人或者他人改动,对方当事人不予认可的证据材料;(七)其他不能单独作为定案依据的证据材料。"

第二,完全证据规则。即具备法定条件的证据,经过质证环节后,法律直接肯定它的证明力,无须法官再自由裁量。

第三,最佳证据规则。即在数个证据对同一事实都有证明力,不同证据证明了相反的事实的情况下,对于各个证据证明力大小的判断应在法律规定的范围内进行。《行诉证据规定》第 63 条规定:"证明同一事实的数个证据,其证明效力一般可以按照下列情形分别认定:(一)国家机关以及其他职能部门依职权制作的公文文书优于其他书证;(二)鉴定结论、现场笔录、勘验笔录、档案材料以及经过公证或者登记的书证优于其他书证、视听资料和证人证言;(三)原件、原物优于复制件、复制品;(四)法定鉴定部门的鉴定结论优于其他鉴定部门的鉴定结论;(五)法庭主持勘验所制作的勘验笔录优于其他部门主持勘验所制作的勘验笔录;(六)原始证据优于传来证据;(七)其他证人证言优于与当事人有亲属关系或者其他密切关系的证人提供的对该当事人有利的证言;(八)出庭作证的证人证言优于未出庭作证的证人证言;(九)数个种类不同、内容一致的证据优于一个孤立的证据。"

案例研析

第四,心证理由和救济公开。最高法《民诉证据规定》第 97 条第 1 款规定:"人民法院应当在裁判文书中阐明证据是否采纳的理由。"《行诉证据规定》第 72 条第 2 款规定:"人民法院应当在裁判文书中阐明证据是否采纳的理由。"第 73 条进一步规定:"法庭发现当庭认定的证据有误,可以按照下列方式纠正:(一)庭审结束前发现错误的,应当重新进行认定;(二)庭审结束后宣判前发现错误的,在裁判文书中予以更正并说明理由,也可以再次开庭予以认定;(三)有新的证据材料可能推翻已认定的证据的,应当再次开庭予以认定。"

理论探讨

【思考题】

1. 如何理解真实发现原则的含义和意义?
2. 证据裁判原则有哪些基本要求?
3. 证据裁判原则有哪些例外情形?
4. 如何理解自由心证原则的主要内容?
5. 如何理解自由心证的内在限制与外部制约?

思考题参考答案

【参考文献】

1. 卞建林主编:《刑事证明理论》,中国人民公安大学出版社 2004 年版。
2. 卞建林、谭世贵主编:《证据法学》(第三版),中国政法大学出版社 2014 年版。
3. 蔡墩铭:《刑事诉讼法概要》(修订九版),三民书局 2010 年版。
4. 陈光中主编:《证据法学》(第三版),法律出版社 2015 年版。
5. 陈瑾昆:《刑事诉讼法通义》,北平朝阳大学 1930 年版。
6. 陈朴生:《刑事证据法》,三民书局 1979 年版。
7. 陈瑞华:《刑事证据法学》,北京大学出版社 2012 年版。
8. 陈一云主编:《证据学》,中国人民大学出版社 1991 年版。
9. 黄翰义:《论刑事证据之基本原则》,《军法专刊》第 55 卷第 5 期。
10. 姜世明:《证据评价论》,厦门大学出版社 2017 年版。
11. 李浩主编:《证据法学》(第二版),高等教育出版社 2014 年版。
12. 林钰雄:《刑事诉讼法》(上册 总论编),中国人民大学出版社 2005 年版。
13. 林钰雄:《严格证明与刑事证据》,法律出版社 2008 年版。
14. 王万华:《中国行政程序法典试拟稿及立法理由》,中国法制出版社 2010 年版。
15. 易延友:《证据法学:原则 规则 案例》,法律出版社 2017 年版。
16. 张卫平:《民事证据法》,法律出版社 2017 年版。
17. [德]克劳思·罗科信:《刑事诉讼法(第二十一版)》,吴丽琪译,法律出版社 2003 年版。
18. [美]罗纳德·J. 艾伦等:《证据法:文本、问题和案例》(第三版),张保生等译,高等教育出版社 2006 年版。
19. [日]石井一正:《日本实用刑事证据法》,陈浩然译,五南图书出版公司 2000 年版。
20. [日]松尾浩也:《日本刑事诉讼法》(下卷新版),张凌译,中国人民大学出版社 2005 年版。
21. [日]田口守一:《刑事诉讼法》(第五版),张凌、于秀峰译,中国政法大学出版社 2010 年版。

第四章 证据规则

■ **导语**

　　证据规则在英美证据法中占有重要地位,是英美证据法的主要渊源。其意在控制证据的可采性,通过对证据能力的限制,过滤一些证据材料,避免陪审团受到不当影响。因而,英美证据规则主要体现为证据能力规则。大陆法系传统上一般不对证据能力进行限制,证据是否可采,由法官自由裁量。"二战"之后,大陆法系国家逐渐受到英美法的影响,出现了控制证据能力的规则,如德国的证据禁止规则。但整体上,与英美法系相比,大陆法系证据规则还比较简略。证据规则主要包括传闻证据规则、补强证据规则、意见证据规则、最佳证据规则、特免权规则等。

第一节　传闻证据规则

一、传闻证据规则的内涵

(一) 传闻的定义

　　美国《联邦证据规则》第 801 条规定:"'传闻'是指这样的陈述:该陈述并非在当前审判或听证时作出的;并且当事人将其作为证据提出,用以证明该陈述所主张事项之真实性。'陈述'是指一个人的口头主张、书面主张或者该人意图作为一项主张的非语言行为。'陈述人'是指作出某项陈述的人。"[1]

　　例如,证人 A 在法庭上作证说:"朋友 B 说,其看到 C 实施了犯罪行为。"A 将 B 的陈述呈现于法庭,B 的陈述即为传闻。根据传闻证据规则,A 的陈述不能作为证据使用。A 的证言之所以符合传闻证据规则的适用条件,是因为:其描述了某个陈述(一个口头主张);该陈述是由陈述人作出的(B 是作出该陈述的人);该陈述是 B 在审判程序外作出的;并且该陈述是 B 用来证明其所主张事项之真实性的(C 实施了犯罪行为)。陈述的关键是含有主张内容,传闻证据规则仅适用于主张性陈述。如某人目击杀人案发生时,惊呼"我的天哪",其并不是在主张"上天"的存在,不构成传闻所指的"陈述"。

　　陈述的形式可以是口头主张,如某人的陈述;也可以是书面主张,如某人在庭前书写的证

---

① 王进喜:《美国〈联邦证据规则〉(2011 年重塑版)条解》,中国法制出版社 2012 年版,第 238 页。

词;还可以是意图作为一项主张的非语言行为,如警察在一起故意伤害案件中提供了下列证词:"我到达现场时,问谁先动的手。现场一位留长发的男人指向了被告人。被告人当时身穿红色夹克。"该男人的非言语行为表明,其相信是身穿红色夹克的被告人先动的手,这一非言语行为构成证言中的陈述。

(二)传闻证据规则的定义

传闻证据规则是英美证据法的一个极为重要的规则,也是最为复杂的证据规则。它是否定传闻证据的证据能力的规则,即所谓的"禁止传闻规则"。其含义是,在法庭外作出的陈述,在法庭上被提出,以证明陈述所宣称的事项时,该陈述不具有可采性。传闻证据规则虽然在英美证据法中占有重要地位,但传闻证据与非传闻证据的分类,对于证据的可采性并不具有绝对意义。英美证据法通过立法与判例,发展出了诸多例外,使一些传闻证据得以在法庭上被合法使用。

二、证言危险问题

当证人在法庭上作证时,其表达的内容并不一定符合案件事实,即存在所谓的证言危险。证言危险产生的原因是多方面的,既可能是证人有意说谎,也可能是证人真诚地相信自己在讲真话,但证言却不符合案件真相。

1. 叙述性危险

证人在法庭上作证,是就自己所感知的案件事实向法庭进行陈述。证人的陈述,不会是复写式地将自己感知的案件信息提供给法庭,必然要经过思维加工,转化为自己的语言。这种转化过程可能存在用词不当、遗漏关键词语或词语存在歧义等现象,使审判者得到的语言信息有别于证人本身欲表达的真实意思。这种叙述性危险在书面证词和他人转述时很难通过有效质证被发现。

2. 诚实性危险

采纳证人证言是以证人诚实作证为基本假定的,如果证人有意违背自己感知的案件信息进行作证,必然会产生误导审判者的危险。在与案件没有利益关联的情况下,证人一般能诚实作证;如果证人与案件存在利益冲突、被收买或者受到威胁等,证人就可能有意作假证。证人是否诚实作证,审判者通过观察证人在法庭上的作证表现,相对于书面证词或他人转述而言,更可能得出正确的结论。

3. 感知危险

证人对案件信息的感知,除受到自身生理条件如视力情况、听觉情况的影响外,还受到案发环境,如天气情况、光线明暗、距离远近、有无阻挡、证人情绪紧张与否等因素的影响。因而,在司法实践中,经常出现的情况是,即使证人诚实作证,处在案发现场的证人对事件经过的陈述也往往有差别。证人出庭作证,证人的感知条件才能得到有效检验,审判者才能更好地理解证词之间为何存在差异。

4. 记忆危险

证人作证,是将自己感知的作为历史事件的案件信息回忆后向法庭陈述。人的记忆能力是有差别的,特别是案件审理与事件发生往往有一定的时间间隔,证人能否清晰地回忆案发时的情形、证人证词与案件事实是否符合等,在证人不出庭的情况下是很难有效检验的。

三、排除传闻的理论根据

英美证据法之所以要区分法庭上作证的证人与法庭外的陈述人,排除传闻证据,主要是欲借助法庭审理,尽可能减少上述影响证言真实性的危险因素,保证证言的真实性。

1. 法庭的仪式感有助于增强证言的真实性

在英美法庭审判程序中,证人作证需要经过宣誓,至少在理论上讲,这种宗教化的仪式能对证人作证产生心理压力,将不真实作证的可能性降至最低。同时,法庭审判的压严感、正规性及明示的虚假作证的法律后果,也可使证人谨慎对待作证行为,克服庭外陈述的随意性,谨慎、恰当地陈述案件事实。这有利于保障证言的真实性。

2. 有利于审判者直接观察证人的行为举止,准确判断证言的真实性

人们很早就发现,神情、举止、语调、语速、眼神等身体信息,有助于判断证言的真实性。我国诉讼史上强调"师听五辞"即为此。相较书面证词或第三人的转述,观察证人对提问的回答与反应,有助于审判者判断证人的诚实性、叙述能力、感知和记忆,从而更好地判断证词的真实性。虽然这种方法并不必然是有效的,但其效用仍得到了一般性认可。

3. 通过交叉询问,可以直接揭示证言危险

在交叉询问中,律师会用各种方法尽可能地挖掘对方证人可能存在的证言危险因素。证言的内容及证人在法庭上的表现,可以揭示证人叙述中的错误,暴露证人在感知和记忆上的弱点,澄清证言中可能存在的歧义。同时,证人是否诚实作证,证人是否存在偏见,及证人是否存在说谎的动机等,都可通过交叉询问得到严格检验。对交叉询问的功效,英美证据法学者一般持赞同态度。威格莫尔认为,交叉询问"无疑是迄今为止为发现真实所发明的最伟大的法律引擎"。[1] 美国曾有判例认为:"传闻存在的问题是,它剥夺了被告对做出争议性陈述的人进行交叉询问的机会。"[2] 交叉询问不但可以直接揭示证言存在的虚假危险,其对证人诚实品性的严格检验,也在一定程度上阻止了部分证人在法庭上提供虚假证词的可能性。

四、传闻证据的豁免与例外

在诉讼中,证据往往都是比较稀缺的,过多地排除证据可能影响发现案件事实真相。英美证据法虽确立了排除传闻的一般原则,但也发展出了不少传闻豁免与例外情形,以弱化过多排除传闻证据对发现案件事实的影响。

(一) 传闻证据豁免

美国《联邦证据规则》第 801 条(d)款从传闻证据的定义中豁免了某些类型的庭外陈述,各方可以使用这些庭外陈述证明其所主张事项的真实性。根据该条的规定,下列情况下的陈述不是传闻:

---

① John Henry Wigmore, Evidence in Trials at Commen Law, 32 (James Chadbourn ed., 1974).
② [美]罗纳德·J. 艾伦等:《证据法:文本、问题和案例》(第三版),张保生等译,高等教育出版社 2006 年版,第 460 页。

1. 陈述人—证人的先前陈述

陈述人在作证,并就该先前陈述受到交叉盘问,且该陈述:

(1) 与陈述人的证言不一致,且是过去在审判、听证或其他程序或者在证言存录过程中在伪证之罚下作出的;

(2) 与陈述人的证言一致,并且提供该陈述是为了反驳针对陈述人的近期对该陈述的捏造、不当影响或动机的明示或暗示的指摘,或者

(3) 将某个人辨认为陈述人先前感知的人。

2. 对方当事人的陈述

该陈述被提供用以反对对方当事人,并且是:

(1) 该当事人以个人或代表身份作出的陈述;

(2) 当事人已经明确表示采认或相信其真实性的陈述;

(3) 得到当事人授权就某主题所作陈述的人就该主题所作的陈述;

(4) 当事人的代理人或雇员在代理或雇用关系存续期间就该关系范围内的事项所作的陈述;或者

(5) 当事人的合谋犯罪人在合谋过程中为促进合谋所作的陈述。

对于上述陈述必须加以考虑,但仅此不足以证明(3)所说的陈述人授权、(4)规定的关系之存在及其范围或者(5)规定的合谋和参与关系的存在。

美国证据法确立传闻证据豁免的主要理论基础是,上述情形都存在对陈述人进行交叉询问的可能性。就证人的先前陈述而言,在提供陈述的当前审判或者听证过程中,存在着对陈述人进行延后交叉询问的机会。就对方当事人的陈述而言,该当事人可以站在证人席上接受交叉询问。而交叉询问在英美国家被视为揭露事实真相的利器。

(二) 传闻证据例外

除了传闻证据豁免外,美国《联邦证据规则》还规定了传闻证据例外。就效果而言,二者都允许传闻作为证据使用,法律上为什么做这种区分? 对此,立法者没有作出明确的解释。一般的看法是,大多数作为传闻例外的陈述,其形成的环境有利于减少传闻危险,可以使一种或几种传闻危险最小化。相对于其他传闻,作为传闻例外的陈述更为可靠,因而,对其缺乏交叉询问检验的担心不足为虑。

美国《联邦证据规则》第803条规定了23种传闻证据例外,主要包括:(1)即时感觉印象;(2)激奋话语;(3)心态宣示;(4)为医学或治疗目的而作出的陈述;(5)过去回忆的记录;(6)业务档案;(7)公共档案和报告;(8)先前定罪的判决;等等。

美国《联邦证据规则》第804条规定了5种传闻证据例外。这些传闻证据例外只有在传闻陈述人不能到庭的情况下才能适用,即对这些传闻陈述只有在迫不得已时才能作为最后手段使用。这不同于第803条规定的例外情形。第803条规定的例外不以陈述人不能到庭为条件,因为这些陈述本身具有较强的可靠性,可以像当场证言一样予以接受。

美国《联邦证据规则》第807条规定了"剩余例外",其针对的是没有被第803条和第804条所覆盖,但"可靠性上具有同等的间接保障",并且与其他可以合理得到的证据相比"更具有证明力"的陈述。如果满足这两个条件,审判法官可以根据个案情形判断是否允许作为传闻证据例外予以采纳。

五、对传闻证据规则的争议

对传闻证据规则的争议主要集中在豁免与例外分类的复杂性,以及这种复杂的分类对于传闻政策的贯彻是否必要上。传闻证据规则建立的理论假设是,通过证人宣誓、观察证人行为举止和交叉询问等能减少证言危险,法庭上的证言比庭外陈述更可靠。类型化的豁免与例外是以某些类型的传闻比一般传闻更可靠,或者这些传闻对于诉讼争议的解决比一般传闻更有必要为假设的。批评意见认为,依据先验分类对证据可靠性评估是不理性的,不能适应个案中的具体情形,不能很好地将好的传闻从坏的传闻中筛选出来。符合法定类型的传闻可能是不可靠的,而不符合法定类型的传闻则可能是可靠的。对其改进,一种意见认为应将是否采纳传闻的权力赋予法官,由其根据案件情况自由裁量哪些属可信且更具证明力的传闻证据,哪些属不可信且缺乏证明力的庭外陈述。更激进的意见则主张废除传闻证据规则,仅根据证据的相关性和危险性决定是否可采。但这两种主张都已被立法拒绝了。有学者认为,基于"排除传闻而导致的不公正案例以及维系该规则所令人瞠目的成本问题"①,民事诉讼中不应适用传闻证据规则,而对于刑事诉讼,基于被告人身自由权益的重要性,仍应坚持传闻的分类制度。

六、我国诉讼中的传闻证据问题

证人危险在任何诉讼中都是存在的,虽然我国没有确立传闻证据规则,但排除传闻在我国诉讼立法中有明确体现。我国《民事诉讼法》第 75 条第 1 款规定:"凡是知道案件情况的单位和个人,都有义务出庭作证。有关单位的负责人应当支持证人作证。"该规定明确提出了证人出庭作证的义务性要求。《刑事诉讼法》第 192 条第 1 款规定:"公诉人、当事人或者辩护人、诉讼代理人对证人证言有异议,且该证人证言对案件定罪量刑有重大影响,人民法院认为证人有必要出庭作证的,证人应当出庭作证。"该规定有条件地提出了证人出庭作证的要求。

与英美传闻证据规则比较,我国证人不出庭的例外明显过大,并且类型化不足,法官裁量权过大。如《民事诉讼法》第 76 条规定:"经人民法院通知,证人应当出庭作证。有下列情形之一的,经人民法院许可,可以通过书面证言、视听传输技术或者视听资料等方式作证:(一)因健康原因不能出庭的;(二)因路途遥远,交通不便不能出庭的;(三)因自然灾害等不可抗力不能出庭的;(四)其他有正当理由不能出庭的。"这一规定明确了证人的出庭义务,但不出庭的例外宽泛,特别是作为兜底例外的其他"正当理由",更为法官是否通知证人出庭提供了广泛的裁量权,为传闻证据的滥用提供了可能。

相对于民事诉讼法,刑事诉讼法对传闻证据的利用提供了更多的机会。《刑事诉讼法》第 62 条第 1 款规定:"凡是知道案件情况的人,都有作证的义务。"与《民事诉讼法》第 75 条比较,刑事诉讼法只是规定证人有作证的义务,但没有明确要求出庭作证。第 61 条规定:"证人证言必须在法庭上经过公诉人、被害人和被告人、辩护人双方质证并且查实以后,才能作为定案的根据。……"该条也仅要求对证言进行质证,并没有要求证人出庭并对证人本人进行交叉询问。《刑事诉讼法》第 192 条对证人出庭设置了三个条件:控辩双方对证人证言有异议;证人证言对

---

① ［美］罗纳德·J.艾伦等:《证据法:文本、问题和案例》(第三版),张保生等译,高等教育出版社 2006 年版,第 681 页。

案件定罪量刑有重大影响;人民法院认为证人有必要出庭作证。结合以上规定可以看出,我国《刑事诉讼法》并没有确立证人出庭作证的一般性要求,证人出庭仅是特定条件的要求,并且法官对是否符合条件有广泛的裁量权。其后果就是刑事诉讼中证人出庭率很低,作为传闻的书面证词成为常态,证人危险难以得到有效识别,司法公正受到威胁。为解决这一问题,我国近年来提出了以审判为中心的诉讼制度改革的任务,在刑事诉讼中着力推进庭审实质化,完善证人、鉴定人出庭制度,保证庭审在查明事实、认定证据、保护诉权、公正裁判中发挥决定性作用。这将有助于解决我国刑事诉讼中过度使用传闻证据的问题。

《行政诉讼法》及相关司法解释对传闻证据的利用也持宽松立场。例如,最高法《行诉法解释》第41条规定:"有下列情形之一,原告或者第三人要求相关行政执法人员出庭说明的,人民法院可以准许:(一)对现场笔录的合法性或者真实性有异议的;(二)对扣押财产的品种或者数量有异议的;(三)对检验的物品取样或者保管有异议的;(四)对行政执法人员身份的合法性有异议的;(五)需要出庭说明的其他情形。"这一规定显然将证人出庭作证作为例外而非常态。

第二节　补强证据规则

一、补强证据规则概述

补强证据规则是指审判人员根据某一证据形成心证时,仍需要其他证据对该证据进行补强,而不能仅根据此单一证据作出有利于证据提供方的判决。如果审判人员根据该证据尚不足以形成达到证明标准的心证,需要其他证据强化心证,这属于自由心证的范围,不属于此处所称的补强证据规则的适用对象。

补强证据规则适用的基础是证据的自由评价(自由心证),它是证据评价自由的例外情况。其实质是以法律的形式,对某些证据的证明力进行限制,意在克服证据本身可能具有的潜在的高虚假风险,或者通过对证据证明力的刻意限制,防范因过于重视该类证据而可能引发的不当取证风险。

二、国外的补强证据规则

英国的补强证据规则产生于18世纪40年代的刑事审判中,英美学者一般将补强证据规则的产生归因于防止基于虚假供述错误定罪,特别是防范对未曾发生的犯罪错误定罪。最早出现的是口供补强规则和污点证人证言补强规则。后来陆续出现了对性犯罪中女性被害人证言、伪证罪中的证人证言、超速驾驶犯罪中的证人证言、共犯的证言、儿童证言等的补强要求。例如,1956年《性犯罪法》规定,被控以威胁、恐吓等手段与女性进行非法性交,或利用药物达成性交之目的,或强制妇女卖淫,或与21周岁以下女性进行非法性交之被告,不能仅仅根据未经补强之证人证言定罪。[①]这里所说的证人,仅指性犯罪案件的被害人,并不包括目击证人。但1988

① Sexual Offence Act 1956,Section 2,3,4,22,23。

年《刑事司法法》和 1994 年《刑事司法与公共秩序法》颁布后,除伪证、叛国与超速驾驶外,其他补强要求都被取消。这些补强要求被取消后,法官仍可根据案件情况,对陪审团进行合理的指示,使他们注意根据这类证据定罪可能存在的危险。英国废除补强证据规则在其他普通法国家引发了强烈的效仿效应,澳大利亚、新西兰、加拿大等也已经废除了补强证据规则。

美国《联邦证据规则》主要规范证据能力问题,补强证据规则主要是通过判例发展起来的。美国补强证据规则传统上主要体现在对被告庭前自白和性犯罪中对女性被害人证言的补强要求上。但性犯罪中女性被害人证言的补强要求现在基本上已被废除,对被告庭前自白的补强要求则被保留。被告人的当庭供述,则不需要补强。美国口供补强争议较多的问题是补强的对象与强度。早期,美国采用罪体规则,即除被告人庭前供述外,控方还应提供独立于口供的其他证据证明:(1)有损害或者伤害发生;(2)损害或伤害系犯罪行为而非自然或意外原因造成的。但不要求对被告系犯罪行为人进行补强。一般认为,如果要求对被告系犯罪行为人进行补强,将过分加大控方的证明难度,是不合理的。但这种补强要求仍然是比较高的,随着实践的发展,越来越多的法院开始放弃补强证据应证明两项罪体要素的严格标准,只需要证明指控罪行涉及的主要或者必要的损害即可。后来,美国联邦最高法院通过判例确立了可信性标准,即只要有实质独立的证据保障口供的可信性即可,不需要补强证据独立证明罪体要素。

美国《联邦证据规则》第 804 条(b)款第 3 项规定:"对己不利的陈述。关于下列事项的陈述:(A)常人处于陈述人位置上时,只有在该人相信该陈述是真实的情况下才会作出的陈述,因为该陈述在作出时与陈述人的财产或者金钱利益相悖,或者具有导致陈述人反对他人的主张无效的巨大倾向,或者具有使陈述人承担民事或者刑事责任的巨大倾向;并且(B)如果在刑事案件中提出该陈述会使陈述人承担刑事责任,则该陈述得到了补强情况的支持,清晰地说明了其可靠性。"这一规定对陈述人提出的对其自身刑事权益不利的陈述,规定了特别的补强要求。

英美补强证据规则整体上呈衰落之势,对证据证明力的判断更多地交由法官自由裁量。英美补强证据规则衰落的原因是多方面的,如性犯罪女性被害人证言补强规则的消失主要源于女权运动的发展,限制性犯罪女性被害人证言证明力被视为歧视女性;儿童证言补强的要求源于一种观念:儿童由于年龄限制,容易受到干扰而提供不实证词。但现在更多的人则认为,儿童说谎的可能性更低,其证词可能更真实。这导致儿童证言补强的要求被取消。英美补强证据规则的衰落还受到重新评估打击犯罪与保障人权关系的整体社会氛围的影响。补强证据的要求都是对控方不利的,需要控方提供更多的证据以指控犯罪。并且补强证据规则的操作在实践中过于技术化,许多定罪被上诉法院推翻仅仅是因为审判法官对陪审团的指示不符合技术性要求。这虽然有利于保护被告人的权利,但也给控方带来了过重的负担,不利于有效打击犯罪。随着英美国家对打击犯罪的不断重视,调整补强证据规则有其必然性。

日本刑事诉讼中,被告人庭前和庭审中的供述都需要进行证据补强。但判例认为,庭审中的供述不需要证据补强。对于什么证据可以作为补强证据,如共犯的口供能否作为补强证据?补强的对象是什么?补强的强度如何把握?理论和实务上还有不少争议。

德国和法国刑事诉讼法中都没有要求对口供进行补强,如法国《刑事诉讼法》第 428 条规定:"供述,如同其他任何证据材料,应由法官自由判断之。"但有法国学者认为,法国刑事诉讼中,被告人供述需要得到其他线索的佐证或证实,才可以作为法官形成内心确信的基础。①

---

① 〔法〕贝尔纳·布洛克:《法国刑事诉讼法(原书第二十一版)》,罗结珍译,中国政法大学出版社 2009 年版,第 74 页。

根据俄罗斯《刑事诉讼法》第 77 条的规定,有罪判决不能仅根据被告人的供述作出,需要有其他证据对口供进行补强。

三、我国诉讼中的补强证据规则

国外的证据补强主要体现在刑事诉讼中,我国刑事诉讼立法对此也有明确要求。《刑事诉讼法》第 55 条规定,对一切案件的判处都要重证据,重调查研究,不轻信口供。只有被告人供述,没有其他证据的,不能认定被告人有罪和处以刑罚。由此确立了口供补强证据规则。此处的口供既包括庭前供述,也包括庭审中的供述。最高法《刑诉法解释》第 143 条规定:"下列证据应当慎重使用,有其他证据印证的,可以采信:(一)生理上、精神上有缺陷,对案件事实的认知和表达存在一定困难,但尚未丧失正确认知、表达能力的被害人、证人和被告人所作的陈述、证言和供述;(二)与被告人有亲属关系或者其他密切关系的证人所作的有利被告人的证言,或者与被告人有利害冲突的证人所作的不利于被告人的证言。"该规定将言词证据的补强范围从口供扩展至特定的证人证言,主要是考虑这些证言虚假的可能性较大,需要其他证据进行担保。

基于对查明案件真相的重视,我国刑事诉讼在长期的实践过程中形成了"孤证不能定案"的通行做法,这意味着任何证据都需要补强,需要与其他证据印证,任何刑事案件都不能根据某一单个证据认定被告人有罪。我国刑事诉讼程序正当性目前还有较大的完善余地,还不足以通过程序正当性担保证据的真实性,孤证不能定案的要求有利于防范冤假错案。

我国民事诉讼中也有证据补强的要求。最高法《民诉证据规定》第 90 条规定:"下列证据不能单独作为认定案件事实的根据:(一)当事人的陈述;(二)无民事行为能力人或者限制民事行为能力人所作的与其年龄、智力状况或者精神健康状况不相当的证言;(三)与一方当事人或者其代理人有利害关系的证人陈述的证言;(四)存有疑点的视听资料、电子数据;(五)无法与原件、原物核对的复制件、复制品。"与刑事诉讼法不同,民事诉讼法不存在孤证不能定案的要求。之所以对这些特定类型的证据证明力进行限制,是因为这些证据因受各种因素的干扰,真实性较差,若单独依据这些证据定案,存在较大的错案风险,因而需要提出特别的补强要求。

第三节　意见证据规则

一、意见证据规则概述

英美法系将证人分为外行证人和专家证人。外行证人就是我们通常所称的证人,其不需要专业知识,仅需就其观察到的案件情况(即所谓"事实")作证,不能对事实作出推论、概括或总结(即所谓"意见")。专家证人是指因其知识、技能、经验、培训或教育而具备专家资格的证人。专家证人依据通过专业学习或特殊经历获得的知识和经验,对事实认定者不明白的案件事实进行解释和说明,以专家意见的形式作证。

外行证人一般情况下应根据所观察到的案件情况作证,意见证据规则对其而言,是规范其在何种情况下可以通过意见方式作证的规则;对于专家证人而言,意见证据规则是规范其如何以意见方式作证的规则。不宜将意见证据规则单纯理解为排除意见的证据规则。

二、外行意见

美国《联邦证据规则》第 701 条明确了外行证人在何种情况下可以意见形式作证:"如果证人不是作为专家而作证,其以意见形式作出的证言限于如下意见:(a)合理地基于该证人的知觉;(b)有助于对证人证言的清晰理解或者确定争议事实;并且(c)不是基于规则第 702 条范围内的科学、技术或者其他专门知识。"

如前文所述,外行证人一般应就自己观察的事实进行作证,不应向审判者提供意见。区分事实与意见的理论基础是证人与审判者的角色区别。证人的职责是根据对案件的感知向法庭提供事实,对事实的分析判断是审判者的任务。如果证人可以用意见形式作证,将混淆二者的职责。同时,证人错误的分析判断也将加大错误认定案件事实的风险。

事实与意见的界限是模糊的。证言或多或少都含有"意见"成分。如证人作证说,犯罪嫌疑人把一把椅子放在船上运出了国境。它是一把普通的椅子还是文物?这对于是否构成犯罪有重要意义。证人将其称为椅子是陈述事实还是表达意见?如何区分事实与意见?基本上还要依赖于常识。虽然这种区分有难度,但意见证据规则还是要坚持区分,以促使证人尽可能直观地根据感知提供证词,而不是对感知进行修饰加工。证言越接近直观感知,裁判者越容易辨析不同证言间的矛盾,更可能真实地把握案件真相。

美国《联邦证据规则》第 701 条对外行证人以意见形式提供证言设定的条件,主要有两点:(1)合理地基于该证人的知觉。即证人必须对案件有直接感知,对没有感知的事项不能推测后以意见方式作证。(2)有助于对证人证言的清晰理解或者确定争议事实。基于语言作为表达工具本身的局限性或交流习惯,在某些情况下,证言难以拆分为更具体的事实描述,或者以意见方式表达更有助于裁判者准确理解证言的含义,此时,应允许以意见形式提供证言。例如,证人称,其感觉被害人心神不定,总感觉他心里有事。证人对被害人心理状态的描述是一种直觉判断,属意见;但若禁止意见,证人很难通过对被害人身体状态、面部表情的分割描述,让裁判者理解被害人当时的心理状况。又如,证人作证称,被告人驾车以大约 80 公里的时速行驶。证人没有测速仪,其对车速的描述是一种经验判断。但若不允许证人以这种方式作证,证人将无法有效地向法庭提供证词。根据司法经验,在诸如个人的精神或身体状况,个人的品性和声誉,物体的移动速度、体积、高度、气味、味道、颜色和热度等方面,证言以意见方式呈现是不可避免的。

基于事实与意见的界限模糊性,美国《联邦证据规则》第 701 条基本上是一种指引,证言究竟是否属于正当的外行意见,主要由法官自由裁量。

三、专家意见

美国《联邦证据规则》第 702 条规定了专家证人作证的条件及专家证言的可采性条件:"在下列情况下,因知识、技能、经验、训练或者教育而具备专家资格的证人,可以以意见或者其他形式就此作证:(a)专家的科学、技术或者其他专门知识将会帮助事实审判者理解证据或者确定争议事实;(b)证言基于足够的事实或者数据;(c)证言是可靠的原理和方法的产物;以及

(d)专家将这些原理和方法可靠地适用于案件的事实。"

本条规定所依据的知识领域不限于狭义的"科学""技术",而包括所有专业知识。专家证人也不限于狭义的专家,如医师、物理学家和建筑师,还包括所有因具有知识、技能、经验、培训和教育而可称为"有技能的"人,如银行家或就土地价值作证的土地所有者。这种"有技能"可能因时、因地而异。例如,因为一个农业区域的陪审员均熟知农业知识,所以在关于化肥质量的案件中,一个农民就不能成为专家证人;但如果该案件发生在都市区域,因为陪审员均不了解农业知识,一个对化肥有多年使用经验的农民就可以成为专家证人。法官在确定专家资格方面有很大的裁量权。是否知名并不影响专家证人的资格,只涉及证明力问题。

何时需要专家证人? 在普通法传统中,如果证言欲证明的事项可以被合理地认为,陪审员或法官可以根据常识和经验加以判断,就不需要专家证人。美国《联邦证据规则》第702条突破了这一传统,确立的标准是"将会帮助事实审判者理解证据或者确定争议事实",即"帮助事实认定者"标准。这意味着,即使相关事项处于陪审员的常识和经验范围内,只要提供的证言能提供特别的知识和经验,有助于陪审员或法官更明智地解决问题,也可以被采纳为专家证言。

对于专家证言的可采性,1923年的弗赖伊案确立了普遍接受标准。法院在判决中指出:"科学原理或研究发现究竟在何时跨越了试验和证明阶段之间的界限,是难以界定的。在这一过渡区域的某一点上,科学原理的证明力必须得到承认,然而在采纳从公认的科学原理或研究发现中演绎出的专家证言方面,法院还有很长的路要走,由演绎推理所推出的事情必须被充分证实到在其所属特定领域获得普遍接受。"这一标准受到很多批评,主要是因为其妨碍了新兴学科和跨学科研究结果在司法中的运用。1993年的多伯特案以可靠性和相关性标准取代了普遍接受标准:专家采用的方法在其专业领域内虽然没有被普遍接受,但如果是可靠的,也符合可采性标准。根据美国《联邦证据规则》第702条,专家证言被采纳要符合三个条件:一是证言基于足够的事实或者数据,即专家证言必须有足够的事实或数据支撑;二是证言是可靠的原理和方法的产物,即要符合1993年的多伯特案确立的可靠性要求;三是专家将这些原理和方法可靠地适用于案件的事实,即可靠的原理和方法并不必然带来可靠的专家证言,专家还必须在特定的案件中能可靠地适用这些原理和方法。

四、我国诉讼中的意见证据规则

最高法《刑诉法解释》第88条第2款规定:"证人的猜测性、评论性、推断性的证言,不得作为证据使用,但根据一般生活经验判断符合事实的除外。"《民诉证据规定》第72条第1款规定:"证人应当客观陈述其亲身感知的事实,作证时不得使用猜测、推断或者评论性语言。"上述规定明确了刑事诉讼和民事诉讼中的意见证据规则。行政诉讼法及相关司法解释没有明确规定意见证据规则。

从当前立法规定看,我国诉讼中的意见证据规则仅适用于普通证人,不适用于鉴定人和有专门知识的人。这一立法模式实际上默示鉴定人与有专门知识的人作证时可以提供意见。但最高法《民诉法解释》第122条第1、2款规定:"当事人可以依照民事诉讼法第八十二条的规定,在举证期限届满前申请一至二名具有专门知识的人出庭,代表当事人对鉴定意见进行质证,或者对案件事实所涉及的专业问题提出意见。具有专门知识的人在法庭上就专业问题提出的意见,视为当事人的陈述。"当事人在英美国家诉讼中的地位是证人,除符合条件外,应陈述事实。我国诉讼中,当事人虽不同于一般证人,但其同样应陈述事实,而不应发表意见。具有专门知识的人提出的意见与当事人陈述在利益指向上是一致的,但在证据法上将具有专门知识的人在法庭上就专业问题提出的意见,视为当事人的陈述,则混淆了"事实"与"意见"的本质区别。

最高法《刑诉法解释》、最高法《民诉证据规定》对证人的猜测性、评论性、推断性证言一律禁止,也不符合证人作证的一般规律。如前文所述,事实与意见很难完全区分,同时,证人在某些情况下只有通过意见形式作证,才有利于审判人员正确理解证言的含义。司法解释在禁止证人意见的一般原则下,应根据司法经验,明确例外规则。

第四节　最佳证据规则

一、最佳证据规则概述

最佳证据规则是指除非另有规定,为证明书写品、录制品或影像的内容,应当提供其原件。

美国《联邦证据规则》第 1001 条规定:"(a)'书写品'包括以任何形式记下的字母、文字、数字或者其同等物;(b)'录制品'包括以任何方式录制的字母、文字、数字或者其同等物;(c)影像是指以任何形式存储的摄影图像或者其同等物;(d) 书写品或录制品的'原件'是指该书写品或者录制品本身,或者其签发者或者发行者旨在使其具有同等效力的任何对等物。对于电子形式存储的信息而言,'原件'是指准确反映该信息的任何打印输出,或者其他可以目读的输出。影像的'原件'包括负片或者由此冲洗出来的胶片。"

美国《联邦证据规则》对于什么是原件采用了意图标准,界定宽泛,包括"签发者或者发行者旨在使其具有同等效力的任何对等物",因而可能存在多个原件。例如,准确反映了存储在计算机中的数据的任何打印材料,同一批印刷、发行的图书等,都属于原件;对于影像,负片和从负片冲洗出来的任何胶片都属原件。

确立最佳证据规则的理论基础主要有两点:一是防范当事人故意提供不同于原件的证据进行欺骗性证明;二是相对于口头证词而言,书写文件、录制品或影像能使审判者更准确地了解证据本身,避免就相关内容作证的口头证词所可能包含的感知、记忆、诚实性和叙述风险。

二、副本与其他证据的可采性

(一) 副本的可采性

美国《联邦证据规则》第 1001 条规定:"'副本'是指通过准确复制原件的机械、影像、化学、电子或者其他的相当过程或者技术制作的对等物。"

美国《联邦证据规则》第 1003 条规定:"副本与原件具有同等程度的可采性,除非(a)对原件的真实性产生了真诚的疑问,或者(b)在有关情况下,采纳副本来代替原件将会导致不公平。"

在英美普通法传统中,证据提出者如果提供的是二手证据,必须就不能提供原件提出足够的理由,否则二手证据不具有可采性。《联邦证据规则》第 1003 条是对普通法传统的重大变革,将副本的证据地位提高到了新的高度。这主要是考虑到现代复制技术的准确性,使副本与原件通常应当得到同等对待。本条规定倒置了证明负担,使证据提出者本应证明副本为什么可采,转化为对方当事人需证明副本为什么不可采。

关于"对原件的真实性产生了真诚的疑问",当怀疑的主体是法官时,法官可以自由裁量;当怀疑的主体是当事人时,必须为怀疑提供一定的事实基础,而不能仅仅是推测。通过这一规定,副本基本上取得了与原件同样的证据资格,除非有相反情形证明其不可采。这是证据法为适应科技发展所作的必要调整。

（二）其他证据的可采性

在诉讼中,证据往往是稀缺的,在缺乏原件与副本的情况下,如果不允许以其他证据证明本应由原件证明的内容,在某些情况下将有碍对事实真相的查明,导致司法不公正。因而,除允许以副本替代原件外,美国《联邦证据规则》还明确了可以用其他证据证明的例外情况。第1004 条规定:"在下列情况下,关于书写品、录制品或者影像内容的其他证据具有可采性,而并不要求原件:(a)所有原件已经丢失或者被损毁,且并非证据提出者恶意丢弃或者损毁了它们;(b)通过可资利用的司法程序得不到任何原件;(c)原件处于提供该原件所要反对的当事人的控制之下,该当事人已通过诉状或者其他方式得到通知即该原件在审判或者听证过程中将是证明对象,且该当事人未能在审判或者听证中提供该原件;或者(d)书写品、录制品或者影像与关键问题没有密切联系。"

根据上述规定,如果不能提出原件可以得到合理的解释,二手证据具有可采性。在不能得到原件的情况下,各种类型的二手证据的重要性没有程度之分,关于原件内容的各种证据都可以提出。对于"原件已经丢失或者被损毁",提出二手证据的当事人一方应证明已努力寻找,对原件发生了什么不能作出绝对确定性的解释不影响二手证据的可采性。对于"通过可资利用的司法程序得不到任何原件",证据提出者应说明其已尽合理努力仍不能从持有者那里取得原件,或者应使法官相信,即使尽了这样的努力,也徒劳无益。"书写品、录制品或者影像与关键问题没有密切联系"是指,仅仅附带涉及的、对于诉讼并不重要的文件,不适用最佳证据规则。如一位证人声称他可以确认某一日期是在犯罪行为之后,因为他从当天的报纸上看到了关于犯罪的消息。如果要求将报纸提交法庭,否则将禁止该证人在证言中涉及它们,这将严重影响审判的效率。

三、我国诉讼法中的最佳证据规则

基于原件在真实性方面的优势,我国诉讼法也确立了最佳证据规则,要求诉讼中尽可能提交原件作为证据。

（一）民事诉讼中的最佳证据规则

《民事诉讼法》第 73 条第 1 款规定:"书证应当提交原件。物证应当提交原物。提交原件或者原物确有困难的,可以提交复制品、照片、副本、节录本。"最高法《民诉法解释》第 111 条对

例外情况进行了规定:"民事诉讼法第七十三条规定的提交书证原件确有困难,包括下列情形:
(一)书证原件遗失、灭失或者毁损的;(二)原件在对方当事人控制之下,经合法通知提交而拒不提交的;(三)原件在他人控制之下,而其有权不提交的;(四)原件因篇幅或者体积过大而不便提交的;(五)承担举证证明责任的当事人通过申请人民法院调查收集或者其他方式无法获得书证原件的。前款规定情形,人民法院应当结合其他证据和案件具体情况,审查判断书证复制品等能否作为认定案件事实的根据。"

在民事诉讼中,当事人举证,应尽可能提供原物或原件。最高法《民诉证据规定》第 11 条规定:"当事人向人民法院提供证据,应当提供原件或者原物。如需自己保存证据原件、原物或者提供原件、原物确有困难的,可以提供经人民法院核对无异的复制件或者复制品。"第 12 条第 1 款规定:"以动产作为证据的,应当将原物提交人民法院。原物不宜搬移或者不宜保存的,当事人可以提供复制品、影像资料或者其他替代品。"第 15 条规定:"当事人以视听资料作为证据的,应当提供存储该视听资料的原始载体。当事人以电子数据作为证据的,应当提供原件。电子数据的制作者制作的与原件一致的副本,或者直接来源于电子数据的打印件或其他可以显示、识别的输出介质,视为电子数据的原件。"

在民事诉讼中,人民法院调查收集证据,也应尽可能取得原物或原件。最高法《民诉证据规定》第 21 条规定:"人民法院调查收集的书证,可以是原件,也可以是经核对无误的副本或者复制件。是副本或者复制件的,应当在调查笔录中说明来源和取证情况。"第 22 条规定:"人民法院调查收集的物证应当是原物。被调查人提供原物确有困难的,可以提供复制品或者影像资料。提供复制品或者影像资料的,应当在调查笔录中说明取证情况。"第 23 条规定:"人民法院调查收集视听资料、电子数据,应当要求被调查人提供原始载体。提供原始载体确有困难的,可以提供复制件。提供复制件的,人民法院应当在调查笔录中说明其来源和制作经过。人民法院对视听资料、电子数据采取证据保全措施的,适用前款规定。"

(二)刑事诉讼中的最佳证据规则

最高法《刑诉法解释》第 83 条规定:"据以定案的物证应当是原物。原物不便搬运,不易保存、依法应当返还或者依法应当由有关部门保管、处理的,可以拍摄、制作足以反映原物外形和特征的照片、录像、复制品。必要时,审判人员可以前往保管场所查看原物。物证的照片、录像、复制品,不能反映原物的外形和特征的,不得作为定案的根据。物证的照片、录像、复制品,经与原物核对无误、经鉴定或者以其他方式确认为真实的,可以作为定案的根据。"第 84 条规定:"据以定案的书证应当是原件。取得原件确有困难的,可以使用副本、复制件。对书证的更改或者更改迹象不能作出合理解释,或者书证的副本、复制件不能反映原件及其内容的,不得作为定案的根据。书证的副本、复制件,经与原件核对无误、经鉴定或者以其他方式确认为真实的,可以作为定案的根据。"此外,第 108 条也明确了视听资料原件的优先地位。基于电子证据的特殊性,对电子证据难以区分原件与复制件,所以两院一部《电子证据规定》要求"扣押、封存电子数据原始存储介质",通过存储介质的原始性保障电子证据的真实性。

相比于美国将最佳证据规则适用范围限于以内容起证明作用的书写品、录制品或影像,我国最佳证据规则的适用范围还包括并非以内容起证明作用的物证,这是英美法系所没有的。

第五节　特免权规则

一、特免权规则概述

大多数证据规则的设置是为了规范证据的使用,促进准确认定事实,但特免权规则却有意地排除某些具有相关性的证据。如果仅从认定事实角度而言,这显然有碍于诉讼目的的实现。特免权规则的目标是保护诉讼之外的一些特定关系和利益。这些特定关系和利益在立法或司法中被认为足够重要,值得以失去某些证据和损失事实真相为代价予以保护。

特免权规则可分为两大类:一类是宪法性特免权规则,如反对自证其罪的特免权、排除不适当获取的证据的特免权等。另一类是以普通法或制定法为渊源的特免权,主要包括:旨在促进特定关系中的信息自由流通,保护秘密交流的律师—委托人特免权、医生—患者特免权、教士—教友特免权及婚内交流特免权等;旨在保护特定关系的夫妻证言特免权;旨在保护特定类型信息不被披露的新闻记者消息来源的身份特免权、外交秘密特免权及其他敏感性政府情报(如情报人员身份)特免权等。由于前一类特免权规则将在本书其他部分论述,本部分仅分析后一类特免权规则。

特免权规则传统理论基础是功利主义的,即承认某项特免权规则所带来的收益高于排除某些证据所带来的损失。这又是以这样的经验性假设为前提的:如果没有某种特免权,相关关系人之间的交流就可能受阻,从而损害特定社会关系。例如,律师—委托人特免权使委托人可以放心地与律师交流,从而保障代理的有效性。这种观点在美国法院被广泛接受,对特免权规则的发展起着重要作用。

随着特免权理论的发展,近些年来,隐私权理论对一些特免权规则形成了新的支撑。隐私权理论强调的是特免权对个人隐私的保护功能。例如,婚内交流特免权,其是否存在,对于配偶之间的秘密交流而言,很难说有什么影响,人们不太可能因为法律上没有明确婚内交流特免权而不进行交流。婚内交流特免权存在的必要性是其认可和保护了婚姻关系中亲密方面的隐私性。

二、特免权的一般结构

(一) 特免权的拥有者

特免权的拥有者,即特免权的归属对象。特免权的拥有者有权主张特免权,或者放弃特免权。一旦特免权拥有者放弃了特免权,其他人则不能援用特免权。因而,它是特免权规则中的一个重要概念。如律师—委托人特免权结构中,因为这一特免权是为委托人的利益而设的,因而委托人是此特免权的拥有者。委托人有权决定行使或放弃特免权。一旦委托人放弃特免权,其他人包括律师都不能主张这一特免权。

特免权的拥有者并不一定是诉讼当事人。特免权规则之外的其他证据规则,都是为了促进事实认定,是服务于诉讼争议当事人利益的,因而,只能被当事人所主张。而主张特免权从而排除证据的人,并不必然是当事人。预期因特免权规则存在而受益的人,或者其代表人,都可以主张或放弃特免权。例如,婚姻特免权中,当事人的配偶可以成为特免权拥有者,其放弃特免权后,可以提供不利于当事人的证词。

(二) 特免权的援用

特免权的拥有者可以援用特免权,但特免权的援用并不仅限于特免权拥有者。如果特免权的拥有者不能出庭主张自己的权利,代表其参与诉讼的个人或其继承人,如特免权拥有者的监护人,可以主张特免权。如果该特免权涉及患者、委托人与职业人员谈话,该职业人员可以代表患者或委托人主张该特免权。例如,若涉及医生与患者的谈话,在患者没有明确放弃特免权的情况下,医生可以代表病人主张该特免权,拒绝提供相关证词。并且,一般观点认为,秘密交流特免权在特免权拥有者死亡后继续存在,虽然死者的代表可以不援用该特免权。[1]

(三) 特免权的范围

英美证据法在特免权规则发展过程中对特免权的范围进行了一定的限制,以防止特免权范围不当扩张,过度影响对事实真相的调查。如在医生—患者特免权中,亚利桑那州将其限制于内科医生或外科医生,从而限制了医疗提供的类型。并且通常情况下,该特免权仅适用于为获得医疗帮助或建议所作的与此有关的秘密交流。至于患者见医生、得到治疗、造访医生的日期和次数等,则不属于特免权的范围。

旨在保护特定类型信息不被披露的特免权,在诉讼中还可能因为法官衡量特免权所保护的利益与当事人的潜在利益与伤害,而受到限制。例如,政府情报人员特免权,在实践中经常出现的是,刑事被告人声称情报人员的证言对其辩护很重要,要求情报人员作证。这时,法官可以进行秘密听证,了解保护情报人员身份涉及的公共利益和保障被告人利益二者的权重关系,进而决定是否要求情报人员作证。

(四) 特免权的放弃

特免权作为一种权利,其拥有者可以放弃。弃权的方式一般有三种:一是通过语言或行为表达其放弃特免权的意愿。例如,患者可以授权发布医疗信息,明确放弃特免权。二是特免权拥有者应当援用特免权时而不主张该权利的,一般被视为弃权。例如,患者在司法程序中披露医疗信息的行为,可视为默示性地弃权。三是对秘密交流的自愿披露将被视为弃权,但如果这种披露是在另一个受特免权保护的交流中发生的,将不构成弃权。并且,这种披露必须是对秘密交流本身的披露,如果仅是对交流这一主题事实进行陈述,则不构成弃权。例如,医生—患者特免权中,如果患者对其与医生交流的内容予以披露,构成弃权;但患者若仅声称其于某时间、某地点就某事项咨询了医生,则不构成弃权。

(五) 特免权的例外

每项特免权都有其欲促进的政策目标,如果特免权的行使与该目标相背,就应设置例外。英美法中每项特免权都有此类例外情形。如确立精神诊疗师—患者特免权的目的,是促成有效

---

① ［美］罗纳德·J. 艾伦等:《证据法:文本、问题和案例》(第三版),张保生等译,高等教育出版社 2006 年版,第 913 页。

精神诊疗所需要的患者与诊疗师之间的信赖关系,使患者克服怕尴尬、有失体面的心理,愿意将患病的事实、自己的感觉坦率而全面地向诊疗师披露,为精神病诊疗奠定基础。但如果患者与诊疗师交流不是为了治疗,而是为了促进犯罪或欺诈,则不受特免权的保护。如被告人将与诊疗师交流这一事实作为欺诈保险商阴谋的一部分,精神诊疗师—患者特免权就不成立,被传唤作证的精神诊疗师应披露诊疗内容。

三、特免权的典型类型

英美法系特免权的类型较多,并且特免权的具体内容在各地又多有差异,下面以美国为例介绍两类与我国司法实践联系相对密切的特免权。

(一) 律师—委托人特免权

律师—委托人特免权是指委托人享有的拒绝披露和防止任何他人披露其与律师秘密交流内容的权利。

秘密交流的范围包括:(1)在委托人本人或其代表,和其律师或其律师的代表之间的交流;或(2)在其律师和律师的代表之间进行的交流;或(3)由委托人或其律师同代理他人的律师在共同利益事项中进行的交流;或(4)委托人的代表之间,或该委托人与其代表之间进行的交流;或(5)代理该委托人的律师之间进行的交流。[①]

该特免权适用的范围,是委托人和律师之间为获得法律意见而进行的交流。即使委托人认识错误,基于合理的理由误认为某人为律师,为获得法律意见而与其进行秘密交流,也属特免权的保护范围。委托人与律师秘密交流,但最终没有委托该律师的,这种预备性交流也属特免权的保护范围。第三人在场并不一定导致交流的秘密性被破坏,例如,第三人在场为交流所必须或有助于交流进行,如翻译人员,这种交流仍被视为秘密交流。但如果委托人与律师的交流并非为获取法律意见,而是基于其他目的,如为推销著作而与律师进行的交流,则不属于特免权保护范围。

该特免权是为委托人的利益而设的,因而其拥有者是委托人,但代理委托人的人,如其监护人、已死亡委托人的个人代表、继承人或信托人等都可以主张该特免权。与委托人交流的律师,可以代表委托人主张该特免权。

律师—委托人特免权也不是绝对的,在特定的情况下,可以公开律师与委托人之间的交流内容。律师与委托人之间发生的争议不适用特免权,例如,委托人拖欠律师费,律师因此提起诉讼的,委托人无权援用该特免权阻止采纳相关证据。为促进犯罪或欺诈而进行的交流不受特免权保护。委托人关于过去的犯罪或欺诈行为与律师的交流受特免权保护,但为了实施正在进行的或准备进行的犯罪和欺诈而与律师进行的交流,不受特免权保护。

(二) 婚姻特免权

婚姻特免权包括两类:婚内交流特免权和夫妻证言特免权。在美国,有些司法区只有其中

---

① 参见美国《联邦证据规则(建议稿)》第 503 条。[美]罗纳德·J. 艾伦等《证据法:文本、问题和案例》(第三版),张保生等译,高等教育出版社 2006 年版,第 917 页。

一个特免权,有些地方则二者都有。

1. 婚内交流特免权

确立此特免权的理论依据是鼓励夫妻之间坦率的交流,即使达不到这样的激励效果,也要保护夫妻间亲密交流的隐私,促进建立良好的夫妻关系。即使婚姻关系终止,该特免权仍然有效,一方可以援用特免权阻止对方就夫妻之间的交流作证。

这一特免权有三个方面的要求:

(1) 交流必须是在合法的婚姻关系中作出的。主张特免权者必须证明交流进行时存在合法的婚姻关系。如果当事人已经分居了,一些法院将会拒绝支持该特免权的主张。

(2) 该特免权仅适用于配偶之间作为交流的言行。如何区分交流行为与非交流行为,是法院的工作之一。例如,在一判例中,妻子辨认警察提供的裤子是丈夫所穿的样式和尺码,该证言被认为不涉及交流,不受特免权保护。在另一判例中,法院认定,采纳妻子所作的其丈夫将赃物藏在床下的证词,侵犯了秘密交流特免权,因为丈夫当面将赃物藏在床下,可以解释为旨在向妻子传递一种信息,这属于婚内交流的范围。

(3) 该交流是在有保密意图的情况下发生的。一般情况下,除非有证据证明夫妻之间的交流并不需要保密,或者不应当被视为秘密,婚内交流都应被视为秘密。如果有第三人在场,一般可认为夫妻之间的交流不具有保密意图。如果子女的年龄足以理解夫妻之间的对话,则子女在场时的交流也不受特免权保护,如一家人吃饭时夫妻之间的交流。

婚内交流特免权的例外主要体现在,如果夫妻一起从事犯罪活动,一方愿意作证,则其对夫妻一起从事的犯罪活动或夫妻在犯罪活动中进行的交流所作的陈述,不受特免权保护。此外,一方配偶对另一方的犯罪,或一方对另一方提起的诉讼,如离婚诉讼,也不适用婚内交流特免权。

2. 夫妻证言特免权

夫妻证言特免权与婚内交流特免权的不同是:

(1) 夫妻证言特免权的对象不限于夫妻间的秘密交流,也包括非秘密交流,其保护的内容范围大于婚内交流特免权。如果一个司法区内同时存在这两种特免权,夫妻间的秘密交流因已受到婚内交流特免权的保护,对夫妻证言特免权的援用主要用于排除有第三人在场情况下作出的犯罪行为和交流的证据。

(2) 夫妻证言特免权通常仅适用于刑事诉讼,不包括民事诉讼,其适用范围小于婚内交流特免权。

(3) 享有此权利的主体是作证的配偶,其可以为了作证而放弃该特免权,作为被告人的配偶无权阻止其作证。

建立夫妻证言特免权的理由是其可以促进婚姻关系的和谐;如果没有此特免权,一方配偶可能被要求在刑事诉讼中作证来反对另一方,这不利于建立和维护良好的婚姻关系。

夫妻证言特免权中争议最大的问题是谁享有此权利。在早期,一方配偶可以反对另一方配偶作证,也就是说,除非双方都表示同意,任何一方都不能提供不利于对方的证言。但这种做法受到了诸多批评。美国联邦最高法院在特莱默案件中作了改变,认为配偶证人享有拒绝作出不利证言的特免权,被告人既不能强迫配偶证人作证,也不能阻止其作证。也就是说,如果夫妻一方涉嫌犯罪,其配偶有权决定是否提供不利于被告人的证言,被告人不能引用夫妻证言特免权阻止其配偶作证。

四、我国诉讼中的特免权问题

我国三大诉讼法都没有明确规定特免权。《刑事诉讼法》第 62 条第 1 款规定："凡是知道案件情况的人,都有作证的义务。"这体现了我国刑事诉讼不愿轻易放弃相关证据,对查明事实真相的迫切期待。特免权体现的是刑事诉讼中查明真相这一任务对诉讼外其他社会价值的让步,我国刑事诉讼中对真相的追求使特免权难以取得生存空间。

我国刑事诉讼中有两处规定一定程度上体现了特免权的要求,但并不属于严格意义上的特免权。

《刑事诉讼法》第 193 条规定："经人民法院通知,证人没有正当理由不出庭作证的,人民法院可以强制其到庭,但是被告人的配偶、父母、子女除外。证人没有正当理由拒绝出庭或者出庭后拒绝作证的,予以训诫,情节严重的,经院长批准,处以十日以下的拘留。被处罚人对拘留决定不服的,可以向上一级人民法院申请复议。复议期间不停止执行。"这一立法的目的也是维护家庭关系和社会和谐的诉讼外价值,与特免权相同。同时,基于免予被强制出庭作证的可能性,被告人的配偶、父母、子女在审判阶段事实上可以拒绝作证。但这一规定仅是对公权力的限制,并不意味着被告人或被告人的配偶、父母、子女享有特免权。如果被告人的配偶、父母、子女愿意作证,在庭前或庭审中作不利于被告人的陈述,被告人也不能根据这一规定,阻止采纳证言。

《刑事诉讼法》也没有规定律师—委托人特免权。《刑事诉讼法》第 48 条规定："辩护律师对在执业活动中知悉的委托人的有关情况和信息,有权予以保密。但是,辩护律师在执业活动中知悉委托人或者其他人,准备或者正在实施危害国家安全、公共安全以及严重危害他人人身安全的犯罪的,应当及时告知司法机关。"这一规定明确了律师的职业保密义务,其实际效果与律师—委托人特免权基本一致,都是阻止律师提供不利于被告人的证词。但这一效果是律师职业道德和执业纪律的产物,而非被告人行使特免权的结果。如果律师作不利于被告人的证词,被告人无权阻止法庭采纳该证言。

【思考题】

1. 我国能否借鉴英美传闻证据规则,以类型化方式确立传闻的豁免与例外?

2. 结合英美国家补强证据规则的衰落趋势和我国刑事司法的现状,如何理解我国刑事补强证据规则未来的发展方向?

3. 对当前司法解释禁止证人意见的规定,你认为应确立哪些例外?

思考题参考答案

4. 我国最佳证据规则扩展至物证,你认为是否合适? 为什么?

5. 如果被告人的配偶庭前作了不利于被告人的证言,被告人申请通知配偶出庭作证,其配偶如拒绝出庭,法院能否强制其出庭作证? 为什么?

【参考文献】

1. 王进喜:《美国〈联邦证据规则〉(2011 年重塑版)条解》,中国法制出版社 2012 年版。

2. ［美］罗纳德·J. 艾伦等:《证据法:文本、问题和案例》(第三版),张保生等译,高等教育出版社 2006 年版。

3. ［法］贝尔纳·布洛克:《法国刑事诉讼法(原书第二十一版)》,罗结珍译,中国政法大学出版社 2009 年版。

4. ［美］伟恩·R. 拉费弗等:《刑事诉讼法》(上、下册),卞建林等译,中国政法大学出版社 2003 年版。

5. ［英］理查德·梅:《刑事证据》,王丽等译,法律出版社 2007 年版。

6. ［德］克劳思·罗科信:《刑事诉讼法(第二十一版)》,吴丽琪译,法律出版社 2003 年版。

7. ［俄］K.Φ. 古岑科:《俄罗斯刑事诉讼教程》,黄道秀等译,中国人民公安大学出版社 2007 年版。

8. ［日］田口守一:《刑事诉讼法》(第五版),张凌、于秀峰译,中国政法大学出版社 2010 年版。

9. 王剑虹:《亲属拒证特权研究》,法律出版社 2010 年版。

10. 周湘雄:《英美专家证人制度研究》,中国检察出版社 2012 年版。

第二编

事实论

第五章 事实概述

■ 导语

　　诉讼中的事实认定是适用法律的前提和基础,对裁判结果的形成具有至关重要的作用。法官对事实进行认定的主观前提在于把握何种价值追求观,即对事实的探究秉持何种原则、遵循何种程序、追求到何种程度。随着人类社会认识能力的不断提高和诉讼模式的不断变迁,诉讼真实观也处于不断发展之中,直到现在仍存在一定的争议。"诉讼真实观是一种具体的、历史的存在,必须同特定历史条件下的社会一般认识相吻合,符合人类特定阶段认识能力的诉讼真实观才具有正当性。"[1] 树立科学的当代诉讼真实观是一项用理念支撑诉讼制度、改善诉讼制度的有力举措。

第一节 客 观 真 实

一、客观真实的价值追求

　　客观真实是指案件经历的产生、发展和变化的真实情况。"客观真实原则就是要求法院采取它所能做到的一切办法来确定在客观现实上曾经发生过的案件实际情况,要求法院的判决确实是以从案件的真实情况中查明的当事人间真正的相互关系为基础的。"[2] 客观真实标准要求裁判者的主观认定必须和客观实际相一致,在该标准之下裁判案件必须达到"事实清楚明确、证据确实充分"。具体而言,要求"据以定案的证据均已查证属实;案件事实均有必要的证据加以证明;证据之间、证据与案件事实之间的矛盾得到合理排除;所得结论必须是唯一确定的,排除其他任何可能性"[3]。

　　部分传统观点认为,在诉讼中应坚持追求客观真实的标准。"案件的真实情况指的是案件的客观真实;而不是任何其他形式、其他程度的真实。"[4] "符合案件客观事实的认识,是真实;不符合案件客观事实的认识,是不真实。"[5] "即在司法实践中要忠于事实真相,查明案件的真实情况。…… 作为认定案件的事实,必须有确实充分的证据,不能凭主观想象、怀疑、推断或查无

① 樊崇义、赵培显:《法律真实哲理思维》,《中国刑事法杂志》2017 年第 3 期。
② [苏联]А.Ф. 克列曼:《苏维埃民事诉讼》,王之相、王增润译,法律出版社 1957 年版,第 89 页。
③ 肖建国、肖建华:《民事诉讼证据操作指南》,中国民主法制出版社 2002 年版,第 280 页。
④ 巫宇甦主编:《证据学》,群众出版社 1983 年版,第 78 页。
⑤ 张子培等:《刑事证据理论》,群众出版社 1982 年版,第 94 页。

实据的设想、说法来处理案件。"① "我们的证据规则大都是在多年经验的基础上建立起来的，其宗旨只有一条，就是保证求得案件的客观真实，防止发生冤枉无辜的现象。"② "事实上，尽管人类的认识能力是有限的，而且事后再来澄清历史事实有着特殊困难，但是这并不妨碍对客观真实的追求。与此相反，不以客观真实为目标会导致刑事诉讼与实体法的基本要求脱节。"③ 上述观点的基本理由在于："(1)马克思主义存在第一性、意识第二性的认识论为查明案件事实提供了科学的理论依据；(2)案件事实发生后必然会留下这样或那样的证据材料；(3)我国有一支忠于人民利益、忠于法律、忠于事实真相的司法队伍；(4)民事诉讼法规定的各项制度和措施为查明案件的客观真实提供了法律上的保障。"④ "实事求是地说，客观真实说是比较符合我国原有的民事审判方式的。我国原有的民事审判方式是一种高度职权化的民事审判方式，其重要特征之一是，为查明案件的客观真实，极为强调人民法院调查收集证据的功能，反对审判人员坐堂问案，要求他们走出法院，到案件发生地，深入群众作全面、客观、周到、细致的调查研究，在真正查明事实、分清是非的基础上处理案件。"⑤ 有观点进一步提出，现代的客观真实论者与传统的客观真实论者的主张有所不同。这表现在：(1)他们放弃了传统理论对所有刑事案件都坚持客观真实的要求，主张对已经作出有罪供述的简易案件和自诉案件可以适当放宽证明标准，甚至主张在某些案件中实行法律真实。(2)他们放弃了传统理论对法律所规定的案件事实(证明对象)都应达到客观真实的要求，主张根据事实和情节的严重程度实行宽严不等的标准。可以说，现代客观真实论者的这种理论上的变通对于改变司法实践中的那种极端追求案件客观真实的做法具有重大理论指导意义。⑥

二、客观真实标准所受到的质疑

客观真实是现实存在的，也是可以局部或全部被探究到的，但并不是所有的案件都具有探究到全部客观真实的可能性，通常只能探究到其中的部分客观真实，能够被探究到全部客观真实的案件所占比例是非常低的。"人的思维是至上的，…… 按它的个别发现和每次的实现来说，又是不至上的和有限的。"⑦ 同时，对客观真实的追求只能通过人的主观活动来完成，主观意志之下对客观真实的认识时常因追求者个体差异的存在而无法达成统一，且无法查明客观真实程度的案件同样面临着法官的处理和裁断。客观真实论对事实真相的追求过于片面化和绝对化，造成形而上学，无法对应人对世界认知能力的有限性。"客观真实观是一种形而上的本体论思维模式，其本质决定了它不具备实用性、操作性，无法在司法实践中得到真正的实施，片面地追求更是有害无益。"⑧ 从应然的视角看，客观真实只具有理想价值，其无法成为现代诉讼所追

---

① 刘金友：《客观真实与内心确信——谈我国诉讼证明的标准》，《政法论坛》2001 年第 6 期。

② ［英］J.W. 塞西尔·特纳：《肯尼刑法原理》，王国庆等译，华夏出版社 1989 年版，第 484 页。

③ ［德］许乃曼：《论刑事诉讼的北美模式》，茹艳红译，《国家检察官学院学报》2008 年第 5 期。

④ 陈一云主编：《证据学》(第二版)，中国人民大学出版社 2000 年版，第 116 页。

⑤ 李浩：《论法律中的真实——以民事诉讼为例》，《法制与社会发展》2004 年第 3 期。

⑥ 陈光中、陈海光、魏晓娜：《刑事证据制度与认识论——兼与误区论、法律真实论、相对真实论商榷》，《中国法学》2001 年第 1 期；钟新文、杨波：《在客观真实与法律真实之间——对刑事判决证明标准的再思考》，《吉林大学社会科学学报》2004 年第 6 期。

⑦ 《马克思恩格斯选集》(第三卷)，人民出版社 1972 年版，第 428 页。

⑧ 刘田玉：《论"法律真实"的合理性及其意义》，《法学家》2003 年第 5 期。

求的价值目标。对客观真实的一味追求会使得设计诉讼程序具有很大的难度,导致程序价值和程序意义受到极大冲击。综上,鉴于案件客观真实的难以再现性,客观真实只能成为诉讼的目的,而不能成为法定的证明标准。

三、刑事诉讼和民事诉讼对客观真实标准的不同适用

由于刑事诉讼和民事诉讼的任务和功能不同,二者与客观真实证明标准的距离也存在一定差异。可以说,刑事诉讼具有采用接近客观真实标准的空间,以突显生命价值、自由价值的无上珍贵。同时公安机关、检察机关的证据收集职责使得案件事实较大乃至极大程度地接近客观真实具有可能性,并且刑事诉讼的基本结论在于罪与非罪的二元化定性。"尽管'客观真实'的诉讼理念得到了前所未有的强调,而在司法实践中,保障裁判客观性的制度(如证据裁判原则、直接言词原则、证人出庭)却长期未能真正建立。从而,证明标准的立法规定也并没有真正兑现。"[①] 在当事人主义模式下的民事诉讼中,客观真实不应成为也难以成为采信证据的证明标准,更不是认定案件事实的标准。民事诉讼中实行处分权之下的当事人主动收集和提供证据,且实施自认、调解、推定等意思自治制度,加之审限等制度的综合作用,裁判者对民事权利义务的分配具有多元方案,这与"客观真实"所要求的唯一性结论存在必然的矛盾。

第二节　法　律　真　实

一、法律真实的本质

法律真实是指司法机关在诉讼证明的过程中,通过证据对案件事实进行的认定应当符合实体法和程序法的相关规定,达到从法律的角度认为是真实的程度。鉴于法律对社会主体的保障和救济在于纠纷发生之后,加之对诉讼效率的要求和人的认识能力的有限性,诉讼中法官对客观真实的还原具有主客观的技术性难度。法律真实的基本要求在于认定案件事实必须通过合法的程序进行,必须达到法律所规定的证明标准。法律真实的实现需要有促进其形成的良好的司法环境,在诉讼规则无法严格遵守的情况下,法律真实的形成将缺乏制度保障。

二、法律真实与客观真实的关系

客观真实是司法证明的目的,而法律真实是司法证明的标准。"似乎法律事实是主观的,法律事实与客观事实是对立的。其实,一般情况下,我们讲客观真实或客观事实和讲法律真实或法律事实没有质的区别,它们都指纠纷的真实情况,即纠纷的事实,只不过法律事实是纠纷中那些被实体法或者程序法规范框定了范围的事实而已。"[②] 诉讼的任务在于尽可能地寻找到最大限度接近客观真实的法律真实,但对于与客观真实存在一定距离的法律真实应予承

---

① 樊崇义、吴宏耀:《应当区分证明标准与裁判事实》,《人民法院报》2002 年 2 月 25 日,第 2 版。
② 王麟:《论法律中的事实问题》,《法律科学(西北政法学院学报)》2003 年第 1 期。

认。"法律真实与客观真实的不同之处:在概念上,法律真实强调刑事实体法和程序法对证据和案件事实的作用,客观真实则不强调法律的作用;在证据的特征上,法律真实强调合法性基础上的真实性,而客观真实强调证据的真实性;在通过证据认定案件事实的过程上,法律真实强调尊重法律程序,承认经验规则和逻辑规则的作用,要求通过合理的自由心证认定案件事实,客观真实对此并不重视。"[1] 法律真实具有客观真实的属性,背离客观真实的法律真实不成立。诉讼制度在设计上应以追求客观真实为目标,而诉讼制度在运行中应以保障法律真实为目标。

三、各类诉讼中的法律真实

鉴于刑事诉讼中的排除合理怀疑证明标准和民事诉讼中的高度盖然性证明标准存在对客观真实追求程度的差异,两大诉讼中法律真实所包含的客观成分有所不同。刑事诉讼中要求所形成的法律真实必须几乎接近客观真实,且证据收集主体的公权性使得二者接近统一具有可能性,为此二者之间的差异较小;民事诉讼中所形成的法律真实可能与客观真实存在较大程度的差异,这种差异是举证期限的时间限制、证人证言被采纳的条件、法院职权调查的有限性、法定证明标准和实施证明责任分配下的合理差异。如果在民事诉讼中以调解结案,则最终成为调解书中权利义务认定依据的事实显然不是客观真实,这种以当事人合意为基础形成的法律真实不同于根据诉讼规则和证据规则所形成的判决中所认定的法律真实。

(一) 刑事诉讼中的法律真实

刑事诉讼中的法律真实是指"公、检、法在刑事诉讼证明的过程中,运用证据对案件真实的认定应当符合刑事实体法和程序法的规定,应当达到从法律的角度认为是真实的程度"[2]。"在刑事诉讼中,不存在超越于法律之外的客观事实,所有的事实必须在进入刑事程序之中的证据的基础上,并且依照法定的程序推论出来,即在法律规定的机制和标准上得出关于事实的结论,这也就是法律事实。"[3] 刑事诉讼中法律真实的证明标准是建立在客观真实的基础之上的,并且打击犯罪、保障人权的诉讼任务使得刑事诉讼所追求的法律真实应在极大程度上接近客观真实,为此刑事诉讼中树立了排除合理怀疑的证明标准,但也在法律真实和客观真实之间留有一定的空间,为无罪推定制度的实施留下了可能性和必要性。此外有观点指出,刑事诉讼中的客观真实指"公安司法人员在诉讼中根据证据所认定的案件事实要符合客观存在的案件事实"[4]。此种观点实际上具有法律真实的成分,其强调的"客观"是指证据所能证明的客观情况,而非实际发生的一切情况。

(二) 民事诉讼中的法律真实

法律真实既是现代民事诉讼的必然产物,也是民事诉讼所需达到的价值目标和基本要求。

---

①　锁正杰、苏凌:《"法律真实"理论与"客观真实"理论比较研究》,《国家检察官学院学报》2003 年第 5 期。

②　樊崇义:《客观真实管见——兼论刑事诉讼证明标准》,《中国法学》2001 年第 1 期。

③　樊崇义等:《刑事证据前沿问题研究》,何家弘主编:《证据学论坛》(第一卷),中国检察出版社 2000 年版,第 214 页。

④　陈光中、陈海光、魏晓娜:《刑事证据制度与认识论——兼与误区论、法律真实论、相对真实论者商榷》,《中国法学》2001 年第 1 期。

在当事人主义诉讼模式中,当事人处于主导地位,诉讼主张、事实理由及相关证据均由当事人负责提出,法官依职权探究的范围受到法律的明确限制。最高法《民诉证据规定》第 85 条第 1 款规定,人民法院应当以证据能够证明的案件事实为根据依法作出裁判。"裁判中认定的事实是法律上视为真实的事实,而这一法律上真实的事实,是法官依照诉讼程序,运用证据规则和高度盖然性的证明标准,主要依据当事人主张的事实、提供的证据和通过对证据的审查判断加以确认的。"① 民事诉讼中的证明结果达到客观真实在个别案件中是可能的,但难以成为对全部民事案件的常态性要求。当事人主义模式下当事人收集证据的能力有限性、部分案件事实和争议焦点的客观无法还原性决定了民事诉讼追求作为裁判依据的事实的现实程度。《民事诉讼法》第 2 条规定,中华人民共和国民事诉讼法的任务,是保护当事人行使诉讼权利,保证人民法院查明事实,分清是非,正确适用法律,及时审理民事案件,确认民事权利义务关系,制裁民事违法行为,保护当事人的合法权益,教育公民自觉遵守法律,维护社会秩序、经济秩序,保障社会主义建设事业顺利进行。第 7 条规定,人民法院审理民事案件,必须以事实为根据,以法律为准绳。上述法律所规定的"事实"属于以法律真实为内涵的事实,这是由民事诉讼的内在本质所决定的。"'发现真实'作为民事审判或诉讼努力实现的价值之一,可以说具有超越法体系或法文化的普遍意义。"②

中国普通社会民众很多时候缺乏法律素养,不能正确理解民事诉讼的基本构造、证据规则和法律真实的内涵,一味地认为法院必须根据客观真实进行民事权利义务的分配,不能接受法律真实和客观实际的不完全一致,把与客观真实存在差距,特别是存在法定范围内较大差距的法律真实视为错误认定,进而通过上诉和再审寻求救济。为此,法律应对民事诉讼中所出现的"认定事实不清""认定事实错误"予以准确界定。"认定事实不清"和"认定事实错误"是指由于违反既定的诉讼规则和证据规则,所得出的事实结论与遵循该规则之下应得事实结论存在差异,而非在遵循该规则的前提下应得事实结论与客观事实存在差异。另《民事诉讼法》第 207 条规定的"有新的证据,足以推翻原判决、裁定的"是申请再审的事由,《民诉法解释》第 386 条将新证据界定为符合以下情形之一的证据:(1)在原审庭审结束前已经存在,因客观原因于庭审结束后才发现的;(2)在原审庭审结束前已经发现,但因客观原因无法取得或者在规定的期限内不能提供的;(3)在原审庭审结束后形成,无法据此另行提起诉讼的。上述规定体现出追求客观真实的价值理念。基于上述诉讼现实,法官在办理民事案件的过程中应主动、积极、有效地进行释明,通过规范把握以对抗制为基础的当事人主义诉讼模式,为当事人树立正确的诉讼观念和诉讼意识,建立起值得当事人信赖的真实③。当事人诉讼心理的理性化以其事先知晓相应的程序规则为保障。就我国当前普通当事人的诉讼素养而言,绝大多数当事人没有受过专业性的法律训练,法律知识匮乏、法律思维缺乏,不具有基本的诉讼辨别能力。审判人员应在诉讼中对当事人进行诉讼规则的常识指导,帮助其树立正常的诉讼心态,形成合理的诉讼预期。"实行完

---

①　李浩:《论法律中的真实——以民事诉讼为例》,《法制与社会发展》2004 年第 3 期。

②　王亚新:《社会变革中的民事诉讼》,中国法制出版社 2001 年版,第 51 页。

③　值得当事人信赖的真实,是依据当事人对裁判中认定事实的信赖程度确认的诉讼中的真实。具体而言,是指法院对事实的认定是依据当事人提出的证据资料进行的,是在充分尊重当事人程序主体地位和充分保障当事人的程序权利,当事人积极参与事实认定过程和知晓法官心证过程的前提下进行的,当事人对事实的认定产生了认同感和信赖感,因而相信或者应当相信法院对事实的认定是正确的。上述观点出自我国台湾地区邱联恭教授所著《司法现代化与程序法》《程序制度机能》《程序选择权论》《争点整理方法论》等。

全的当事人主义恐怕难以达到诉讼制度设置的目的,这样,释明权成了实现民事诉讼制度目的的修正器。"① 释明旨在促使当事人知晓诉讼权利义务,进而产生正态化心理,但是如果法官释明不当,当事人的正态化心理不仅无法形成,其诉讼心理也将逆向发展,对诉讼形成更大的阻碍。"释明有的是关于实体问题,有的则是关于程序问题的。前者通常是关于权利的释明,而后者则可能涉及诉讼中的诸多程序事项。释明在保护权利、防止突袭裁判、彻底解决纠纷等方面有着重要的作用。"② 对某一具体问题的诉讼心理的形成具有缓慢性,特别是积极心理的形成更需观察、思考、鉴别以及决定的时间,为此法官应及早释明,为诉讼的进行留出必要的心理调适时间。

第三节　客观事实与裁判事实 ③

一、客观事实

客观事实是指在民事活动中实际发生的民事法律事实,其可能是自然形成的,也可能是人为形成的,包括行为和事件。民事法律事实是指能够引起民事法律关系发生、变更或者消灭的客观现象。④ 某些证据除了能证明客观事实外,本身也是客观事实的组成部分,而某些证据只是证明客观事实的载体。在客观事实的基础上,当事人对亲历的客观事实进行总结和陈述所形成的事实即主张事实。

就客观事实的形式而言,客观事实中的"客观"是指该事实的存在是客观的,不是主观臆想之物,并非要求该事实的表现形式为客观。涉及民事主体主观心理状态的事实通常在形式上为主观,比如故意、过失、重大误解等。人的心理活动是内在的、无形的、易变的,人类内心世界的复杂性和自身认识能力的有限性是难以调和的矛盾。在民事诉讼中,当事人的主观心理状态包括目的、动机及其他心理倾向。鉴于对当事人主观心理状态难以通过常规性证明方法进行有效查明,加之法律禁止单独使用测谎技术证明行为人的主观心态,司法实践中便出现了较大的查明难度——即便法官拥有调查取证权。行为人的内在心理活动往往令外人难以捉摸、不易把握,同时也很容易遭到事后否认。当行为人的意思表示与其内心效果意识相悖时,仅凭行为外部意思表示将难以直接确认其有效,应充分探知其真实的内心效果,但内心效果又只能通过行为人外部意思表示予以推断。

就客观事实的产生而言,在以时间流转为标志的视角下,民事主体先后经历了民事活动的进行、民事纠纷的产生和民事诉讼的提起三个阶段,而客观事实必然会出现在民事活动的进行和民事纠纷的产生两个阶段。比较特殊的是,在民事诉讼既已提起的情况下,可能还存在民事活动继续进行的情况和已经完成的民事活动所包含的客观事实的滞后出现,此时新客观事实的发生与民事诉讼的进行并行,新客观事实应被纳入民事诉讼的审理范围。《民诉法解释》第

---

①　张卫平:《守望想像的空间》,法律出版社 2003 年版,第 182 页。

②　严仁群:《程序性事项释明之探析——以首例冷冻胚胎案为例》,《江苏行政学院学报》2016 年第 5 期。

③　本节以民事诉讼为例,对诉讼活动中的客观事实与裁判事实予以介绍。

④　魏振瀛主编:《民法》(第五版),北京大学出版社、高等教育出版社 2013 年版,第 33 页。

386 条规定,再审申请人证明其提交的新的证据符合下列情形之一的,可以认定逾期提供证据的理由成立:(1)在原审庭审结束前已经存在,因客观原因于庭审结束后才发现的;(2)在原审庭审结束前已经发现,但因客观原因无法取得或者在规定的期限内不能提供的;(3)在原审庭审结束后形成,无法据此另行提起诉讼的。

就客观事实的掌握主体而言,"在双重视角结构下,裁判事实的形成需要经历三个阶段:经历者直面并感知的案件客观真相;关于案件客观真相的主观性陈述;非经历者所确信为真的裁判事实"[1]。民事主体作为民事活动进行、民事纠纷产生和民事诉讼提起三大阶段的亲历者,对客观事实有着最为直接和全面的知晓。在民事活动中可能存在某一民事主体并非完全知晓整个民事活动中所产生全部的客观事实的情形,其所不知晓的客观事实往往成为日后诉讼中的争议问题。法官只在民事诉讼阶段加入,并未经历之前发生的客观事实,其对客观事实的掌握只能通过亲历者的事后查证来完成,在诉讼中当事人将既已发生的客观事实向法官揭示的过程即为证明。此外,案外人也会对客观事实有所了解和接触,这就为其成为日后民事诉讼中的证人奠定了基础。鉴于证人在客观事实发生时的主观认知、事后记忆和表达能力的本能局限,加之证人可能基于各种目的而说谎,证人证言对客观事实的反映变得极不确定。

就对客观事实的探知而言,鉴于主客观技术条件的局限性,当事人在诉讼中时常难以还原和展示客观事实的全貌。出于对诉讼成本和诉讼效率的考虑,民事诉讼中不能无限追求客观事实,如果部分客观事实虽曾经发生但在诉讼中没有证据证明,法官只能依据已有证据所证明的客观事实进行裁判。但是,部分当事人不能正确理解法官在裁判认定中的事实与自己所亲历的实际所发生的客观事实的不一致,认为此乃错案。事实上,在民事诉讼中,由于实行的是高度盖然性的证明标准,而非要求当事人对所主张的事实进行百分之百的证明,法官所认定的事实可以为达到高度可能性的事实,因此裁判事实可能与实际发生的客观事实发生偏离。这种事实偏离是证明责任、证明标准、举证期限等法律制度之下的必然产物,不能认为只要与客观事实不符即为错误。"从裁判的合法性看,如果以是否查清客观事实为标准进行衡量,'错案'的比例有可能超过正确的裁判,因为在具体程序中,几乎每一个法官都知道对于证据不足的主张应如何处理,而且审判制度对这种处理的合法性予以确认。但话说回来,证据不足的情况又意味着客观事实并不清楚,将来有新证据时又允许再翻案。从法官的'错案责任'看,如果以是否查清客观事实为标准,将使错案责任变得相当混乱。"[2]《民事诉讼法》第 207 条规定:"当事人的申请符合下列情形之一的,人民法院应当再审:(一)有新的证据,足以推翻原判决、裁定的;……"

当事人对于客观事实的探知方式包括:(1)当事人只单纯地主张已掌握的对己有利的事实,而将对法律的适用交由法官处理。(2)当事人从获得胜诉的价值追求出发,在心中先预设对自己有利的法律规范,然后根据该法律规范已设立的构成要件去主张相关的要件事实。"当事人或者律师就需要在诉讼开始之前,寻找妥当的规范并根据所要主张之规范对要件事实的规定,对于已发生的生活事实进行类型化处理。"[3]预设结论在对客观事实探知的过程中具有目标性作用,如果在探知客观事实的过程中发现预设的裁判结论可能因缺乏事实而无法成立,则会改为对另一有利裁判结论的追求。(3)当事人将当下案件与类似的已决案件进行比较,在接受该

① 张海燕:《裁判事实与案件真相——从"彭宇案"真相浮出入手》,《齐鲁学刊》2012 年第 4 期。
② 高树德:《客观事实与程序事实的价值冲突》,《法商研究(中南政法学院学报)》1999 年第 5 期。
③ 段厚省:《规范出发型的民事诉讼观与待证事实的确定》,《公民与法(法学版)》2010 年第 8 期。

已决案件裁判结果的情况下,根据已决案件所认定的裁判事实去收集相对应的支持客观事实成立的证据。

二、裁判事实

裁判事实是指经过双方当事人的举证和质证,被有效的证据所证明,最终被法院所采纳并作为裁判依据的事实,是裁判者在裁判文书中予以认定的事实。"裁判事实是法官在法律上最后认定的事实形态,是推理的小前提,也是法院判决书中所能表现出来的事实描述。"[①] 最高法《民诉证据规定》第 85 条第 1 款规定,人民法院应当以证据能够证明的案件事实为根据依法作出裁判。当事人所主张的客观事实具有历史性,而法官所认定的裁判事实具有主观性,会受到各种主客观因素的制约,为此当事人所主张的客观事实并非都能成为裁判事实,很多并不能为法官所采纳,故裁判事实在范围上必然小于或至多等于当事人所主张的客观事实,其不能完全反映和还原客观真相是正常的。此外,法官也可在法定情形下依职权探知相关的客观事实,并将其上升为裁判事实。"裁判事实是根据证据法规则、法庭规则、判例汇编传统、辩论技巧、法官雄辩能力以及法律教育成规等诸如此类的事物而构设出来的。"[②]

法官对于裁判事实的探知方式,除依职权或依申请调查取证外,与当事人对客观事实的探知在部分情形下存在较为类似的思维方式。首先,法官以当事人所主张的客观事实为基础,凭借直觉、经验、以往类似案件的处理方式等预设拟适用的法律规范。"裁判者的直觉在事实认定中为演绎推理提供了一个大前提,或者为归纳推理预设了一个结论,从而在事实认定不断深入的过程中起到中介和促进作用。"[③] 其次,法官再根据该法律规范的构成要件去查证既有的客观事实,从而最终形成裁判事实。"由当事人提出的案件事实是杂乱的、具体的,法律规定中的事实范式是规范的、抽象的;案件事实通常表现为一种实然的状态,事实范式表现为应然的规范,案件事实能否被涵摄进事实范式,就需要将案件事实抽象化、规范化,而事实范式就应该具体化、情景化。"[④]

在民事诉讼中,无须经过双方当事人的举证、质证和法院的认证就能直接成为裁判事实的事实包括四类:一为双方当事人一致认同、不存在争议的客观事实。二为法院依职权调查取证后所得事实。最高法《民诉证据规定》第 62 条第 3 款规定,人民法院依职权调查收集的证据,由审判人员对调查收集证据的情况进行说明后,听取当事人的意见。《民诉法解释》第 96 条规定,《民事诉讼法》第 67 条第 2 款规定的人民法院认为审理案件需要的证据包括:(1)涉及可能损害国家利益、社会公共利益的;(2)涉及身份关系的;(3)涉及《民事诉讼法》第 58 条规定诉讼的;(4)当事人有恶意串通损害他人合法权益可能的;(5)涉及依职权追加当事人、中止诉讼、终结诉讼、回避等程序性事项的。除前款规定外,人民法院调查收集证据,应当依照当事人的申请进行。三为法定的免证事实。《民诉法解释》第 93 条规定,下列事实,当事人无须举证证明:(1)自然规律以及定理、定律;(2)众所周知的事实;(3)根据法律规定推定的事实;(4)根据已知的

---

① 刘治斌:《法律方法论》,山东人民出版社 2007 年版,第 301 页。

② [美]克利福德·吉尔兹:《地方性知识:事实与法律的比较透视》,邓正来译,梁治平编:《法律的文化解释(增订本)》,生活·读书·新知三联书店 1998 年版,第 80 页。

③ 张海燕:《司法裁判事实认定中的非理性因素》,《北京行政学院学报》2011 年第 6 期。

④ 孙日华:《裁判事实如何形成》,《北方法学》2011 年第 6 期。

事实和日常生活经验法则推定出的另一事实;(5)已为人民法院发生法律效力的裁判所确认的事实;(6)已为仲裁机构生效裁决所确认的事实;(7)已为有效公证文书所证明的事实。前款第 2 项至第 4 项规定的事实,当事人有相反证据足以反驳的除外;第 5 项至第 7 项规定的事实,当事人有相反证据足以推翻的除外。四为通过调解结案所形成的裁判事实。"调解对于案件事实的模糊化处理,必然导致裁判事实与案件事实尤其与纠纷事实发生偏离,使得正当裁判赖以存在的裁判事实可接受性的来源不再是事实的客观性,改变了既往的寻求客观真实的裁判路径,使得裁判的正当性源于民众权利的自我放弃、互谅互让,以及对于事实的模糊处理。"[①]

　　法官对裁判事实的认定错误将直接导致裁判结论的错误。"裁判事实的可接受性构成了正当裁判的基础、前提,并且,裁判理由必须依附于裁判事实的可接受性而不是相反,唯有此,才有可能得到一个可接受的裁判。"[②]对于裁判事实的错误,当事人可通过审级制度予以救济。《民事诉讼法》第 177 条规定,原判决、裁定认定事实错误或者适用法律错误的,以判决、裁定方式依法改判、撤销或者变更;原判决认定基本事实不清的,裁定撤销原判决,发回原审人民法院重审,或者查清事实后改判。《民事诉讼法》第 207 条规定,当事人的申请符合下列情形之一的,人民法院应当再审:有新的证据,足以推翻原判决、裁定的;原判决、裁定认定的基本事实缺乏证据证明的;原判决、裁定认定事实的主要证据是伪造的。

理论探讨

实务研究

【思考题】

　　1. 什么是客观真实?

　　2. 什么是法律真实?

　　3. 客观事实与裁判事实有何关联?

　　4. 如何对当事人的心理状态进行证明?

　　5. 在民事诉讼中,哪些事实无须经过双方当事人的举证、质证和　　思考题参考答案法院的认证就能直接成为裁判事实?

【参考文献】

　　1. 张南宁:《事实认定的逻辑解构》,中国人民大学出版社 2017 年版。

　　2. 彭漪涟:《事实论》,广西师范大学出版社 2015 年版。

　　3. 张榕:《事实认定中的法官自由裁量权:以民事诉讼为中心》,法律出版社 2010 年版。

　　4. 毛立华:《论证据与事实》,中国人民公安大学出版社 2008 年版。

　　5. 杨建军:《法律事实的解释》,山东人民出版社 2007 年版。

　　6. 王舸:《案件事实推理论》,中国政法大学出版社 2013 年版。

　　7. 赵承寿:《司法裁判中的事实问题》,中国政法大学出版社 2015 年版。

　　8. 周洪波:《刑事证明中的事实研究》,上海人民出版社 2016 年版。

　　9. 方金刚:《案件事实认定论》,中国人民公安大学出版社 2005 年版。

---

① 李训虎:《"案结事了"的司法观与裁判事实的可接受性》,《证据科学》2009 年第 6 期。
② 李训虎:《"案结事了"的司法观与裁判事实的可接受性》,《证据科学》2009 年第 6 期。

10. 许可:《民事审判方法:要件事实引论》,法律出版社 2009 年版。

11. 郭华:《案件事实认定方法》,中国人民公安大学出版社 2009 年版。

12. 栗峥:《超越事实:多重视角的后现代证据哲学》,法律出版社 2007 年版。

13. 张海燕:《民事诉讼案件事实认定机制研究》,中国政法大学出版社 2012 年版。

第六章　诉讼中的待证事实

■ 导语

待证事实即诉讼中的证明对象,是指对案件的处理有法律意义但双方当事人之间存在争议,为此请求法院通过裁判予以确认的案件事实。待证事实在诉讼证明的过程中属于有待被证明的客体,是诉讼证明的起点。

对待证事实的要求之一为双方当事人之间存在争议。不存在争议的事实只需法院直接认定,无须再次查明。

对待证事实的要求之二为对案件的处理有法律意义。待证事实的法律意义是指该事实对解决实体性争议、程序性争议或确定证据能力能发挥积极的推动作用。

对于免证事实,其自提出时即视为成立,无须当事人证明,可直接作为裁判的依据,但允许对方当事人以相反证据加以推翻或反驳。

本章以民事诉讼为例,对诉讼中的待证事实予以介绍。

第一节　实体法事实

实体法事实,又称要件事实或规范事实,是指民事法律关系产生、变更和消灭的事实。鉴于民事诉讼因民事纠纷和民事争议的出现而提起,实体法事实是民事诉讼中最主要的证明对象,是当事人之间实体权益争议的核心和基础。

从实体法角度而言,实体法事实即民事法律事实。"民事法律事实可分为行为和非行为事实两类。行为是指人有意识的活动。非行为事实是指行为以外的事实,其中又分为事件与状态。"[①] 民事法律关系的多元化决定了民事法律事实的丰富性。譬如,在过错责任原则下,一般侵权行为的构成要件包括过错、行为、损害结果以及行为与损害结果之间的因果关系,因此,证明侵权成立的实体法事实就包括过错这一主观事实及行为、损害结果以及行为与损害结果之间的因果关系这三个客观事实。又如,证明无因管理成立的实体法事实包括管理他人事务的事实、为他人利益而为管理的事实以及无法律上义务的事实。再如,证明不当得利成立的实体法事实包括一方受益的事实、他方受损的事实、受益与受损之间存在因果关系的事实以及受益没有合法根据的事实。

从程序法角度而言,实体法事实主要包括两类:一为主要事实,又称直接事实,即实体法明确规定的,能直接引起实体法效果发生、变更或消灭的法律构成要件所对应的事实,包括积极

---

① 魏振瀛主编:《民法》(第五版),北京大学出版社、高等教育出版社 2013 年版,第 34 页。

要件事实和消极要件事实;二为间接事实,又称凭证,即借助经验法则及逻辑法则在推定主要事实过程中发挥作用的事实,即推定中的基础性事实。"在一些情况下,证明主体可能无法直接证明主要事实存在与否,而必须通过证明与主要事实有关的一些事实,进而推断主要事实是否存在。"①此外,诉讼中经常出现的辅助事实不直接属于实体法事实,其主要用于查明证据资格、明确证据能力,属于单独的证据法事实,但其会对实体法事实造成间接影响。当然,与案件所争议的诉讼标的在法律上并无关联的事实亦不属于实体法事实。

在我国司法实践中,常使用"基本事实"这一术语。最高法《民诉法解释》第 91 条将实体法事实分为民事法律关系存在的基本事实、民事法律关系变更的基本事实、民事法律关系消灭的基本事实和权利受到妨害的基本事实。最高法《民诉法解释》第 102 条规定,当事人因故意或者重大过失逾期提供的证据,人民法院不予采纳。但该证据与案件基本事实有关的,人民法院应当采纳,并依照《民事诉讼法》第 68 条、第 118 条第 1 款的规定予以训诫、罚款。最高法《民诉法解释》第 174 条规定,《民事诉讼法》第 112 条规定的必须到庭的被告,是指负有赡养、抚育、扶养义务和不到庭就无法查清案情的被告。人民法院对必须到庭才能查清案件基本事实的原告,经两次传票传唤,无正当理由拒不到庭的,可以拘传。最高法《民诉法解释》第 385 条规定,再审申请人提供的新的证据,能够证明原判决、裁定认定基本事实或者裁判结果错误的,应当认定为《民事诉讼法》第 211 条第 1 项规定的情形。最高法《民诉法解释》第 333 条规定,《民事诉讼法》第 177 条第 1 款第 3 项规定的基本事实,是指用以确定当事人主体资格、案件性质、民事权利义务等对原判决、裁定的结果有实质性影响的事实。"从最高法《民诉法解释》对'基本事实'的解释来看,除了涉及主体资格外,大体上与国外民事诉讼法理上的主要事实相同。"②

对于《民诉法解释》第 91 条所规定的民事法律关系存在的基本事实、民事法律关系变更的基本事实、民事法律关系消灭的基本事实和权利受到妨害的基本事实,"权利发生规范与权利妨害规范的界限较难区分。通常情况下,立法者已预先将权利发生的情形用通常规范予以设定,而将权利妨害的情形以例外规范的形式加以规定。因此,法律条文中,凡以'但书'形式予以规定的,均为例外规范,亦即权利妨害规范"③。为此,可通过对实体法条文的逻辑结构分析来识别法律要件:首先,"本文"属于请求原因,是达成相应法律效果的权利根据要件;"但书"属于抗辩事实,是阻碍或消灭已经成立的权利关系的权利障碍要件,通常表述为"但……除外""……另有规定的除外""除……以外""……不适用前款规定"等。其次,"一般规定"为达成相应法律效果的权利根据要件,属于请求原因,多在条文的前方;"特别规定"为阻碍或消灭已经成立的权利关系的权利障碍要件,属于抗辩事实,多在条文的后方。在个别情况下,权利发生规范与权利妨害规范会发生混同,同一事实要件由不同的主体提出时会具有不同的属性。例如,《民法典》第 143 条规定,具备下列条件的民事法律行为有效:(1)行为人具有相应的民事行为能力;(2)意思表示真实;(3)不违反法律、行政法规的强制性规定,不违背公序良俗。第 144 条规定,无民事行为能力人实施的民事法律行为无效。此时,当事人是否具备民事行为能力同时具有权利发生规范与权利妨害规范的双重属性。

---

① 江伟主编:《民事诉讼法学》(第三版),北京大学出版社 2015 年版,第 197 页。
② 张卫平:《民事证据法》,法律出版社 2017 年版,第 238 页。
③ 《民事诉讼法学》编写组:《民事诉讼法学》,高等教育出版社 2017 年版,第 183 页。

第二节　程序法事实

程序法事实是指能够反映、协助并满足民事诉讼活动程序要求的相关案件情况,进而引发诉讼法律关系产生、变更和消灭的事实。民事诉讼作为处分权和审判权共同参与的过程,表现为当事人及其他诉讼参与人在审判人员的主持下按照法定程序从事诉讼活动,是以履行连续不间断的法定程序为次序要件的。"在当事人主义模式下,裁判结果的可接受性主要来源于程序的正当性;在职权主义模式下,裁判结果的可接受性则更多地来源于裁判事实的客观性。"[①]民事诉讼主体的多元化决定了民事诉讼法律关系的多元化,进而使得程序法事实十分丰富。

一、程序法事实与实体法事实的关系

"诉讼和法二者之间的联系如此密切,就像植物外形和植物本身的联系,动物外形和动物血肉的联系一样。使诉讼和法律获得生命的应该是同一种精神,因为诉讼只不过是法律的生命形式,因而也是法律的内部生命的表现。"[②]程序法事实作为法官作出合法裁判所必不可少的要件事实,从表面上看并不与有待裁判的实体争议直接关联,但其关系到诉讼程序的发生、发展、中止和终结,直接影响到当事人的诉讼权利,程序活动的开展必定会对实体审理结果产生侧面影响,因此程序法事实对民事权利义务的最终分配有着重大意义。通常,程序法事实是独立存在的,集中体现着程序意义上的价值,但有时也出现程序法事实与实体法事实相竞合的情形,即某一法律事实在诉讼的某些阶段重在支持程序性问题,而在其他诉讼阶段又重在支持实体性问题。此外,某些程序法事实并不独立存在而依附于实体法事实。"一方面,有关实体法事实的证明活动是基础,是主干,正是该证明活动的存在和展开才可能引发有关程序法事实、证据事实的证明活动;另一方面,关于实体法事实的证明活动总是在一定程序下借助一个个证据来完成的,因此,有关程序法事实、证据事实的证明活动又是为实体法事实的证明活动服务的,其目的在于保障后者的正当性与真理性。"[③]

就实体法事实与程序法事实的相互关系而言,以民事诉讼中的管辖权问题为例,"管辖权是由案件自身的实体性法律关系决定的,也就是说在很多情况下,不对案件进行实体审理,就难以最终查明管辖权问题"[④]。法院对管辖异议案件的审理范围应以形式审查为主,实质审查为辅。审理需要解决的主要事项是区分程序审查和实体审查的标准,而不能简单地认为凡是涉及案件实体情况的审查均为实体审查。管辖权异议程序中,法院解决的主要问题是审查管辖权的已有分配是否合法,因而程序性问题理应成为法院关注的焦点。尽管此时管辖异议案件所依附的实体纠纷尚未进入实质审理阶段,且法庭此时也无权对实体纠纷进行审理,但诸多实体性问题为确定管辖的重要联结点,因此法院在对管辖异议案件审理中审查相关证据、对相应的实体问题进行查明判断是不可或缺的。对程序性问题的审查理应并非仅限于对该问题做程序上

---

① 易延友:《证据法学的理论基础——以裁判事实的可接受性为中心》,《法学研究》2004 年第 1 期。

② 马克思:《关于林木盗窃法的辩论》,《马克思恩格斯全集》(第一卷),人民出版社 1995 年版,第 287 页。

③ 吴宏耀、魏晓娜:《诉讼证明原理》,法律出版社 2002 年版,第 81 页。

④ 王长发:《管辖权异议之审查若干问题研究》,《长春工程学院学报(社会科学版)》2006 年第 4 期。

的审查,同样包括实体上的审查。此时的审查虽然包括对案件情况的实体性认定,但解决的仍是程序性问题。实务中,很多情况下,某一问题究竟是程序性问题抑或实体性问题本身就属于法官的裁量范围。"正如江平教授所言,形式问题与实体问题在很多情况下并不是能够截然分开的,例如合同是否已经履行,无疑是实体问题,但这一问题却同确定买卖合同的地域管辖有关。"[1] 需要强调的是,此时对实体问题的关注角度应仅限于有利于相关管辖问题查明的范围,不可盲目扩大对实体问题的审理而影响该阶段的程序性审理目标。"根据法国最高司法法院第二民事庭 1983 年 5 月 9 日的规定,当(一审)法官就管辖权事由做出宣告但没有进行实体审理时,上诉法院即使裁决了管辖权所依赖的实体问题,也只能就管辖权问题做出裁判,可能情况下,只能提审争议实体。"[2] 此外,传统观点认为,对于相关实体问题的认定在管辖权异议程序中不具有既判力,不会对当事人和法院的实体审理产生约束力。此种认定应界定为对程序事实的补助性认定,认定效力仅限于管辖权异议程序的范畴,法院在其后对民事权利义务争议的审理过程中可给予相反性认定。还有观点认为,对于在管辖权异议阶段的质证是否可直接适用于后续案件的审理的问题,为了维护法院司法行为的权威性,初步意见是一旦证据被固化、记录在案,在法院主持下,即使不是正式开庭,所举证据、质证意见也应具有相应效力,被法院书面裁定认可的事实具有推定真实效力。

二、以程序法事实为基础的相关概念比较

程序法事实的表现载体通常为一个或一套证据材料。当证据材料经质证、认证、被采信进而转化为定案证据时,程序法事实的本质属性得以升华并发挥相应功能。程序法事实既可能产生于诉讼活动开展过程中,也可能产生于诉讼程序启动之前的民事纠纷发生过程中,甚至产生于民事纠纷发生之前。"程序事项在重要性上并非等值的,而有程度差异。"[3]

(一) 程序性争议与程序性请求事项

程序法事实作为民事诉讼法规定的程序性事项,包括程序性争议与程序性请求两类。程序性争议是指原被告双方就某一程序事实的合法性所发生的争议;程序性请求则是指原告或被告为启动某一程序或实现某项程序权利而向法官提出的申请事项。与程序性争议不同,程序性请求可能存在于非对抗制的诉讼结构中。法院作为诉讼程序的指挥者,其对某方当事人所提出的某项程序性请求应首先进行目的审查,以判断该请求及其所依托的诉讼行为本身是否具有合法性。

(二) 动态程序性事项和非动态程序性事项

程序法事实存在动静两种存在形态。动态程序性事项主要包括是否准许启动、中止、恢复或终结普通审判程序、简易程序、保全程序、先予执行程序、证据调查收集程序、开庭审理程序、督促程序、公示催告程序、特别程序、执行程序等相关事实。非动态程序性事项主要是指法院实施与程序运行无直接关联的决策时所依据的事实,如关于回避的事实、实施强制措施的事实、实施各种执行措施的事实等。

---

[1]　江伟主编:《民事诉讼法专论》,中国人民大学出版社 2005 年版,第 159 页。

[2]　《法国新民事诉讼法典》(上册),罗结珍译,法律出版社 2008 年版,第 163 页。

[3]　汤维建:《民事诉讼法的全面修改与检察监督》,《中国法学》2011 年第 3 期。

（三）诉讼事件与诉讼行为

诉讼事件和诉讼行为的主要区别在于程序法律关系发生相关变化的原因是否在于人的意志因素的加入。其中,诉讼事件是指不以主体的意志为转移,仅因事实状况的客观变更而发生相应的诉讼效果。譬如,当事人的死亡可能引发审判和执行的中止(财产案件)或终结(人身案件或财产案件)。《民事诉讼法》第 153 条规定:"有下列情形之一的,中止诉讼:(一)一方当事人死亡,需要等待继承人表明是否参加诉讼的;……"第 154 条规定:"有下列情形之一的,终结诉讼:(一)原告死亡,没有继承人,或者继承人放弃诉讼权利的;(二)被告死亡,没有遗产,也没有应当承担义务的人的;……"

诉讼行为则是因行为人的意识活动而产生相应的诉讼效果,其数量较为庞大。对于诉讼行为的界定,日本学者谷口安平认为:"能够在诉讼法上引起一定效果的行为就是诉讼行为。"[1] 我国台湾地区学者陈朴生认为:"诉讼行为是构成诉讼程序所示合乎诉讼法上定型之行为,并足以发生诉讼法上效果者。"[2] 本书认为,民事诉讼行为是民事诉讼法律关系主体基于其特定诉讼目的和诉讼利益有意识实施的具有民事诉讼法律意义或能够引起民事诉讼法律效果即民事诉讼法律关系产生、变更或消灭的活动。"在民法法系,诉讼行为被认为是推动民事诉讼法律关系产生、发展和消灭的主要动力;在普通法法系,尽管不以法律关系理论阐释法律现象,诉讼行为客观上具有同等的意义。从本质上讲,诉讼行为的正当性是诉讼参与者权力与责任、权利与义务分配的正当性,这往往构成一国民事司法政策的核心问题。"[3] 诉讼行为作为一种发生在诉讼领域的法律行为,贯穿诉讼活动的始终,是诉讼活动的基本构成要素,是各方主体的诉讼意志的载体。诉讼行为是实现诉讼目的的直接手段,是诉讼进程的推进方式,是诉讼效果的达成工具。"诉讼行为之概念乃诉讼法之中心点。"[4] 诉讼行为是一个概括性概念,不是单指某一具体的行为。"诉讼行为理论是构筑独立的民事诉讼法体系的理论出发点。"[5] 诉讼行为的有效与无效是以其构成要件为判断标准的,其要件完整与否将直接影响其效力。"由于民事诉讼对规范性的注重,一般来说,民事诉讼法对诉讼行为的要件以及法律效果均设有明文规定。但是,民事诉讼是一种与人类行为密切相关的复杂的社会现象,而且随着社会的发展不断发生变化,任何一部《民事诉讼法》都不可能以有限的法律条文穷尽所有的现实的诉讼行为形态。因此,对于诉讼行为的认识,一方面要以现行的法律规定为基础,另一方面又不能局限于法律的明文规定。"[6] "从私法诉权角度看,民事诉讼行为是实现私法上请求权的行为,与民事法律行为并无二致;从公法诉权角度看,民事诉讼行为是实现公法上的司法保护请求权的行为,与民事法律行为在性质上是不同的。"[7] 鉴于民事诉讼法律关系中主体的多元化引发的复杂性,民事诉讼行为不能完全套用民事法律行为的分析模式。

---

① ［日］谷口安平:《程序的正义与诉讼》,王亚新、刘荣军译,中国政法大学出版社 1996 年版,第 135 页。

② 樊崇义主编:《诉讼原理》,法律出版社 2003 年版,第 385 页。

③ 韩昌言:《民事诉讼中的诉讼行为论》,《人民法院报》2006 年 1 月 13 日,第 B4 版。

④ 德国法学家绍尔(Sauer)语,转引自曹鸿澜:《刑事诉讼行为之基础理论(1)——刑事诉讼行为之效力》,《法学评论》(台湾)1974 年第 6 期。

⑤ 刘荣军:《民事诉讼行为瑕疵及其处理》,《中国法学》1999 年第 3 期。

⑥ 邹政:《诉讼行为界定标准重述——兼论与私法行为的区别》,《西南政法大学学报》2010 年第 6 期。

⑦ 韩昌言:《民事诉讼中的诉讼行为论》,《人民法院报》2006 年 1 月 13 日,第 B4 版。

(四) 证明与疏明

我国台湾地区亦将疏明称为"释明",即"若所提出之证据,仅使法院生薄弱之心证,相信其主张大概如此者,谓之释明。当事人主张之事实,通常须为证明,惟若干程序上事项,或该事项应从速解决者,于法律有特别规定时,仅应释明为已足。供释明用之证据,毋庸遵守严格之证据程序"[1]。此处的释明与我国《民事诉讼法》中的同一概念在含义上具有较大区别。"苦无相当文字足以表达此意义,姑用释明二字(日本谓之疏明),若声叙则与原意相去太远矣。"[2]就设立目的而言,疏明的作用除防止诉讼拖延、尽快作出裁判、避免程序争点扩大化以造成程序浪费外,亦包括对负有证明责任的一方当事人的证明责任的减轻。"诉讼法上之举证责任减轻,即指由诉讼法所构设(由诉讼法或实务承认)之举证责任减轻方式。"[3]鉴于查明程序法事实的时间性要求比实体法事实更强,"对于非属实体权利义务关系之终局裁判者,即属于单纯之程序事件者,如须简易而迅速之处理,则仅以释明为已足"[4]。日本新《民事诉讼法》第188条规定:"疏明应以能够及时调查的证据为之。"[5]就适用范围而言,"疏明的对象应仅限于事实问题而不包括法律问题"[6],但疏明就事实问题的适用范围仍具有有限性,并非适用于所有的程序法事实,而仅适用于对部分程序法事实的判断,对其他部分程序法事实的判断仍应适用证明。"疏明是诉讼程序进行时用于比较轻微事项的一种简易证明方法,只限于诉讼法有规定的情况。"[7]因此,实体法事实和程序法事实的对象区别并不是划分证明与疏明的唯一标准,证明的对象并非仅限于实体法事实,相关程序法事实也适用证明。就程度而言,"证明和疏明是按照确认待证事实存在所需证明度的不同要求来予以区分的。证明和疏明的区别着眼于法官的心理状态,有必要使法官对该事实的存在抱有确信程度的就是证明;大体确定即可的就是疏明"[8]。综上,"对于判决基础事实之外的、需要迅速处理的事项或派生性程序事项,在认定作为其基础的事实之际,大多只要求达到疏明之程度即可"[9]。目前疏明制度已在我国的部分诉讼程序中初步设立,比如公益诉讼起诉条件中的"初步证据"或"相关线索"。

三、程序法事实的查明

(一) 一般性规则

鉴于诉讼程序或依当事人申请启动,或由法官依职权启动,或依当事人申请与法官依职权共同启动,因而程序法事实既可由当事人举证,也可由法官依职权探知。首先,对于当事人提供证据予以证明的程序法事实,主要表现为当事人提出相关的程序性请求,比如当事人申请先予

---

[1]　杨建华原著,郑杰夫增订:《民事诉讼法要论》,北京大学出版社2013年版,第242页。

[2]　见台湾"民事诉讼条例"第335条立法理由。

[3]　姜世明:《民事诉讼法》(下),新学林出版股份有限公司2013年版,第86页。

[4]　陈计男:《民事诉讼法论》(上),三民书局2004年版,第446页。

[5]　何家弘、张卫平:《外国证据法选译》(下册),人民法院出版社2000年版,第1383页。

[6]　Scherer, Das Beweismass bei der Glaubhaft-machung, 1996, S.49m.w.N.

[7]　[日]中村英郎:《新民事诉讼法讲义》,陈刚、林剑锋、郭美松译,法律出版社2001年版,第198页。

[8]　[日]高桥宏志:《重点讲义民事诉讼法》,张卫平、许可译,法律出版社2007年版,第31页。

[9]　[日]新堂幸司:《新民事诉讼法》,林剑锋译,法律出版社2008年版,第373页。

执行、提出管辖权异议等。当事人主张或请求相关程序措施的开展时,用于证明相关适用条件已经满足的事实即为程序法事实。其次,对某些涉及指挥程序进行的程序法事实,无须当事人主张,法院可依职权主动认定,比如是否存在应当采取民事诉讼强制措施的事实。《民事诉讼法》第 67 条第 2 款规定,当事人及其诉讼代理人因客观原因不能自行收集的证据,或者人民法院认为审理案件需要的证据,人民法院应当调查收集。《民诉法解释》第 96 条规定,《民事诉讼法》第 67 条第 2 款规定的人民法院认为审理案件需要的证据包括:(1)涉及可能损害国家利益、社会公共利益的;(2)涉及身份关系的;(3)涉及《民事诉讼法》第 58 条规定诉讼的;(4)当事人有恶意串通损害他人合法权益可能的;(5)涉及依职权追加当事人、中止诉讼、终结诉讼、回避等程序性事项的。

(二) 特殊性规则

证明程序违法事实具有一定的难度,因而应实行特殊的证明规则。程序违法的证明对象是各方诉讼主体所实施的诉讼活动是否违法的程序事实。"程序性违法事实的证明责任的合理分配是解决程序性违法与实施程序性制裁的技术性要素。必须根据程序性违法的不同类别的特点,结合证明责任基本法理对程序性违法的证明责任进行合理分配。"[1] "一个较为理想之举证责任分配,在胜败之风险上,应对于两造当事人均等,裁判所显现出之胜败比例,应较为接近,始符合上述之武器平等原则。"[2] 确认程序违法事实是否存在的过程即证明程序合法性的过程,因此当事人和法院双方都应成为证明主体,并且证明标准应根据不同证明方法的运用作出相应调整。其中,审判人员的审判行为的效力的证明对象是该审判行为的合法性,此种情形属于民事诉讼中的"行政诉讼"。鉴于诉讼程序活动的有序性、计划与非计划相结合的推进性及不可逆性,加之审判行为乃由审判机关实施,对于证明法院在审判过程中是否存在程序性违法的证据,当事人实难收集,当事人对其进行调查取证极度困难,只呈现为当事人的陈述或臆测。对程序法事实的严格证明将对受审判权约束的提起程序争议的一方当事人不利,由当事人承担完全的证明责任将会致使其丧失维护程序性权利的可能性,降低其开展程序性证明的积极性。同时,违反法定程序的事实对救济机关(上级法院、检察机关)而言难以依职权探知。因此,在当事人以疏明的形式提出主张,向救济主体提供相应的线索、完成说明义务、履行疑点形成责任,使救济主体对诉讼活动的合法性产生质疑后,应由法院对诉讼活动的合法性承担举证责任。如果当事人对法院提出的程序合法性证明仍持异议,可再次进行反证,此时提供证据的责任转移到当事人身上,并随着审理的深入在双方之间多次转移,且没有次数限制,此为证明责任的转移而不是证明责任的倒置。证明责任的倒置意味着当事人只需提出审判行为违法的主张而在任何情况下都无须提供任何证据,所有的证明责任都应由法院承担。如果审判行为的合法性经过各方全部的证明仍处于真伪不明的状态,法院须承担最后的说服责任,最终的主观证明责任的承担主体亦为法院。

1. 当事人对审判行为不正当的先行顺向疏明

欲将既有的程序是否合法作为一个争议引入正在进行的实体性纠纷解决程序,应当首先依据一定的理由使其成为争议。当事人对审判行为不合法的先行主张成为法院证明审判行为

---

[1]　石浩旭:《刑事程序性违法证明责任分配机制研究》,《湖北社会科学》2011 年第 12 期。

[2]　沈冠伶:《民事证据法与武器平等原则》,元照出版公司 2007 年版,第 95 页。

合法的前提。在此过程中,当事人不能单纯地声称或主张,而应依据一定的理由说明程序存在违法的可能性,使程序性纠纷的解决者产生合理的怀疑。为此,当事人应首先对诉讼程序的非正当性提供初步证据,证明违法审判行为已经或可能对其造成利益损害,使得程序性纠纷的解决机关对法院实施的诉讼活动的违法性形成合理的怀疑。对当事人提供初步证据的要求可防止当事人滥用程序性权利、阻碍诉讼进程。

2. 法院对审判行为正当性的随后逆向证明

程序违法的受害者为当事人,但责任归于法院。"依规范说之分配而负举证责任之原告不能提出证据,或提出证据显有困难,而被告就证据之取得系有独占之支配地位时,基于诚信原则,转换举证责任,由被告负担。"[①] 尽管审判机关的职权行为在通常情况下被推定为合法,其一般无须证明自身职权行为的合法性,但如果受该审判行为约束的当事人履行了疏明责任并使救济主体对法院所实施的审判行为的合法性产生怀疑,则应由审判机关证明自身行为及其实施的诉讼程序合法,因为法官是诉讼活动的指挥者和参与者,其具有记录诉讼全过程的现实性和便利性。法院对审判行为的正当性、合法性所承担的证明标准应高于或者至少达到排除合理怀疑,即救济主体对其实施的审判行为的合法性不存在任何合理怀疑的程度。

第三节　证据法事实

证据法事实是指支持证据材料具备法定证据资格所需要的事实。证据是用于证明案件实体法事实和程序法事实的手段和根据,但能够成为定案根据的证据材料本身需具备证据能力,即客观性、关联性和合法性。在立案登记制下,当事人起诉时向法院提供的仅为"证据材料",立案庭只做形式审查,其能否成为最终的定案根据,还需要在审判过程中经过当事人之间的质证、辩论以及法官认证。证据法事实多表现为支持证据材料具备证据资格的理由,是形成证据的基础,法官通过对证据法事实的审查判断得出证据是否成立的结论。

就证据法事实与实体法事实、程序法事实的关系而言,因证据是证明实体法事实和程序法事实的基础,故证据法事实为构成实体法事实和程序法事实的基础事实,是司法认知中最小的事实单元。在司法证明的认识过程中,对证据法事实的认知在先,对实体法事实和程序法事实的认知在后,因此证据法事实特别是用于支持或否定直接证据的证据法事实会直接影响实体法事实的成立与否。但是与证据对实体法事实的证明不同,证据法事实对证据的证明时常属于对现有材料的核实,而证据对实体法事实的证明属于对已消灭的客观情况的推断。"证明对象与证明手段都是相对的,证据事实处在由证明对象与证明手段组成的多个因果链条之中,需要其他证据事实来印证、强化或证明,是证明对象与证明手段的统一。"[②]

就证据法事实的查明主体而言,证据法事实属于用于明确证据能力的事实即辅助事实,因此不适用证明责任,但仍然承担对证据法事实的提出责任。[③] 证据法事实提出责任的承担者与

---

① BGH,NJW1962,2150;NJW1968,1826.

② 陈一云主编:《证据学》,中国人民大学出版社1991年版,第140页。

③ 有观点认为,在理论上,辩论原则只适用于主要事实,而不适用于间接事实和辅助事实。因为间接事实和辅助事实在性质上与证据具有"等质性"。对证据存在与否或真实与否的判断是审判人员依据判断证据的原则进行的,不受当事人意志的左右。参见张卫平:《民事证据法》,法律出版社2017年版,第235页。

对实体法事实证明责任的承担者可能合一,也可能分离。证据法事实提出责任的承担者也不完全等同于该证据材料的提出者,证据材料提出者的对方当事人也可以主张该证据材料不具备证据资格进而提出反向证据法事实。在司法实践中,判决书中时常会出现"被告虽对原告证据的真实性提出异议,但由于被告未能提出相应的反驳证据及合理的事实理由,因此,本院对该证据的证据效力予以确认"的表述。此外,法官在很多情况下对证据法事实也负有依职权查明的责任。"证据的审核判断,即使当事人对证据事实无争议,或先有争议后又自认,这种事实也不得约束法官。"①

一、用于证明证据材料是否具备客观性的证据法事实

证据的客观性主要体现为真实性,为此对证据材料全体或其中局部真实与否的证明就需要通过真实性证据法事实来完成。

对物证、书证客观性加以证明的证据法事实,一般情况下可通过比照、触摸、辨认等手段取得。此外,鉴于证据材料客体的复杂性,对很多物证、书证的真伪辨别必须通过鉴定完成。因此,鉴定意见中认定的相关技术性认知事实就成为证据法事实。比如,民事诉讼中合同签字是否属实的事实即为证据法事实。对此类事实的查明也需要相应的举证且只能通过鉴定完成,那么何方当事人负责对签字真实与否申请鉴定就成为焦点。最高法《民诉证据规定》第 31 条第 2 款规定,对需要鉴定的待证事实负有举证责任的当事人,在人民法院指定期间内无正当理由不提出鉴定申请或者不预交鉴定费用,或者拒不提供相关材料,致使待证事实无法查明的,应当承担举证不能的法律后果。上述规定虽明确规定了对需要鉴定的事项负有举证责任的当事人不积极开展鉴定所应承担的不利后果,但没有明确指明谁为对需要鉴定的事项负有举证责任的当事人。对此,第一种观点认为,应由真实性主张方(书证提出方)承担申请鉴定责任。在对方否定真实性的情况下,其负有的对书证的整体证明责任尚未完成,应通过对签名或印章真实性的证明完成对该书证真实性的证明。第二种观点认为,应由真实性否定方承担申请鉴定责任。举证责任的承担者为根据日常生活的经验或统计数字所得较小概率(非常态)事件的主张者,签章一般为所有人持有,故文书签章推定为真实。第三种观点认为,双方当事人基于胜诉的考虑,只要认为有必要都可以申请鉴定,法院也可以审查核实。如果经过鉴定,实体法要件事实真伪不明,应由对实体法要件事实负有证明责任的当事人承担不利后果,与谁申请鉴定无关。

之前,《最高人民法院第八次全国法院民事商事审判工作会议纪要》规定,原告持借据、收据、欠条等债权凭证起诉后,被告对债权凭证的真实性提出异议的,当事人双方均可以申请司法鉴定。人民法院根据案件审理的需要决定是否准许当事人的鉴定申请。需要通过司法鉴定才能确认债权凭证真实性而当事人双方均不申请司法鉴定的,根据以下情形分别作出处理:(1)被告虽对债权凭证的真实性提出异议,但未提供反驳证据或者提供的证据不足以证明债权凭证的真实性存疑,被告不申请鉴定,或者虽然申请鉴定但拒不提供笔迹、印章等比对样本的,可以认定该债权凭证的真实性。(2)被告提供了相应证据能够证明债权凭证的真实性存疑,原告可以申请鉴定,原告不申请鉴定的,不予认定该债权凭证的真实性;原告申请鉴定的,被告应当提供笔迹、印章等比对样本,拒不提供的,可以认定该债权凭证的真实性。目前,最高法《民

---

① 吕曰东、张来安:《证据事实的证明责任》,《山东青年政治学院学报》2012 年第 1 期。

诉证据规定》第92条规定:"私文书证的真实性,由主张以私文书证证明案件事实的当事人承担举证责任。私文书证由制作者或者其代理人签名、盖章或捺印的,推定为真实。私文书证上有删除、涂改、增添或者其他形式瑕疵的,人民法院应当综合案件的具体情况判断其证明力。"

对于当事人陈述、证人证言的客观性判断,在对方当事人未予否定或无力否定的情况下,法官负有依职权查明的义务。鉴于主观心理的不透明性和难以直接把握性,相关的证据法事实的取得有一定的难度。在测谎结论的科学性和稳定性有待进一步提升的现实情况下,通过交叉询问、相互辩论、诉前签订保证书等制度的共同作用,法官可依据自身的社会经验、法庭观察、生活分析,加上其他物证、书证的辅佐,认定的言词证据真实与否。应该说,该类证据法事实具有较强的主观性,是法官个人判断的客观表达,属于自由心证的范畴。

对鉴定意见的客观性予以证明的证据法事实,可通过《民事诉讼法》设立的专家辅助人制度获得。《民事诉讼法》第82条规定,当事人可以申请人民法院通知有专门知识的人出庭,就鉴定人作出的鉴定意见或者专业问题提出意见。《民诉法解释》第122条规定,当事人可以依照《民事诉讼法》第82条的规定,在举证期限届满前申请1—2名具有专门知识的人出庭,代表当事人对鉴定意见进行质证,或者对案件事实所涉及的专业问题提出意见。具有专门知识的人在法庭上就专业问题提出的意见,视为当事人的陈述。人民法院准许当事人申请的,相关费用由提出申请的当事人负担。《民诉法解释》第123条规定,人民法院可以对出庭的具有专门知识的人进行询问。经法庭准许,当事人可以对出庭的具有专门知识的人进行询问,当事人各自申请的具有专门知识的人可以就案件中的有关问题进行对质。具有专门知识的人不得参与专业问题之外的法庭审理活动。

此外,免证事实成立与否本身也需要相关证据法事实予以证明,这是免证效力相对性的体现。最高法《民诉证据规定》第10条规定,下列事实,当事人无须举证证明:(1)自然规律以及定理、定律;(2)众所周知的事实;(3)根据法律规定推定的事实;(4)根据已知的事实和日常生活经验法则推定出的另一事实;(5)已为仲裁机构的生效裁决所确认的事实;(6)已为人民法院发生法律效力的裁判所确认的基本事实;(7)已为有效公证文书所证明的事实。前款第2项至第5项事实,当事人有相反证据足以反驳的除外;第6项、第7项事实,当事人有相反证据足以推翻的除外。例如,某一事实如果属于众所周知的事实,则该事实可以被直接认定为成立。但其是否达到众所周知的程度,则需要提出方予以证明,对方也可提出相反的证据法事实进行反驳。

二、用于证明证据材料是否具备关联性的证据法事实

"在绝大多数情况下法律并没有规定具体的关联性标准,而是将该问题交给逻辑和一般经验。"[1] 对证据材料关联性的否定是司法实践中该证据材料提出者的对方当事人经常采取的诉讼手段,能够证明证据材料与待证事实不存在关联性的证据法事实时常表现为一种在通常生活经验和正常逻辑思维下的理性认知,以当事人无形、抽象的智慧分析和详细说理(证明目的不当、证明对象偏离、对待证事实理解错误、对因果关系的分析不正确)为主要表现形式,也存在由其提交相关材料加以佐证的情况,是主观事实与客观事实的统一。在司法实践中,当事人对

---

[1]　郭志媛:《刑事证据可采性研究》,中国人民公安大学出版社2004年版,第13页。

关联性的否定理由通常为空缺状态,这也导致对关联性的否定时常被滥用,此时法官应充分发挥依职权查明的职能。"法官在关联性证据规则具体运用中的自由裁量权体现在两个方面:一方面,法官有权对提交于法庭的证据是否与本案争议的事实具有关联性进行裁量;另一方面,法官有权裁量排除具有关联性的证据。"① 对于法官依自由心证认定的关联性存在与否的证据法事实,法官应公开心证理由。此外,对于证明形成证据链的某一间接证据是否具有关联性的证据法事实,应准确把握其所起的作用是证明有无关联性还是证明关联性的大小。

三、用于证明证据材料是否具备合法性的证据法事实

(一)用于证明证据材料形式合法的证据法事实

《民事诉讼法》明确规定了法定的证据类型。该法第66条规定,证据包括:(1)当事人的陈述;(2)书证;(3)物证;(4)视听资料;(5)电子数据;(6)证人证言;(7)鉴定意见;(8)勘验笔录。其中对鉴定意见形式合法加以证明的证据法事实,主要是鉴定主体是否具有法定资格的事实。最高法《民诉证据规定》第32条第1款规定,人民法院准许鉴定申请的,应当组织双方当事人协商确定具备相应资格的鉴定人。当事人协商不成的,由人民法院指定。对于证人证言而言,证人作为民事活动和民事纠纷的见证者,其亲历性是获得证人资格的基础,因此某人的不在场、某人的无从知晓是否定某一社会人士成为证人的证据法事实,但是某人与当事人的利害关系不是否定其证人资格的证据法事实。

(二)用于证明证据材料收集、使用程序合法的证据法事实

证据本身被要求具备的合法性中就包含程序合法,因此此类证据法事实本身也属于程序法事实,部分需要当事人提供证据查明,部分则由法官依职权查明。比如,《民诉法解释》第94条规定,《民事诉讼法》第67条第2款规定的当事人及其诉讼代理人因客观原因不能自行收集的证据包括:(1)证据由国家有关部门保存,当事人及其诉讼代理人无权查阅调取的;(2)涉及国家秘密、商业秘密或者个人隐私的;(3)当事人及其诉讼代理人因客观原因不能自行收集的其他证据。当事人及其诉讼代理人因客观原因不能自行收集的证据,可以在举证期限届满前书面申请人民法院调查收集。其中,证明相关证据涉及国家秘密、商业秘密或者个人隐私的事实,以及证明基于客观原因不能自行收集的事实即属于证据法事实,需要由向法院申请调查取证的当事人提供。又如,《民诉法解释》第101条规定,当事人逾期提供证据的,人民法院应当责令其说明理由,必要时可以要求其提供相应的证据。当事人因客观原因逾期提供证据,或者对方当事人对逾期提供证据未提出异议的,视为未逾期。其中,证明逾期举证具有客观原因的事实即属于证据法事实。再如,《民诉法解释》第112条规定,书证在对方当事人控制之下的,承担举证证明责任的当事人可以在举证期限届满前书面申请人民法院责令对方当事人提交。申请理由成立的,人民法院应当责令对方当事人提交,因提交书证所产生的费用,由申请人负担。对方当事人无正当理由拒不提交的,人民法院可以认定申请人所主张的书证内容为真实。其中,证明书证为对方当事人所控制的事实即属于证据法事实。

---

① 张榕:《事实认定中的法官自由裁量权:以民事诉讼为中心》,法律出版社2010年版,第197页。

【思考题】

1. 实体法事实包括哪些种类？
2. 实体法事实和程序法事实有何关联？
3. 证据法事实与实体法事实、程序法事实有何关联？
4. 如何对当事人陈述、证人证言的客观性进行判断？
5. 如何对证据材料的关联性进行判断？

思考题参考答案

【参考文献】

1. 熊志海、张磊:《论待证事实与案件事实》,《山东社会科学》2015 年第 S2 期。

2. 段厚省:《规范出发型的民事诉讼观与待证事实的确定》,《公民与法(法学版)》2010 年第 8 期。

3. 张海燕:《民事诉讼案件待证事实的确定》,张仁善主编:《南京大学法律评论》(2010 年春季卷),法律出版社 2010 年版。

4. 马可:《程序法事实裁判和证明制度的构建——以审判中心主义的第二维度为视角》,《湖北社会科学》2015 年第 11 期。

5. 马可、闫奕铭、李京涛:《程序法事实的三维度分析——新的证明对象、裁判对象和刑事诉讼法律关系客体》,《中国人民公安大学学报(社会科学版)》2014 年第 1 期。

6. 马可:《程序法事实证明的概念、适用、实质与意义》,《中国刑事法杂志》2013 年第 10 期。

7. 康怀宇、康玉:《刑事程序法事实的证明方法——自由证明及其具体运用的比较法研究》,《社会科学研究》2009 年第 3 期。

8. 王满生:《刑事诉讼中程序法事实的证明研究》,西南政法大学 2011 年博士学位论文。

9. 熊志海、刘宗粤:《"证据事实并非证据"释义》,《甘肃社会科学》2004 年第 6 期。

10. 熊志海、杨远林:《论案件事实与证据事实》,《探索》2003 年第 5 期。

第七章 诉讼中的免证事实

■ 导语

　　在证据法上，免证事实又称不要证事实，是指在诉讼中，无须当事人或公诉机关提供证据予以证明，便可直接由受诉法院裁判确认的事实。由于免证事实攸关当事人或公诉机关证明责任的范围，对当事人或公诉机关的影响非常大，故各国和地区立法上均对免证事实的范围予以明确界定，从而防止受诉法院滥用自由裁量权。免证事实之所以在诉讼中成为必要，是因为以人的认识活动为基础的证明活动总是建立在特定的人类常识性认识基础之上的，无须重复证明一些显而易见、不应有合理争议的事实，这样才能把主要精力集中在关键的争点上，使论证更有针对性，从而提高证明活动的效率，降低诉讼成本。一般来说，免证事实主要包括诉讼上自认的事实、推定的事实和司法认知的事实这三类事实。

第一节　自　　认

一、诉讼上的自认概述

(一) 诉讼上的自认的概念

　　自认，是指当事人一方就对方所主张的事实以明示的或默示的方式表示承认。自认通常可分为诉讼上的自认和诉讼外的自认，前者是指一方当事人在诉讼中承认对方当事人主张的不利于己的事实为真实的陈述；后者是指在诉讼之外所作的自认。诉讼外的自认并非证据法意义上的自认，其实质上是一种可以在法庭上出示、由法院依自由心证认定事实的证据资料，其证明力如何，由法院结合本案其他证据资料，斟酌情形加以衡量。只有诉讼上的自认才是证明案件事实为法律真实的证据。其中，当事人自认的事实即举证人无须对其予以证明的事实。

　　诉讼上的自认制度是以辩论主义、处分权主义和诉讼经济原则为理论基础的现代法治国家和地区民事诉讼中一项不可或缺的诉讼制度。应明确的是，在大陆法系国家和地区，该制度不能适用于刑事诉讼领域。这是因为，在刑事诉讼中，为维护被告人的合法权益，秉持大陆法系传统的国家和地区均对被告人的陈述作为证明案件事实的依据有所限制，其中最明显的便是自白补强规则，即在刑事诉讼中，被告人对罪行的供述不能作为定案的唯一依据。而诉讼上的自认制度正好与自白补强规则的意旨相悖，故难以在刑事诉讼中发挥实效。

（二）诉讼上的自认的特点

一般来说，诉讼上的自认具有以下五个特点：(1)从对象上来看，诉讼上的自认的对象是案件的具体事实，即主要事实。(2)从内容上来看，当事人承认的是对己方不利的事实，且往往由对方当事人承担证明责任。(3)从时间上来看，诉讼上的自认发生在诉讼过程中，具体来讲是在审前准备阶段或言词辩论阶段。(4)从形式上来看，诉讼上的自认表现为双方当事人对某一事实有一致的陈述。(5)从效果上来看，诉讼上的自认会免除自认人的相对方对该事实的证明责任。

（三）诉讼上的自认的性质

对于诉讼上的自认的性质，主要有两种观点：

1. 意思表示说

意思表示说，亦称为效果意思说。该学说强调当事人的意思要素，认为自认的一方当事人，因欲发生法律上的效果，所以才为自认的意思表示。在辩论主义下，只要自认就排除法院的认定，法院不仅不必审查其真实性，也不允许作出与此相反的事实认定。[1] 意思表示说从彻底贯彻辩论原则的立场出发，认为当事人的自认即使与一般都知道的事实不相符也应该予以承认。该学说又可分为两种观点，即权利放弃说和确认意思说。前者认为自认是一方当事人为免除对方的举证责任，放弃自己的防御；后者则认为自认是一方当事人向法院表示对方当事人所作的不利于自己的事实的主张为真实，且要求将该事实作为裁判基础的意思表示。[2]

2. 观念表示说

观念表示说，又可称为事实报告说。该学说将自认的重点置于对方当事人主张的事实与自己主张的事实一致这一点上，不考虑当事人的意思要素。[3]

两种学说的分歧十分明显：一方面，两者的依据不同。意思表示说认为自认之所以具有免证效果，完全是基于当事人的处分权；观念表示说的依据则在于依经验法则，任何理智正常的人都不会作出对自己不利的陈述，除非该事实是真实的，当事人对不利于己的事实作出自认是其对自认事实真实性的确信。另一方面，两者的效力不同。意思表示说认为只要自认是当事人根据自己的自由意志作出的，无论其内容如何，均当然地产生约束法院的效力；而观念表示说则要排除对非真实的事实的自认，如果当事人明知事实并不真实仍为自认，则不产生免除对方证明责任的法律效力。

本书赞同观念表示说。通常情况下，当事人所作的于己不利的陈述，乃其出于利己的权衡后作出的理性选择，法院将之作为裁判的基础，无疑契合诉讼公正和效率的内在要求。但是，不能排除自认人因对方当事人或其他法律主体的恶意误导或欺诈而作出于己不利陈述情形的出现。此时，该意思表示存在严重的瑕疵，若肯定其自认的效果，显然与诉讼公正的意旨相悖。因此，只有以建立在真实义务基础之上的观念表示说为依据，才能使自认制度真正符合民事诉讼的应有意旨。因此，当事人一方作出自认的，对方当事人无权要求法院必须作出视该自认的事实为真实的认定，法院仍有自由裁量的余地。

---

① ［日］兼子一、竹下守夫：《民事诉讼法（新版）》，白绿铉译，法律出版社 1995 年版，第 103 页。
② ［日］兼子一、竹下守夫：《民事诉讼法（新版）》，白绿铉译，法律出版社 1995 年版，第 107 页。
③ 李学灯：《证据法比较研究》，五南图书出版公司 1992 年版，第 102 页。

（四）诉讼上的自认与认诺的区别

认诺，是指诉讼中被告对原告诉讼请求的承认。其与诉讼上的自认属于两类完全不同的承认，两者之区别主要有：

1. 主体不同

诉讼上的自认的主体可以是双方当事人；而认诺则只能是被告向提出诉讼请求的原告作出。

2. 内容不同

诉讼上的自认是对对方提出的于己不利的事实的承认，并未涉及对诉讼请求的承认；认诺则是被告对原告诉讼请求的承认，不一定认可对方所主张的所有案件事实。

3. 效果不同

诉讼上的自认的效果是免除对方当事人对自认事实的证明责任，并不当然导致自认人败诉结果的发生和诉讼程序的终结；而认诺则必然导致被告败诉结果的发生和诉讼程序的终结。

从相关立法例上来看，各国和地区对自认和认诺也都是分别规定的。如我国台湾地区"民事诉讼法"第 279 条第 1 项规定："当事人主张之事实，经他造于准备书状内或言词辩论时或在受命法官、受托法官前自认者，无庸举证。"第 384 条规定："当事人于言词辩论时为诉讼标的之舍弃或认诺者，应本于其舍弃或认诺为该当事人败诉之判决。"

二、诉讼上的自认的种类

依不同的标准，可以对诉讼上的自认进行不同种类的划分。

（一）明示自认和默示自认

依表示方式不同，可将诉讼上的自认分为明示自认和默示自认。

明示自认，又称为正式自认或狭义上的自认，是指一方当事人针对另一方当事人主张的不利于自己的事实，用口头或书面的形式明确作出该事实为真实的表示。明示的自认是双方当事人的陈述相一致的积极陈述。

默示自认又称准自认或拟制自认，是指一方当事人对对方当事人所主张的不利于己的事实，在言词辩论时不明确争执，且此种不争执一直持续到法庭辩论结束时，依法律规定可推论其有承认的意思，进而视为对对方当事人的主张默示同意。如日本《民事诉讼法》第 159 条第 1 款规定，当事人在口头辩论之中，对于对方当事人所主张的事实不明确地进行争执时，视为对该事实已经自认。我国台湾地区"民事诉讼法"第 280 条第 1 项也规定，当事人对于他造主张之事实，于言词辩论时不争执者，视同自认。由于默示的自认可能会对自认人的权益造成消极影响，故各国和地区对默示的自认又都加以严格的限制。如日本《民事诉讼法》第 159 条第 1、2 款规定，在法庭上因其他事项又争执该事实的，不能视同自认；对于对方当事人所主张的事实，已作出不知的陈述的，则推定为争执了该事实。我国台湾地区"民事诉讼法"第 280 条第 1、2 项也规定，因他项陈述可认为争执者，不能视同自认；当事人对于他造主张之事实，为不知或不记忆之陈述者，应否视同自认，由法院审酌情形断定之。我国最高法《民诉证据规定》第 4 条也规定了默示的自认，其内容是："一方当事人对于另一方当事人主张的于己不利的事实既不承认也不否认,经审判人员说明并询问后,其仍然不明确表示肯定或者否定的,视为对该事实的承认。"

默示自认同明示自认一样产生免除对方当事人证明责任的法律效力,所不同的是,默示自认当事人不享有撤销权,而只享有追复权,因为在法庭言词辩论终结前允许当事人随时提出异议,再赋予其撤销权已无必要。

(二) 当事人自认和诉讼代理人自认

以主体为标准,可将诉讼上的自认分为当事人自认与诉讼代理人自认。

当事人自认,是当事人本人在诉讼中对对方当事人主张的不利于己的事实亲自作出承认的表示。当事人一旦在法庭上或诉讼中作出自认,没有例外情况不允许自己推翻,以防止案件审理的混乱和迟延。

如果对对方当事人主张的不利于己方的事实的承认并非由当事人作出,而是由其诉讼代理人作出的,就是诉讼代理人的自认。诉讼代理人在诉讼中并非当事人的代言人,其虽在代理权限内独立为意思表示,并且均由当事人承担法律后果,但当诉讼代理人在诉讼中对事实作出不利于当事人的自认时,如当事人认为该项自认与自己的意思相违背、相抵触,其有权在法庭辩论终结前撤销代理人的自认,使之归于无效。最高法《民诉证据规定》第5条也规定了代理人的自认:"当事人委托诉讼代理人参加诉讼的,除授权委托书明确排除的事项外,诉讼代理人的自认视为当事人的自认。当事人在场对诉讼代理人的自认明确否认的,不视为自认。"

(三) 完全自认和限制自认

以是否附加条件为标准,可将诉讼上的自认分为完全自认和限制自认。

当事人对他方当事人主张的不利于己的事实,无条件地表示为真实,即为完全自认。如我国台湾地区"民事诉讼法"第279条第1项"当事人主张之事实,经他造于准备书状内或言词辩论时或在受命法官、受托法官前自认者,无庸举证"的规定蕴含了完全自认之意旨。

当事人对于不利于己之事实,附加了条件或限制而作出承认的表示,因此种自认之结果使得当事人双方主张的事实部分一致而部分又相矛盾,此种自认就称为限制自认。如德国《民事诉讼法》第289条第2款规定:"在法院所作让步的陈述,即使有其他附加或者限制的主张,应该在何种程度上视为自认,(由法院)按照具体情况决定。"我国台湾地区"民事诉讼法"第279条第2项规定:"当事人于自认有所附加或限制者,应否视有自认,由法院审酌情形断定之。"

三、诉讼上的自认的效力

符合条件的诉讼上的自认一经作出即产生一定的法律效力,具体来说表现为以下两个方面:

第一,对当事人具有约束力。一方当事人对对方当事人主张的不利于己的事实作出承认的意思表示,对己方来说,会产生不利的后果,表现为免除了对方当事人对该事实主张的证明责任,也即对方当事人无须举证证明其真实性。对于对方当事人主张的事实,当事人根据实际情况,可以全部承认,也可以承认其中的一部分。如果是全部自认,则全部免除对方当事人关于该事实的证明责任;如果是部分自认,则证明责任的免除仅限于被自认部分,未被自认部分则仍应由对方当事人负证明责任。

第二，对法院具有约束力。法院应当直接依据当事人自认的案件事实进行裁判，无须也不能再另行调查其是否真实。自认对法院的约束力并非来源于该事实的真实性，而源自辩论主义下双方当事人对有关事实的共同确认。因此，即使自认的事实与通常人理解的事实不相符，法院一般也应予以认定，除非作出自认的当事人反悔并提供充分的证据证明自认的瑕疵及自认事实的虚假性，法院才可以对其重新认定。当然，当事人对部分事实进行自认并不影响法院对案件整体事实的认定。同时，当事人在第一审程序中作出的自认，效力及于上诉审，即自认的效力不仅约束一审法院，还对其上级法院构成约束。法院基于当事人的自认作出的裁判，如果处于确定的状态，受不利判决的当事人不得提出上诉。即便按审判监督程序提出申诉，也不得提出与自认事实相反的主张。

自认虽然对当事人和受诉法院均有约束力，但这种效力并非绝对的。鉴于某些案件的特殊性和自认作为证明方式的局限性，各国和地区证据法均对自认的法律效力进行了必要的限制。主要有以下几个方面：

第一，自认不适用于涉及身份关系的案件。由于涉及身份关系的案件与社会公益有直接的关系，并且身份权作为自然人的专属权利，不能由于当事人的承认而随意变更，所以不能在该类案件中赋予自认相应的效力。因此，在诸如婚姻、亲子、收养等涉及身份关系的案件的诉讼中，应排除自认的适用。

第二，必要共同诉讼中，其中一部分人的自认行为只有经其他人的认可，方能对其他人发生效力，否则，该自认行为对其他人便无效力可言；普通共同诉讼中，部分共同诉讼人的自认对其他人不产生任何效力。

第三，调解过程中当事人为达成调解所作的让步不能视为自认，不发生自认的法律效果。调解不成继续进行诉讼的，法院对案件事实的认定不能以当事人为达成调解所作的让步为基础，法官也不能将当事人的让步视为默示自认或诉讼外的自认。

第四，应由法院依职权调查的事项不适用自认。对于法律规定的法院应依职权调查的事项，即使当事人不表示异议，法院也应根据案件其他事实考虑查证。如《民诉法解释》第96条即规定，当某一事实可能有损国家利益、社会公共利益或者他人合法权益或属于程序性事项以及涉及身份关系或关涉公益诉讼时，法院应当依职权调查相关证据，查证事实真相，而不论当事人对该事实是否作出承认的表示。

四、诉讼上的自认之撤销和追复

根据诉讼中的诚实信用原则，当事人在诉讼中实施一定的诉讼行为后，没有正当的理由不得随意实施否定前一行为或与前一行为相矛盾的诉讼行为。诉讼上的自认一经作出，即具有免除当事人证明责任和约束法院的效力，如果允许当事人随意撤回自认，势必会给法院的审判造成混乱，对诉讼效果也会造成消极的影响。因此，只有在特殊的情况下，才能允许当事人撤回自认。

从各国和地区立法例来看，一般仅在以下两种情形下允许撤回自认：

1. 对方当事人同意

自认具有免除对方当事人证明责任的效力，这必然会使对方当事人获得一定的利益，若对方放弃这种利益,因这属于其对诉讼权利的处分,故应当允许。另外,对方当事人之所以同意自认人撤回自认,还可能是因为对方当事人认为自认人自认的事实确实不真实。此时,可视为对方当事人对"自认的事实不真实"的再承认。但为了不因此而拖延诉讼,通常将自认撤回的期限限制在辩论终结前。

2. 当事人作出自认时存在意思瑕疵

追求客观真实,保障诉讼公正,保护当事人的合法权益乃民事诉讼之理想与目的。当事人在诉讼上所作的自认虽通常符合案件的真实情况,但若当事人的自认是在违反了自认人的意思的情况下作出的,则该自认事实很可能并非真实,以之为裁判基础有悖民事诉讼目的之达成。因此,如果当事人能够证明其自认行为是在受胁迫或重大误解情况下作出的,并且能够证明其自认的事实不真实、与案情不符,应当允许当事人撤回对于不真实事实的自认。当然,如果当事人在法庭辩论终结之后才发现了证明自认与事实不符的新证据,其仍不能主张撤回自认,这是为了维护程序的安定性所作之考量。

自认的撤回是针对明示自认而言的,而自认的追复则是针对默示自认而言的。如前所述,对于默示自认,当事人可以在庭审辩论终结前随时提出争执、作出否定的陈述,从而使默示自认的法律效力归于消灭。

自认被当事人撤回或追复后,便失去了免除对方当事人证明责任的效力,对方当事人应针对争议事实继续举证。而自认被撤回之前,当事人自认的意思表示并不影响法官对案件事实的认定。

第二节　推　　定

一、推定概述

(一) 推定的概念

推定,即经推测而断定。推,指推算、推知、推断或推求;定,指断定、决定或确定。"推""定"二字,"推"是前提和基础;"定"是结果和目的。

在非法律专业领域使用"推定"一词,一般指在没有十足把握的情况下作出某种判断。这种判断隐含了三层意思:一是没有十足的把握;二是作出某种判断;三是有必要作出这种判断,即使知道对其尚无十足的把握。

推定作为法律概念,是指法官依照法律规定或者经验法则,从已知的某一事实推断未知的另一事实存在,并允许当事人提出相反的证据予以推翻的一种证据法则。推定属于法官对事实的认定,是一种寻求正当性证明的推理,是一种实践理性。前一事实称为前提事实,后一事实称为推定事实。推定以严密的逻辑推理和人们日常生活经验为基础,一旦前提事实得到证明,法院即径直根据前提事实认定推定的事实,而无须再要求当事人对推定事实加以证明。

推定在法律上的运用由来已久,罗马法理论上就有"一切主张在被证明前推定其不存在"

的认知。[①] 而 1804 年《法国民法典》第 1349 条"推定为法律或审判员依已知的事实推论未知的事实所得的结果"的规定则第一次在成文法中对推定下了定义。推定可以被界定为一种证据规则,按照该规则,除非特定的具体的条件能够满足,否则前提事实一旦被证实就要求法官确认推定事实的存在。对于前提事实与推定事实之间的联系,大陆法系证据法将其称为经验法则,英美法系证据法则将其称为盖然率。正是基于因果关系的确定性,才要求法官根据前提事实推导出推定事实,免除主张推定事实存在的当事人的提供证据的责任和证明责任。同时,基于因果关系的不确定性,自然也应允许对方当事人提供相反的证据推翻推定。

推定在两大法系的适用上存在一定的差异。在英美法系传统诉讼体制下,法官与陪审团在案件的审理过程中各司其职,陪审团负责事实认定,法官负责法律的适用。为保证陪审团能够正确地认定事实,法官要就案件中的法律问题和证据规则,包括推定及其结果、证明责任、证明标准等向陪审团告知。而大陆法系不采陪审制,法官不仅负责法律的适用,同时负责事实的认定,因此不存在法官对推定的告知问题。

(二) 推定的逻辑规则

推定是一种对事实的推理判断,具有逻辑学上推理的一般特征,其构成要件包括大前提、小前提和结论三要素。其中,前提事实和推定事实之间的常态联系是大前提,前提事实真实为小前提,推定事实真实则为结论。

依逻辑学的一般规则,事物之间主要存在三种逻辑关系:(1)等值关系,是指两事物必须同时存在或同时不存在。当 A 事物存在时,B 事物也一定会存在;当 A 事物不存在时,B 事物也一定不会存在。反之亦然。(2)矛盾关系,是指当 A 事物存在时,B 事物一定不存在;当 B 事物存在时,A 事物一定不存在。(3)或然关系,是指当 A 事物存在时,B 事物可能存在,也可能不存在。这三种逻辑关系中,第一种属于肯定型必然关系,第二种属于否定型必然关系,第三种属于或然关系。根据 B 事物存在的概率,又可以分为三种情况:(1)常态关系。分为肯定型和否定型两种。前者是指当 A 事物存在时 B 事物极有可能存在;后者则是指当 A 事物存在时,B 事物极有可能不存在。(2)例外关系。相对于常态关系而言,当常态关系是肯定型时,例外关系就是指当 A 事物存在时,B 事物有可能不存在;当常态关系是否定型时,例外关系就是指当 A 事物存在时,B 事物有可能存在。(3)中立关系。即当 A 事物存在时,B 事物存在和不存在的可能性一样大。[②]

从逻辑的角度来看,或然关系中的常态关系不能被用来作为推理前提,因为 A 与 B 之间的关系并不是一种必然关系,是人为假定的,并不是对科学原理的客观反映,利用这种前提得出的结论并不必然为真。当前提 A 为真时,推理结论为真的概率就取决于 A 与 B 之间关系真实性的概率。其为真的概率越高,结论为真的概率也就越高。因此,在诉讼中能否利用推理来转换证明对象、减轻证明困难,就取决于能否认定 A 与 B 之间的逻辑关系,即能否认定 A 是 B 的充分条件。由于逻辑学只解决推理形式问题,不解决具体内容问题,故 A 与 B 之间的具体逻辑关系只能由各学科领域自行解决。在诉讼证明中,哪些事实之间的逻辑关系可以固定下来需由法律或法官来确定。从这一点来说,哪些纠纷事实之间的逻辑关系能够被事先固定下来,是诉讼中最有特色的地方,也是最值得研究的地方。

---

①　李惊涛:《试论民事诉讼中的推定》,中外民商裁判网 http://www.zwmscp.com,访问日期:2019 年 11 月 15 日。

②　王学棉:《论推定的逻辑学基础——兼论推定与拟制的关系》,《政法论坛》2004 年第 1 期。

　　由于纠纷事实之间的逻辑关系存在多种可能性,往往在一般和个别、常规和例外之间进行选择。为了提高结论正确的概率,根据择优原则,只能选择一般或常规,即只能视两个事物之间的常规关系为充分条件关系。因此,根据择优规则,将两个事实之间经常发生的某种关系作为二者的充分条件确定下来,就是推定。推定与选择是紧密相连的。当事物之间的关系不存在例外情况时,也就不存在选择,也就没有推定。当事物之间的关系既有常规情形,又有例外情形,且常规情形的出现的概率较例外情形出现的概率大时,就可以进行推定,把两事物之间的常规情形人为规定为充分条件关系。

　　(三) 推定的特点

　　推定在诉讼中的适用,对立法者而言,是根据对事实之间逻辑关系的认识,将其规定于法律之中;对司法者而言,则是法官在诉讼中对法律规定的推定条款的适用,或是对客观存在的事物间联系的分析判断和对经验法则的运用。一般来说,推定主要有以下几方面的特点:

　　1. 推定的目的是确定两个事实之间的逻辑关系

　　这两个事实中,一个为前提事实,另一个为推定事实,两者缺一不可。缺少前提事实的推定属于直接认定,缺少推定事实的推定则是法定证据,两者均非真正的推定。前提事实与推定事实之间的常态是进行逻辑推理过程的大前提,缺少其中之一,就无法进行推理,也就不存在推定。作为推定的起点和开始,前提事实决定了推定的最终结果。因此,为了达到推定的客观可靠,必须确保前提事实的真实性。作为推断根据的前提事实,除了众所周知的事实和司法认知的事实可由法院直接进行认定外,都应由主张存在事实的当事人举证证明。

　　2. 推定的基础是前提事实与推定事实之间的关系存在一般和个别、常规和例外两种情形

　　有时候前提事实是推定事实的充分条件,有时候又不是。当然,两者之间的必然联系是常态,具有高度的盖然性,其产生符合日常生活中的通常概率。

　　3. 推定应当允许反驳,应尽量给予因推定而遭受不利影响的当事人反驳的机会

　　由于推定人为地忽略了事物之间的例外、偶然联系,因此根据这种人为建立起来的事物之间的联系进行推理得出的结论有可能与客观实际不相吻合,不能保证证明结果必定正确。为了使诉讼证明的结论尽可能与客观实际相符,应赋予受到不利影响的一方当事人反驳该推定的机会。也就是说,任何推定都是可以反驳的,不可反驳的不是推定。当事人进行反驳,可以针对前提事实,也可以针对推定事实。在前提事实被完全证实以前,尚处于为适用推定创造条件的阶段,当事人只需提出前提事实不存在的证据,使其存在与否处于真伪不明的状态,就可以有效地阻碍推定的进行。当然,当事人也可用间接证据来证明推定事实本身不成立。

　　(四) 推定的功能

　　推定作为一项重要的证据法则,主要有以下几方面的功能:

　　1. 缓解证明上的困难

　　在诉讼实践中,某些案件事实属于争论焦点,对案件审理结果有重大影响,但对其调查举证却十分困难。调查这类案件事实花费巨大,而且往往也不易查清。在此情况下,通过运用推定来认定案件事实,可避免诉讼陷入僵局,缓解当事人举证及法院调查取证的困难。

　　2. 合理分配当事人的证明责任

　　查明案件事实依赖于证据,但在特殊情况下,有关案件事实的直接证据难以获得,此时当

事人可以利用的只有间接证据。允许当事人以推定方式从间接证据出发证明案件事实,可以避免当事人碍于客观原因举证不能而遭致不公平的败诉结果。当然,如上所述,适用推定法则的同时,应给予对方当事人提出反证推翻推定的机会,从而进一步平衡双方当事人的证明责任。

3. 推进案件审理的进程

发现或最大限度地接近案件的客观真实,无疑是案件审理最理想的境界,但有时会耗费大量的司法资源和诉讼成本。审判实践还证明,有些案件所依赖的证据,由于各种主客观的原因,甚至可能处于永远都不能获取的状态。倘若因此而拒绝或延迟作出裁判,既不符合创设诉讼制度的宗旨,又不能消解实体法律关系悬而不决的状态,难以达到息诉的目的。从诉讼的结果看,推定事实往往与事实真相相符,具有较高的盖然性。因此,从维护诉讼秩序和实体法律关系稳定的角度出发,以推定的方式确定某种实体法律关系的存在或不存在,为摆脱因证据难以获取而导致的裁判困境提供了较好的解决方式。

4. 达到一定的立法效果

推定常常被用来表达立法者所倡导的某种价值取向,或促进实施立法者提出的某项社会政策。例如,在大陆法系民事立法上,多有推定长期占有不动产的人享有所有权的规定,其目的便是维护社会经济秩序的稳定性和保持所有权关系的有序性。又如,关于婚姻关系存续期间所出生的子女是婚生子女的推定,除符合婚姻关系存续时出生的子女依常理应为婚生子女这一优势盖然性标准外,还表达了立法者希望减少和消除非婚生子女的意图,体现了国家促进婚姻关系稳定、家庭协调发展的社会目标。

当然,推定并非没有任何的局限性。从上述推定的特点可知,通过推定认定的事实和得出的结论与案件真实之间并非不存在任何距离。推定尽管是根据事物间的常态联系或生活中的经验法则作出的,但它仍然具有相对性和不确定性,在反映客观真实的程度上,只能达到盖然性标准,还不能排除一切合理怀疑从而达到内心确信的程度。同时,这种盖然性的大小还受到案情、法官素质、前提事实的真实程度以及特定事物之间包含在常态联系内部的必然性与偶然性之间的相互关系的稳定程度等诸多因素的影响。所以,在适用推定规则时一定要慎之又慎。

(五) 推定与相关概念的关系

1. 推定与法律拟制

法律拟制,是根据实际需要,立法上把某种事实看作另一种事实,使其与另一种事实产生同样的法律效果。因其不能用反证来否定,因而不涉及证明责任的负担问题。立法者往往用"视为"一语来表达法律拟制。如《民法典》第25条规定,自然人经常居所与住所不一致的,经常居所视为住所。《民法典》第1124条第2款规定,受遗赠人应当在知道受遗赠后60日内,作出接受或者放弃受遗赠的表示;到期没有表示的,视为放弃受遗赠。《民事诉讼法》第179条规定,第二审人民法院审理上诉案件,可以进行调解。调解达成协议,应当制作调解书,由审判人员、书记员署名,加盖人民法院印章。调解书送达后,原审人民法院的判决即视为撤销。当然,拟制也并非一定要通过"视为"这一方式表达出来。如《刑法》第67条第1、2款规定:"犯罪以后自动投案,如实供述自己的罪行的,是自首。……被采取强制措施的犯罪嫌疑人、被告人和正在服刑的罪犯,如实供述司法机关还未掌握的本人其他罪行的,以自首论。"该规定中被采取强制措施的犯罪嫌疑人、被告人和正在服刑的罪犯均已经处于国家司法机关的控制之下,根据第1款关于自首的规定,其即便如实供述自己的罪行,也不符合成立自首的条件,因为其已经不可能自动投案了。但国家基于鼓励犯罪嫌疑人、被告人和正在服刑的罪犯如实供述自己的罪行、降低司法成本等考虑,将本不符合自首条件的人以自首论。

法律拟制与推定在形式上有相似之处,都涉及两个事实,且只要一事实的存在得到证明,法律就使它产生与另一事实相同的法律效果。但推定与法律拟制实质上是两个不同的概念,两者存在根本的区别。

(1) 性质不同。推定包含着推论过程,是依据一定规则从前提事实推论出推定事实,其成立以前提事实和推定事实之间存在常态的联系为基础。法律拟制将两种相异的事实规定为具有同样的效果,不是由于事实之间稳定的必然的联系,而是基于社会政策和价值取向的考虑,有时则是一种纯粹的立法技术,是立法者为了避免法律条文用语重复而采用的一种表述方式,并非由一事实的存在推论出与之相关的另一事实的存在。在法律拟制下,虽然两事实之间可能存在一定的联系,但这种联系并非常态,有时甚至是虚假的。如《民事诉讼法》第 95 条规定,对于下落不明的受送达人,自发出公告之日起,经过 30 日,即视为送达。在这里,经过了 30 日公告期的事实与受送达人实际收到诉讼文书的事实之间并无实际联系。当然,立法者在规定拟制时,是经过价值、利弊衡量的,并非率性而为的。

(2) 对证明责任的影响不同。在依法律规定发生的推定(此时不包括法官依经验法则所作的推定)中,需要证明的主要是推定事实,主张推定事实存在的一方当事人证明前提事实后,法律便假定推定事实存在,这样,就把推定事实不存在的证明责任转移给了对方当事人,即有转移推定事实的证明责任的作用。而在法律拟制中,尽管一方当事人主张的是后一事实的法律后果,但双方发生争议且需要证明的始终是前一项事实,而不允许对后一项事实进行争议,所以不发生将后一事实的证明责任转移给对方当事人的问题,即不影响证明责任的分担。

(3) 反驳方式不同。推定作为一种建立在盖然性基础之上的证明规则,并不具有绝对的真实效力,因此法律允许当事人提出相反的证据推翻推定事实,即对推定进行反驳时,既可以反驳前提事实,也可以反驳推定事实。而法律拟制则是关于事实或某种关系的决断性虚构,这种虚构不仅不受事实检验,也不受逻辑的检验,故一事实的存在得到证明后,自然不允许对方当事人再提出证据来推翻另一事实,即对法律拟制只能反驳前提事实,不能反驳法律效果。

2. 推定与认定

认定是指确定地认为,而推定仅仅是估计——尽管这种估计有很高的准确性。不过,在法律领域,推定是帮助形成认定的手段,在对案件的认定过程中有时会用到推定这一方法。认定的根据是证据,而推定的根据是经验法则,在证据证明无法达到的情况下,推定成为一种可供选择的途径:如果法律上承认证明标准可以降低,则推定的结论可以作为最终认定的结论;如果法律上不允许降低证明标准,则须排除推定的结论,从否定的角度,即从反面作出认定。

3. 推定与假定

所谓假定,是指对过去没有、现在也不存在的某种事实进行猜测的一种思维形式,有姑且认定、假设之意。假定是不需要任何前提条件的假设,因而不具有任何法律效力,法院应当绝对避免借助假定处理案件。而推定则是法律允许的认定案件事实的一种特殊规则,只要在法律规定的条件和范围内,就能产生一定的法律后果。推定只有经反证才能被推翻,而假定必须以证据证明才能被认定为真实。

4. 推定与推论

推论与推定都属于逻辑推理的范畴,并且都须以一定的前提事实作为推断的基础和依据。

但与推定相比,推论是一个更为广泛的概念,是另一种从已有判断推出新判断的思维形式。推论得出的结果并非唯一,依据某一已知事实,往往可以推论出多种不同的结果。虽然推论结果中的某一推断事实可能符合客观真实,但基于结果的不确定性和多样性,法官不能直接将推论所得的事实作为裁判依据,必须以其他证据对推论结果加以佐证,从而筛选出正确结论。而推定所得结果是唯一的,除非有反证加以推翻,否则即被认定为真实,可作为裁判依据。

二、推定的分类

依成立依据的不同,可将推定分为法律推定和事实推定。

(一)法律推定

1. 法律推定的概念

法律推定,是指立法者根据事实之间的常态联系,以法律形式规定,若一事实存在,则推定另一事实存在。具体来说,当某法律规定的甲事实有待证明时,立法者为避免举证困难或举证不能的现象发生,明文规定只要证明了较易证明的乙事实,如无相反的证据证明甲事实不存在,则认为甲事实已获得证明。法律推定的本质在于,通过证明前提事实的存在,使得推定事实获得证明。

2. 法律推定的分类

以是否需要前提事实为标准,法律推定可分为推论推定和直接推定。

(1)推论推定。推论推定又称真正的法律上推定,是法律推定中最典型、最标准的推定[1],是依据法律从已知事实推论未知事实、从前提事实推论推定事实的结果。适用这种推定,可以减轻主张推定事实的一方当事人的证明责任,并且可以将举证责任从一方转移给另一方。

(2)直接推定。直接推定在本质上并非根据一事实与另一事实之间的逻辑关系作出的结论,而是以推定形式表现出来的确定证明责任由谁负担的规范。即法院在适用该推定时不要求因推定而处于有利地位的一方当事人证明任何事实,其作用仅在于确定推定事实不存在的证明责任由哪一方当事人来承担。因此,直接推定并非真正的推定,以下的讨论仅涉及推论推定。

3. 法律推定的适用

法律推定实际上是强制法院认定推定事实的存在,与刑事诉讼领域所采纳的证据裁判主义的精神不相符合,所以,刑事诉讼领域很少有关于法律推定的规定。[2]

各国和地区的民事立法中普遍有关于法律推定的明确规定。如《法国民法典》第1350条规定,法律上的推定,为特别法加于一定的行为或一定的事实的推定。德国《民事诉讼法》第202条规定,对于一定事实的存在,法律准许推定时,如无其他规定,许可提出反证。我国台湾地区"民事诉讼法"第281条规定:"法律上推定之事实无反证者,无庸举证。"在这些规定中,尽管有"反证"的用语,但证明推定事实的不存在,就其性质而言并非反证,而是本证。这里的"反

---

① 刁荣华主编:《比较刑事证据法各论》,汉林出版社1984年版,第30页。

② 当然,刑事诉讼领域并非绝对没有法律推定的存在。例如,《关于依法查处盗窃、抢劫机动车案件的规定》第17条规定,有下列情形之一的,可以认定为"明知":(1)在非法的机动车交易场所和销售单位购买的;(2)机动车证件手续不全或者明显违反规定的;(3)机动车发动机号或者车架号有更改痕迹,没有合法证明的;(4)以明显低于市场价格购买机动车的。

证"应当是指相反的证据。因为对于法律推定,推定事实乃法律规范预先创设的,前提事实一旦被证明,法官即必须按照该法律上的规范认定推定事实的存在,因此,对于法律上推定事实的认定,法官并无自由斟酌判断的余地。就此而言,法律上的推定改变了证明的主体,对方当事人欲反驳推定事实,仅使法院对推定事实陷于真伪不明的状态尚属不足,必须让法官对该推定事实的不存在达到内心确信的程度。因此,受不利推定一方当事人必须就推定事实的不存在承担证明责任。如果在言词辩论终结时,法官仍对推定事实是否存在无法形成心证,即推定事实处于真伪不明的状态,则应确认推定事实的存在。

当然,作为推断根据的前提事实,除众所周知的事实和司法认知的事实可由法院径行认定外,都应由主张存在该事实的当事人举证证明。如果负证明责任的当事人没有提供证据或提供的证据不足以证明前提事实,推定法则就无法适用。所以,法律推定仅免除了于其有利的一方当事人对推定事实的证明责任,并未免除其对前提事实的证明责任。对于未履行证明责任的当事人,法院可令其提供证据,否则,不能认定前提事实,也就不能确认推定事实存在。对法律推定的反驳也并不限于针对推定事实提出本证,为阻碍法院适用有利于对方的推定,当事人一方还可就前提事实提出异议,并提供证据证明前提事实不存在。此时,只要当事人提出反证使前提事实的存否处于真伪不明状态,就能有效地排除适用法律推定的可能。

(二) 事实推定

1. 事实推定的概念

事实推定,又称为诉讼上的推定、司法推定或逻辑推定,是指法院根据经验法则,从已知事实出发,推定应证明的事实的真伪。从演变过程来看,事实推定在先,法律推定在后。法律推定是事实推定的法律化,事实推定是法律推定的基础,有待被立法机关认可并上升为法律推定。事实推定能否上升为法律推定,取决于立法者对某一类推定的预见程度以及对司法者的信任程度。在性质上,凡法律推定,法院必须适用,而事实推定则由法院酌情决定是否适用。

2. 事实推定的基础

法律推定的依据是法律的明文规定,而事实推定的依据则是经验法则。如前所述,经验法则是指人们在长期生产、生活中对客观现象与通常规律的一种理性认识,是人类对事物属性以及事物之间常态联系归纳抽象后获得的一般性知识或法则。经验法则不是具体的事实,但在法官针对个案作出判断时,可以成为三段论推论中的大前提。在这一点上,经验法则具有类似于法规的功能。经验法则作为诉讼证明过程中事实认定之逻辑推理的大前提,在实质意义上决定了司法人员运用证据进行推理的逻辑结论。并且,经验法则作为证据发挥作用的背景性因素又进一步强化了推理结论的内在说服力,从而使之具有更加合理的可接受性。

作为事实推定基础的经验法则与司法者的自由裁量权有着内在的联系。法官在进行事实推定时,不以法律法规为依据,而以经验法则为准则,但经验法则的运用往往取决于法官主观上的思维模式和业务素质,有着某种随意性和偶然性。在缺乏具体指导原则的情况下,如果法官仅凭个人主观的经验法则作出裁判,就难免导致错误。因此,针对经验法则的运用应规定合理必要的指导原则。经验法则的要素主要有三项:(1)所依据的生活经验必须是日常生活中反复发生的常态现象;(2)这种生活经验必须为社会中常人所能体察和感受;(3)这种经验法则所依据的生活经验可随时以特定的具体方式还原为常人的亲身感受。

3. 事实推定的适用

《法国民法典》第 1354 条规定,非法律上的推定由审判员根据学识与智虑定之,但审判员只得为真诚的、正确的且前后一致的推定,并且只于法律许可用人证的情形始得为之,但因诈欺而提起取消证书之诉的情形不在此限。我国台湾地区"民事诉讼法"第 282 条规定:"法院得依已明了之事实,推定应证事实之真伪。"事实推定的适用,必须同时具备下列条件:(1)无法直接证明待证事实的存否,只能借助间接事实推断待证事实。(2)前提事实必须已经得到法律上的确认。(3)前提事实与推定事实之间须有必然的联系。(4)赋予对方当事人提出反证推翻推定的机会。对方当事人既可以就前提事实提出反证,亦可就推定事实提出反证。

法院以事实推定来认定待证事实的真伪,其心证的形成可分为两个阶段。首先,必须对作为推定基础的前提事实形成确信,即对其真实性形成高度盖然性的心证,然后运用自由心证及经验法则,推论出待证事实的真实性。当事人欲使法院进行事实推定以证明其主张的待证事实,必须证明推定的前提事实为真实。至于法院如何适用经验法则进行推定,是否妥当,属于法官自由心证的范畴,不受当事人意思的限制。事实推定尽管是根据事物之间的常态联系作出的,但是法官在行使这项职权时,受个人素质、主客观条件的影响,容易导致认定事实上的错误,内容上具有相对性和不确定性,结论的或然性和不周延性更大。因此,在证明效果上要弱于法律推定。对方当事人要推翻推定事实,只需提供反证,使推定事实再度处于真伪不明的状态即可,较易推翻。质言之,事实推定使主张推定事实的当事人卸除了提供证据的责任。但在这种情况下,对推定事实存在的证明责任仍然属于原当事人。对方当事人可行使三种举证攻击手段:(1)举证反驳推定的前提事实,使前提事实陷于真伪不明的状态,其结果导致法官不能适用经验法则,因而无法进行事实推定;(2)直接提出证据使推定事实陷入真伪不明的状态;(3)提出证据攻击法官适用经验法则的推论过程,即举出某特殊事实的存在,使得法官不能根据一般的经验法则对该案件的待证事实进行事实推定。

我国《民诉法解释》第 93 条第 1 款第 3 项和第 4 项规定,根据法律规定或者已知事实和日常生活经验法则能推定出的另一事实,当事人无须举证证明。即将推定的事实纳入免证事实的范畴。但此规定不区分法律推定和事实推定,将两种性质完全不同的推定法则笼统规定,明显缺乏科学性和合理性。同时,从第 93 条第 2 款的规定来看,不管是对法律推定的事实还是对事实推定的事实的反驳,均要求当事人提出"足以反驳"的证据,根本未注意到反驳这两种推定事实在证明要求上并非同一,必然导致受诉法院适用事实推定时加重反驳推定事实存在的当事人的举证负担,对当事人双方诉讼权利的平等保护极为不利。

4. 事实推定与表见证明

表见证明是由德国法官采用判例及学者采用解释的方法创设的一种证明制度,是指法院利用一般生活经验法则,就一再重复出现的典型的事项,根据一定客观存在的事实推断某一待证事实的证据提出过程。[1] 表见证明的适用范围与证明推定的方法都与一般事实推定有相异之处,它是事实推定的一种特殊类型。表见证明并不改变证明责任的分配,只是因为有表见证明的存在,所以负担证明责任的当事人不必立即负提供证据的责任,而可以等待对方当事人提出反证。只有当反证达到致使案件事实真伪不明的程度时,负担证明责任的当事人才需提供证据。

---

① 毕玉谦:《试论表见证明的基本属性与应用功能之界定》,《证据科学》2007 年第 Z1 期。

第三节 司 法 认 知

所谓司法认知,又称审判上的认知,由西方诉讼程序中"众所周知的事实无须证明"的古老格言演变发展而来,具体是指法官在审理案件的过程中,对于应当适用的法律或某种待认定的事实存在与否或其真实性,无须凭借任何证据,不待当事人举证即可予以认知,作为判决的依据。关于司法认知事实的范围,有广义说和狭义说两种理论。广义说认为,司法认知事实涵盖公知事实;而狭义说则认为,司法认知事实不包括公知事实。为行文方便,本书将公知事实放在"司法认知"一节内,但分别论述。

一、公知事实

(一)公知事实的概念和特点

所谓公知事实,又称众所周知的事实或显著的事实,是指具有一般知识与经验的不特定的普通人都相信,且会在毫无怀疑的程度上予以相信的事实。法官以此作为裁判基础时,由于其具有公知的客观性,无须经由当事人举证证明,即会在内心达到对该事实确信的状态。

公知事实之所以无须当事人举证证明,是其本身固有的显著性与客观真实性使然,故将其明定为免证事实,乃各国和地区立法上的通例,而无论其采取辩论主义还是职权探知主义。例如,德国《民事诉讼法》第291条规定:"于法院已经显著的事实,不需要证据。"日本《民事诉讼法》第179条规定,显著的事实,无须进行证明。我国台湾地区"民事诉讼法"第278条第1项规定:"事实于法院已显著或为其职务上所已知者,无庸举证。"

(二)公知事实的条件

一般而言,某一项事实作为公知事实必须同时具备两个条件:

1. 诉讼发生时,该事实为社会上一般成员所知晓

某一事实若仅为特定职业、地位的人所知悉,而非一般人所知晓,便不属于公知事实的范围。全国范围内一般成员所知晓的事实固然是公知事实,受诉法院辖区内多数人所周知的事实也应被理解为公知事实。

2. 该事实同时也为受诉法院的法官所知晓

在独任制审判方式下,因只有一名法官进行审判,该事实自然需该独任法官知晓;在合议制审判方式下,通说认为只需合议庭多数法官知悉即可,而不必要求合议庭所有成员均对该事实知晓。因为合议庭成员的受教育程度及生活经验不尽相同,若某一事实因少数法官不知而被认定为非公知事实,必然大大增加当事人的举证负担,同时也与合议庭多数决议的原则相违背。至于第二审法院对于第一审法院认定的公知事实的审查,自然也应以其是否为第一审法院管辖区域内一般社会成员所周知为判断标准,而不得以第二审法院管辖区域内社会成员是否知悉为依据。

（三）公知事实的效力

如果某事实并非显著，或当事人之间对其存有争执，自然不属于公知事实的范畴。在辩论主义诉讼模式下，对于公知事实是否也必须经由当事人主张，存在两种学说：一为"积极说"；另一为"消极说"。前者认为，某一事实即使为公知事实，也必须经由当事人主张，受诉法院方可以采纳，即受诉法院对于公知事实的认定仍应受到主张责任的限制；而后者则认为，对于公知事实，受诉法院可依职权直接予以认定而无须当事人主张。[①]

由于我国民事诉讼不采取辩论主义，受诉法院自然可依职权直接认定公知事实。当然，为维护当事人的程序利益，受诉法院认定该公知事实时，应赋予因该事实被认定而处于不利地位的一方当事人在法庭辩论时阐述不同意见、提出相反证据的机会。《民诉法解释》第93条第2款即表明了这一态度。

二、狭义的司法认知事实

（一）狭义的司法认知事实的概念和特点

司法认知，亦称审判上的知悉或审判上的认知，是指在案件审理过程中法官基于职业身份，对于某些特定的待证事实，无须当事人举证证明即应认可其真实性，并把它作为裁判的依据。司法认知本质上是法官的一种职务行为，是法官运用审判权直接对事实予以认知的行为。该类事实为法官于职务上所为的行为或系由其职务上所观察或经历的事实，至于法官知悉此事实的原因则在所不问，即不管其是在本诉讼中知悉的，还是在其他诉讼以及非讼事件中知悉的，均不影响司法认知之特质。

狭义的司法认知事实与公知事实不同：一方面，二者的认知主体不同。公知事实的认知主体是具有一般知识与经验的不特定的普通人；司法认知事实的认知主体则是审理案件的法官。另一方面，二者的认知基础也不同。公知事实的认知基础是该类事实对具有一般知识与经验的不特定的普通人均具有显著性；司法认知事实的认知基础则是其属于审理案件的法官于职务上所为的行为或基于职务所观察的事实。如某法官在审理某一案件时知悉甲事实，而在另一案件的审理中涉及甲事实时，其即成为司法认知的事实，而并非该法官之外的其他人所当然知晓的公知事实。

（二）司法认知的效力

我国现有规定并未确立司法认知，从其他国家和地区的立法来看，司法认知的效力表现为对当事人的效力和对法院的效力两方面：一方面，司法认知是当事人之间证明责任的一种再分配，一方当事人证明责任的免除，必然导致另一方当事人证明责任的加重。由于司法认知一般情况下具有证据法上的绝对效力，法官针对某些事实一旦采取司法认知，当事人的举证反驳即不易被采纳。另一方面，对符合法律所规定的司法认知范围和条件的事实，若法官采取司法认知之方式对其真实性予以确信，则对该项事实即无须进一步查证。

[①]　骆永家：《民事举证责任论》，台湾商务印书馆1981年版，第35页。

（三）司法认知的程序

理论探讨

案例研析

　　不论哪一审法院，都应当直接确认司法认知事实的真实性，但若当事人提出足以推翻司法认知事实的证据时，法院应当重新审查认定。法官在进行司法认知以前，必须将要认知的事项告知当事人及其诉讼代理人，并给予当事人及其诉讼代理人提供证据进行反驳的机会，这样做既可以防止司法认知出现错误，又能增加当事人对司法认知的认可度。法官在作出司法认知后，应当将认知的事项告知当事人，当事人对已作出的司法认知可以提出异议。对此异议，法院应当作出裁定。当事人不服法院作出的驳回异议的裁定的，可以此作为行使上诉权的理由，请求上一级法院予以纠正。如我国台湾地区"民事诉讼法"第278条第2项规定，法院依职务已知之事实，虽非当事人提出者，亦得斟酌之。但裁判前应赋予当事人就其事实进行辩论之机会。

【思考题】

　　1. 简述我国民事诉讼领域的免证事实及其范围。

　　2. 简述我国行政诉讼领域的免证事实及其范围。

　　3. 简述诉讼中自认的类型。

　　4. 简述明示自认和默示自认的异同，并比较其法律效果。

　　5. 简述当事人自认和诉讼代理人自认在法律效力上的差异。

思考题参考答案

【参考文献】

　　1. ［日］兼子一、竹下守夫：《民事诉讼法（新版）》，白绿铉译，法律出版社1995年版。

　　2. 李学灯：《证据法比较研究》，五南图书出版公司1992年版。

　　3. 陈计男：《民事诉讼法论》（上），三民书局1999年版。

　　4. 刁荣华主编：《比较刑事证据法各论》，汉林出版社1984年版。

　　5. 雷万来：《民事证据法论》，瑞兴图书公司1997年版。

　　6. 骆永家：《民事举证责任论》，台湾商务印书馆1981年版。

　　7. 占善刚、刘显鹏：《证据法论》（第四版），武汉大学出版社2019年版。

　　8. 毕玉谦：《试论表见证明的基本属性与应用功能之界定》，《证据科学》2007年第Z1期。

　　9. 王学棉：《论推定的逻辑学基础——兼论推定与拟制的关系》，《政法论坛》2004年第1期。

　　10. 占善刚、刘显鹏：《试论我国民事诉讼中免证事实之应有范围及其适用》，《法学评论》2004年第4期。

　　11. 占善刚：《民事诉讼中的抗辩论析》，《烟台大学学报（哲学社会科学版）》2010年第3期。

　　12. 占善刚、刘丹：《论我国行政诉讼中自认制度的构建》，《武汉理工大学学报（社会科学版）》2014年第5期。

第三编

证据论

第八章　证据概述

■ 导语
　　证据是诉讼的基础和核心,也是证据法学的基础范畴。区别于广义上运用于一切日常生活的证据概念,本章讲述的是狭义上的证据,特指诉讼活动中确定案件事实的材料。
　　证据的概念和属性是整个证据法学的基础性问题,也是证据理论和证据实践中众说纷纭的话题。本章将在梳理相关争议的基础上,对证据的概念和属性进行讨论,进而阐述证据的学理分类,比如原始证据与传来证据、言词证据与实物证据、直接证据与间接证据、有罪证据与无罪证据、本证与反证等。

第一节　证据的概念

一、证据概念的理论纷争

基于证据适用场域的广泛性和法律规定的复杂性,中外学者对于证据概念的界定众说纷纭,存在巨大的分歧。日本有学者就指出:"证据一词是多义词,有各种各样的定义。"[1] 在我国,主要存在事实说、反映说、信息说、根据说、材料说、原因说、事实材料与证明手段统一说、证据阶段说等不同的观点。[2] 其中,事实说、根据说、材料说影响较大。

(一) 事实说

"事实说"的主张者将证据定义为事实。"事实说"在我国过去相当长的时间内是学界通说,典型的表述如:"诉讼证据是能够证明案件真实情况的客观事实"[3];"刑事诉讼中的证据,是指以法律规定的形式表现出来的能够证明案件真实情况的一切事实"[4];"我国刑事诉讼证据是侦查、检察、审判人员依照法定程序收集用以确定或否定犯罪事实,证明被告人有罪或无罪,加重或减轻刑事责任的一切客观事实"[5]。

"事实说"的产生受到了苏联证据理论的影响。苏联学者贝斯特洛娃就认为,证据是"借助

---

① [日]田口守一:《刑事诉讼法》(第五版),张凌、于秀峰译,中国政法大学出版社 2010 年版,第 266 页。
② 宋英辉、汤维建主编:《证据法学研究述评》,中国人民公安大学出版社 2006 年版,第 147—148 页。
③ 江伟主编:《证据法学》,法律出版社 1999 年版,第 206 页。
④ 陈光中、徐静村主编:《刑事诉讼法学》,中国政法大学出版社 1999 年版,第 162 页。
⑤ 张子培等:《刑事证据理论》,群众出版社 1982 年版,第 87 页。

某项事实的帮助来证实或确定其他尚未确知的事实"[1];另一苏联法学家安·扬·维辛斯基也指出:"诉讼证据——这是通常的事实,是在生活中出现的同样现象、同样的事物、同样的人、人们的同样作为。只要已归入诉讼程序的范围,成为一种判明法院和侦查机关所关切的情况,解决法院和侦查机关所关切的问题的手段,它们便是诉讼证据"[2]。

我国 1979 年《刑事诉讼法》第 31 条第 1 款与 1996 年《刑事诉讼法》第 42 条第 1 款对证据概念的界定均采纳了"事实说"的主张,将证据规定为"证明案件真实情况的一切事实"。

"事实说"强调证据内容的真实性和对案件真实情况的证明性,对于贯彻实事求是理念、助力发现案件实体真实起到了重要作用,但是正如有苏联学者所指出的:"从科学的观点来看,在诉讼证据中,形式和内容是辩证的统一。内容,就是事实材料,也就是有关事实的情况;而诉讼证据的形式,则是证明手段。对于诉讼证据来说,必须有这两种要素。证明手段如不包含案情和事实,那就什么也不能证明;相反,如果事实材料不是根据法律规定的证明手段取得的,它们就不能用来作为诉讼证据,也不能成为法院判决的根据。"[3] 申言之,"事实说"的问题在于只关注证据的内容而忽略了证据的形式。我国也有学者对"事实说"提出了质疑,认为其关于证据的界定可以概括为"不属实者非证据",这一界定因强调证据的真实性而人为地改变了证据的"中立"立场,因为证据本身并没有真假善恶的价值取向。[4]

(二) 根据说

"根据说"的主张者将证据定义为"证明案件事实或者与法律事务有关之事实存在与否的根据"[5]或者"用来证明案件真实情况,正确处理案件的根据"[6]。1984 年最高法《民诉法意见》采取了"根据说",规定"证据是查明和确定案件真实情况的根据"。"根据说"的主要理由是:"证据与事实之间是不能画等号的,证据可以证明事实,但证据本身并不等于事实。把证据理解为根据,这也符合人们日常生活中的一般理解。如果首先确定了'证据为证明案件真实情况的一切事实',那么证据便与事实画上了等号,而且证据都必须是属实的。但是,根据诉讼法的有关规定,凡证据必须查证属实,才能作为认定案件事实的根据。一方面说证据都是属实的,另一方面又说证据需要查证属实,二者显然互相矛盾"。据此,"无论这'根据'是真是假或半真半假,它都是证据。无论这'根据'是否被法庭采信,它都是证据"[7]。

"根据说"对"事实说"的批判有力,但缺点也是明显的。它比较抽象,可操作性差,且"只是从证据作用方面对证据进行阐释,其实质与已经淘汰的方法说、手段说并无二致,难以充分揭示证据的本质。如果实践中采用'根据说',极容易导致证明标准的降低,不利于证明任务的完成"[8]。

(三) 材料说

"材料说"将证据界定为证明案件事实的材料,这是当前学界的主流观点。典型的表述如:

---

① 〔苏联〕贝斯特洛娃编著:《刑事诉讼》,中国人民大学出版社 1952 年版,第 34 页。

② 〔苏联〕安·扬·维辛斯基:《苏维埃法律上的诉讼证据理论》,王之相译,法律出版社 1957 年版,第 267 页。

③ 〔苏联〕阿·阿·多勃罗沃里斯基等:《苏维埃民事诉讼》,李衍译,法律出版社 1985 年版,第 198 页。

④ 何家弘:《让证据走下人造的神坛——试析证据概念的误区》,《法学研究》1999 年第 5 期。

⑤ 何家弘、刘品新:《证据法学》,法律出版社 2004 年版,第 108 页。

⑥ 杨荣新主编:《民事诉讼法教程》,中国政法大学出版社 1991 年版,第 210 页。

⑦ 何家弘、刘品新:《证据法学》,法律出版社 2004 年版,第 107—108 页。

⑧ 宋英辉、汤维建主编:《证据法学研究述评》,中国人民公安大学出版社 2006 年版,第 151 页。

"诉讼证据,是审判人员、检察人员、侦查人员等依照法定的程序收集并审查核实,能够证明案件真实情况的材料"[1];"我国刑事诉讼中的证据,是指以法律规定的形式表现出来的能够证明案件事实的有关材料"[2]。

我国《民事诉讼法》和《行政诉讼法》都没有对证据的概念作出界定,但都要求证据必须查证属实,才能作为认定案件事实的根据。现行《刑事诉讼法》第50条对证据的界定采纳了"材料说"的观点,该条规定:"可以用于证明案件事实的材料,都是证据。证据包括:(一)物证;(二)书证;(三)证人证言;(四)被害人陈述;(五)犯罪嫌疑人、被告人供述和辩解;(六)鉴定意见;(七)勘验、检查、辨认、侦查实验等笔录;(八)视听资料、电子数据。证据必须经过查证属实,才能作为定案的根据。"

"材料说"将证据定义为材料,不再强调证据内容的真实性,这避免了"事实说"在解释证据与事实关系时出现的逻辑悖论。此外,"材料说"强调证据只是包含各种可能的材料,必须经过查证属实,才能作为认定案件事实或者定案的根据,契合了证据运用规律,对审判机关能够起到较好的指导作用,防止其未经法庭调查核实即草率采纳控方证据,有助于提升办案质量。

二、证据概念的界定

基于上述分析,并结合现行法律规定,本书基本赞同"材料说"的观点,认为诉讼中的证据是指控、辩、审三方依法收集并以法律规定的形式表现出来的、能够证明案件事实的材料,是表现形式与材料内容的统一。表现形式即诉讼法规定的证据种类,如物证、书证等,是事实赖以存在的载体;材料内容则是通过证据方法获得的内容,即证据所反映的事实,如书证的内容等。

据此,应当将证据与定案根据区分开来。从司法实践看,公安司法机关、当事人及其委托的人依法收集和提交法庭调查的、符合法律规定的表现形式且与案件事实具有关联性的证据,并不一定都真实,只有那些经过查证属实的,才可以作为定案根据;未经查证属实的,不能作为定案根据。易言之,证据不一定都能成为定案根据。例如,依法收集的证人证言,如果经法庭调查发现是虚假证言,虽然其在形式上是证据,但不能作为定案根据。

三、证据的意义

(一) 证据是开展诉讼活动的基本要素

在诉讼活动中,查明和认定案件事实,证据是必不可少的基础。案件发生在过去,办案人员无法亲历案件发生的过程,但案件发生时留下的相关痕迹、物品等材料以及相关亲历者的印象或者了解的信息,通过合法的收集和调查,以法定的形式表现出来,便形成了证据。证据的运用贯穿于整个诉讼过程,立案、侦查、提起公诉、法庭审判、执行等诉讼环节的顺利推进都需要证据的支撑。离开证据,诉讼程序便不能正常推进;没有证据或者证据不确实、不充分的,不能认定案件事实,更不能对被告人定罪量刑。

---

[1]　樊崇义主编:《证据法学》(第六版),法律出版社2017年版,第125页。
[2]　陈光中、徐静村主编:《刑事诉讼法学》(第五版),中国政法大学出版社2015年版,第131页。

（二）证据是案件公正处理的可靠保障

案件的公正处理建立在准确认定事实的基础上。没有证据或者证据不确实、不充分，不能认定案件事实，"还事实一个真相，还被害者一个公道"的目标也就无法实现。此外，不重视客观证据，片面依赖被追诉人的口供等言词证据，或者忽视对非法证据的排除等，容易导致冤错案件的发生，损害司法公信力。在这方面，历史上有血的教训。公安司法人员应当深刻反思，强化证据意识，贯彻证据裁判原则，保证案件的公正处理。

（三）证据是维护公民合法权益的重要手段

在日常生活中，当公民的人身、财产等合法权益遭受侵害或者产生纠纷时，为停止侵害、弥补损失、确认权利，往往需要提起诉讼，通过法院实现对自己合法权益的保障。但如果没有证据或者证据不够有力，当事人的权利主张只能是"镜中花，水中月"。实践中，不乏权益受到侵害但因当事人对证据的收集或保全不力而导致权利主张得不到法庭支持的情况发生。在此意义上可以说，证据是公民维护自身合法权益的利器。

（四）证据是进行法治教育的理想工具

刑事诉讼中，公安司法机关运用确实、充分的证据让实施了犯罪行为的犯罪嫌疑人、被告人认罪服法，对于社会公众无疑会起到积极的警示教育作用。民事诉讼中，法官依法对证据进行

案例研析

取舍和对事实进行认定的过程，不仅能使当事人受到法治教育的洗礼，还可以让普通民众认识到证据的重要性，并从中学习如何通过收集、保全和运用证据保护自己的合法权益。行政诉讼中，被告人的举证、证明以及法院的证据审查判断活动，可以促使行政机关及其执法人员强化依法行政观念，不断提升执法水平。总之，通过证据运用可以让犯罪者认罪服法，让侵权者承担应有的责任，让普通人学习如何维护自己的合法权益，让公权力行使者提升依法履职的水准。

第二节　证据的属性

证据的属性，又称"证据的基本特征"，是诉讼法学界颇具争议的问题。围绕客观性、关联性、合法性是否证据属性的论争早已有之，至今尚未完全达成一致意见。近些年来，随着大陆法系证据理论研究对我国学界影响的不断深入，不少学者开始对我国传统证据属性理论进行反思，"证据能力"与"证明力"的概念和话语在证据属性理论研究中得到越来越多的认同和使用，大有取代传统证据属性理论的态势。

一、作为传统主流观点的"三性说"

（一）"三性说"的内容展开

20 世纪 80 年代以来，尽管学界对于证据的属性存在这样那样的争论，但通说观点是"三性

说"，认为证据具有客观性、关联性和合法性，三者紧密联系，缺一不可。

1. 证据的客观性

证据的客观性，也称证据的真实性，是指作为案件证据的客观物质痕迹和主观知觉痕迹，都是已经发生的案件事实的客观反映，不是主观想象、猜测和捏造的事物。[①] 案件发生以后，必然会留下一定的痕迹、物品、文件，或是有人目睹、亲历过整个案件而产生相关记忆，这些痕迹、物品、文件、记忆等都反映了案件事实，可以被办案人员依法及时地收集和固定下来作为证据使用，具有客观性。证据的客观性主要体现在三个方面：证据的载体是客观存在的；证据的内容是对客观存在事实的反映；证据材料与待证事实之间的联系是客观的。

不过，证人证言、当事人陈述等言词证据的形成，必然要受到人的主观因素的影响，问题由此而生：证据的内容在具有客观性的同时是否还具有主观性？ 或者说，证据的客观性中应否包含主观性？ 对此，大致有两种不同的观点：

一种观点可称为"绝对客观说"。该说认为证据是客观上确实存在的事实，犯罪嫌疑人或被告人的供述、证人证言、被害人陈述虽然是通过语言表达出来的，但其内容仍然是客观的，是客观事实在人脑中的外显，"是不以司法人员的主观意志为转移的客观存在"。[②]

另一种观点则可称为"主客观统一说"。该说主张证据既具有客观性，也具有主观性，是主观性和客观性的统一体。其中，一种比较有代表性的观点认为，"证据体现了主观性和客观性的统一。证据的主观性表现在：它不是客观事实本身，而是客观事实在人的意识中的反映；它是第二位的而不是第一位的；它不是不以人的意志为转移，而是离不开人的主观意识，有正常思维能力是提供证据和充当证人必不可少的条件。证据的客观性则表现在：这是已经过去的客观事实在思维中的再现，是以客观事实为基础的"。[③]

2. 证据的关联性

证据的关联性，也称相关性，是指证据必须与案件事实有实质性联系，从而对案件事实有证明作用。[④] 美国《联邦证据规则》第 401 条对关联性的定义是：证据具有某种倾向，使诉讼中待确认的争议事实的存在比没有该证据时更有可能或更无可能。[⑤] 美国学者华尔兹(Waltz)进一步解释道：证据的"相关性是实质性和证明性的结合。如果所提出的证据对案件中的某个实质性争议问题具有证明性(有助于认定该问题)，那么它就具有相关性"。[⑥] 实质性是指证据所指向的证明对象是案件的争点问题；证明性则指证据必须能够决定证明对象的存在更有可能或者更无可能。

关联性强调证据与案件待证事实之间的联系，而且这种联系是客观的，可以为办案人员和当事人所认识。不过，无论是办案人员还是当事人，在分析证据与案件待证事实之间的联系时，都不能主观臆断或者牵强附会，不能将没有客观联系的情形硬说成存在关联性。此外，关联性的表现形式多种多样，如直接联系与间接联系、时间联系与空间联系、必然联系与偶然联系、肯

① 陈光中、徐静村主编：《刑事诉讼法学》(第五版)，中国政法大学出版社 2015 年版，第 131 页。
② 陈一云、王新清主编：《证据学》(第六版)，中国人民大学出版社 2015 年版，第 61 页。
③ 汤维建：《关于证据属性的若干思考和讨论——以证据的客观性为中心》，《政法论坛》2000 年第 6 期；吴家麟：《论证据的主观性与客观性》，《法学研究》1981 年第 6 期。
④ 陈光中、徐静村主编：《刑事诉讼法学》(第五版)，中国政法大学出版社 2015 年版，第 132 页。
⑤ 卞建林译：《美国联邦刑事诉讼规则和证据规则》，中国政法大学出版社 1996 年版，第 105 页。
⑥ ［美］乔恩·R. 华尔兹：《刑事证据大全》，何家弘等译，中国人民公安大学出版社 1993 年版，第 64 页。

定联系与否定联系等。表现形式的不同不仅会影响办案人员、当事人辨别和判断的难度，还会影响证据对案件待证事实的证明作用。

关联性与证明力密切相联。无关联性则无证明力，有证明力才有关联性，但关联性的判断通常不涉及证明力大小的问题。关联性对于证明力的要求并不高，只要能够使案件结果事实的存在产生一种更有可能或者更无可能的趋势，就具有证明力。[1] 比如，某商场柜台被盗，在盗窃案件现场提取的指纹与被告人的指纹经鉴定认定同一，这一指纹证据与被告人到过现场的待证事实之间的联系便是必然联系，具有证明作用，但只能证明被告人到过案件现场，并不足以证明被告人实施了盗窃行为，因为该指纹也可能是被告人正常留下的。

3. 证据的合法性

证据的合法性，也称为法律性，是指证据的形式、收集、出示和查证，都由法律予以规范和调整，作为定案根据的证据必须符合法律规定的采证标准，为法律所容许。[2] 证据的合法性包括以下几方面内容：

(1) 提供和收集证据的主体合法。无论是提供证据还是收集证据，只要主体不合法，证据就不具有合法性。比如，不具有鉴定资质的鉴定人提供的鉴定意见，不能作为定案根据；公安机关聘用的协警取得的证人证言，不能作为定案根据；行政机关超越其法定权限收集的证据，也不能作为定案根据。

(2) 证据的表现形式合法。《刑事诉讼法》第50条规定了8种证据种类：物证；书证；证人证言；被害人陈述；犯罪嫌疑人、被告人供述和辩解；鉴定意见；勘验、检查、辨认、侦查实验等笔录；视听资料、电子数据。《民事诉讼法》第66条第1款也规定了8种证据类型，即当事人的陈述、书证、物证、视听资料、电子数据、证人证言、鉴定意见、勘验笔录。《行政诉讼法》第33条则规定了以下8种证据类型：书证；物证；视听资料；电子数据；证人证言；当事人的陈述；鉴定意见；勘验笔录、现场笔录。用于证明案件事实的材料只有在形式上以这些类型加以呈现，才能成为诉讼证据。此外，根据法律规定，不同类别证据的提供或者收集可能还需要满足其他的形式要求，比如，在民事诉讼中，保证合同应当以书面形式的合同文本加以证明。

(3) 证据的取得方式合法。比如，我国《刑事诉讼法》第52条严禁刑讯逼供和以威胁、引诱、欺骗以及其他非法方法收集证据，不得强迫任何人证实自己有罪。该法第56条规定，采用刑讯逼供等非法方法收集的犯罪嫌疑人、被告人供述和采用暴力、威胁等非法方法收集的证人证言、被害人陈述，应当予以排除。

(4) 证据的收集和认定程序合法。即证据应当是依法定程序收集、质证和采信的。比如，在刑事诉讼中，应该持有搜查证而未持有搜查证进行搜查所获得的犯罪工具，可能严重影响司法公正，且无法补正或者作出合理解释的，应当予以排除。又如，最高法《民诉法解释》第103条规定，证据应当在法庭上出示，由当事人互相质证；未经当事人质证的证据，不得作为认定案件事实的根据。

4. 客观性、关联性和合法性的关系

一般认为，客观性是证据的首要属性，与关联性一起构成证据的内容；合法性则是证据的形式，是证据客观性和关联性的法律保障。证据的客观性、关联性和合法性是一致的，任何证据

[1] 易延友：《证据法学：原则 规则 案例》，法律出版社2017年版，第104页。
[2] 陈光中、徐静村主编：《刑事诉讼法学》(第五版)，中国政法大学出版社2015年版，第133页。

都必须同时符合"三性"的要求。

对于这三者之间的关系,有学者从逻辑上进一步分析认为,"证据的客观性最先产生,处在事实领域,它是定性概念;证据的关联性是经人的主观判断后才产生的,处在逻辑领域,它是定量概念;证据的合法性是由法律调整后产生的,处在法律领域,它是在证据的客观性和关联性的基础上又增添的一个主观属性,它进一步缩小了证据客观性的外延范围,但证据的法律价值增大了"[①]。

(二) 对传统"三性说"的质疑

"三性说"尽管在传统的诉讼证据理论中占据主导地位,但并非固若金汤。相关的质疑由来已久,至今未曾中断,而且随着西方证据理论对我国影响的日益扩大而有强化之势。总体而言,质疑主要集中在证据的合法性和客观性两个方面,以至于又出现了所谓证据"两性说"(客观性、关联性)、"新两性说"(关联性、合法性)的提法。

1. 关于证据合法性的质疑

证据的合法性是证据"三性"中争议最大的一个,学界一直存在质疑与否定的声音。否定证据具有合法性的观点认为,证据的合法性只是一种价值判断,属于证据审查的程序问题,不是证据本身,或者说,证据判断与证据不应是一回事。[②]另有学者论证如下:(1)法律性不是证据本身的特性,只是认定证据的诉讼程序问题,具有主观性质,承认它等于将主观性的因素带到证据中,影响其客观性。(2)证据先于办案人员的收集、运用、判断而存在。认识它,它存在;不认识它,它也存在。否认这一点,就否认了通过诉讼程序认定案件事实的客观基础。(3)作为定案根据的诉讼证据具有法律效力,并不意味着证据本身具有"法律性"特征。这是因为,所谓"法律效力",不过是我们对于证据相关性和客观性的确认而已,不是证据本身的属性。(4)证据具有法定形式且必须依法收集,是证据形式和收集问题,不能把证据的本质特征与表现形式混为一谈,也不能把证据的本质特征与对证据的审查判断混为一谈。收集证据手段是否合法与证据本身的真实性也不能混为一谈。[③]

"合法性"的肯定者则坚持认为:(1)合法性的存在是由诉讼证据的特殊性决定的,诉讼证据比证据的法律意义更加严格,因而要排除掉采取非法手段所获取的证据(即便它们与案件事实具有关联性),所有的证据只有经过合法性审查才能进入到诉讼中,作为定案依据。(2)客观性与关联性只是在事实层面解决了证据对案件事实的反映问题,但在法律层面,合法性还要求证据符合法律的规定,凡不是依法收集的证据或不符合法律要求的证据,不能纳入诉讼程序。(3)强调证据的合法性是一个历史常态,是不分时间、地域的做法,因而具有普遍性。(4)客观性、关联性、合法性形成了"三位一体"的证据属性体系,具备层次性:客观性要求证据的内容真实可靠;关联性要求找准追诉对象,避免伤及无辜;合法性要求证据的形式和来源符合程序。(5)从历史与现实角度看,冤假错案既给我们留下了深刻教训,也是当前司法实践重点防范的问题,因而合法性符合现在刑事政策的需要。[④]

① 汤维建:《关于证据属性的若干思考和讨论——以证据的客观性为中心》,《政法论坛》2000 年第 6 期。
② 张卫平:《民事证据法》,法律出版社 2017 年版,第 15 页。
③ 转引自卞建林、谭世贵主编:《证据法学》(第三版),中国政法大学出版社 2014 年版,第 149 页。
④ 崔敏主编:《刑事证据理论研究综述》,中国人民公安大学出版社 1990 年版,第 24—25 页。

2. 关于证据客观性的质疑

证据的客观性也是颇具争议的问题。质疑和否定者提出的主要理由如下：(1)应与其他国家的证据法理论接轨。国外证据法理论从来不提及证据的客观性，比如，在英美法系国家，证据成立的必要条件是关联性和可采性；而在大陆法系国家，证据能力和证明力构成证据的两大要素。(2)鉴于证据客观性本身的不足，"即使法官对证据真实性的判断结论可能并不符合客观真实，也应当从法律上认可这种'判断'结论……亦即依证据的客观性不能成为证据的，事实上或在法律上却成了证据"，这样就造成了客观事实一方面要靠在刑事程序中发现的事实来确定，另一方面又要作为认定事实的参照的奇怪悖论。①

此外，也有学者指出，我国传统证据法学关于证据的界定，错误并不在于强调证据的客观性，而在于盲目地套用客观性、真实性等具有绝对色彩的概念，尤其是片面强调物质对于认识的本体论意义（即物质的第一性），致使在解释"证据的客观性"时，完全忽视了证据活动自身的当下性、实践性。证据是一种当下的实践活动，在谈论证据的客观性时，不能以永恒正确的"真实性"作为判断标准，而只能满足于"现世不错"的当下判断。②

3. 关于证据关联性的问题

对于证据的关联性，我国诉讼理论界基本没有异议，传统上几乎所有的诉讼法学或者证据法学教材都将证据的关联性作为证据的属性或者基本特征，以至于有学者得出如下判断："经过大浪淘沙，犹如磐石岿然而始终不动的证据属性，当推关联性。不管人们对证据的属性如何争论，也无论证据的属性问题出现在何国、何一历史时期的证据法学论坛，人们对于证据的关联性似乎总是不加争执，体认它为证据属性之中的当然品格。"③

不过，近来有学者对证据的关联性提出了新的看法，认为就其本质而言，证据也不存在关联性，关联性只是证据的外部属性。④

二、证据能力与证明力

在传统的证据属性理论遭遇越来越多质疑的背景下，不少学者开始跳出"三性说"与"两性说"的争论窠臼，汲取大陆法系的证据理论和话语资源，将证据能力与证明力作为证据的两大属性。

（一）证据能力

证据能力，又称证据资格或证据的适格性，是指特定的证据材料所具有的作为认定事实的资格⑤，或者能够用于法庭严格证明、作为法庭证据接受法庭调查的法律资格。⑥"证据能力"一词源于大陆法系国家，英美法系国家与之对应的概念是"可采性"。

证据能力的取得，需满足两方面的条件：一是消极条件，即不得违反非法证据排除规则、传闻证据规则等证据规则；二是积极条件，即必须经过法定的调查程序。不过，在这方面，民事诉

---

① 张晋红、易萍：《证据的客观性特征质疑》，《法律科学（西北政法学院学报）》2001 年第 4 期；宋英辉、汤维建主编：《证据法学研究述评》，中国人民公安大学出版社 2006 年版，第 164 页。

② 宋英辉、汤维建主编：《我国证据制度的理论与实践》，中国人民公安大学出版社 2006 年版，第 117 页。

③ 汤维建：《关于证据属性的若干思考和讨论——以证据的客观性为中心》，《政法论坛》2000 年第 6 期。

④ 易延友：《证据法学：原则 规则 案例》，法律出版社 2017 年版，第 12 页。

⑤ 张卫平：《民事证据法》，法律出版社 2017 年版，第 17 页。

⑥ 宋英辉、汤维建主编：《我国证据制度的理论与实践》，中国人民公安大学出版社 2006 年版，第 119 页。

讼与刑事诉讼有所不同。一般而言,民事诉讼中证据能力所受的限制相对要少。比如,民事诉讼中通常不受传闻证据规则的限制,法官对传闻证据的证据价值进行自由心证,但刑事诉讼中要受传闻证据规则的限制。

证据能力与我国传统证据属性理论中的"合法性"相近,但不能完全对应。证据能力侧重于资格,是对一般证据的抽象要求;证据的合法性则既包括抽象的能力要求,又包括具体的要求。[①]此外,证据的合法性强调证据必须在主体、形式、方法和程序等方面符合法律的规定,否则不能成为证据;而证据能力虽然也涉及非法取证方式的禁止问题,但通过轻微违法行为取得的证据材料,仍然可能具有证据能力。

证据能力解决的是证据的容许性问题,其判断结果非有即无,并且通常由法律直接规定。一项证据要成为法庭认定事实的根据,必须具有证据能力。

(二)证明力

证明力,又称证据价值,是指证据能够证明案件事实的程度[②],或者是指对于待证事实,法庭调查所得的证据资料是否具有证明作用及其证明作用的大小。[③]

证明力是证据固有的属性,表示从证据内容本身推导出待证事实的强度或频度。有西方学者认为,证据的证明力通常取决于事实裁判者对证据真实性、可靠性和融贯性的评价。[④]从我国的诉讼实践看,证据只要具有客观真实性、可靠性并与案件待证事实具有关联性,就具有一定的证明力。但在具体案件中,不同的证据因与待证事实的联系紧密度、强弱度有别,因而对于待证事实的证明价值不同。

与证据能力属于法律判断不同,证明力的评价是一个事实问题。在现代社会,证明力的评价通常交由事实裁判者根据经验法则和逻辑法则进行自由心证,法律很少预先规定证据的证明力。

案例研析

证据能力是事实裁判者对证据证明力进行自由心证的前提。先有证据能力,后有证明力的问题;如果没有证据能力,事实裁判者根本不可能将其作为裁判的基础,更不会评价其证明力。

第三节　证据的学理分类

一、证据分类概述

(一)证据分类的概念和意义

证据分类,是指学理上按照证据的来源、内容、形式等不同的标准,从不同的角度对证据进

---

① 张卫平:《民事证据法》,法律出版社 2017 年版,第 18 页。
② 张卫平:《民事证据法》,法律出版社 2017 年版,第 18 页。
③ 宋英辉、汤维建主编:《我国证据制度的理论与实践》,中国人民公安大学出版社 2006 年版,第 122 页。
④ Peter Murphy, *Murphy on Evidence*, Seventh Edition, Blackstone Press Limited, 2000, p.25.

行的类别划分。

　　证据分类与证据种类有别。证据种类是法律上规定的类型,证据分类则是理论上提炼和概括的类型。证据种类是证据分类的研究对象,没有证据种类,便无法展开证据分类的研究。两者的区别主要表现在:一是性质不同。证据分类是学理上的划分;证据种类则来自法律的规定。二是法律效力不同。证据分类不具有法律约束力,一般很难运用到具体案件的处理中;证据种类则对诉讼各方具有法律拘束力,任何一方都不得违反法律对于每种证据在收集、保全、运用和审查判断方面的规定,控辩双方提请法庭调查的证据必须符合法律规定的形式。三是区分标准不同。证据分类通常采取"二分法",据此,任何一种法定的证据种类不是被归入第一种类型,就是被归入第二种类型;证据种类的区分标准则是证据的表现形式,随着社会的发展和立法者认识的变化,有关证据种类的法律规定会不断调整,比如我国 1979 年《刑事诉讼法》规定的证据种类有 6 种,1996 年《刑事诉讼法》规定的证据种类变为 7 种,现行《刑事诉讼法》规定的证据种类又变为 8 种。

　　对证据进行分类具有重要的意义。通过把纷繁复杂的证据形态按照某一特定的标准进行类型化,不仅可以将不同证据之间的区别清晰地加以展现,便于人们更好地了解其各自的特点,而且有助于公安司法人员和诉讼当事人深入把握不同类别证据的证据能力、证明力及其运用规则,进而按照证据规律收集、保全、运用和审查判断证据,减少和防范证据收集、保全、运用和审查判断方面可能出现的瑕疵,提高办案质量。

　　由于证据的分类有助于深入理解各类证据的证据能力和证据价值,刑事诉讼比民事诉讼、行政诉讼更为重视证据的分类。具体而言,刑事诉讼为了更好地实现犯罪控制与人权保障的诉讼目的,特别强调对证据能力和证据价值的准确判断,但在民事诉讼和行政诉讼中,对证据能力和证据价值的判断则主要交由法官依据经验法则和逻辑法则完成,因此对证据资格的要求不如刑事诉讼那样严格。

(二) 证据分类的比较考察

　　对证据进行理论上的分类,最早开始于英国法学家边沁于 1827 年出版的《司法证据原理》一书。他将证据分为以下类型:实物证据和人的证据;自愿证据和强制证据;宣誓证据、言词证据和书证;直接证据和情况证据;原始证据和传来证据。[①] 其后,不同国家基于各自的司法传统、诉讼模式和实践状况,在证据分类上形成了不同的特色。

　　实行判例法的英美法系国家并不严格区分证据种类与证据分类,证据种类与证据分类通常混杂在一起。在英国,证据分类主要有:直接证据与环境证据;原始证据与传闻证据;最佳证据与第二流证据;口头的证据、书面的证据与实物的证据;推定证据与终局证据。在美国,证据则通常分为以下几类:直接证据与间接证据或旁证;第一手证据与第二手证据;言词证据、实物证据与司法认知。[②]

　　实行成文法的大陆法系国家和地区通常对证据分类与证据种类进行了严格区分。在德国,理论上通行的证据分类有两种:主证和反证;直接证据与间接证据。[③] 在日本,有学者对证据作如下分类:人的证据和物的证据;供述证据和非供述证据;人证、书证和物证;直接证据和间接

---

①　樊崇义主编:《刑事诉讼法学研究综述与评价》,中国政法大学出版社 1991 年版,第 297 页。

②　宋英辉、汤维建主编:《证据法学研究述评》,中国人民公安大学出版社 2006 年版,第 195—196 页。

③　何家弘主编:《外国证据法》,法律出版社 2003 年版,第 402—403 页。

证据;本证和反证;实质证据和辅助证据。① 也有学者将证据分类如下:证人、证据文书和证据物;有证据能力的证据和没有证据能力的证据;直接证据和间接证据;弹劾证据和实质证据;言词证据和非言词证据。② 在我国台湾地区,有学者对证据进行了以下分类:本证与反证;原始证据与传闻证据;通常证据与补助证据;直接证据与间接证据;情况证据与供述证据;主证据与补强证据。③ 也有学者提出了稍有不同的观点,认为对证据可以作如下分类:本证(亦称主证)与反证,物证与人证,直接证据与间接证据,原始证据与传闻证据,独立证据与补助证据,一般证据与补强证据,事前证据、当时证据与事后证据。④

对我国证据分类理论有较大影响的苏联较为流行的观点则是将证据分为人证与物证、直接证据与间接证据、原始证据与传来证据、有罪证据与无罪证据(控诉证据与辩护证据)等。⑤

我国学界对于证据分类的认识并不完全统一。根据司法实践和学界通说,本书重点阐述如下证据分类:原始证据与传来证据;言词证据与实物证据;直接证据与间接证据;控诉证据与辩护证据;本证与反证。

二、原始证据与传来证据

(一) 原始证据与传来证据的概念

根据证据来源或出处的不同,可以把证据分为原始证据与传来证据。

原始证据,也称第一手证据或原生证据,是指直接来自案件事实或原始出处的证据。在刑事诉讼中,诸如物证的原物、书证或者视听资料的原件、犯罪嫌疑人或者被告人对自己罪行所作的供述和辩解、被害人对自己受害经过的陈述、证人就自己亲眼所见或亲耳所闻的犯罪事实提供的证言、鉴定意见以及勘验、检查、辨认、侦查实验笔录等证据,都是原始证据。在民事诉讼中,诸如合同纠纷中的书面合同、订货合同中的样品、当事人对案情的陈述、亲眼见到或亲耳听到案件事实发生经过的证人所作的证言、鉴定意见、勘验笔录等证据,都是原始证据。在行政诉讼中,亲眼见到或亲耳听到违法活动的证人所作的证言、当事人对自己违法行为的陈述、物证的原物、书证或视听资料的原件、鉴定意见以及勘验、现场笔录等证据,都是原始证据。

传来证据,也称第二手证据、派生证据或衍生证据,是指并非直接来源于案件事实或原始出处,而是原始证据经过转述、复制、传抄等转制方式所形成的证据。比如,物证的复制品,书证的副本、影印件、抄件,以及非亲自感受案件事实的证人所作的证言等,都是传来证据。

需要指出,传来证据与传闻证据是不同的。传闻证据是英美法系国家证据法中的概念,有狭义与广义之分。广义的传闻证据是指"在审判或听证时作证的证人以外的人所表达或作出的,被作为证据提出以证实其所主张的事实的真实性的,一种口头或书面的主张或有意无

① [日]土本武司:《日本刑事诉讼法要义》,董璠舆、宋英辉译,五南图书出版公司 1997 年版,第 296—299 页。
② [日]松尾浩也:《日本刑事诉讼法》(下卷 新版),张凌译,中国人民大学出版社 2005 年版,第 25—27 页。
③ 陈朴生:《刑事证据法》,三民书局 1979 年版,第 129—147 页。
④ 何孝元主编:《云五社会科学大辞典(第 6 册):法律学》(第六版),台湾商务印书馆 1985 年版,第 452—453 页。
⑤ [苏联]安·杨·维辛斯基:《苏维埃法律上的诉讼证据理论》,王之相译,法律出版社 1957 年版,第 299—308 页,等等。

意地带有某种主张的非语言行为"[①]。由这个定义可以推导出传闻证据包括三种形式:口头传闻、书面传闻和行为传闻。狭义的传闻证据专指"陈述",包括口头陈述和书面陈述,美国《联邦证据规则》第801条(C)款和《加利福尼亚州证据法典》即采用这种定义。传来证据与传闻证据的区别主要是:一是传来证据、传闻证据虽然都是与原始证据相对的概念,但划分的标准不同。在英美法系国家,原始证据与传闻证据是以庭审中心主义为基准划分的,即(广义的)证人必须以口头形式直接向法庭陈述,而且要经过宣誓具结与交叉询问,符合此要求的证人证言是原始证据,否则便属于传闻证据(如目击证人向法庭提交的书面证言)。原始证据与传来证据则是以证据是否直接来源于案件事实为标准划分的,据此,目击证人向法庭提交的书面证言因直接来源于案件事实,故应归属于原始证据而非传来证据。二是范围不同。传闻证据主要是指陈述类证据,但传来证据不仅包括陈述类证据,还包括实物类证据,范围更加广泛。三是证据运用规则不同。在英美法系国家,除法定特殊情形外,传闻证据不具有可采性,应当被排除在法庭调查范围之外,但传来证据中的实物类证据不受传闻证据规则的调整,可以纳入法庭调查范围。在大陆法系国家,不实行传闻证据规则,因而无论原始证据还是传闻证据,通常都可以进入诉讼程序,并不当然地没有证据能力,只不过传闻证据要经历严格的法庭调查程序。

(二) 原始证据与传来证据的特点

第一,原始证据直接来自案件事实,与案件事实联系密切;传来证据则来自原始证据的复制、转述或传抄等,与所要证明的案件事实之间存在中间环节。

第二,传来证据既然经过了复制、转述或传抄等环节,其真实性和准确性自然容易受损,进而影响证明力,中间环节越多,证明力越弱;原始证据直接来自案件事实,真实性和准确性更高,证明力相对更强。当然,也存在例外情形,比如书证的原件因自然原因被损坏时,其复制件的证明力就超过了受损坏的原件。

第三,受自然的或人为的因素影响,原始证据可能会发生改变,损及真实性,导致证明力存在减弱乃至丧失之虞。比如,目击证人因记忆衰退,所作证言出现偏差,其证明力自然下降。

(三) 划分原始证据与传来证据的意义

对证据作原始证据与传来证据的划分,可以揭示这两类证据在真实性与证明力方面的区别,帮助公安司法人员、当事人及其委托的人正确收集和运用各类证据。

由于传来证据的证据信息在转制过程中可能会受到侵蚀、减损或者扭曲,因而司法人员、当事人及其委托的人应当尽可能地收集原始证据。当然,传来证据的作用亦不可轻忽,也应当注意加以收集。这是因为,原始证据未必都能收集到,在案件办理实践中,常常出现单靠原始证据达不到法定证明要求的情况。传来证据不仅可以作为发现和收集原始证据的线索,也可以作为印证原始证据真实可靠性的手段,还可以对原始证据进行补充,促进案件证据链条的形成,甚至可以在没有原始证据的情况下单靠传来证据认定案件事实。总之,在案件办理过程中,应当综合运用原始证据与传来证据,使其相互促进,相互支撑。

---

① 比如,被害人从警察提供的众多照片中抽出犯罪嫌疑人的照片交给警察予以指认的行为,就属于带有某种主张的非语言行为。

此外,因应原始证据与传来证据的不同特点,在收集、保全上应当有所区别。对于原始证据,应当特别注意防止其因自然或人为因素导致的改变、损毁、灭失或者藏匿,妥善保管与保存;对于传来证据,则应当特别注意查明和核实其出处与来源,防止在复制、转述、传抄过程中出现偏差或者人为改变的情况。

（四）原始证据与传来证据的运用规则

第一,原始证据通常就是最佳证据,应当尽量收集和使用。在办案实践中,有原始证据的,直接收集原始证据;原始证据与传来证据并存的,应当收集原始证据;只有在原始证据实在不能取得或者难以收集时,才可以用传来证据代替,而且应尽可能收集和使用最接近原始证据或者经历了最少中间环节的传来证据,以确保传来证据的可靠性。

第二,传来证据的出处必须有据可考。传来证据与案件事实之间虽然存在中间环节,但应当能够追根溯源,考证和核实其来源与出处。没有可靠来源或者来源不明的传来证据,不能作为定案的根据。

第三,对于犯罪嫌疑人、被告人,办案人员必须亲自讯问,不能满足于案卷中记录的口供或书面材料;对于亲自感知案件事实的其他当事人、证人,办案人员也应当亲自询问。在法庭调查中,原始证人原则上应当出庭陈述并接受质证,只有在法定情况下,才可以例外地允许原始证人书面作证。

第四,对于只有传来证据而没有原始证据的案件,应当慎重对待,不宜轻易地认定犯罪嫌疑人、被告人有罪,除非传来证据不仅真实可靠,而且相互之间能够印证,消除了案件事实认定中的矛盾,排除了合理怀疑。

三、言词证据与实物证据

（一）言词证据与实物证据的概念

根据表现形式的不同,可以将证据分为言词证据与实物证据。

言词证据是以人的陈述为表现形式的证据,也称为人证。在刑事诉讼中,言词证据主要包括犯罪嫌疑人、被告人的供述和辩解,被害人陈述,证人证言,以及鉴定意见等。在民事诉讼和行政诉讼中,言词证据主要包括当事人陈述、证人证言、鉴定意见等。言词证据是当事人、证人等相关人员对于过去发生的案件事实的直接或间接感知的主观反映。其以口头语言呈现为原则,以书面语言呈现为例外,但法律规定鉴定意见应当采取书面形式。鉴定意见虽然以书面形式呈现,但不可归属于实物证据。这是因为,鉴定意见是鉴定人根据司法人员提供的材料,对与案件有关的专门性问题进行分析判断后发表的意见或看法。对于鉴定意见,鉴定人在法庭调查中要出庭接受质证,因而实质上仍是一种人证。尤其在英美法系国家,鉴定意见被称为"专家证言",是一种特殊的证人证言。

实物证据是指以物体、痕迹或书面文件等实物形态为表现形式的证据,也称为"广义上的物证""环境证据"或"情状证据"。在我国法律规定的证据种类中,实物证据主要包括物证,书证,勘验、检查、辨认、侦查实验笔录,现场笔录,视听资料,以及电子数据。需要注意的是,勘验、检查、辨认、侦查实验笔录与现场笔录虽然经办案人员之手完成,但其只记录客观情况,并不带有主观判断,因而属于实物证据。此外,对于讯问犯罪嫌疑人、被告人或者询问证人、被害人时制作的录音录像是否属于视听资料,以及应当归属于言词证据还是实物证据,理论上存在不同的观点。本书认为,讯问犯罪嫌疑人、被告人或者询问证人、被害人时制作的录音录像,与手工形成的讯问笔录或者询问笔录一样,只是固定证据的方式而已,因而通常既不是视听资料,也不是单独的证据种类,而应当分属于犯罪嫌疑人、被告人的供述和辩解,以及证人证言或者被害人陈述,是言词证据的表现形式。不过,此录音录像如果用于证明取证过程合法或违法,则应当属于视听资料,归入实物证据的范畴。

(二)言词证据与实物证据的特点

第一,言词证据能够以动态的方式证明案件事实的整体或者部分,较为直观、生动;实物证据则通常以静态的方式证明案件事实的一部分,较为间接、被动。言词证据通过人的陈述主动表达出来,不仅能够多次重复,而且可以在公安司法人员、当事人及其委托的人的讯问或者询问中,不断地补充和修正其内容,完整、细致地展示案件事实的发生经过及其前因后果,证明价值较大。实物证据处于静止状态,无法主动去陈述,故又被称为"哑巴证据",需要人们去解释其中携带的信息,以便建立其与案件待证事实之间的联系。

第二,言词证据受提供者的个体认知能力、身心状态的影响较大,主观性强;实物证据受提供者的个体认知能力、身心状态的影响较小,客观性强。言词证据提供者的主观反映受个体认知能力、记忆水平、表达能力的影响,可能发生变化,因此,法律为保证言词证据的真实性,一般会对提供者的认知能力、记忆水平、表达能力设定条件要求。比如,《刑事诉讼法》第62条规定:"凡是知道案件情况的人,都有作证的义务。生理上、精神上有缺陷或者年幼,不能辨别是非、不能正确表达的人,不能作证。"《民事诉讼法》第75条规定:"凡是知道案件情况的单位和个人,都有义务出庭作证。有关单位的负责人应当支持证人作证。不能正确表达意思的人,不能作证。"实物证据则是客观存在的,一般不受个体主观因素的影响。

第三,言词证据容易变化和失真,实物证据则不易变化和失真。言词证据提供者的记忆能力和表达能力往往会随着时间的流逝而模糊或减弱,加之,言词证据提供者的道德水准和一些案外因素也会对言词证据内容产生这样那样的影响,因而言词证据在实践中容易出现变化、虚假或失真的情况。实物证据一经产生和收集则相对稳定,除非因自然原因出现变形、灭失,或者被人为地破坏、损毁等,不易发生变化,只要妥善保存与保管,一般不会出现失真的问题。

(三)划分言词证据与实物证据的意义

将证据划分为言词证据与实物证据,具有重要的意义。

第一,有助于司法人员、当事人及其委托的人掌握言词证据与实物证据的不同特点,进而采取科学的方法开展证据的收集、保全、审查和运用工作。言词证据通常能够比较全面地证明待证事实,法官在办理案件时可以通过言词证据建构起对整个案件事实的印象。当然,由于言词证据容易受陈述人主观因素的影响,具有不稳定的特点,相较之下,实物证据的客观性较强,即使被人为改变,也常常会留下某些痕迹或症状,因此,司法人员对于言词证据必须慎重审查,仔细鉴别,尤其是当言词证据之间在内容上存在矛盾时,可以通过对实物证据的分析来验证言词证据的真伪;同时应当妥善保管实物证据,防止其被损坏、灭失或者人为改变,一旦出现实物证据被污染或者改变的嫌疑,可以利用言词证据对实物证据的来源和收集情况进行说明。

第二,由于言词证据的易失真性以及人类认识能力和科技水平的不断提高,实物证据在司法机关办理案件中的作用受到越来越多的重视。

第三,有助于证据规则的科学确立和正确适用。比如,传闻证据规则适用于言词证据,但不适用于实物证据。又如,言词证据排除规则通常比实物证据排除规则的适用更为严格。

(四)言词证据与实物证据的运用规则

第一,言词证据的收集应当及时、合法。一方面,言词证据提供者的记忆能力、表达能力可能会随着时间的流逝而减弱,因此对于言词证据应当及时收集;另一方面,严禁采取非法方法收集言词证据。《刑事诉讼法》第52条规定:"审判人员、检察人员、侦查人员必须依照法定程序,收集能够证实犯罪嫌疑人、被告人有罪或者无罪、犯罪情节轻重的各种证据。严禁刑讯逼供和以威胁、引诱、欺骗以及其他非法方法收集证据,不得强迫任何人证实自己有罪。必须保证一切与案件有关或者了解案情的公民,有客观地充分地提供证据的条件,除特殊情况外,可以吸收他们协助调查。"最高法《民诉法解释》第106条也规定:"对以严重侵害他人合法权益、违反法律禁止性规定或者严重违背公序良俗的方法形成或者获取的证据,不得作为认定案件事实的根据。"

实物证据的收集应当细致、全面和合法,同时要注意强化现代科学技术在实物证据收集活动中的应用。言词证据具有的不稳定性和易失真性特点,导致实物证据在案件办理活动中的应用将越来越广,但实物证据本身不会主动表达其所携带的案件信息,因而不仅在实物证据收集方面需要重视现代科技的应用,而且应当充分利用现代科技的帮助解读实物证据。

第二,在证据审查方面,对于言词证据,应当注意审查提供者的认知能力、记忆能力、表达能力和诚信状况,以及是否受到案外因素的不当影响;对于实物证据,则应当注意审查是否因人为的或自然的因素而发生改变、毁损,如果有变化或者毁损,则要注意审查其对证明价值产生的影响。

第三,在法庭调查和证据采信方面,对于言词证据,在法庭调查中主要通过讯问/询问、反讯问/询问的方式进行测试或者确认,为此,言词证据提供者原则上应当出庭,口头向法庭陈述并接受质证;对于实物证据,在法庭调查中则主要采取出示和宣读的方式进行质证。应当注意言词证据与实物证据之间的相互印证,当只有言词证据、没有实物证据时,应当谨慎定案,尤其是当只有被告人陈述、没有其他证据时,不得对被告人定罪。我国《刑事诉讼法》第55条第1款就规定:"对一切案件的判处都要重证据,重调查研究,不轻信口供。只有被告人供述,没有其他证据的,不能认定被告人有罪和处以刑罚;没有被告人供述,证据确实、充分的,可以认定被告人有罪和处以刑罚。"

四、直接证据与间接证据

(一)直接证据与间接证据的概念

根据证据与案件主要事实的证明关系,可以将证据分为直接证据和间接证据。

直接证据是指能够直接独立证明案件主要事实的证据,如犯罪目击者的证言等。间接证据是指不能直接、独立证明案件主要事实,需要与其他证据结合起来才能证明案件主要事实的证据,在国外也被称为情况证据。[①] 在这方面,要注意不能将直接证据、间接证据的分类与原始证据、传来证据的分类相混淆。直接证据、间接证据的分类与证据是否直接来自案件事实没有关系,直接证据既可以是原始证据,也可以是传来证据。

在不同种类的诉讼法中,案件主要事实的内容是不同的。刑事诉讼中,案件主要事实是指犯罪事实是否发生、犯罪事实系何人所为或者是否为犯罪嫌疑人、被告人所为的事实;民事诉讼中,案件主要事实是指民事当事人之间争议的民事法律关系是否发生、变更或消灭的事实;行政诉讼中,案件主要事实是指行政机关的行政行为是否合法的事实。

据此,直接证据大致有以下几种:(1)能证明案件主要事实的当事人陈述。包括能够指认犯罪人是谁的刑事被害人陈述,犯罪嫌疑人、被告人的供述和辩解,民事诉讼中当事人的陈述或承认,以及行政诉讼中当事人的陈述等。在犯罪嫌疑人、被告人的供述和辩解中,犯罪嫌疑人、被告人的认罪供述是证明其有罪的直接证据,犯罪嫌疑人、被告人否认自己有罪的证据则是证明其无罪的直接证据。(2)能证明案件主要事实的证人证言。比如,刑事诉讼中,指认犯罪人是谁的证人证言;民事诉讼中,能够证明民事法律关系是否发生、变更或消灭的证人证言;行政诉讼中,行政机关实施行政行为时在场人员所作的关于行政行为是否合法的证言。(3)能证明案件主要事实的书证。比如,刑事诉讼中依据内容能够直接锁定犯罪嫌疑人的书证;民事诉讼中的合同、借条、收据以及当事人之间的来往信函等;行政诉讼中行政机关作出的行政处罚决定书和出具的有关文件、公函、证明等。(4)能证明案件主要事实的视听资料。比如,公共场所安装的恰巧记录下整个犯罪过程的监控录像,可以成为直接证据。(5)特定情况下的物证。比如,当场购买的货物能够直接证明民事法律关系是否发生、变更或消灭的,可以成为民事诉讼中的直接证据。

间接证据种类繁多,那些不能单独证明案件的主要事实,但能够证明案件发生的时间、地点、工具、手段、结果、目的等单一要素的证据都是间接证据,如犯罪现场遗留的脚印、从犯罪嫌疑人家中扣押的赃物等。

(二)直接证据与间接证据的特点

第一,直接证据能够单独证明案件主要事实,与案件主要事实之间没有中间环节,无须经过思维推理活动,就可以通晓案件的主要事实;间接证据则不能单独证明案件主要事实,必须结合其他证据且经过逻辑推理的过程,才能证明案件主要事实。不过,任何证据都不能自我证明为真,因而直接证据的真实性也需要进行查证或者有其他证据的印证。间接证据由于只能对案件主要事实的一部分或者非主要事实起到证明作用,因而只有与其他证据结合起来形成完整的证据链条,才能发挥对案件主要事实的证明作用。

第二,直接证据多为言词证据,主观性强;间接证据多为实物证据,客观性强。直接证据多为言词陈述类证据,容易出现失真的情况,比如,犯罪嫌疑人故意歪曲案件事实的供述与辩解、证人因与案件一方当事人存在利害关系而作出虚假的证言等,因此,运用直接证据认定案件的主要事实虽然较为容易,但存在一定的风险,实践中应当注意审查其真实可靠性。间接证据虽

[①]   日本学者认为,间接证据也叫情况证据,是证明间接事实的证据。间接事实是推定主要事实存在的事实,如被告人与被害人发生口角事实的目击证言、血衣等。间接事实属于物证时,其本身就是情况证据。参见[日]田口守一:《刑事诉讼法》(第五版),张凌、于秀峰译,中国政法大学出版社 2010 年版,第 268 页。

然证明过程较为复杂,但因多为实物证据,所以具有较强的客观性,可用来验证直接证据内容的真实性。

第三,直接证据的数量较少、收集难度大;间接证据的数量较多、收集难度小。直接证据尽管能单独证明案件的主要事实,但诉讼实践中往往数量较少,且不易收集。比如,在刑事案件中,常常缺乏目击证人,也没有相关的视听资料记录下犯罪过程,甚至没有具体的被害人,因而除非犯罪嫌疑人、被告人主动交代犯罪事实,否则很难获取直接证据。与之不同,间接证据的数量较多,类型丰富,如物品、痕迹、书证或者勘验、检查、辨认、侦查实验笔录等,相对容易获取。

(三)划分直接证据与间接证据的意义

将证据划分为直接证据与间接证据,虽然在民事诉讼中的意义不大[①],但在刑事诉讼中却十分重要。

第一,直接证据与间接证据的划分,使得公安司法人员、当事人及其委托的人能够更为全面地把握两类证据的不同特点,进而采取具有针对性的行为收集证据。比如,当犯罪嫌疑人始终不认罪时,办案人员应当先尽力收集间接证据,再据此突破犯罪嫌疑人的心理防线,获取直接证据。

第二,直接证据与间接证据的划分,有利于弱化办案人员过分依赖直接证据尤其是犯罪嫌疑人、被告人口供的观念,保障犯罪嫌疑人、被告人和证人的合法权益。因为即便案件中只有间接证据,只要满足证据确实充分的条件,也能及时正确地认定案件,在刑事诉讼中的表现之一就是可以"零口供"定案。与此同时,只有被告人供述,没有其他证据的,不能认定被告人有罪和处以刑罚。由此,可以在一定程度上减少公安司法人员通过刑讯逼供、暴力、威胁、引诱、欺骗等非法方法获取犯罪嫌疑人、被告人口供或证人证言的行为。

(四)间接证据的运用规则

由于间接证据不能单独证明案件主要事实,完全运用间接证据定案比较复杂和困难,因而实践中应当慎重为之,否则容易出现错案。

最高法《刑诉法解释》第 140 条规定:"没有直接证据,但间接证据同时符合下列条件的,可以认定被告人有罪:(一)证据已经查证属实;(二)证据之间相互印证,不存在无法排除的矛盾和无法解释的疑问;(三)全案证据形成完整的证据链;(四)根据证据认定案件事实足以排除合理怀疑,结论具有唯一性;(五)运用证据进行的推理符合逻辑和经验。"根据该条规定和学界通说,在没有直接证据的情况下,完全运用间接证据定案,应当遵循以下规则:

第一,每个间接证据都必须已经查证属实,具有客观性。未经双方质证和法院查证属实的间接证据,不能作为定案根据。

第二,每个间接证据都必须与案件事实具有关联性。即每个间接证据都与案件事实存在客观联系,能够对案件事实起到证明作用。

第三,间接证据之间能够相互印证,不存在无法排除的矛盾和无法解释的疑问,具有协调性。

---

① 基于民事法律关系形成、变化的复杂性,很难说某个证据能够直接独立地证明案件主要事实。参见张卫平:《民事证据法》,法律出版社 2017 年版,第 21 页。

第四,全案的间接证据已经形成完整的证明体系,具有充分性。即间接证据达到了足够的数量,能够证明案件事实的各个部分和各个情节形成完整的证据链。如果证据链不完整,或者有部分案件事实无法证明,则不能定案。

第五,运用间接证据形成的证据体系所得出的结论具有唯一性。具体到刑事诉讼中,全案证据应当达到足以排除合理怀疑的程度,得出的结论是排他的,没有其他可能性。

第六,运用间接证据进行的推理符合逻辑和经验。由于每个间接证据只能证明案件事实的某个片段或部分,因而完全运用间接证据定案,必然要经过复杂的思维推理过程。此推理活动不能随意为之,应当符合逻辑法则和经验法则。

五、控诉证据与辩护证据

(一) 控诉证据与辩护证据的概念

根据证据与犯罪嫌疑人、被告人的利害关系不同,可以把证据区分为控诉证据和辩护证据。这是刑事诉讼中的特有分类。

能够证明犯罪嫌疑人、被告人有罪以及具有从重处罚情节的证据,是控诉证据;能够证明犯罪嫌疑人、被告人无罪或者虽然实施犯罪行为但具有从轻、减轻或免除处罚情节的证据,是辩护证据。

从字面上看,控诉证据似乎仅由控诉方提出,辩护证据似乎仅由辩护方提出,实则不然。控诉证据与辩护证据的划分主要以证据与犯罪嫌疑人、被告人的利害关系为标准,而非以诉讼中的哪一方提出为标准。《刑事诉讼法》第52条规定:"审判人员、检察人员、侦查人员必须依照法定程序,收集能够证实犯罪嫌疑人、被告人有罪或者无罪、犯罪情节轻重的各种证据。……"据此,我国公安司法人员在办理刑事案件时,基于客观公正原则,既要收集犯罪嫌疑人、被告人有罪或罪重的证据(控诉证据),也要收集犯罪嫌疑人、被告人无罪或罪轻的证据(辩护证据)。犯罪嫌疑人、被告人及其辩护人则通常只收集和提出无罪或者罪轻的证据(辩护证据)。

需要指出的是,学界还存在另外一种很有影响的、与控诉证据和辩护证据的分类相类似的分类,即根据证据对案件事实的证明作用,将证据分为有罪证据与无罪证据。有罪证据是指能够证明犯罪事实存在,并且犯罪嫌疑人、被告人实施了该犯罪行为的证据;无罪证据是指能够证明犯罪嫌疑人、被告人没有实施犯罪行为,或者犯罪事实不存在的证据。但本书认为,这种分类难以合理解释自首、立功等从轻、减轻或免除处罚情节的归属问题。这些情节证据由于只影响量刑,与定罪无关,因而不能被归属于无罪证据,视为有罪证据也存在逻辑上的问题。

(二) 划分控诉证据与辩护证据的意义

在刑事诉讼中,罪与非罪、罪重与罪轻的证据直接关涉犯罪嫌疑人、被告人的自由、财产、生命等重要权益,划分控诉证据与辩护证据的意义就在于,让侦查、检察、审判人员注意全面收集和调查案件证据,既要关注能够证实犯罪嫌疑人、被告人有罪或者罪重的证据,也要关注能够证明犯罪嫌疑人、被告人无罪或者罪轻的证据,避免主观片面,正确认定案件,实现司法的公平正义。

划分控诉证据与辩护证据,还有助于自诉人明确自己收集和提出控诉证据的职责,有助于辩护方明确自己在收集和提出辩护证据方面的权利,更好地维护各自的合法权益。

（三）控诉证据与辩护证据的运用规则

第一,控诉方必须在收集到确实充分的控诉证据时,才能认定被告人有罪。作为控诉方的检察机关既要收集控诉证据,也要收集能够证明犯罪嫌疑人、被告人无罪或者罪轻的证据,并在认为控诉证据已经达到确实充分的证明标准时,提起公诉,指控和证实被告人有罪。

第二,辩护方如欲证明被告人无罪或者罪轻,应当对控诉方提出的控诉证据进行质疑和反驳,否定其证据能力,削弱其证明力;或者自行收集辩护证据,并通过辩护证据让法官对案件事实产生合理怀疑。

第三,审判人员应当全面关注控诉证据和辩护证据,经过法庭调查,确信控诉证据已经满足确实、充分的条件,能够排除合理怀疑的,判定被告人有罪;否则,应当根据疑罪从无原则,宣告被告人无罪,严禁"疑罪从有""疑罪从轻"或者"疑罪从挂"。我国《刑事诉讼法》第 200 条第 3 项就规定:"证据不足,不能认定被告人有罪的,应当作出证据不足、指控的犯罪不能成立的无罪判决。"

六、本证与反证

（一）本证与反证的概念

根据证据与证明责任承担者的关系,可以将证据分为本证与反证。

本证是指负有证明责任的当事人提出的,用于证明其所主张的事实成立的证据;反证是指不负有证明责任的当事人为证明对方主张的事实不存在而提出的证据。例如,在原告起诉指控被告对其殴打致伤,要求损害赔偿的案件中,原告提供的住院病历是本证,被告提供的证明原告受伤之时其不在场的证据是反证。无论是本证还是反证,既可能由原告提出,也可能由被告提出,关键取决于提出证据的当事人与证明责任承担者是否同一。如同一,则是本证;如不同一,则是反证。民事诉讼采行"谁主张,谁举证"的原则,主张某事实的一方当事人应当负举证责任,提出相应证据。原告与被告分别对自己的诉讼主张承担证明责任,因而提出证据证明的,就是本证;对方提出相反的证据证明其主张的事实不成立的,就是反证。

需要注意,不能将反证等同于反驳性证据。二者的区别主要在于:反证不是反驳对方的证据,而是反驳对方主张的事实,证明对方主张的事实不真实或不存在;反驳性证据则属于证据抗辩的范畴,重在质疑对方所提出证据的证据能力与证明力,间接地否定奠基于该证据之上的对方主张的事实。

本证与反证的分类主要存在于民事诉讼与行政诉讼中,刑事诉讼中很少采用。究其原因,主要是在我国,刑事诉讼不仅在证明责任的概念上与民事诉讼、行政诉讼不同,而且在证明责任的承担上也存在很大区别,即民事诉讼、行政诉讼强调证明责任的分担,而刑事诉讼则由控诉方承担证明责任,辩护方原则上不承担证明责任,控、辩双方尽管都可能会提出各自的证据,但这些证据往往既能证明本方的主张,也能推翻对方的主张,从而既是本证,又是反证,因而刑事诉讼中区分本证与反证的意义不大。

（二）划分本证与反证的意义

第一,本证与反证的划分既有助于提出事实主张的当事人明晰自己的举证责任,通过积极、及时的举证活动,让审判人员对其主张的事实形成确信,也有助于对方当事人了解自己的权益保护方式,通过提出相反的证据反驳本证提出者的事实主张,动摇审判人员对本证证明的事实的确信。

第二,本证与反证的划分有利于审判人员把握双方当事人的事实主张及其举证情况,梳理案件争议焦点,进而有针对性地组织法庭调查活动,提高诉讼效率。

第三,本证与反证的划分有助于审判人员正确认定案件事实。法律对本证与反证的证明标准作出了不同的规定,比如,民事诉讼中,本证需要满足高度盖然性的证明标准,否则法官不能形成确信;反证的证明标准则较低,只要能够动摇审判人员对本证旨在证明的事实的确信,使其处于真伪不明的状态,审判人员就应作出对本证提出者不利的裁断。最高法《民诉法解释》第108条第1、2款规定:"对负有举证证明责任的当事人提供的证据,人民法院经审查并结合相关事实,确信待证事实的存在具有高度可能性的,应当认定该事实存在。对一方当事人为反驳负有举证证明责任的当事人所主张事实而提供的证据,人民法院经审查并结合相关事实,认为待证事实真伪不明的,应当认定该事实不存在。"

（三）本证与反证的运用规则

第一,在定案证据中,本证与反证通常不能共存,否则就违背了逻辑规律。但个别情况下,当待证事实本身缺乏是非评价的清晰界限,以致无法使用"排中律"作出"非此即彼"的判断时,作为例外,本证与反证可能会同时存在。比如,在离婚案件中,可能同时存在关于夫妻感情是否破裂的本证与反证,在此情况下,法官可以基于高度盖然性的证明标准作出裁断。

第二,本证与反证中,一种不成立,不能当然地推定另一种成立,而仍然应当依法对另一种进行审查判断。当案件只有本证没有反证时,也不能认为本证就当然成立,而仍然应当进行必要的审查判断。

七、其他分类

除上述五种常见的证据分类外,还有一些证据分类也值得关注。

（一）主证据与补强证据

根据证据能否对案件主要事实起证明作用,可以把证据分为主证据与补强证据。主证据,又称为主要证据,是指能够证明案件主要事实是否存在的证据。补强证据则是指增强、担保主证据证明力的证据。主证据与补强证据具有共存性,如果存在主证据,则必然需要一定数量的补强证据,否则不能满足定案的要求。

（二）合法证据与非法证据

根据证据的表现形式及证据收集活动是否合法,可以将证据分为合法证据与非法证据。合法证据是指表现形式、收集主体和收集活动都符合法律规定的证据;非法证据则是指无权收集证据的人员收集的证据或者有权收集证据的人员违反法律规定收集的证据。划分合法证据与非法证据有助于办案人员理解和掌握非法证据排除规则,改变"重实体、轻程序"的司法传统,提升诉讼程序的公正性。

理论探讨

（三）实质证据与弹劾证据

实质证据与弹劾证据的划分标准是证据的证明指向。实质证据是指用来证明案件事实的证据,如用以证明犯罪工具的枪支等;弹劾证据是指用以质疑证人证言等证据证明力的证据,如用以证明证人有说谎习惯的证据等。

案例研析

【思考题】

1. 证据能力与证明力的区别与联系是什么?
2. 传来证据与传闻证据的区别是什么?
3. 如何理解言词证据与实物证据的特点?
4. 如何理解完全运用间接证据定案的规则?
5. 本证与反证划分的根据和意义是什么?

思考题参考答案

【参考文献】

1. 卞建林主编:《刑事证明理论》,中国人民公安大学出版社 2004 年版。
2. 卞建林译:《美国联邦刑事诉讼规则和证据规则》,中国政法大学出版社 1996 年版。
3. 陈朴生:《刑事证据法》,三民书局 1979 年版。
4. 陈一云、王新清主编:《证据学》(第六版),中国人民大学出版社 2015 年版。
5. 崔敏主编:《刑事证据理论研究综述》,中国人民公安大学出版社 1990 年版。
6. 崔敏、张文清主编:《刑事证据的理论与实践》,中国人民公安大学出版社 1992 年版。
7. 何家弘、刘品新:《证据法学》,法律出版社 2004 年版。
8. 何家弘主编:《新编证据法学》,法律出版社 2000 年版。
9. 何家弘主编:《外国证据法》,法律出版社 2003 年版。
10. 刘金友主编:《证据理论与实务》,法律出版社 1992 年版。
11. 刘金友主编:《证据法学(新编)》,中国政法大学出版社 2003 年版。
12. 宋英辉、汤维建主编:《证据法学研究述评》,中国人民公安大学出版社 2006 年版。
13. 宋英辉、汤维建主编:《我国证据制度的理论与实践》,中国人民公安大学出版社 2006 年版。
14. 易延友:《证据法学:原则 规则 案例》,法律出版社 2017 年版。
15. [美]乔恩·R.华尔兹:《刑事证据大全》,何家弘等译,中国人民公安大学出版社 1993 年版。

16. ［日］松尾浩也:《日本刑事诉讼法》(下卷 新版),张凌译,中国人民大学出版社 2005 年版。

17. ［日］田口守一:《刑事诉讼法》(第五版),张凌、于秀峰译,中国政法大学出版社 2010 年版。

18. ［日］土本武司:《日本刑事诉讼法要义》,董璠舆、宋英辉译,五南图书出版公司 1997 年版。

19. ［苏联］阿·阿·多勃罗沃里斯基等:《苏维埃民事诉讼》,李衍译,法律出版社 1985 年版。

20. ［苏联］安·扬·维辛斯基:《苏维埃法律上的诉讼证据理论》,王之相译,法律出版社 1957 年版。

第九章 证据形式

■ 导语

　　所谓证据形式,也称证据种类或证据的法定种类,是指根据证据材料的表现形式,在法律上对证据进行的分类。证据种类是证据形式合法性的重要标准,只有具备法律规定形式的证据才有证据能力。我国《刑事诉讼法》《民事诉讼法》《行政诉讼法》都在法律条文中明确规定了证据的形式。传统社会由于受口传文化的影响,言词证据(如被追诉人的口供、证人证言等)是诉讼中的主要证据形式。在近现代社会,实物证据(如书证、物证)以及基于实物证据而产生的笔录类证据和鉴定意见越来越受到重视。在当代,随着磁技术和电子技术的发展,视听资料和电子数据等证据形式又先后出现并越来越重要。我国法定的证据种类主要包括物证,书证,证人证言,犯罪嫌疑人、被告人供述和辩解,被害人陈述,当事人陈述,勘验、检查、辨认、侦查实验等笔录和现场笔录,鉴定意见,视听资料,电子数据等。

第一节　证据形式的历史演变

　　在人类司法史早期,纠纷的解决与裁断主要依赖神明的庇佑,无论英美法系国家还是大陆法系国家,诉讼程序中的真实发现均是以诉诸神明或准神明的方式进行的,也就是让诉讼当事人履行一套既成的形式或仪式,如宣誓、水审、火审、决斗等,再根据履行过程中发生的情况或履行后的结果来判断是非曲直、解决诉讼。而这些形式与特定诉讼中作为问题的犯罪或侵权行为并无逻辑上或现实上的联系,同时也完全脱离生活中认识事实的方法。[①] 虽然在当时的历史条件与生产力水平下,神明裁判有其必要性,但该模式下的事实认定基本上是神谕式的、非理性的,因此,包含着大量的不确定和反科学的因素,正基于此,历史学家巴特莱特将神判称为"一种旨在处理不可能获取确定的知识而又无法容忍不确定的情境之装置"[②]。在以神明裁判为主的司法证明时期,几乎所有证据材料都是比较短缺的。因此,区分证据形式的必要性也就不大。当然,也并不是说在这一时期任何证据形式都不存在。在个案的司法证明中,冲突双方和纠纷解决者也会使用人证、物证等证据形式。只不过这些证明方式受神判模式的统摄,并不起主要作用。

---

　　① 王亚新:《刑事诉讼中发现案件真相与抑制主观随意性的问题——关于自由心证原则历史和现状的比较法研究》,《比较法研究》1993 年第 2 期。

　　② [英]罗伯特·巴特莱特:《中世纪神判》,徐昕等译,浙江人民出版社 2007 年版,第 148 页。

随着人类社会的发展和人类认识能力的提升,神明裁判开始退出历史舞台,大陆法系国家逐渐转向法官职权纠问式的证明方式,在证据形式上越来越重视言词证据,尤其是被追诉人的口供;而英美法系国家逐渐转向当事人对抗式的证明方式,越来越重视证人的证言,由此,人证开始步入历史舞台并成为主角。然而,虽然人证能够超越神明裁判的非科学性,但它本身也具有很大的不确定性和主观性,而且,对被追诉人口供的过分重视极易引发刑讯逼供等非法取证现象。之所以会如此,至少存在以下两方面的深层原因:(1)传统社会基本上属于口传文化的社会,"国家的常规控制较弱,使得主要依赖口供定案是一种不得不为的做法。因为在人与人之间的互动主要是面对面的交往中,各种情景都是个体性的、具体的,当事人的角色清晰可辨,因此书面的证据并不像现代社会那样受到重视"[1]。(2)日常监控的薄弱,使证据的客观化(指证据具有实物性、不可更改性)生成机制极为缺乏。[2]

随着印刷技术、勘查技术和鉴定技术的进步,实物证据(包括物证和书证)这种稳定性强、客观性强的证据越来越受到重视,并渐趋成为新时期的"证据之王"。这主要得益于现代社会治理能力的大幅提升,即"无论是社会行动者的大部分日常生活场所(如工厂、办公室、学校、医院),还是更具整体性的情景(如监狱和收容所),人们生活的绝大部分时期均能受到或多或少的持续性监控,各种作息时间表、证件、档案、登记表、录像等就是对人实施监视、训练、操纵、评判的基本手段,可以说,人的一生从出生到死亡都陷入了规范化的书面资料和电子信息的重重包围之中"[3]。此外,由物证和书证衍生出来的证据形式,如勘验笔录、检查笔录、鉴定意见等在三大诉讼法中都变得越来越重要。

进入现当代,随着磁技术和数码科技的发展,人类逐渐进入信息时代。视听资料和电子数据遂成为新时期的重要证据形式。从法律和司法解释关于证据形式的规定也可以看出其演变历程。以刑事证据为例,1979年《刑事诉讼法》第31条第1款规定,证据有下列六种:(1)物证、书证;(2)证人证言;(3)被害人陈述;(4)被告人供述和辩解;(5)鉴定结论;(6)勘验、检查笔录。其中并不包括视听资料。主要原因就在于当时社会生活和司法实践中并不存在大量的视听资料。根据现实需要,1996年《刑事诉讼法》第42条第2款增加了视听资料。2012年《刑事诉讼法》第48条第2款进一步增加了电子数据这一新的证据形式。2018年《刑事诉讼法》第50条对证据形式未作新的修改。民事证据也类似。1982年《民事诉讼法(试行)》、1991年《民事诉讼法》和2007年《民事诉讼法》只规定了书证、物证、视听资料、证人证言、当事人的陈述、鉴定结论、勘验笔录等7种,2012年《民事诉讼法》修订之后,新增了电子数据这一证据形式。

第二节　证据形式的相关理论

从比较法上讲,各国在区分诉讼证据种类的时候往往表现出以下三个方面的区别:

---

① 左卫民、周洪波:《从合法到非法:刑讯逼供的语境分析》,《法学》2002年第10期。

② 这有一定道理,但是也不应过分夸大传统国家司法调查能力所遭遇的困境,因为从《洗冤录》(我国一本13世纪有关尸体检验的论著)和其他一些历史资料来看,传统国家在刑事证据调查方面已经有了一些较为可靠的经验,况且传统社会的犯罪现象远没有现在复杂。参见左卫民、周洪波:《从合法到非法:刑讯逼供的语境分析》,《法学》2002年第10期。

③ 左卫民、周洪波:《从合法到非法:刑讯逼供的语境分析》,《法学》2002年第10期。

第一，有没有专门的条文规定法定的证据种类。对此，中国和俄罗斯等国家有专门规定证据种类的法律条文；但大多数国家并没有专门的关于法定证据种类的规范条文。或者说，对证据种类的开放程度不一样——大多数国家并未将证据种类仅限于证据法规范中提及的证据种类。

第二，证据到底有多少种。对此，英美证据法一般把证据分为人证、书证和物证；《澳大利亚联邦1995年证据法》将证据分别规定为"证人""书证"和"其他证据"；德国《刑事诉讼法》将证据种类区分为五种；俄罗斯《刑事诉讼法》将证据种类区分为六种。比较而言，中国证据种类是最多的，比如，《刑事诉讼法》第50条将证据区分为以下八种：(1)物证；(2)书证；(3)证人证言；(4)被害人陈述；(5)犯罪嫌疑人、被告人供述和辩解；(6)鉴定意见；(7)勘验、检查、辨认、侦查实验等笔录；(8)视听资料、电子数据。[1]

第三，某些特定证据种类的内涵和外延有所不同。其中典型的就是：(1)陈述性的证据(如人证或证人证言等)所包括的证据内容，在一些西方国家要比在中国更为广泛。在前者，证据内容不仅指人的陈述，也包括陈述时的情态表现，甚至包括人的日常品行特征等，但在中国则仅限于人的陈述。[2] (2)对于提供专门知识的人，不同国家采取的证据形式也有所不同。大陆法系国家采取的是鉴定人制度。鉴定人被认为是法官的助手、法官认识手段的延长，鉴定人就专门性问题提供的意见被称为"鉴定意见"。英美法系国家采取的是专家证人制度，虽然也由具有专门知识的人就诉讼中的专门问题提出自己的意见，但它们以证人证言的形式在法庭审理中存在，专家证人需要接受当事人双方的交叉询问。

第三节　我国法定的证据种类

一、我国法定证据种类概述

在我国，三大诉讼法都采取了明确列举的方式规定了法定的证据种类。《刑事诉讼法》第50条第2款规定，证据包括：(1)物证；(2)书证；(3)证人证言；(4)被害人陈述；(5)犯罪嫌疑人、被告人供述和辩解；(6)鉴定意见；(7)勘验、检查、辨认、侦查实验等笔录；(8)视听资料、电子数据。《民事诉讼法》第66条第1款规定，证据包括：(1)当事人的陈述；(2)书证；(3)物证；(4)视听资料；(5)电子数据；(6)证人证言；(7)鉴定意见；(8)勘验笔录。《行政诉讼法》第33条规定，证据包括：(1)书证；(2)物证；(3)视听资料；(4)电子数据；(5)证人证言；(6)当事人的陈述；(7)鉴定意见；(8)勘验笔录、现场笔录。可见，物证、书证、证人证言、视听资料、电子数据、鉴定意见是三大诉讼法共有的证据种类，被害人陈述与犯罪嫌疑人、被告人供述和辩解则是《刑事诉讼法》特有的证据种类，现场笔录是《行政诉讼法》特有的证据种类，而当事人陈述是《民事诉讼法》和《行政诉讼法》共有的证据种类。

[1]　周洪波：《诉讼证据种类的区分逻辑》，《中国法学》2010年第6期。
[2]　周洪波：《诉讼证据种类的区分逻辑》，《中国法学》2010年第6期。

二、物证

(一) 物证的概念

物证是指以其内在属性、外部特征、空间方位、存在样态等证明系争事实的客观之物。在刑事诉讼中,物证几乎是证明案件事实不可或缺的证据类型,犯罪工具、犯罪痕迹、犯罪所得等基本上都会以物证的形式表现出来。具体而言:(1)犯罪使用的工具,如犯罪人杀人时使用的凶器、毒药,盗窃时使用的钳子、万能钥匙等;(2)犯罪痕迹或保留着犯罪痕迹的任何物品,如住宅门上撬锁的痕迹,留有痕迹的刀、撬棍、棍子,指纹、脚印和留有指纹的玻璃杯,血迹、精斑和留有血迹的衣服等;(3)犯罪行为的侵害对象,如金钱、作为盗窃对象的有价证券或秘密文件、伪造的身份证件、汽车等;(4)犯罪行为的所得,如通过犯罪途径聚敛的财物、金钱和其他有价值的物品;(5)犯罪现场留下的物品,如犯罪人留在犯罪现场的打火机、衣服、帽子、手绢、纽扣、火柴、烟头、纸屑等。

(二) 物证的特征

1. 物证以其内在属性、外部特征、空间方位、存在样态来证明案件事实

这是物证最基本的属性和特点。无论是在证据理论上还是在证据立法上,物证均是以这一特征区别于其他证据种类的。

2. 物证具有真实可靠性和相对稳定性

与其他证据种类(尤其是言词证据)相比,物证具有较强的真实可靠性。它一旦形成,便外在于人,其本身不会像言词证据那样基于主体意识改变附着其上的案件信息。正基于此,美国著名物证技术学家赫伯特·麦克唐奈(Herbert Mac Donnell)指出:"物证不怕恫吓。物证不会遗忘。物证不会像人那样受外界影响而情绪激动……在审判过程中,被告人会说谎,证人会说谎,辩护律师和检察官会说谎,甚至法官也会说谎,惟有物证不说谎。"[①] 不仅如此,物证还具有较强的稳定性,以指纹或掌纹为例,包括人的手指、手掌和脚掌上的纹理等结构都受到胎儿时期子宫内的微环境影响,有些在出生前就已完全定型,有些在出生后一两年内基本定型,而且保持终生不变。而且现有的科学研究表明,在一个稳定的环境中,指纹在物体表面可以完整地保存几十年。[②]

3. 物证具有间接证明性

在西方证据理论上,物证一般还被称为"哑巴证据"——不会说话的证据。除极其特殊的情况外,物证所反映的案件事实一般都是不完整的片段,也就是说,它仅能说明案件事实的一种状态、一个时间点——静音状态的画面。因此,物证往往不能自己直接向法庭证明案件事实,必须与其他证据或证明方法结合在一起发挥作用。

4. 物证的搜集、物证信息的挖掘往往需要借助一定的技术手段

一方面,物证所蕴含的证据信息具有深层性和间接性,这决定着深层的物证信息不会主动进入刑事司法人员的视野,而需要借助能动的收集方法、专业的技术手段,如犯罪现场遗留的

---

① 转引自何家弘主编:《外国证据法》,法律出版社 2003 年版,第 188 页。
② 朱博编著:《世界著名疑案破案密码》,学林出版社 2007 年版,第 11、15 页。

指纹和足迹的显现技术和提取技术。另一方面,深层物证信息的解读也需要一定的调查手段或技术手段,包括一般性的勘验——勘验乃通过"五官直觉",也包括深层次的鉴定——鉴定则通过"特别智能"。[1]

(三) 物证的收集

所谓物证的收集,是指司法人员、律师以及当事人发现、提取物证的专门活动。物证的收集是一项非常重要的诉讼活动,应当客观、细致、及时并善于利用科技手段。

1. 刑事诉讼中物证的收集

在刑事诉讼中,收集物证主要通过勘验、检查、搜查、扣押等方法进行。根据《刑事诉讼法》及相关司法解释的规定,物证收集程序的主要内容包括:(1)收集、调取的物证应当是原物。只有在原物不便搬运、不易保存或者依法应当由有关部门保管、处理或者依法应当返还时,才可以拍摄或者制作足以反映原物外形或者内容的照片、录像或者复制品。[2](2)物证的照片、录像或者复制品经与原物核实无误或者经鉴定证明为真实的,或者以其他方式确能证明其真实的,可以作为证据使用。原物的照片、录像或者复制品,不能反映原物的外形和特征的,不能作为证据使用。[3](3)物证的照片、录像或者复制品,应当附有关制作过程及原件、原物存放处的文字说明,并由制作人和物品持有人或者物品持有单位有关人员签名。[4](4)在侦查活动中发现的可用以证明犯罪嫌疑人有罪或者无罪的各种财物,应当查封、扣押;但与案件无关的财物,不得查封、扣押。持有人拒绝交出应当查封、扣押的财物的,公安机关可以强制查封、扣押。[5](5)在侦查过程中需要扣押财物的,应当经办案部门负责人批准,制作扣押决定书;在现场勘查或者搜查中需要扣押财物的,由现场指挥人员决定;但扣押财物价值较高或者可能严重影响正常生产经营的,应当经县级以上公安机关负责人批准,制作扣押决定书。在侦查过程中需要查封土地、房屋等不动产,或者船舶、航空器以及其他不宜移动的大型机器、设备等特定动产的,应当经县级以上公安机关负责人批准并制作查封决定书。[6](6)执行查封、扣押的侦查人员不得少于2人,并出示查封决定书或扣押决定书。查封、扣押的情况应当制作笔录,由侦查人员、持有人和见证人签名。对于无法确定持有人或者持有人拒绝签名的,侦查人员应当在笔录中注明。[7](7)对查封、扣押的财物,应当会同在场见证人和被查封、扣押财物的持有人查点清楚,当场开列查封、扣押清单一式三份,写明财物的名称、编号、数量、特征及其来源等,由侦查人员、持有人和见证人签名,一份交给持有人,一份交给公安机关保管人员,一份附卷备查。对于财物的持有人无法确定,以及持有人不在现场或者拒绝签名的,侦查人员应当在清单中注明。依法扣押文物、贵金属、珠宝、字画等贵重财物的,应当拍照或者录音录像,并及时鉴定、估价。执行查封、扣押时,应当为犯罪嫌疑人及其所扶养的亲属保留必需的生活费用和物品。能够保证侦查活动正常进行的,可以允许有关当事人继续合理使用有关涉案财物,但应当采取必要的保

① 陈瑾昆:《刑事诉讼法通义》,法律出版社2007年版,第182页。
② 公安部《刑事案件程序规定》第64条第1款。
③ 公安部《刑事案件程序规定》第64条第2款。
④ 公安部《刑事案件程序规定》第67条。
⑤ 公安部《刑事案件程序规定》第227条。
⑥ 公安部《刑事案件程序规定》第228条。
⑦ 公安部《刑事案件程序规定》第229条。

值、保管措施。^①(8) 对作为犯罪证据但不便提取或者没有必要提取的财物,经登记、拍照或者录音录像、估价后,可以交财物持有人保管或者封存,并且开具登记保存清单一式两份,由侦查人员、持有人和见证人签名,一份交给财物持有人,另一份连同照片或者录音录像资料附卷备查。财物持有人应当妥善保管,不得转移、变卖、毁损。^②(9) 对查封、扣押的财物,经查明确实与案件无关的,应当在 3 日以内解除查封、扣押,退还原主;原主不明确的,应当采取公告方式告知原主认领。在通知原主或者公告后 6 个月以内无人认领的,按照无主财物处理,登记后上缴国库。有关犯罪事实查证属实后,对于有证据证明权属明确且无争议的被害人合法财产及其孳息,且返还不损害其他被害人或者利害关系人的利益,不影响案件正常办理的,应当在登记、拍照或者录音录像和估价后,报经县级以上公安机关负责人批准,开具发还清单返还,并在案卷材料中注明返还的理由,将原物照片、发还清单和被害人的领取手续存卷备查。领取人应当是涉案财物的合法权利人或者其委托的人;委托他人领取的,应当出具委托书。侦查人员或者公安机关其他工作人员不得代为领取。查找不到被害人,或者通知被害人后,无人领取的,应当将有关财产及其孳息随案移送。^③(10) 对查封、扣押的财物及其孳息,公安机关应当妥善保管,以供核查。任何单位和个人不得违规使用、调换、损毁或者自行处理。县级以上公安机关应当指定一个内设部门作为涉案财物管理部门,负责对涉案财物实行统一管理,并设立或者指定专门保管场所,对涉案财物进行集中保管。对价值较低、易于保管,或者需要作为证据继续使用,以及需要先行返还被害人的涉案财物,可以由办案部门设置专门的场所进行保管。办案部门应当指定不承担办案工作的民警负责本部门涉案财物的接收、保管、移交等管理工作;严禁由侦查人员自行保管涉案财物。在侦查期间,对于易损毁、灭失、腐烂、变质而不宜长期保存,或者难以保管的物品,经县级以上公安机关主要负责人批准,可以在拍照或者录音录像后委托有关部门变卖、拍卖,变卖、拍卖的价款暂予保存,待诉讼终结后一并处理。对于违禁品,应当依照国家有关规定处理;需要作为证据使用的,应当在诉讼终结后处理。^④

2. 民事诉讼中物证的提交、质证、调查

《民事诉讼法》及相关司法解释也对物证的提交、质证、调查等作出了一系列规定:(1) 人民法院调查收集的物证应当是原物。^⑤(2) 对物证进行质证时,当事人应当出示证据的原件或者原物。但有下列情形之一的除外:①出示原件或者原物确有困难并经人民法院准许出示复制件或者复制品的;②原件或者原物已不存在,但有证据证明复制件、复制品与原件或者原物一致的。^⑥

三、书证

(一) 书证的概念

所谓书证,是指以文字、符号、图形等所记载的内容或表达的思想来证明案件事实的文件

① 公安部《刑事案件程序规定》第 230 条。
② 公安部《刑事案件程序规定》第 231 条。
③ 公安部《刑事案件程序规定》第 233、234 条。
④ 公安部《刑事案件程序规定》第 235、236 条。
⑤ 最高法《民诉证据规定》第 22 条;《民事诉讼法》第 73 条。
⑥ 最高法《民诉证据规定》第 61 条。

和其他物品。较为常见的书证有文件、书信、合同书、契约书、票据、单据、账册、书面遗嘱、传真电报文稿、出生证、结婚证书、学历证明、身份证、设计图纸、绘图等。除此之外，以特殊物质为载体的文字、符号、图画，如果能够以其记载的内容或表达的思想证明案件事实，也属于书证的范畴，如壁画、墓碑、广告牌、宣传栏、X 光胶片以及篆刻着特殊符号或图案的金属器物、钟表、戒指等。

（二）书证的特征

书证具有以下特征：

1. 书证以其记载的内容和表达的意思来证明案件事实，具有事先性和静态性

在我国法定的证据种类上，书证与物证、言词类证据的区别比较明显，因为物证通过物品或痕迹的外在特征、属性、位置等来证明案件事实，言词类证据的表意方式一般是口头的而非书面的，但某些言词类证据往往会以笔录的方式来呈现。另外，勘验、检查笔录和视听资料与书证有共同之处。尽管如此，书证的事先性和静态性仍然是书证区别于其他证据种类的独有特征。一方面，书证与其他书面材料（如书面陈述、调查笔录）等有一定的相似之处，即都可以通过所记载的内容或表达的思想来证明案件事实或系争事实。但是与后者不同的是，书证一般都不是针对特定案件的诉讼活动刻意制作的，相反，其是在诉讼活动开始之前制作的，或者是在与诉讼活动毫无关联的情况下制作的。而证人证言笔录、当事人陈述笔录、口供笔录[1] 是相关人员对案件事实感受之后，在向司法人员陈述时所作的客观记录，是在诉讼过程中形成的。另一方面，书证与视听资料虽然都通过内容或思想证明案情，但视听资料的内容是动态的，而书证则是静态的，是人们通过认读来源于案件事实的文字、图形或符号体会出来的。

2. 书证的稳定性和客观性相对较强

书证的载体在物理属性上也具有稳定性，如书证一般记载于纸张、金属、木材、石头、布匹、塑料等之上，文字、图形或符号一经记载，其所表达的意思就会以一种相对稳定的状态固化在物质载体之上，书证的证明力也就具有了持久性和稳定性的特征。另外，书证一般都在诉讼发生之前形成，其内容具有预先成型的特点，这也使之较为客观稳定。

（三）书证的收集

1. 刑事诉讼中书证的收集

依据《刑事诉讼法》及相关司法解释的规定，书证的收集程序与物证的收集程序基本相同。具体内容主要有：(1) 收集、调取的书证应当是原件。只有在取得原件确有困难时，才可以使用副本或者复制件。[2] (2) 书证的副本、复制件，经与原件核实无误或者经鉴定证明为真实的，或者以其他方式确能证明其真实的，可以作为证据使用。书证有更改或者更改迹象不能作出合理解释的，或者书证的副本、复制件不能反映书证原件及其内容的，不能作为证据使用。[3] (3) 书证的副本、复制件，应当附有关制作过程及原件存放处的文字说明，并由制作人和物品持有人或者物品持有单位有关人员签名。[4] (4) 在侦查活动中发现的可用以证明犯罪嫌疑人有罪

---

[1]　有时是证人、当事人自己书写的。
[2]　公安部《刑事案件程序规定》第 65 条第 1 款。
[3]　公安部《刑事案件程序规定》第 65 条第 2 款。
[4]　公安部《刑事案件程序规定》第 67 条。

或者无罪的各种文件,应当查封、扣押;但与案件无关的文件,不得查封、扣押。持有人拒绝交出应当查封、扣押的文件的,公安机关可以强制查封、扣押。[①](5)在侦查过程中需要扣押文件的,应当经办案部门负责人批准,制作扣押决定书;在现场勘查或者搜查中需要扣押文件的,由现场指挥人员决定;但扣押文件价值较高或者可能严重影响正常生产经营的,应当经县级以上公安机关负责人批准,制作扣押决定书。[②](6)执行查封、扣押的侦查人员不得少于 2 人,并出示查封决定书或扣押决定书。查封、扣押的情况应当制作笔录,由侦查人员、持有人和见证人签名。对于无法确定持有人或者持有人拒绝签名的,侦查人员应当在笔录中注明。[③](7)对查封、扣押的文件,应当会同在场见证人和被查封、扣押文件的持有人查点清楚,当场开列查封、扣押清单一式三份,写明文件的名称、编号、数量、特征及其来源等,由侦查人员、持有人和见证人签名,一份交给持有人,一份交给公安机关保管人员,一份附卷备查。对于文件的持有人无法确定,以及持有人不在现场或者拒绝签名的,侦查人员应当在清单中注明。[④](8)对作为犯罪证据但不便提取或者没有必要提取的文件,经登记、拍照或者录音录像、估价后,可以交文件持有人保管或者封存,并且开具登记保存清单一式两份,由侦查人员、持有人和见证人签名,一份交给文件持有人,另一份连同照片或者录音录像资料附卷备查。文件持有人应当妥善保管,不得转移、毁损。[⑤](9)对查封、扣押的文件,经查明确实与案件无关的,应当在 3 日以内解除查封、扣押,退还原主;原主不明确的,应当采取公告方式告知原主认领。在通知原主或者公告后 6 个月以内无人认领的,按照无主财物处理,登记后上缴国库。[⑥](10)对查封、扣押的文件,公安机关应当妥善保管,以供核查。任何单位和个人不得违规使用、调换、损毁或者自行处理。对违禁品,如淫秽书刊或危害国家安全的传单、标语、信件和其他宣传品等,应当依照国家有关规定处理;需要作为证据使用的,应当在诉讼终结后处理。[⑦]

2. 民事诉讼中书证的收集

在民事诉讼中,书证是极为重要的一种证据形式,这主要是因为现代社会的民商事活动很多都是基于纸质文书展开的。《民事诉讼法》及其司法解释也对民事证据的收集进行了规定:(1)当事人向法院提交的书证原则上应当提交原件。[⑧](2)在以下情形下,提交书证原件确有困难的,可提交复制件:①原件遗失、灭失或者毁损的;②原件在对方当事人控制之下,经合法通知提交而拒不提交的;③原件在他人控制之下,而其有权不提交的;④原件因篇幅或者体积过大而不便提交的;⑤承担举证证明责任的当事人通过申请人民法院调查收集或者其他方式无法获得书证原件的。[⑨]

在民事诉讼中,书证常常存在证据偏在的情形,即书证往往被承担证明责任以外的其他当事人所持有。一旦持有证据的当事人不提出证据,负有证明责任的当事人就很难将案件事实证明到符合证明标准的程度。这种情形在环境侵权诉讼、消费者权益侵权诉讼、金融借贷诉讼、劳

---

① 公安部《刑事案件程序规定》第 227 条。
② 公安部《刑事案件程序规定》第 228 条。
③ 公安部《刑事案件程序规定》第 229 条。
④ 公安部《刑事案件程序规定》第 230 条。
⑤ 公安部《刑事案件程序规定》第 231 条。
⑥ 公安部《刑事案件程序规定》第 233 条。
⑦ 公安部《刑事案件程序规定》第 235、236 条。
⑧ 《民事诉讼法》第 73 条。
⑨ 最高法《民诉法解释》第 111 条。

动关系(工伤赔偿、非法解雇、工资纠纷等)诉讼、交通事故赔偿诉讼、公司诉讼、知识产权诉讼中表现得尤为突出。针对书证的证据偏在问题,一方面,《民事诉讼法》规定了证据申请调查制度,即一方当事人未持有又难以收集某一证据的,可以申请法院调查收集;《民事诉讼法》第 67 条第 2 款规定,当事人及其诉讼代理人因客观原因不能自行收集的证据,或者人民法院认为审理案件需要的证据,人民法院应当调查收集。另一方面,最高法《民诉证据规定》第 95 条规定了证据提出义务,即一方当事人控制证据无正当理由拒不提交,对待证事实负有举证责任的当事人主张该证据的内容不利于控制人的,人民法院可以认定该主张成立。该司法解释并未对证据提出义务进行合理的限定,这相当于凡是持有证据的当事人都有义务提供证据。为此,最高法《民诉法解释》第 112、113 条将证据提出义务限定于书证这一种证据形式,具体而言,书证在对方当事人控制之下的,承担举证证明责任的当事人可以在举证期限届满前书面申请人民法院责令对方当事人提交。申请理由成立的,人民法院应当责令对方当事人提交,因提交书证所产生的费用,由申请人负担。对方当事人无正当理由拒不提交的,人民法院可以认定申请人所主张的书证内容为真实。持有书证的当事人以妨碍对方当事人使用为目的,毁灭有关书证或者实施其他致使书证不能使用行为的,人民法院可以依照《民事诉讼法》的相关规定,对其处以罚款、拘留。[1]

(四) 物证、书证的审查判断

我国诉讼法和司法解释通常都将物证和书证的审查判断放在一起规范,例如,根据最高法《刑诉法解释》规定,首先,对物证、书证应当着重审查以下内容:(1)物证、书证是否为原物、原件,是否经过辨认、鉴定;物证的照片、录像、复制品或者书证的副本、复制件是否与原物、原件相符,是否由 2 人以上制作,有无制作人关于制作过程以及原物、原件存放于何处的文字说明和签名。(2)物证、书证的收集程序、方式是否符合法律、有关规定;经勘验、检查、搜查提取、扣押的物证、书证,是否附有相关笔录、清单,笔录、清单是否经调查人员或者侦查人员、物品持有人、见证人签名,没有签名的,是否注明原因;物品的名称、特征、数量、质量等是否注明清楚。(3)物证、书证在收集、保管、鉴定过程中是否受损或者改变。(4)物证、书证与案件事实有无关联;对现场遗留与犯罪有关的具备鉴定条件的血迹、体液、毛发、指纹等生物样本、痕迹、物品,是否已作 DNA 鉴定、指纹鉴定等,并与被告人或者被害人的相应生物特征、物品等比对。(5)与案件事实有关联的物证、书证是否全面收集。[2] 其次,据以定案的物证应当是原物。原物不便搬运、不易保存、依法应当返还或者依法应当由有关部门保管、处理的,可以拍摄、制作足以反映原物外形和特征的照片、录像、复制品。必要时,审判人员可以前往保管场所查看原物。物证的照片、录像、复制品,不能反映原物的外形和特征的,不得作为定案的根据。物证的照片、录像、复制品,经与原物核对无误、经鉴定或者以其他方式确认真实的,可以作为定案的根据。[3] 据以定案的书证应当是原件。取得原件确有困难的,可以使用副本、复制件。对书证的更改或者更改迹象不能作出合理解释,或者书证的副本、复制件不能反映原件及其内容的,不得作为定案的根据。书证的副本、复制件,经与原件核对无误、经鉴定或者以其他方式确认真实的,可以作为定案的根据。[4] 再次,对与案件事实可能有关联的血迹、体液、毛发、人体组织、指纹、足迹、字迹

---

① 张卫平:《民事证据法》,法律出版社 2017 年版,第 32 页。
② 最高法《刑诉法解释》第 82 条。
③ 最高法《刑诉法解释》第 83 条。
④ 最高法《刑诉法解释》第 84 条。

等生物样本、痕迹和物品,应当提取而没有提取,应当鉴定而没有鉴定,应当移送鉴定意见而没有移送,导致案件事实存疑的,人民法院应当通知人民检察院依法补充收集、调取、移送证据。[①]最后,在勘验、检查、搜查过程中提取、扣押的物证、书证,未附笔录或者清单,不能证明物证、书证来源的,不得作为定案的根据。物证、书证的收集程序、方式有下列瑕疵,经补正或者作出合理解释的,可以采用:(1)勘验、检查、搜查、提取笔录或者扣押清单上没有调查人员或者侦查人员、物品持有人、见证人签名,或者对物品的名称、特征、数量、质量等注明不详的;(2)物证的照片、录像、复制品,书证的副本、复制件未注明与原件核对无异,无复制时间,或者无被收集、调取人签名的;(3)物证的照片、录像、复制品,书证的副本、复制件没有制作人关于制作过程和原物、原件存放地点的说明,或者说明中无签名的;(4)有其他瑕疵的。物证、书证的来源、收集程序有疑问,不能作出合理解释的,不得作为定案的根据。[②]

四、证人证言

(一) 证人证言的概念

所谓证人证言,是指当事人以外的第三人就其所了解的案件情况向司法机关所作的陈述。我国的证人证言仅是当事人以外的第三人的陈述。在英美法系国家,只要是在法庭上作证的人(包括被告人和被害人),其陈述均为证人证言。证人证言的来源和证明范围十分广泛,是诉讼中的常见证据。

(二) 关于证人的资格

我国《刑事诉讼法》第 62 条规定:"凡是知道案件情况的人,都有作证的义务。生理上、精神上有缺陷或者年幼,不能辨别是非、不能正确表达的人,不能作证人。"结合这条规定,对证人资格的要求是:

1. 证人是公民个人,单位不能作为证人

也就是说,证人必须是具有感知、记忆和表达能力的自然人。单位不具有自然人的上述特性,因此不能成为证人。在我国司法实践中,侦查机关提供的"情况说明"或者"抓获犯罪嫌疑人经过"等,均很难归入证人证言的范畴。在民事诉讼中,一直都有单位证人的说法,即单位作为证人时,也要出庭作证。该观点主要来源于民事诉讼法的相关规定。《民事诉讼法》第 75 条规定,凡是知道案件情况的单位和个人,都有义务出庭作证。有关单位的负责人应当支持证人作证。但对此,很多学者都提出了批评,认为单位证人的概念是不妥当的。"因为作为非自然人的单位是不可能有感知功能的。所谓单位证人并非作为自然人亲身感知,不过是以单位的名义就某一事实存在与否作出的证明。"[③]

2. 证人必须能够辨别是非,并能够正确表达意志

只有能够辨别是非、正确表达意志的人才能全面了解并客观陈述案件有关事实,从而向法庭准确地陈述。相反,生理上、精神上有缺陷或年幼而不能辨别是非或不能正确表达的人,则欠

---

①　最高法《刑诉法解释》第 85 条。

②　最高法《刑诉法解释》第 86 条。

③　张卫平:《民事证据法》,法律出版社 2017 年版,第 49 页。

缺全面了解和客观陈述有关事实的能力。对此,有论者认为生理上、精神上有缺陷或者年幼就足以否定相关人的证人资格,是有失偏颇的。根据法律的目的解释,生理上、精神上有缺陷或者年幼的人,只有不能辨别是非、正确表达时,才不能作证。

3. 证人必须了解案件情况

证人是除当事人之外了解案情的人。为此,我们需要明确以下几点:(1)参与办案的侦查、起诉、审判人员等,虽了解案情,但由于是在诉讼过程之中了解的案情,因而不属于证人。另外,诸如鉴定人、翻译人员、见证人等也是因为是在诉讼过程中了解的案情,而非在案发过程中了解的案情,因此也不是证人。(2)由于证人具有亲历性,因此,证人的证言具有不可替代性。(3)证人只能就自己了解的案情事实进行陈述,原则上不能发表个人意见。

(三) 证人证言的特点

1. 证人证言是证人根据对案情的感知和了解作出的,有可能属于直接证据

在司法实践中,证人有时是目击案件发生的在场知情人,因此,该证人的证言对于整个犯罪事实的证明至关重要。

2. 证人证言具有较强的客观性

由于证人是当事人以外的第三人,与案件和案件处理的结果没有切身利害关系,所以一般来说,证人证言较犯罪嫌疑人、被告人供述和辩解或被害人的陈述更为客观,真实性与可靠性也较大。当然,需要指出的是,与案件并无利害关系的证人也可能作出不具有客观性的证言。这主要体现在两个方面:一是故意提供伪证,即证人虽然是当事人之外的第三人,但法律并不排除当事人的近亲属、朋友,与当事人关系不好的人,以及品行不端的人的证人资格,这些人往往出于袒护或诋毁当事人的目的而提供证人证言。这些证言在真实性方面具有较大的缺陷。二是无意提供错证。证人也要受到感知、记忆及表达方面的主观局限。心理学研究表明,人们的感知往往是易受影响的,记忆往往是不完整的,表达也往往是有偏颇的,实践中有些冤假错案是证人证言本身存在的缺陷导致的,因此,需要细致甄别。

(四) 证人证言的收集

依据《刑事诉讼法》及相关司法解释的规定,证人证言收集程序的主要内容有:(1)询问证人,可以在现场进行,也可以到证人所在单位、住处或者证人提出的地点进行。在必要的时候,可以书面、电话或者当场通知证人到公安机关提供证言。在现场询问证人,侦查人员应当出示人民警察证。到证人所在单位、住处或者证人提出的地点询问证人,应当经办案部门负责人批准,制作询问通知书。询问前,侦查人员应当出示询问通知书和人民警察证。[1](2)询问证人应当个别进行。[2](3)询问前,应当了解证人的身份以及证人与犯罪嫌疑人、被害人之间的关系。询问时,应当告知证人必须如实地提供证据、证言和有意作伪证或者隐匿罪证应负的法律责任。[3](4)侦查人员不得向证人泄露案情或者表示对案件的看法,严禁采用暴力、威胁等非法方法询问证人。[4](5)询问未成年证人,适用讯问未成年犯罪嫌疑人的相关规定,包括:询问的时

---

[1]　公安部《刑事案件程序规定》第210条第1、3款。
[2]　公安部《刑事案件程序规定》第210条第2款。
[3]　公安部《刑事案件程序规定》第211条第1款。
[4]　公安部《刑事案件程序规定》第211条第2款。

候,应当通知未成年证人的法定代理人到场;无法通知、法定代理人不能到场的,也可以通知未成年证人的其他成年亲属,所在学校、单位、居住地或者办案单位所在地基层组织或者未成年人保护组织的代表到场,并将有关情况记录在案;到场的法定代理人可以代为行使未成年证人的诉讼权利;到场的法定代理人或者其他人员认为办案人员在询问、审判中侵犯未成年人合法权益的,可以提出意见;询问笔录、法庭笔录应当交给到场的法定代理人或者其他人员阅读或者向他宣读;询问女性未成年证人,应当有女工作人员在场。询问未成年证人,应当以适当的方式进行,注意保护其隐私和名誉,尽可能减少询问频次,避免造成二次伤害。必要时,可以聘请熟悉未成年人身心特点的专业人员协助。[1]

在民事诉讼中,根据《民事诉讼法》及相关司法解释的规定,当事人申请证人出庭作证的,应当在举证期限届满前提出。符合以下情形的,人民法院可以依职权通知证人出庭作证:(1)涉及可能损害国家利益、社会公共利益的;(2)涉及身份关系的;(3)涉及《民事诉讼法》第58条规定诉讼的;(4)当事人有恶意串通损害他人合法权益可能的;(5)涉及依职权追加当事人、中止诉讼、终结诉讼、回避等程序性事项的。未经人民法院通知,证人不得出庭作证,但双方当事人同意并经人民法院准许的除外。[2]

人民法院在证人出庭作证前应当告知其如实作证的义务以及作伪证的法律后果,并责令其签署保证书,但无民事行为能力人和限制民事行为能力人除外。证人拒绝签署保证书的,不得作证,并自行承担相关费用。[3]

(五) 证人的保护和补偿

在诉讼活动中,证人在作证的时候往往会担心自己的身份、地址、隐私被披露,从而给自己的生活、工作带来不便,甚至给自己或近亲属的生命安全带来危险。因此,为了促进证人出庭作证,保障证人的权利,公安司法机关加强对证人的保护有着非常重要的意义。另外,证人因为作证而遭受的损失也应当得到一定的补偿。

对此,《刑事诉讼法》规定,人民法院、人民检察院和公安机关应当保障证人及其近亲属的安全。对证人及其近亲属进行威胁、侮辱、殴打或者打击报复,构成犯罪的,依法追究刑事责任;尚不够刑事处罚的,依法给予治安管理处罚。[4] 对于危害国家安全犯罪、恐怖活动犯罪、黑社会性质的组织犯罪、毒品犯罪等案件,证人、鉴定人、被害人因在诉讼中作证,本人或者其近亲属的人身安全面临危险的,人民法院、人民检察院和公安机关应当采取以下一项或者多项保护措施:(1)不公开真实姓名、住址和工作单位等个人信息;(2)采取不暴露外貌、真实声音等出庭作证措施;(3)禁止特定的人员接触证人、鉴定人、被害人及其近亲属;(4)对人身和住宅采取专门性保护措施;(5)其他必要的保护措施。[5] 证人、鉴定人、被害人认为因在诉讼中作证,本人或者其近亲属的人身安全面临危险的,可以向人民法院、人民检察院、公安机关请求予以保护。人民法院、人民检察院、公安机关依法采取保护措施,有关单位和个人应当配合。[6] 证人因履行作

---

① 公安部《刑事案件程序规定》第 326 条第 1 款。
② 最高法《民诉法解释》第 117 条。
③ 最高法《民诉法解释》第 119、120 条。
④ 《刑事诉讼法》第 63 条。
⑤ 《刑事诉讼法》第 64 条第 1 款。
⑥ 《刑事诉讼法》第 64 条第 2、3 款。

证义务而支出的交通、住宿、就餐等费用,应当给予补助。证人作证的补助列入司法机关业务经费,由同级政府财政予以保障。有工作单位的证人作证,所在单位不得克扣或者变相克扣其工资、奖金及其他福利待遇。[①]《民事诉讼法》针对证人出庭作证的费用及负担问题也作出了规定,即证人出庭作证的费用包括交通、住宿、就餐等必要费用以及误工损失。其费用由败诉一方当事人负担。当事人申请证人作证的,由该当事人先行垫付;当事人没有申请,人民法院通知证人作证的,由人民法院先行垫付。[②]

(六) 证人证言的审查判断

证人在作证时可能因受到主客观因素的影响导致内容失真,收集主体也可能在询问证人时存在程序违法的问题,因此,办案人员需要对证人证言进行审查判断。对此,《刑事诉讼法》及相关司法解释作出以下规定:

第一,对证人证言应当着重审查以下内容:(1)证言的内容是否为证人直接感知;(2)证人作证时的年龄,认知、记忆和表达能力,生理和精神状态是否影响作证;(3)证人与案件当事人、案件处理结果有无利害关系;(4)询问证人是否个别进行;(5)询问笔录的制作、修改是否符合法律、有关规定,是否注明询问的起止时间和地点,首次询问时是否告知证人有关权利义务和法律责任,证人对询问笔录是否核对确认;(6)询问未成年证人时,是否通知其法定代理人或者其他成年亲属,所在学校、单位、居住地基层组织或者未成年人保护组织的代表这类合适成年人到场,有关人员是否到场;(7)有无以暴力、威胁等非法方法收集证人证言的情形;(8)证言之间以及与其他证据之间能否相互印证,有无矛盾;存在矛盾的,能否得到合理解释。[③]

第二,处于明显醉酒、中毒或者麻醉等状态,不能正常感知或者正确表达的证人所提供的证言,不得作为证据使用。证人的猜测性、评论性、推断性的证言,不得作为证据使用,但根据一般生活经验判断符合事实的除外。[④]

第三,证人证言具有下列情形之一的,不得作为定案的根据:(1)询问证人没有个别进行的;(2)书面证言没有经证人核对确认的;(3)询问聋、哑人,应当提供通晓聋、哑手势的人员而未提供的;(4)询问不通晓当地通用语言、文字的证人,应当提供翻译人员而未提供的。[⑤]

第四,证人证言的收集程序、方式有下列瑕疵,经补正或者作出合理解释的,可以采用;不能补正或者作出合理解释的,不得作为定案的根据:(1)询问笔录没有填写询问人、记录人、法定代理人姓名以及询问的起止时间、地点的;(2)询问地点不符合规定的;(3)询问笔录没有记录告知证人有关权利义务和法律责任的;(4)询问笔录反映出在同一时段,同一询问人员询问不同证人的。(5)询问未成年人,其法定代理人或者合适成年人不在场的。[⑥]

第五,证人当庭作出的证言,经控辩双方质证、法庭查证属实的,应当作为定案的根据。证人当庭作出的证言与其庭前证言矛盾,证人能够作出合理解释,并有其他证据印证的,应当采信其庭审证言;不能作出合理解释,而其庭前证言有其他证据印证的,可以采信其庭前证言。经

---

①　《刑事诉讼法》第 65 条。
②　《民事诉讼法》第 77 条。
③　最高法《刑诉法解释》第 87 条。
④　最高法《刑诉法解释》第 88 条。
⑤　最高法《刑诉法解释》第 89 条。
⑥　最高法《刑诉法解释》第 90 条。

人民法院通知,证人没有正当理由拒绝出庭或者出庭后拒绝作证,法庭对其证言的真实性无法确认的,该证人证言不得作为定案的根据。[①]

五、被害人陈述

(一) 被害人陈述的概念

所谓被害人陈述,是指刑事案件的被害人就其受害情况和其他与案件有关的情况向司法机关所作的陈述。

被害人陈述的主体是被害人。公诉案件中的被害人针对受害情况或其他案件情况所作的陈述,显然属于被害人陈述。但自诉案件中的自诉人所作的陈述是否属于被害人陈述呢? 对此,应当进行具体区分。由于自诉案件中的自诉人既可能是被害人,也可能不是被害人,因此,只有在自诉人是被害人的场合,其陈述才属于被害人陈述,而当自诉人为被害人的近亲属或法定代理人的时候,自诉人关于案件事实的陈述,应为证人证言,而非被害人陈述。

一般而言,被害人陈述主要包括以下两种情况:一种是与犯罪分子有直接接触或耳闻目睹犯罪行为的被害人的陈述。这种陈述可以直接指陈犯罪过程和犯罪分子的特征,通常是诉讼中重要的直接证据。另一种是与犯罪分子没有直接接触或没有耳闻目睹犯罪行为的被害人的陈述。这种被害人陈述一般不是直接证据。

另外,被害人陈述也应满足证人作证的条件:知道案件情况,能够辨别是非,能够正确表达。被害人陈述应当以口头方式进行,以笔录或录音的方式加以固定。

(二) 被害人陈述的特点

由于被害人与案件事实和处理结果具有密切关系,因此被害人陈述具有与其他种类证据不同的特点:

1. 被害人陈述往往是诉讼证明的直接信息来源

由于被害人是犯罪行为的侵害对象,对案情的了解通常要比其他证据信息更直接,所能提供的证据信息也更为广泛和真切,这对于案件的侦破和法院的裁判往往是不可或缺的。[②]

2. 被害人陈述往往是诉讼证明的重要甄别对象

虽然被害人陈述具有直接性和直观性,但是,由于被害人与案件处理结果有着密切的利害关系,因此,被害人往往会歪曲犯罪事实或夸大被害程度,并故意作出一些"于己有利,而于公不利"的陈述。鉴于被害人陈述的客观性难以保证,司法实践中据以作为定罪根据的被害人陈述,必须经过法庭审理中的审查核实,接受当庭质证,必要时也可以在有充分准备的前提下与犯罪嫌疑人、被告人进行对质。

(三) 被害人陈述与证人证言的区别

根据《刑事诉讼法》第 50 条的规定,证人证言和被害人陈述都是法定的证据种类,但两者

---

① 最高法《刑诉法解释》第 91 条。
② 当然,司法实践中也有的被害人不知道案件情况,还有些案件属于无被害人的案件。

也存在区别,主要表现为以下几个方面:

1. 证据来源及提供证据的主体不同

被害人陈述是合法权益遭受犯罪直接侵害的人,以其对犯罪事实的亲身感知,向公安司法机关提供的有关犯罪事实的情况。从主体上看,提供证据的人就是遭受犯罪行为侵害的人,是受害者自身,而受害者是同案件的处理结果有一定利害关系的人;证人证言则由与本案无直接利害关系的案外人提供。被害人陈述既可以由自然人提供,也可以由单位提供;但证人证言只能由自然人提供。

2. 证据的内容及真实性程度不同

证人证言一般仅对案件事实的自然发展过程作出描述,很少有对犯罪事实的控诉及要求惩罚犯罪分子的内容。而且,证人只能就案件客观事实作出反映,不得发表对于案件事实问题和法律问题的意见和看法。由此看来,从一定意义上说,证人证言的客观性、真实性程度相对较高。被害人陈述的内容较为广泛,不仅包括对案件事实的客观描述,一般还涉及被害人对于犯罪事实的控诉,以及对犯罪分子提出的严惩要求。后面的这些内容已经超出了证据法的范畴。而且,如前所述,被害人陈述内在地具有夸大事实、情绪偏激的倾向性,因而较之证人证言而言,对其真实性更应辩证地看待。

3. 提供证据的难易程度不同

一般来说,被害人因为遭受了犯罪行为的侵害,具有揭发、控诉犯罪事实和惩罚犯罪分子的强烈愿望和有力动因,因而被害人往往愿意主动向公安司法机关提供有关犯罪的情况,愿意配合公安司法机关出庭作证。所以,这类证据一般容易取得。与之相比,证人证言有时则很难获得。因为尽管客观上可能有人亲自感知案件的发生过程,但证人作为案外人,往往认为案件与己无关,不愿意作证;而且即使愿意作证,也只是在法庭外提供书面证词,而不愿意出庭作证。当然,被害人也有不愿意陈述的情况,比如,涉及个人隐私的案件,或者被害人受到被告人或其他人的威胁恐吓,也可能拒绝提供有关案件真实情况的陈述。

（四）被害人陈述的审查判断

被害人陈述在刑事诉讼中对于查清案件事实具有重要意义。由于被害人是直接遭受犯罪行为侵害的人,一般对案件事实有着直接的了解。被害人不仅了解犯罪的时间、地点、手段、过程、后果,还了解许多犯罪分子本人的具体情况,甚至可以明确告发或指认谁是犯罪嫌疑人。因此,被害人陈述对于公安司法机关判断案件、收集核实其他证据等有着重要的作用。

不过,由于被害人与案件有直接利害关系,可能夸大事实、虚构情节、推卸责任等,因此应从被害人的心理状态、精神状况、道德品质等方面进行审查,辨别真伪。此外,采用暴力、威胁以及非法限制人身自由等非法方法收集的被害人陈述,应当依法予以排除,不得作为定案证据。

六、犯罪嫌疑人、被告人的供述和辩解

（一）犯罪嫌疑人、被告人的供述和辩解的概念

所谓犯罪嫌疑人、被告人的供述和辩解,是指犯罪嫌疑人、被告人向公安司法机关承认犯罪并交待犯罪事实的陈述,或者认为自己无罪、罪轻而进行的申辩和解释。实务部门通常称之

为"口供"。

一般而言,犯罪嫌疑人、被告人的供述和辩解包括两个方面:一是有罪供述,即向公安司法机关承认犯罪并交待犯罪事实,包括自首、坦白、供认等;二是无罪、罪轻辩解,包括犯罪嫌疑人、被告人否认犯罪或者认为其不应被追究刑事责任,或者认为应当对其从轻、减轻或免除刑罚而进行的申辩和解释。

犯罪嫌疑人、被告人的供述和辩解应当是口头陈述,以笔录的形式加以固定。经犯罪嫌疑人、被告人请求或办案人员要求,也可以由犯罪嫌疑人、被告人亲笔书写供词。

(二) 犯罪嫌疑人、被告人的供述和辩解的特点

1. 犯罪嫌疑人、被告人的供述和辩解是司法实践中最重要的直接证据

犯罪嫌疑人、被告人是最了解案件情况的人,是否实施了被指控的犯罪行为,如何实施的犯罪行为,只有他自己最清楚。因此,全面、彻底地讲明自己所涉及的案件事实或者不涉及案件事实的情况,会使办案人员对案件有更为全面具体的了解。

2. 犯罪嫌疑人、被告人的供述或辩解往往缺乏客观性

一方面,由于犯罪嫌疑人、被告人与案件的处理结果有直接的切身利害关系,因此,与被害人陈述类似,犯罪嫌疑人、被告人受主观方面的局限,其客观性很难保证,经常会故意作出一些"于己有利,而于公不利"的供述或辩解。另一方面,犯罪嫌疑人、被告人的供述或辩解的生成环境具有很强的对抗性和封闭性,很难保障其自愿性。以侦查讯问阶段口供的获取过程来看,讯问乃侦查人员与犯罪嫌疑人就案件相关信息进行交互、博弈的过程。在该博弈过程中,侦查人员可以通过法律所赋予的权限操控讯问的进程、讯问的方式以及讯问的环境,犯罪嫌疑人、被告人则处于被动地位,甚至个别侦查人员在实践中还会动用一些不合法的讯问手段,这就很难保证被追诉人口供的客观性。

3. 犯罪嫌疑人、被告人的供述或辩解往往缺乏稳定性

在司法实践中,犯罪嫌疑人、被告人的供述和辩解经常会发生前后矛盾、逻辑混乱的情况,甚至会出现"时供时翻"的现象。鉴于犯罪嫌疑人、被告人的供述和辩解欠缺稳定性,法律要求公安司法机关在刑事司法过程中重证据,重调查研究,不轻信口供。

(三) 犯罪嫌疑人、被告人的供述和辩解的收集

在刑事诉讼中,根据公安部《刑事案件程序规定》的规定,讯问犯罪嫌疑人,除下列情形以外,应当在公安机关执法办案场所的讯问室进行:(1)紧急情况下在现场进行讯问的;(2)对有严重伤病或者残疾、行动不便的,以及正在怀孕的犯罪嫌疑人,在其住处或者就诊的医疗机构进行讯问的。对于已送交看守所羁押的犯罪嫌疑人,应当在看守所讯问室进行讯问。对于正在被执行行政拘留、强制隔离戒毒的人员以及正在监狱服刑的罪犯,可以在其执行场所进行讯问。对于不需要拘留、逮捕的犯罪嫌疑人,经办案部门负责人批准,可以传唤到犯罪嫌疑人所在市、县公安机关执法办案场所或者到他的住处进行讯问。[①]

传唤犯罪嫌疑人时,应当出示传唤证和侦查人员的人民警察证,并责令其在传唤证上签名、捺指印。犯罪嫌疑人到案后,应当由其在传唤证上填写到案时间。传唤结束时,应当

---

① 公安部《刑事案件程序规定》第 198 条。

由其在传唤证上填写传唤结束时间。犯罪嫌疑人拒绝填写的,侦查人员应当在传唤证上注明。对在现场发现的犯罪嫌疑人,侦查人员经出示人民警察证,可以口头传唤,并将传唤的原因和依据告知被传唤人。在讯问笔录中应当注明犯罪嫌疑人到案方式,并由犯罪嫌疑人注明到案时间和传唤结束时间。对自动投案或者群众扭送到公安机关的犯罪嫌疑人,可以依法传唤。[①]

传唤持续的时间不得超过 12 小时。案情特别重大、复杂,需要采取拘留、逮捕措施的,经办案部门负责人批准,传唤持续的时间不得超过 24 小时。不得以连续传唤的形式变相拘禁犯罪嫌疑人。传唤期限届满,未作出采取其他强制措施决定的,应当立即结束传唤。[②]

传唤、拘传、讯问犯罪嫌疑人,应当保证犯罪嫌疑人的饮食和必要的休息时间,并记录在案。[③]

讯问犯罪嫌疑人,必须由侦查人员进行。讯问的时候,侦查人员不得少于 2 人。讯问同案的犯罪嫌疑人,应当个别进行。[④]

侦查人员讯问犯罪嫌疑人时,应当首先讯问犯罪嫌疑人是否有犯罪行为,并告知犯罪嫌疑人享有的诉讼权利,如实供述自己罪行可以从宽处理以及认罪认罚的法律规定,让他陈述有罪的情节或者无罪的辩解,然后向他提出问题。犯罪嫌疑人对侦查人员的提问,应当如实回答。但是对与本案无关的问题,有拒绝回答的权利。第一次讯问,应当问明犯罪嫌疑人的姓名、别名、曾用名、出生年月日、户籍所在地、现住地、籍贯、出生地、民族、职业、文化程度、政治面貌、工作单位、家庭情况、社会经历,以及是否属于人大代表、政协委员,是否受过刑事处罚或者行政处理等情况。[⑤]

讯问聋、哑的犯罪嫌疑人,应当有通晓聋、哑手势的人参加,并在讯问笔录上注明犯罪嫌疑人的聋、哑情况,以及翻译人员的姓名、工作单位和职业。讯问不通晓当地语言文字的犯罪嫌疑人,应当配备翻译人员。[⑥]

侦查人员应当将问话和犯罪嫌疑人的供述或者辩解如实地记录清楚。制作讯问笔录应当使用能够长期保持字迹的材料。[⑦]

讯问笔录应当交犯罪嫌疑人核对;对于没有阅读能力的,应当向他宣读。如果记录有遗漏或者差错,应当允许犯罪嫌疑人补充或者更正,并捺指印。笔录经犯罪嫌疑人核对无误后,应当由其在笔录上逐页签名、捺指印,并在末页写明"以上笔录我看过(或向我宣读过),和我说的相符"。拒绝签名、捺指印的,侦查人员应当在笔录上注明。讯问笔录上所列项目,应当按照规定填写齐全。侦查人员、翻译人员应当在讯问笔录上签名。[⑧]

犯罪嫌疑人请求自行书写供述的,应当准许;必要时,侦查人员也可以要求犯罪嫌疑人亲笔书写供词。犯罪嫌疑人应当在亲笔供词上逐页签名、捺指印。侦查人员收到后,应当在首页

---

① 公安部《刑事案件程序规定》第 199 条。
② 公安部《刑事案件程序规定》第 200 条。
③ 公安部《刑事案件程序规定》第 201 条。
④ 公安部《刑事案件程序规定》第 202 条。
⑤ 公安部《刑事案件程序规定》第 203 条。
⑥ 公安部《刑事案件程序规定》第 204 条。
⑦ 公安部《刑事案件程序规定》第 205 条。
⑧ 公安部《刑事案件程序规定》第 206 条。

右上方写明"于某年某月某日收到",并签名。①

讯问犯罪嫌疑人,在文字记录的同时,可以对讯问过程进行录音录像。对于可能判处无期徒刑、死刑的案件或者其他重大犯罪案件,应当对讯问过程进行录音录像。其中,"可能判处无期徒刑、死刑的案件",是指应当适用的法定刑或者量刑档次包含无期徒刑、死刑的案件。"其他重大犯罪案件",是指致人重伤、死亡的严重危害公共安全犯罪、严重侵犯公民人身权利犯罪,以及黑社会性质组织犯罪、严重毒品犯罪等重大故意犯罪案件。对讯问过程录音录像的,应当对每一次讯问全程不间断进行,保持完整性。不得选择性地录制,不得剪接、删改。②

对犯罪嫌疑人供述的犯罪事实、无罪或者罪轻的事实、申辩和反证,以及犯罪嫌疑人提供的证明自己无罪、罪轻的证据,公安机关应当认真核查;对有关证据,无论是否采信,都应当如实记录、妥善保管,并连同核查情况附卷。③

(四)犯罪嫌疑人、被告人的供述和辩解的审查判断

我国《刑事诉讼法》坚持"重证据、重调查研究、不轻信口供"的原则。根据《刑事诉讼法》第55条的规定,对一切案件的判处都要重证据,重调查研究,不轻信口供。只有被告人供述,没有其他证据的,不能认定被告人有罪和处以刑罚;没有被告人供述,证据确实、充分的,可以认定被告人有罪和处以刑罚。证据确实、充分,应当符合以下条件:(1)定罪量刑的事实都有证据证明;(2)据以定案的证据均经法定程序查证属实;(3)综合全案证据,对所认定事实已排除合理怀疑。

《刑事诉讼法》第52条和第56条规定,严禁刑讯逼供和以威胁、引诱、欺骗以及其他非法方法收集证据,不得强迫任何人证实自己有罪。采用刑讯逼供等非法方法收集的犯罪嫌疑人、被告人供述和采用暴力、威胁等非法方法收集的证人证言、被害人陈述,应当予以排除。收集物证、书证不符合法定程序,可能严重影响司法公正的,应当予以补正或者作出合理解释;不能补正或者作出合理解释的,对该证据应当予以排除。在侦查、审查起诉、审判时发现有应当排除的证据的,应当依法予以排除,不得作为起诉意见、起诉决定和判决的依据。

对被告人的供述和辩解应当着重审查以下内容:(1)讯问的时间、地点,讯问人的身份、人数以及讯问方式等是否符合法律、有关规定;(2)讯问笔录的制作、修改是否符合法律、有关规定,是否注明讯问的具体起止时间和地点,首次讯问时是否告知被告人有关权利和法律规定,被告人是否核对确认;(3)讯问未成年被告人时,是否通知其法定代理人或者合适成年人到场,有关人员是否到场;(4)讯问女性未成年被告人时,是否有女性工作人员在场;(5)有无以刑讯逼供等非法方法收集被告人供述的情形;(6)被告人的供述是否前后一致,有无反复以及出现反复的原因;(7)被告人的供述和辩解是否全部随案移送;(8)被告人的辩解内容是否符合案情和常理,有无矛盾;(9)被告人的供述和辩解与同案被告人的供述和辩解以及其他证据能否相互印证,有无矛盾;存在矛盾的,能否得到合理解释。必要时,可以结合现场执法音视频记录、讯问录音录像、被告人进出看守所的健康检查记录、笔录等,对被告人的供述和辩解进行审查。④

---

①　公安部《刑事案件程序规定》第207条。
②　公安部《刑事案件程序规定》第208条。
③　公安部《刑事案件程序规定》第209条。
④　最高法《刑诉法解释》第93条。

被告人供述具有下列情形之一的,不得作为定案的根据:(1)讯问笔录没有经被告人核对确认的;(2)讯问聋、哑人,应当提供通晓聋、哑手势的人员而未提供的;(3)讯问不通晓当地通用语言、文字的被告人,应当提供翻译人员而未提供的;(4)讯问未成年人,其法定代理人或者合适成年人不在场的。①

讯问笔录有下列瑕疵,经补正或者作出合理解释的,可以采用;不能补正或者作出合理解释的,不得作为定案的根据:(1)讯问笔录填写的讯问时间、讯问地点、讯问人、记录人、法定代理人等有误或者存在矛盾的;(2)讯问人没有签名的;(3)首次讯问笔录没有记录告知被讯问人有关权利和法律规定的。②

审查被告人供述和辩解,应当结合控辩双方提供的所有证据以及被告人的全部供述和辩解进行。被告人庭审中翻供,但不能合理说明翻供原因或者其辩解与全案证据矛盾,而其庭前供述与其他证据相互印证的,可以采信其庭前供述。被告人庭前供述和辩解存在反复,但庭审中供认,且与其他证据相互印证的,可以采信其庭审供述;被告人庭前供述和辩解存在反复,庭审中不供认,且无其他证据与庭前供述印证的,不得采信其庭前供述。③

七、当事人陈述

(一) 当事人陈述的概念

当事人陈述是民事诉讼和行政诉讼中的证据种类,是指当事人就有关案件的事实情况向人民法院所作的说明,包括当事人自己说明的案件事实和对案件事实的承认。其实,在刑事诉讼中,被害人陈述和犯罪嫌疑人、被告人的供述和辩解都属于广义上的当事人陈述,但是,刑事诉讼法将被害人陈述与犯罪嫌疑人、被告人的供述和辩解确定为两个独立的证据种类。

(二) 当事人陈述的特征

学理上,一般认为当事人陈述具有以下特征④:(1)外观上的模糊性。在具体的诉讼程序中,当事人陈述与其他证据种类相比,往往不能从内容和外观上明确识别,当事人陈述完全分散或交融在他们于不同的场景下所作的口头主张、辩论或提交的书面材料中。(2)属性上的双重性。把当事人陈述作为证据,意味着对同一事实的陈述同时具有了事实主张和证明这一主张的证据双重属性。(3)证明上的直接性。当事人陈述一般能够直接证明案件事实。这是因为,当事人作为争讼权利义务的直接承担者,对争议发生的过程有着其他人无法比拟的感知。(4)证明上的补充性。孤立的当事人陈述不能发挥证明案件事实的作用,必须与其他证据相结合,才能确定其能否作为认定案件事实的依据。

(三) 当事人的自认

当事人的陈述在内容上非常庞杂,既包括关于案件事实的陈述,也包括关于诉讼请求的说

---

① 最高法《刑诉法解释》第 94 条。
② 最高法《刑诉法解释》第 95 条。
③ 最高法《刑诉法解释》第 96 条。
④ 张卫平:《民事证据法》,法律出版社 2017 年版,第 89 页。

明和案件处理方式的意见,对证据的分析和应否采用的意见,以及对争议事实的法律评断和适用法律的意见,等等。这其中真正能起到证明作用,或者说可以作为证据使用的,只有当事人"关于案件事实的陈述"。这其中,一方当事人对他方当事人提出的不利于己的事实,表示予以承认的陈述,是当事人的自认。

在民事诉讼中,当事人自认具有免除对方当事人证明责任并对法院行使审判权产生拘束力的效力。当然,该效力并不适用于一些特定情形。最高法《民诉证据规定》第 18 条规定:"双方当事人无争议的事实符合《最高人民法院关于适用〈中华人民共和国民事诉讼法〉的解释》第九十六条第一款规定情形的,人民法院可以责令当事人提供有关证据。"在我国,要构成当事人的自认,需要满足以下条件:(1) 自认必须是在诉讼中作出的。最高法《民诉证据规定》第 3 条规定:"在诉讼过程中,一方当事人陈述的于己不利的事实,或者对于己不利的事实明确表示承认的,另一方当事人无需举证证明。在证据交换、询问、调查过程中,或者在起诉状、答辩状、代理词等书面材料中,当事人明确承认于己不利的事实的,适用前款规定。"最高法《行诉证据规定》第 65 条规定:"在庭审中一方当事人或者其代理人在代理权限范围内对另一方当事人陈述的案件事实明确表示认可的,人民法院可以对该事实予以认定。……"此处的"诉讼过程中",一般是指当事人既可以在起诉阶段或者开庭审理前的准备阶段自认,也可以在开庭审理的过程中自认。(2) 应当向审判人员作出。(3) 应当就案件事实作出自认。此外,针对某些特定的案件事实,如涉及身份关系的案件事实,不允许进行自认。(4) 自认通常情况下应当以明确的方式作出,但是,特定情况下也可以进行默示推定,例如,最高法《民诉证据规定》第 3 条规定自认应当明确表示,但第 4 条又规定:"一方当事人对于另一方当事人主张的于己不利的事实既不承认也不否认,经审判人员说明并询问后,其仍然不明确表示肯定或者否定的,视为对该事实的承认。"

自认一经合法作出,不得随意撤回。这也对当事人提出了较高的要求,即要谨慎为之。当然,在诉讼中,若一律不允许当事人撤回自认,则可能导致显失公平的情况发生。对此,最高法《民诉证据规定》第 9 条规定:"有下列情形之一,当事人在法庭辩论终结前撤销自认的,人民法院应当准许:(一)经对方当事人同意的;(二)自认是在受胁迫或者重大误解情况下作出的。人民法院准许当事人撤销自认的,应当作出口头或者书面裁定。"可见,在民事诉讼中,自认的撤回应满足以下两种情况之一:(1) 经对方当事人同意,在法庭辩论终结前提出;(2) 自认是在受胁迫或者重大误解情况下作出的。值得注意的是,行政诉讼中的自认撤回的条件有所不同。最高法《行诉证据规定》第 67 条规定:"在不受外力影响的情况下,一方当事人提供的证据,对方当事人明确表示认可的,可以认定该证据的证明效力;对方当事人予以否认,但不能提供充分的证据进行反驳的,可以综合全案情况审查认定该证据的证明效力。"可见,在行政诉讼中,自认撤回的条件是自认是在外力影响下作出的。

(四) 当事人陈述的审查判断

由于当事人陈述具有很强的当事人立场,并且掺杂了很多当事人对案件处理的个人意见,因此,在审查时,应谨慎并综合判断。对此,《民事诉讼法》第 78 条规定,人民法院对当事人的陈述,应当结合本案的其他证据,审查确定能否作为认定事实的根据。当事人拒绝陈述的,不影响人民法院根据证据认定案件事实。

八、鉴定意见

（一）鉴定意见的概念

所谓鉴定意见，是指公安司法机关就案件中的专门性问题，指派或聘请具有专门知识和技能的人进行鉴定后提供的意见。

在诉讼活动中，需要进行鉴定的专门性问题非常广泛。有学者对此作出归纳，认为司法实践中的"专门性问题"包括：(1)属于案件证明对象范围内的事实；(2)需要专门知识和技能或者借助特定技术设备才能加以认识或说明的问题；(3)不是公安司法机关可以直接作出肯定或否定回答的常识性问题或一般性法律问题；(4)该问题的正式说明和认定权限被赋予特定机构或者个人。这些问题主要包括：属于科学、技术或者艺术领域的专门问题；涉及国家或者行业标准的专门问题；国家授权给某些机构使之有排他性认定资格的专门问题。[1] 我国法律规定的鉴定主要有法医类鉴定、物证类鉴定、声像资料鉴定等。

（二）鉴定意见的特点

1. 鉴定意见具有较强的专业性

鉴定意见是鉴定人从科学、技术的角度提出的分析判断意见，这是一种依托于鉴定人专业知识的特别活动。因此，不仅鉴定人必须具备专业资格，法律还规定对人身伤害的医学鉴定有争议需要重新鉴定的，或者对精神病的医学鉴定，由省级人民政府指定的医院进行。

2. 鉴定意见具有较强的客观性

在我国，鉴定人不仅应当具有专业知识，还必须与案件事实和案件当事人没有利害关系，否则当事人可以申请其回避。这就决定了鉴定意见具有较强的客观性。

3. 鉴定意见具有较强的证明力

在诉讼过程中，专门性问题往往对于案件事实的证明具有决定性意义。由于鉴定意见是针对该专门问题作出的权威的、专业的书面意见，公安司法人员对案件事实的判断很大程度上也依赖于鉴定人的鉴定意见，因此鉴定意见一般都具有较强的证明力。正基于此，近年来各国纷纷强调"科学办案"——通过科学方法检验物证、发掘物证信息来认定案件事实的重要性，这使得物证在诉讼中的作用表现出越来越重要的趋势。从某种意义上说，"现代的司法证明就是以物证为主要载体的科学证明"[2]。当然，鉴定意见同样需要司法人员审查判断以确认其证明力，司法人员不能以鉴定代替裁判。另外，鉴定意见也仅能针对事实问题提供意见，而不能针对法律问题提供意见。

（三）鉴定意见的收集

针对鉴定意见的收集，《刑事诉讼法》及相关司法解释作了非常细致的规定，具体而言：

为了查明案情，解决案件中某些专门性问题，应当指派、聘请有专门知识的人进行鉴定。

[1]　陈光中主编：《中华人民共和国刑事证据法专家拟制稿（条文、释义与论证）》，中国法制出版社2004年版，第277页。

[2]　何家弘：《神证·人证·物证——试论司法证明方法的进化》，《中国刑事法杂志》1999年第4期。

需要聘请有专门知识的人进行鉴定的,应当经县级以上公安机关负责人批准后,制作鉴定聘请书。①

公安机关应当为鉴定人进行鉴定提供必要的条件,及时向鉴定人送交有关检材和对比样本等原始材料,介绍与鉴定有关的情况,并且明确提出要求鉴定解决的问题。禁止暗示或者强迫鉴定人作出某种鉴定意见。②

侦查人员应当做好检材的保管和送检工作,并注明检材送检环节的责任人,确保检材在流转环节中的同一性和不被污染。③

鉴定人应当按照鉴定规则,运用科学方法独立进行鉴定。鉴定后,应当出具鉴定意见,并在鉴定意见书上签名,同时附上鉴定机构和鉴定人的资质证明或者其他证明文件。多人参加鉴定,鉴定人有不同意见的,应当注明。④

对鉴定意见,侦查人员应当进行审查。对经审查作为证据使用的鉴定意见,公安机关应当及时告知犯罪嫌疑人、被害人或者其法定代理人。⑤

犯罪嫌疑人、被害人对鉴定意见有异议提出申请,以及办案部门或者侦查人员对鉴定意见有疑义的,可以将鉴定意见送交其他有专门知识的人员提出意见。必要时,询问鉴定人并制作笔录附卷。⑥

经审查,发现有下列情形之一的,经县级以上公安机关负责人批准,应当补充鉴定:(1)鉴定内容有明显遗漏的;(2)发现新的有鉴定意义的证物的;(3)对鉴定证物有新的鉴定要求的;(4)鉴定意见不完整,委托事项无法确定的;(5)其他需要补充鉴定的情形。经审查,不符合上述情形的,经县级以上公安机关负责人批准,作出不准予补充鉴定的决定,并在作出决定后3日以内书面通知申请人。⑦

经审查,发现有下列情形之一的,经县级以上公安机关负责人批准,应当重新鉴定:(1)鉴定程序违法或者违反相关专业技术要求的;(2)鉴定机构、鉴定人不具备鉴定资质和条件的;(3)鉴定人故意作虚假鉴定或者违反回避规定的;(4)鉴定意见依据明显不足的;(5)检材虚假或者被损坏的;(6)其他应当重新鉴定的情形。重新鉴定,应当另行指派或者聘请鉴定人。经审查,不符合上述情形的,经县级以上公安机关负责人批准,作出不准予重新鉴定的决定,并在作出决定后3日以内书面通知申请人。⑧

公诉人、当事人或者辩护人、诉讼代理人对鉴定意见有异议,经人民法院依法通知的,公安机关鉴定人应当出庭作证。鉴定人故意作虚假鉴定的,应当依法追究其法律责任。⑨

对犯罪嫌疑人作精神病鉴定的时间不计入办案期限,其他鉴定时间都应当计入办案期限。⑩

① 公安部《刑事案件程序规定》第248条。
② 公安部《刑事案件程序规定》第249条。
③ 公安部《刑事案件程序规定》第250条。
④ 公安部《刑事案件程序规定》第251条。
⑤ 公安部《刑事案件程序规定》第252条。
⑥ 公安部《刑事案件程序规定》第253条。
⑦ 公安部《刑事案件程序规定》第254条。
⑧ 公安部《刑事案件程序规定》第255条。
⑨ 公安部《刑事案件程序规定》第256条。
⑩ 公安部《刑事案件程序规定》第257条。

(四) 专家辅助人

在我国刑事诉讼和民事诉讼中,存在一种有别于鉴定人但又以专门知识在法庭上提供帮助的人,学理上一般称之为专家辅助人。《刑事诉讼法》第 197 条第 2 款规定,公诉人、当事人和辩护人、诉讼代理人可以申请法庭通知有专门知识的人出庭,就鉴定人作出的鉴定意见提出意见。该有专门知识的人出庭,适用鉴定人的有关规定。最高法《民诉证据规定》第 83 条规定,当事人依照《民事诉讼法》第 82 条和《民诉法解释》第 122 条的规定,申请有专门知识的人出庭的,申请书中应当载明有专门知识的人的基本情况和申请的目的。人民法院准许当事人申请的,应当通知双方当事人。最高法《民诉证据规定》第 84 条规定,审判人员可以对有专门知识的人进行询问。经法庭准许,当事人可以对有专门知识的人进行询问,当事人各自申请的有专门知识的人可以就案件中的有关问题进行对质。有专门知识的人不得参与对鉴定意见质证或者就专业问题发表意见之外的法庭审理活动。

从立法技术上讲,无论是刑事诉讼规范还是民事诉讼规范都对鉴定意见和专家辅助人意见进行了明确区分。学理上也一般认为专家辅助人的意见并非鉴定意见。对此,最高人民法院原副院长黄尔梅对刑事诉讼法司法解释稿进行说明时曾指出:"有专门知识的人所发表的意见是一种类似鉴定意见的主观判断,但其不具有鉴定意见的形式要件,所以不属于鉴定意见的范畴;所发表的意见是就案件所涉及的专门性问题进行评论、判断,而不是就案件的客观事实进行陈述,所以也不属于证人证言。因此,有专门知识的人所发表的意见不属于证据材料的范畴,更不能作为定案的根据。有专门知识的人实际上是代表申请其出庭的一方就鉴定意见发表专门的质证意见,应当将其意见视为申请方的控诉意见或者辩护意见的组成部分。"[①]

(五) 鉴定意见的审查判断

针对鉴定意见的审查判断,《刑事诉讼法》及相关的司法解释规定:

对鉴定意见应当着重审查以下内容:(1)鉴定机构和鉴定人是否具有法定资质;(2)鉴定人是否存在应当回避的情形;(3)检材的来源、取得、保管、送检是否符合法律、有关规定,与相关提取笔录、扣押清单等记载的内容是否相符,检材是否可靠;(4)鉴定意见的形式要件是否完备,是否注明提起鉴定的事由、鉴定委托人、鉴定机构、鉴定要求、鉴定过程、鉴定方法、鉴定日期等相关内容,是否由鉴定机构盖章并由鉴定人签名;(5)鉴定程序是否符合法律、有关规定;(6)鉴定的过程和方法是否符合相关专业的规范要求;(7)鉴定意见是否明确;(8)鉴定意见与案件事实有无关联;(9)鉴定意见与勘验、检查笔录及相关照片等其他证据是否矛盾;存在矛盾的,能否得到合理解释;(10)鉴定意见是否依法及时告知相关人员,当事人对鉴定意见有无异议。[②]

鉴定意见具有下列情形之一的,不得作为定案的根据:(1)鉴定机构不具备法定资质,或者鉴定事项超出该鉴定机构业务范围、技术条件的;(2)鉴定人不具备法定资质,不具有相关专业技术或者职称,或者违反回避规定的;(3)送检材料、样本来源不明,或者因污染不具备鉴定条件的;(4)鉴定对象与送检材料、样本不一致的;(5)鉴定程序违反规定的;(6)鉴定过程和方法不符

---

① 黄尔梅:《准确把握立法精神确保法律正确实施——最高人民法院刑事诉讼法司法解释稿简介》,卞建林、谭世贵主编:《新刑事诉讼法的理解与实施》,中国人民公安大学出版社 2013 年版,第 14 页。

② 最高法《刑诉法解释》第 97 条。

合相关专业的规范要求的;(7)鉴定文书缺少签名、盖章的;(8)鉴定意见与案件事实没有关联的;(9)违反有关规定的其他情形。①

经人民法院通知,鉴定人拒不出庭作证的,鉴定意见不得作为定案的根据。鉴定人由于不能抗拒的原因或者有其他正当理由无法出庭的,人民法院可以根据情况决定延期审理或者重新鉴定。鉴定人无正当理由拒不出庭作证的,人民法院应当通报司法行政机关或者有关部门。②

因无鉴定机构,或者根据法律、司法解释的规定,指派、聘请有专门知识的人就案件的专门性问题出具的报告,可以作为证据使用。对上述规定的报告的审查与认定,参照适用最高法《刑诉法解释》中"鉴定意见的审查与认定"一节的有关规定。经人民法院通知,出具报告的人拒不出庭作证的,有关报告不得作为定案的根据。③

九、勘验、检查、辨认、侦查实验等笔录和现场笔录

(一)勘验、检查、辨认、侦查实验等笔录和现场笔录的概念

勘验、检查、辨认、侦查实验等笔录是指公安司法人员在对与案件有关的场所、物品、人身进行勘验、检查、辨认或进行侦查实验等证据调查行为时所作的各种记录。其中,所谓勘验笔录,是指办案人员对于与案件有关的场所、物品、痕迹或尸体等依照法定程序进行勘查、检验而作的客观记载。笔录记载的方式包括文字记录、绘图、照相、录像、模型等。根据对象的不同,勘验笔录可以分为现场勘验笔录、物证检验笔录、尸体检验笔录等。所谓检查笔录,是指办案人员为确定被害人、犯罪嫌疑人、被告人的某些特征、伤害情况或生理状态,而对他们的人身进行检验和观察后所作的客观记载。检查笔录以文字记载为主,也可以采取拍照等其他利于准确、客观记录的方法。人身检查必须严格按照法定程序进行,必要时可以指派或聘请具有专门知识的人协助办案人员进行。所谓辨认、侦查实验笔录,是指办案人员在开展辨认活动和侦查实验活动时所制作的记录。

现场笔录是指国家行政机关及其工作人员对违反行政法律规范的行为当场作出处理而制作的文字记载资料。

我国《刑事诉讼法》《民事诉讼法》和《行政诉讼法》关于笔录证据的规定不尽一致。刑事诉讼中存在勘验、检查、辨认、侦查实验等笔录;民事诉讼中存在勘验笔录;行政诉讼中存在勘验笔录和现场笔录。当然,其在本质上都是固定证据和保全证据的方式。

(二)勘验、检查、辨认、侦查实验等笔录和现场笔录的特征

1. 勘验、检查、辨认、侦查实验等笔录和现场笔录的制作主体和制作对象具有特定性

勘验、检查、辨认、侦查实验等笔录的制作只能由公安司法人员、监察机关调查人员④在必

---

① 最高法《刑诉法解释》第98条。
② 最高法《刑诉法解释》第99条。
③ 最高法《刑诉法解释》第100条。
④ 监察机关成立后,由监委会负责对职务案件的调查,根据最高法《刑诉法解释》第86条、第105条规定,调查人员也可以成为勘验、检察、辨认、侦查实验笔录的制作主体。

要情况下进行,其他机关或个人无权进行。勘验、检查、辨认、侦查实验等的对象是场所、物品、尸体、人身等。现场笔录的制作主体只能是国家行政机关及其工作人员。

2. 勘验、检查、辨认、侦查实验等笔录和现场笔录与物证既有联系又有区别

以勘验笔录与物证之间的关联为例,勘验笔录是执法人员通过五官对"物"及物所在的"现场"进行勘查、检验而形成的认知性笔录。对此,俄罗斯刑事诉讼法学者古岑科指出:"物品和文件要成为证据需要根据物品是侦查人员进行调查时发现的,还是通过其他途径获得的,而实施一系列诉讼行为和制作各种诉讼文书。如果侦查人员在勘验现场时发现对案件有意义的物品,则他应对物品进行勘验,查明它反映案情的性能和状态,而这些特征(性能和状态)便构成物证的内容。侦查人员在现场勘验笔录中要详细描述物品的勘验结果。如果侦查人员得出结论认为物品可以用作本案的证据,他还要作出说明理由的决定,认定物品为物证并将物证附于刑事案卷。物品应进行包装和加封。"[1] 在此意义上,作为发掘物证信息的派生性证据,勘验笔录、检查笔录、鉴定意见等证据类型对物证具有一定的依附性。当然,勘验笔录、检查笔录等证据类型也并非物证的附庸,相反,其在诉讼证明中具有独立的意义,呈现着作为独立证据种类的品格。这主要是因为:一方面,这些笔录发掘了物证的价值,使人们获得了无法直接从物证获得的信息;另一方面,勘验、检查笔录针对的对象并不限于物证。具体而言,产生现场勘验笔录的勘查行为,其对象不仅是物证,甚至主要不是物证,而是现场这个"场"。即使勘查物证,也必须注意物证所处的"场",由此发现物的环境、物与物之间的距离、相互关系以及其他相关信息,从而把握作为案件发生空间的"物"。[2]

3. 勘验、检查、辨认、侦查实验等笔录和现场笔录与鉴定意见也有一定区别

二者的主要区别有:(1)勘验、检查、辨认、侦查实验等笔录和现场笔录由办案人员制作;鉴定意见则由办案机关指派或聘请的鉴定人制作。(2)勘验、检查、辨认、侦查实验等笔录和现场笔录是对所见情况的客观记载;鉴定意见的主要内容是科学的分析判断意见。(3)勘验、检查、辨认、侦查实验等笔录和现场笔录大多解决一般性问题;鉴定意见则解决案件中的专门性问题。(4)勘验、检查、辨认、侦查实验等笔录和现场笔录通过"五官直觉"对物证的特征、所处的空间位置以及物证之间的外部联系进行描述;鉴定意见则通过"特别智能"对物证进行检验或测定。

(三) 勘验、检查、辨认、侦查实验等笔录和现场笔录的收集

根据《刑事诉讼法》及相关司法解释的规定,勘验、检查应当遵循以下要求:

第一,侦查人员对于与犯罪有关的场所、物品、人身、尸体应当进行勘验或者检查,及时提取、采集与案件有关的痕迹、物证、生物样本等。在必要的时候,可以指派或者聘请具有专门知识的人,在侦查人员的主持下进行勘验、检查。[3]

第二,发案地派出所、巡警等部门应当妥善保护犯罪现场和证据,控制犯罪嫌疑人,并立即报告公安机关主管部门。执行勘查的侦查人员接到通知后,应当立即赶赴现场;勘查现场,应当持有刑事犯罪现场勘查证。[4]

第三,公安机关对案件现场进行勘查,侦查人员不得少于 2 人。勘查现场时,应当邀请与案

---

① ［俄］К.Ф.古岑科主编:《俄罗斯刑事诉讼教程》,黄道秀等译,中国人民公安大学出版社 2007 年版,第 231 页。
② 龙宗智:《证据分类制度及其改革》,《法学研究》2005 年第 5 期。
③ 公安部《刑事案件程序规定》第 213 条。
④ 公安部《刑事案件程序规定》第 214 条。

件无关的公民作为见证人。①

第四，勘查现场，应当拍摄现场照片、绘制现场图，制作笔录，由参加勘查的人和见证人签名。对重大案件的现场勘查，应当录音录像。②

第五，为了确定被害人、犯罪嫌疑人的某些特征、伤害情况或者生理状态，可以对人身进行检查，依法提取、采集肖像、指纹等人体生物识别信息，采集血液、尿液等生物样本。被害人死亡的，应当通过被害人近亲属辨认、提取生物样本鉴定等方式确定被害人身份。犯罪嫌疑人拒绝检查、提取、采集的，侦查人员认为必要的时候，经办案部门负责人批准，可以强制检查、提取、采集。检查妇女的身体，应当由女工作人员或者医师进行。检查的情况应当制作笔录，由参加检查的侦查人员、检查人员、被检查人员和见证人签名。被检查人员拒绝签名的，侦查人员应当在笔录中注明。③

第六，为了确定死因，经县级以上公安机关负责人批准，可以解剖尸体，并且通知死者家属到场，让其在解剖尸体通知书上签名。死者家属无正当理由拒不到场或者拒绝签名的，侦查人员应当在解剖尸体通知书上注明。对身份不明的尸体，无法通知死者家属的，应当在笔录中注明。对已查明死因，没有继续保存必要的尸体，应当通知家属领回处理，对于无法通知或者通知后家属拒绝领回的，经县级以上公安机关负责人批准，可以及时处理。④

第七，公安机关进行勘验、检查后，人民检察院要求复验、复查的，公安机关应当进行复验、复查，并可以通知人民检察院派员参加。⑤

辨认应当遵循以下要求：

第一，为了查明案情，在必要的时候，侦查人员可以让被害人、证人或者犯罪嫌疑人对与犯罪有关的物品、文件、尸体、场所或者犯罪嫌疑人进行辨认。⑥

第二，辨认应当在侦查人员的主持下进行。主持辨认的侦查人员不得少于 2 人。几名辨认人对同一辨认对象进行辨认时，应当由辨认人个别进行。⑦

第三，辨认时，应当将辨认对象混杂在特征相类似的其他对象中，不得在辨认前向辨认人展示辨认对象及其影像资料，不得给辨认人任何暗示。辨认犯罪嫌疑人时，被辨认的人数不得少于 7 人；对犯罪嫌疑人照片进行辨认的，不得少于 10 人的照片。辨认物品时，混杂的同类物品不得少于 5 件；对物品的照片进行辨认的，不得少于 10 个物品的照片。对场所、尸体等特定辨认对象进行辨认，或者辨认人能够准确描述物品独有特征的，陪衬物不受数量的限制。⑧

第四，对犯罪嫌疑人的辨认，辨认人不愿意公开进行时，可以在不暴露辨认人的情况下进行，并应当为其保守秘密。⑨

第五，对辨认经过和结果，应当制作辨认笔录，由侦查人员、辨认人、见证人签名。必要时，

---

① 公安部《刑事案件程序规定》第 215 条。
② 公安部《刑事案件程序规定》第 216 条。
③ 公安部《刑事案件程序规定》第 217 条。
④ 公安部《刑事案件程序规定》第 218、219 条。
⑤ 公安部《刑事案件程序规定》第 220 条。
⑥ 公安部《刑事案件程序规定》第 258 条。
⑦ 公安部《刑事案件程序规定》第 259 条。
⑧ 公安部《刑事案件程序规定》第 260 条。
⑨ 公安部《刑事案件程序规定》第 261 条。

应当对辨认过程进行录音录像。①

侦查实验应当遵循以下要求：

第一，为了查明案情，在必要的时候，经县级以上公安机关负责人批准，可以进行侦查实验。进行侦查实验，应当全程录音录像，并制作侦查实验笔录，由参加实验的人签名。②

第二，进行侦查实验，禁止一切足以造成危险、侮辱人格或者有伤风化的行为。③

在民事诉讼和行政诉讼中，针对勘验笔录和现场笔录有以下要求：

第一，人民法院勘验物证或者现场，应当制作笔录，记录勘验的时间、地点、勘验人、在场人、勘验的经过、结果，由勘验人、在场人签名或者盖章。对于绘制的现场图应当注明绘制的时间、方位、测绘人姓名、身份等内容。④

第二，勘验现场时，为了保证笔录制作的客观性和现场勘验的公正性，应邀请当地基层组织或当事人所在单位派人参加。当事人或者当事人的成年家属应当到场，拒不到场的，不影响勘验的进行。⑤

（四）勘验、检查、辨认、侦查实验等笔录和现场笔录的审查判断

在刑事诉讼中，针对勘验、检查、辨认、侦查实验等笔录的审查判断，《刑事诉讼法》及其司法解释规定：

对勘验、检查笔录应当着重审查以下内容：(1)勘验、检查是否依法进行，笔录制作是否符合法律、有关规定，勘验、检查人员和见证人是否签名或者盖章；(2)勘验、检查笔录是否记录了提起勘验、检查的事由，勘验、检查的时间、地点，在场人员、现场方位、周围环境等，现场的物品、人身、尸体等的位置、特征等情况，以及勘验、检查的过程；文字记录与实物或者绘图、照片、录像是否相符；现场、物品、痕迹等是否伪造、有无破坏；人身特征、伤害情况、生理状态有无伪装或者变化等；(3)补充进行勘验、检查的，是否说明了再次勘验、检查的原由，前后勘验、检查的情况是否矛盾。⑥

勘验、检查笔录存在明显不符合法律、有关规定的情形，不能作出合理解释的，不得作为定案的根据。⑦

对辨认笔录应当着重审查辨认的过程、方法，以及辨认笔录的制作是否符合有关规定。辨认笔录具有下列情形之一的，不得作为定案的根据：(1)辨认不是在调查人员、侦查人员主持下进行的；(2)辨认前使辨认人见到辨认对象的；(3)辨认活动没有个别进行的；(4)辨认对象没有混杂在具有类似特征的其他对象中，或者供辨认的对象数量不符合规定的；(5)辨认中给辨认人明显暗示或者明显有指认嫌疑的；(6)违反有关规定、不能确定辨认笔录真实性的其他情形。⑧

对侦查实验笔录应当着重审查实验的过程、方法，以及笔录的制作是否符合有关规定。侦

---

① 公安部《刑事案件程序规定》第 262 条。
② 公安部《刑事案件程序规定》第 221 条第 1、2 款。
③ 公安部《刑事案件程序规定》第 221 条第 3 款。
④ 最高法《民诉证据规定》第 43 条第 3 款。
⑤ 《民事诉讼法》第 83 条第 1 款；最高法《行诉证据规定》第 33 条第 2 款。
⑥ 最高法《刑诉法解释》第 102 条。
⑦ 最高法《刑诉法解释》第 103 条。
⑧ 最高法《刑诉法解释》第 104、105 条。

查实验的条件与事件发生时的条件有明显差异,或者存在影响实验结论科学性的其他情形的,侦查实验笔录不得作为定案的根据。[①]

在行政诉讼中,人民法院针对现场笔录进行审查时,需要注意:(1)现场笔录载明的时间、地点和事件等内容。如果现场笔录是在行政行为当时和现场制作的,则客观性和真实性较强;如果现场笔录存在事后或在其他场所追记的情况,则其客观性和真实性存疑。(2)执法人员和当事人的签名。如果存在伪造或变造等情况,一般不能作为定案根据。当事人拒绝签名或者不能签名的,要看是否注明原因。[②](3)现场笔录与其他证据之间的联系。当现场笔录的内容与其他证据的内容能够相互印证时,证明力较强;当现场笔录的内容与其他证据的内容存在矛盾时,应进一步审查现场笔录的可信性。

十、视听资料

(一) 视听资料的概念

所谓视听资料,是指以录音、录像或其他电磁方式所存储的信息证明案件事实的证据。

(二) 视听资料的特点

视听资料具有以下特点[③]:(1)具有较强的直观性。视听资料能以原声原貌再现一定的法律行为或案件事实。它可以静态或动态地反映人或物的外形特征以及行为的发生、发展的全貌,形象逼真、直观。(2)视听资料具有动态性和连续性。视听资料能够反映案件事实情况在一定时间范围持续的声响和形象,再现案件事实发生的动态过程。(3)视听资料具有较强的客观性。视听资料具有高度的科学技术性,决定了它的信息载体能够准确记录、储存和反映有关案件的各种情况。与其他证据相比,它在记录、储存和反映案件事实情况的过程中,因受各种主客观因素的影响而失真的可能性较小。(4)视听资料易被篡改、伪造并且很难被发现。视听资料是用科技手段制作的,能比较容易地通过科技手段被篡改、伪造,并且在被篡改、伪造后,凭人的感官往往难以被发现。

可见,视听资料是将现代高科技成果运用于刑事诉讼领域的重要产物之一。当然,视听资料也有其固有局限性。如上所述,视听资料一旦被篡改、伪造,有时可能更难以被识破或恢复,所以,在运用视听资料定案时更应当加强审查判断。

(三) 视听资料的审查判断

根据《刑事诉讼法》及相关司法解释的规定,对视听资料应当着重审查以下内容:(1)是否附有提取过程的说明,来源是否合法;(2)是否为原件,有无复制及复制份数;是复制件的,是否附有无法调取原件的原因、复制件制作过程和原件存放地点的说明,制作人、原视听资料持有人是否签名;(3)制作过程中是否存在威胁、引诱当事人等违反法律、有关规定的情形;(4)是否写明制作人、持有人的身份,制作的时间、地点、条件和方法;(5)内容和制作过程是否真实,有无

---

① 　最高法《刑诉法解释》第 106、107 条。
② 　最高法《行诉证据规定》第 15 条。
③ 　甄贞主编:《刑事诉讼法学研究综述》,法律出版社 2002 年版,第 220 页。

剪辑、增加、删改等情形;(6)内容与案件事实有无关联。对视听资料有疑问的,应当进行鉴定。视听资料具有下列情形之一的,不得作为定案的根据:(1)系篡改、伪造或者无法确定真伪的;(2)制作、取得的时间、地点、方式等有疑问,不能作出合理解释的。[①]

十一、电子数据

(一) 电子数据的概念

电子数据,是指以数字化形式存在并可用于证明案件事实的材料。20世纪晚期以来,随着计算机和互联网技术的迅猛发展,计算机和互联网成为社会生活的重要组成部分,民商事交易日益变得数字化,犯罪形态也呈现多样化、复杂化和智能化等特点。当前,电子数据在刑事诉讼、民事诉讼和行政诉讼中得到了广泛的应用。根据2016年两院一部《电子证据规定》,电子数据是案件发生过程中形成的,以数字化形式存储、处理、传输的,能够证明案件事实的数据。电子数据包括但不限于下列信息、电子文件:(1)网页、博客、微博客、朋友圈、贴吧、网盘等网络平台发布的信息;(2)手机短信、电子邮件、即时通信、通信群组等网络应用服务的通信信息;(3)用户注册信息、身份认证信息、电子交易记录、通信记录、登录日志等信息;(4)文档、图片、音视频、数字证书、计算机程序等电子文件。根据最高检《人民检察院办理网络犯罪案件规定》第27条,电子数据是以数字化形式存储、处理、传输的,能够证明案件事实的数据,主要包括以下形式:(1)网页、社交平台、论坛等网络平台发布的信息;(2)手机短信、电子邮件、即时通信、通讯群组等网络通讯信息;(3)用户注册信息、身份认证信息、数字签名、生物识别信息等用户身份信息;(4)电子交易记录、通信记录、浏览记录、操作记录、程序安装、运行、删除记录等用户行为信息;(5)恶意程序、工具软件、网站源代码、运行脚本等行为工具信息;(6)系统日志、应用程序日志、安全日志、数据库日志等系统运行信息;(7)文档、图片、音频、视频、数字证书、数据库文件等电子文件及其创建时间、访问时间、修改时间、大小等文件附属信息。在民事诉讼中,根据最高法《民诉法解释》第116条第2款的规定,电子数据是指通过电子邮件、电子数据交换、网上聊天记录、博客、微博客、手机短信、电子签名、域名等形成或者存储在电子介质中的信息。

(二) 电子数据的特征

电子数据具有如下特征[②]:(1)该类证据以电子数据形式存在。所有的电子数据都是基于计算机应用和通信等电子化技术手段形成的用以表示文字、图形符号、数字、字母等信息的资料。(2)该类证据具有开放性。从司法实践来看,作为证据使用的电子数据越来越与日益开放的互联网联系在一起,而网络电子数据的一个重要特点是获取数据可以不受时空限制。(3)该类证据具有易变性与稳定性。一方面,这类证据以电子数据形式存在,只需要敲击键盘,即可对其进行增加、删除、修改,因此具有易变性;另一方面,绝大多数情况下对于电子数据的增加、删除、修改都会留下一定的痕迹,而且多数情况下被破坏的数据都可以通过技术手段恢复到破坏前的状况,这又足以保证该类证据的稳定性。

---

① 最高法《刑诉法解释》第108、109条。
② 江必新主编:《〈最高人民法院关于适用中华人民共和国刑事诉讼法的解释〉理解与适用》,中国法制出版社2013年版,第89—90页。

（三）电子数据的收集

针对电子数据的收集，2016年两院一部颁布的《电子证据规定》有非常细致的规范。具体而言：

侦查机关应当遵守法定程序，遵循有关技术标准，全面、客观、及时地收集、提取电子数据。[①]

人民法院、人民检察院和公安机关有权依法向有关单位和个人收集、调取电子数据。有关单位和个人应当如实提供。[②]

电子数据涉及国家秘密、商业秘密、个人隐私的，应当保密。[③]

对作为证据使用的电子数据，应当采取以下一种或者几种方法保护电子数据的完整性：(1)扣押、封存电子数据原始存储介质；(2)计算电子数据完整性校验值；(3)制作、封存电子数据备份；(4)冻结电子数据；(5)对收集、提取电子数据的相关活动进行录像；(6)其他保护电子数据完整性的方法。[④]

收集、提取电子数据，应当由2名以上侦查人员进行。取证方法应当符合相关技术标准。[⑤]

收集、提取电子数据，能够扣押电子数据原始存储介质的，应当扣押、封存原始存储介质，并制作笔录，记录原始存储介质的封存状态。封存电子数据原始存储介质，应当保证在不解除封存状态的情况下，无法增加、删除、修改电子数据。封存前后应当拍摄被封存原始存储介质的照片，清晰反映封口或者张贴封条处的状况。封存手机等具有无线通信功能的存储介质，应当采取信号屏蔽、信号阻断或者切断电源等措施。[⑥]

具有下列情形之一，无法扣押原始存储介质的，可以提取电子数据，但应当在笔录中注明不能扣押原始存储介质的原因、原始存储介质的存放地点或者电子数据的来源等情况，并计算电子数据的完整性校验值：(1)原始存储介质不便封存的；(2)提取计算机内存数据、网络传输数据等不是存储在存储介质上的电子数据的；(3)原始存储介质位于境外的；(4)其他无法扣押原始存储介质的情形。对于原始存储介质位于境外或者远程计算机信息系统上的电子数据，可以通过网络在线提取。[⑦]

为进一步查明有关情况，必要时，可以对远程计算机信息系统进行网络远程勘验。进行网络远程勘验，需要采取技术侦查措施的，应当依法经过严格的批准手续。[⑧]

由于客观原因无法或者不宜依据前述方式收集、提取电子数据的，可以采取打印、拍照或者录像等方式固定相关证据，并在笔录中说明原因。[⑨]

具有下列情形之一的，经县级以上公安机关负责人或者检察长批准，可以对电子数据进行冻结：(1)数据量大，无法或者不便提取的；(2)提取时间长，可能造成电子数据被篡改或者灭失

---

① 两院一部《电子证据规定》第2条。
② 两院一部《电子证据规定》第3条。
③ 两院一部《电子证据规定》第4条。
④ 两院一部《电子证据规定》第5条。
⑤ 两院一部《电子证据规定》第7条。
⑥ 两院一部《电子证据规定》第8条。
⑦ 两院一部《电子证据规定》第9条第1、2款。
⑧ 两院一部《电子证据规定》第9条第3款。
⑨ 两院一部《电子证据规定》第10条。

的;(3)通过网络应用可以更为直观地展示电子数据的;(4)其他需要冻结的情形。冻结电子数据,应当制作协助冻结通知书,注明冻结电子数据的网络应用账号等信息,送交电子数据持有人、网络服务提供者或者有关部门协助办理。解除冻结的,应当在3日内制作协助解除冻结通知书,送交电子数据持有人、网络服务提供者或者有关部门协助办理。冻结电子数据,应当采取以下一种或者几种方法:(1)计算电子数据的完整性校验值;(2)锁定网络应用账号;(3)其他防止增加、删除、修改电子数据的措施。①

调取电子数据,应当制作调取证据通知书,注明需要调取电子数据的相关信息,通知电子数据持有人、网络服务提供者或者有关部门执行。②

收集、提取电子数据,应当制作笔录,记录案由、对象、内容、收集、提取电子数据的时间、地点、方法、过程,并附电子数据清单,注明类别、文件格式、完整性校验值等,由侦查人员、电子数据持有人(提供人)签名或者盖章;电子数据持有人(提供人)无法签名或者拒绝签名的,应当在笔录中注明,由见证人签名或者盖章。有条件的,应当对相关活动进行录像。③

收集、提取电子数据,应当根据《刑事诉讼法》的规定,由符合条件的人员担任见证人。由于客观原因无法由符合条件的人员担任见证人的,应当在笔录中注明情况,并对相关活动进行录像。针对同一现场多个计算机信息系统收集、提取电子数据的,可以由一名见证人见证。④

对扣押的原始存储介质或者提取的电子数据,可以通过恢复、破解、统计、关联、比对等方式进行检查。必要时,可以进行侦查实验。电子数据检查,应当对电子数据存储介质拆封过程进行录像,并将电子数据存储介质通过写保护设备接入到检查设备进行检查;有条件的,应当制作电子数据备份,对备份进行检查;无法使用写保护设备且无法制作备份的,应当注明原因,并对相关活动进行录像。电子数据检查应当制作笔录,注明检查方法、过程和结果,由有关人员签名或者盖章。进行侦查实验的,应当制作侦查实验笔录,注明侦查实验的条件、经过和结果,由参加实验的人员签名或者盖章。⑤

对电子数据涉及的专门性问题难以确定的,由司法鉴定机构出具鉴定意见,或者由公安部指定的机构出具报告。对于人民检察院直接受理的案件,也可以由最高人民检察院指定的机构出具报告。⑥

在民事诉讼中,根据《民事诉讼法》第70条规定,人民法院有权向有关单位和个人调查取证,有关单位和个人不得拒绝。在收集调取电子数据的过程中,往往会涉及网络服务提供商的义务。⑦

电子数据取证主要包括以下方式:收集、提取电子数据;电子数据检查和侦查实验;电子数据检验和鉴定。收集、提取电子数据可以采取以下方式:(1)扣押、封存原始存储介质;(2)现场提取电子数据;(3)在线提取电子数据;(4)冻结电子数据;(5)调取电子数据。

---

① 两院一部《电子证据规定》第11、12条。
② 两院一部《电子证据规定》第13条。
③ 两院一部《电子证据规定》第14条。
④ 两院一部《电子证据规定》第15条。
⑤ 两院一部《电子证据规定》第16条。
⑥ 两院一部《电子证据规定》第17条。
⑦ 樊崇义主编:《证据法学》(第六版),法律出版社2017年版,第201页。

（四）电子数据的审查判断

在刑事诉讼中，根据有关规定对电子数据的审查判断应当做到：

对电子数据是否真实，应当着重审查以下内容：(1)是否移送原始存储介质；在原始存储介质无法封存、不便移动时，有无说明原因，并注明收集、提取过程及原始存储介质的存放地点或者电子数据的来源等情况；(2)电子数据是否具有数字签名、数字证书等特殊标识；(3)电子数据的收集、提取过程可否重现；(4)电子数据如有增加、删除、修改等情形的，是否附有说明；(5)电子数据的完整性是否可以保证。[①]

对电子数据是否完整，应当根据保护电子数据完整性的相应方法进行验证：(1)审查原始存储介质的扣押、封存状态；(2)审查电子数据的收集、提取过程，查看录像；(3)比对电子数据完整性校验值；(4)与备份的电子数据进行比较；(5)审查冻结后的访问操作日志；(6)其他方法。[②]

对收集、提取电子数据是否合法，应当着重审查以下内容：(1)收集、提取电子数据是否由2名以上侦查人员进行，取证方法是否符合相关技术标准；(2)收集、提取电子数据，是否附有笔录、清单，并经侦查人员、电子数据持有人(提供人)、见证人签名或者盖章；没有持有人(提供人)签名或者盖章的，是否注明原因；对电子数据的类别、文件格式等是否注明清楚；(3)是否依照有关规定由符合条件的人员担任见证人，是否对相关活动进行录像；(4)电子数据检查是否将电子数据存储介质通过写保护设备接入到检查设备；有条件的，是否制作电子数据备份，并对备份进行检查；无法制作备份且无法使用写保护设备的，是否附有录像。[③]

认定犯罪嫌疑人、被告人的网络身份与现实身份的同一性，可以通过核查相关IP地址、网络活动记录、上网终端归属、相关证人证言以及犯罪嫌疑人、被告人供述和辩解等进行综合判断。认定犯罪嫌疑人、被告人与存储介质的关联性，可以通过核查相关证人证言以及犯罪嫌疑人、被告人供述和辩解等进行综合判断。[④]

理论探讨

公诉人、当事人或者辩护人、诉讼代理人对电子数据鉴定意见有异议的，可以申请人民法院通知鉴定人出庭作证。人民法院认为鉴定人有必要出庭的，鉴定人应当出庭作证。经人民法院通知，鉴定人拒不出庭作证的，鉴定意见不得作为定案的根据。对没有正当理由拒不出庭作证的鉴定人，人民法院应当通报司法行政机关或者有关部门。公诉人、当事人或者辩护人、诉讼代理人可以申请法庭通知有专门知识的人出庭，就鉴定意见提出意见。对电子数据涉及的专门性问题的报告，参照适用关于鉴定的规定。[⑤]

案例研析

电子数据的收集、提取程序有下列瑕疵，经补正或者作出合理解释的，可以采用；不能补正或者作出合理解释的，不得作为定案的根据：(1)未以封存状态移送的；(2)笔录或者清单上没有侦查人员、电子数据持有人(提供人)、见证人签名或者盖章的；(3)对电子数据的名称、类别、格式等注明不清的；(4)有其他

---

① 两院一部《电子证据规定》第22条；最高法《刑诉法解释》第110条。
② 两院一部《电子证据规定》第23条；最高法《刑诉法解释》第111条。
③ 两院一部《电子证据规定》第24条；最高法《刑诉法解释》第112条。
④ 两院一部《电子证据规定》第25条。
⑤ 两院一部《电子证据规定》第26条。

瑕疵的。①

电子数据具有下列情形之一的,不得作为定案的根据:(1)电子数据系篡改、伪造或者无法确定真伪的;(2)电子数据有增加、删除、修改等情形,影响电子数据真实性的;(3)其他无法保证电子数据真实性的情形。②

【思考题】

1. 简述物证及其特征。

2. 简述书证及其特征。

3. 我国《刑事诉讼法》对证人保护有何规定?

4. 简述被害人陈述与证人证言的区别。

5. 简述鉴定意见及其特征。

思考题参考答案

【参考文献】

1. 卞建林、谭世贵主编:《证据法学》(第四版),中国政法大学出版社 2019 年版。

2. 卞建林、谭世贵主编:《新刑事诉讼法的理解与实施》,中国人民公安大学出版社 2013 年版。

3. 张卫平:《民事证据法》,法律出版社 2017 年版。

4. 陈光中主编:《中华人民共和国刑事证据法专家拟制稿(条文、释义与论证)》,中国法制出版社 2004 年版。

5. [英]罗伯特·巴特莱特:《中世纪神判》,徐昕等译,浙江人民出版社 2007 年版。

6. 周洪波:《诉讼证据种类的区分逻辑》,《中国法学》2010 年第 6 期。

7. 龙宗智:《证据分类制度及其改革》,《法学研究》2005 年第 5 期。

8. 左卫民、周洪波:《从合法到非法:刑讯逼供的语境分析》,《法学》2002 年第 10 期。

9. 何家弘:《神证·人证·物证——试论司法证明方法的进化》,《中国刑事法杂志》1999 年第 4 期。

10. 王亚新:《刑事诉讼中发现案件真相与抑制主观随意性的问题——关于自由心证原则历史和现状的比较法研究》,《比较法研究》1993 年第 2 期。

---

① 两院一部《电子证据规定》第 27 条;最高法《刑诉法解释》第 113 条。

② 两院一部《电子证据规定》第 28 条。

第十章 证据能力

■ 导语

在证据法中,证据能力是与证明力相对的概念。证据能力乃诉讼中认定某一证据材料为定案根据的资格或能力。在我国刑事诉讼法中,表达某一项证据材料是否具有证据能力经常使用"可以作为证据使用""对该证据应当予以排除""不得作为证据使用""不能作为证据使用""不得作为定案的根据""不能作为定案的根据""不得作为判决的依据"等用语。受传统上真实性、关联性和合法性三属性理论的影响,我国对证据能力的规范还显得不够精细。从规范上,我国证据能力的审查规则大致可以分为关联性审查规则和合法性审查规则。

第一节 证据能力概述

一、证据能力的概念

所谓证据能力,是指一个证据材料作为证据的能力或资格,它是一项材料在诉讼中被作为证据使用的前提。在现代证据法理论中,对证据材料的审查判断一般都遵循分层的思维,即首先审查该证据材料是否可以作为证据使用,然后审查该证据与案件事实之间的证明关系。在大陆法系证据法中,前者被界定为证据能力问题,即一个证据材料作为证据的资格,也称为证据资格;后者被界定为证明力问题,即一项具有证据能力或证据资格的证据材料能够证明案件事实的程度。在英美法系证据法中,前者被界定为可采性(admissibility)问题,即一个证据被法庭容许作为证据加以出示的能力或资格;后者也被界定为证明力问题。虽然使用的术语不同,但两大法系的逻辑是类似的,即司法人员首先需要审查第一层面的问题,在满足条件之后,方能审查第二层面的问题。也就是说,是否具备证据的资格,乃讨论某一证据证明力到底有多强的基本前提。

在我国,传统证据法理论采取的是客观性(真实性)、合法性、关联性(相关性)的三属性理论。其中,客观性是指证据是客观存在的,不以人的主观意志为转移;关联性是指证据必须与案件事实有客观联系,对证明刑事案件事实具有某种实际意义;合法性是指证据必须依照法律规定收集和运用,包括证据必须由法定的主体依照法定程序收集、必须符合法定的证据形式等。一般认为,证据只要符合上述三性,就能作为定案根据。或者说,证据只有符合上述三性,才能够被司法人员用于认定案件事实。然而,根据传统的三属性理论,司法人员在审查判断证据时并未遵循分层的思维,没有清晰地区分证据能力和证明力问题,基本上笼统地认定案件事实。

这主要是因为:(1)在传统的三属性概念体系中,客观性既包括了证据能力的范畴(证据具有一种客观的形式),也包括了证明力的范畴(证据本身的真实性程度);关联性也是如此,既包括了证据能力的范畴(证据是否具有一定的证明性),也包括了证明力的范畴(要求司法人员考察证据与案件事实之间具有多强的关联程度)。因此,这些核心概念均杂糅了不同层面的问题。(2)三属性理论也并未说明司法人员在审查判断证据时,到底先审查哪一属性,后审查哪一属性。由此,在司法实务中,受重实体、轻程序理念的影响,办案人员很容易更重视对客观性和关联性的审查,而忽视对合法性的审查。不仅如此,办案人员在审查客观性和关联性时,也很容易重视对这些概念的证明力问题的审查,而忽视对这些概念的证据能力问题的审查。

近年来,一些学者逐渐认识到传统三属性理论的局限,开始探索新的理论方法。其中,一些学者倾向于采用大陆法系的概念,例如,陈瑞华教授就建议采用证据能力和证明力理论来阐释我国刑事证据理论。[1] 张卫平教授也在其《民事证据法》教科书中采用了证据能力和证明力的概念,指出证据能力是指特定的证据材料所具有的作为认定事实的资格,每一种证据都有相应的证据能力的要求。证明力是指证据能够证明案件事实的程度。所有的证据都具有证明案件事实的作用,但证据不同,其证明作用力的大小也有所不同。[2] 另有一些学者则倡导引入英美证据法理论,例如,易延友教授在其教科书中指出:"作为一门专门的法学学科,证据法学仍然应当而且只能以英美证据法为核心,在英美证据法的知识框架内,对照我国的相应规定加以讲述。"[3] 还有一些学者提出了本土性较强的概念,例如,何家弘教授提出了"证据的采纳"和"证据的采信"两层次理论。采纳的核心是"纳",即作为审查对象的证据是否具备法定的证据能力或证据资格,能否获准进入诉讼程序;采信的关键是"信",即获准进入诉讼程序的证据是否真实可靠及具有多大的证明价值。用通俗的话说,采纳解决的是证据能否"进门"的问题,采信解决的是证据能否作为定案根据的问题。[4]

本书也采用分层思维,区分证据能力和证明力两个范畴的问题。由于刑事诉讼对证据能力的要求较强,本章主要根据《刑事诉讼法》及相关司法解释的规定来讨论证据能力问题。

二、我国关于证据能力的语词和学理

在我国《刑事诉讼法》及相关的司法解释中,对于某一项证据材料的证据能力,一般使用"可以作为证据使用"或"可以作为定案的根据"等语词进行肯定。例如,《刑事诉讼法》第54条第2款规定:"行政机关在行政执法和查办案件过程中收集的物证、书证、视听资料、电子数据等证据材料,在刑事诉讼中可以作为证据使用。"此外,立法和司法解释也经常使用"对该证据应当予以排除""不得作为证据使用""不能作为证据使用""不得作为定案的根据""不能作为定案的根据""不得作为判决的依据"等术语对某一项证据材料的证据能力进行否定。例如,《刑事诉讼法》第56条第1款使用了"对该证据应当予以排除"这一术语:"采用刑讯逼供等非法方法收集的犯罪嫌疑人、被告人供述和采用暴力、威胁等非法方法收集的证人证言、被害人陈述,应当予以排除。收集物证、书证不符合法定程序,可能严重影响司法公正的,应当予以补

---

① 陈瑞华:《刑事证据法学》(第四版),北京大学出版社2021年版,第六章。
② 张卫平:《民事证据法》,法律出版社2017年版,第17—19页。
③ 易延友:《证据法学:原则 规则 案例》,法律出版社2017年版,序第2页。
④ 何家弘:《刑事证据的采纳标准和采信标准》,《人民检察》2001年第10期。

正或者作出合理解释；不能补正或者作出合理解释的，对该证据应当予以排除。"又如，最高法《刑诉法解释》第 88 条第 2 款使用了"不得作为证据使用"这一术语，即"证人的猜测性、评论性、推断性的证言，不得作为证据使用……"。

在我国证据学理上，无证据能力的证据大致可以区分为"因无关联性而无证据能力的证据"和"因无合法性而无证据能力的证据"。

首先，证据与案件事实之间是否存在关联性，是决定证据是否具有证据能力的重要因素。因证据无关联性而导致证据无证据能力的，理论上称为因无关联性而无证据能力的证据。对于关联性证据规则，我国《刑事诉讼法》及其司法解释也有所体现。《刑事诉讼法》第 50 条第 1 款规定："可以用于证明案件事实的材料，都是证据。"该条可以解读为关联性证据规则的法律依据，因为按照这一规定，证据必须具备能够证明案件事实的能力和属性。换言之，证据与案件事实之间必须存在一定的关联性。

其次，证据的合法性是立法者基于政策性考量而人为地为证据设置的准入门槛。在我国，"因无合法性而无证据能力的证据"的外延是比较宽泛的，一些学者将因无合法性而无证据能力的情况分为以下几种[1]：(1)因形式不合法而无证据能力。[2](2)因取证程序违法而无证据能力。[3](3)因取证主体违法而无证据能力。[4](4)因证据内容违法而无证据能力。[5](5)因未经法定调查程序而无证据能力。[6] 也有一些学者将合法性的审查规则区分为非法证据排除规则和真实性存疑的证据排除规则。[7] 根据我国《刑事诉讼法》及其司法解释的相关规定，本章在论述时，采纳后者观点。

第二节　关联性之审查判断

一、关联性审查判断概述

判断某一项证据材料是否具有证据能力或是否具备可采性，首先需要审查该证据材料与

---

① 万毅：《论无证据能力的证据——兼评我国的证据能力规则》，《现代法学》2014 年第 4 期。

② 首先，证据的形式合法性要求证据种类必须合法。我国刑事诉讼法对证据种类采取明文列举的方式，构筑了一个相对封闭的证据种类体系，亦成为判断证据形式合法性的硬性标准之一。据此，凡不在《刑事诉讼法》第 50 条明文列举的 8 项证据种类之列的证据，皆为形式不合法的证据，不具有证据能力。其次，证据的形式合法性还要求证据的格式合法。

③ 对此，我国《刑事诉讼法》第 56 条第 1 款规定："采用刑讯逼供等非法方法收集的犯罪嫌疑人、被告人供述和采用暴力、威胁等非法方法收集的证人证言、被害人陈述，应当予以排除。收集物证、书证不符合法定程序，可能严重影响司法公正的，应当予以补正或者作出合理解释；不能补正或者作出合理解释的，对该证据应当予以排除。"

④ 例如，鉴定意见依法只能由具有鉴定人资格的人出具，勘验、检查笔录只能由具有办案资格的调查人员、侦查人员制作等。最高法《刑诉法解释》第 98 条明确规定：鉴定机构不具备法定资质，或者鉴定事项超出该鉴定机构业务范围、技术条件的，其鉴定意见不得作为定案的根据。

⑤ 最高法《刑诉法解释》第 88 条第 2 款规定："证人的猜测性、评论性、推断性的证言，不得作为证据使用，但根据一般生活经验判断符合事实的除外。"这是对证人证言内容的要求和规定，即证人证言在内容上必须是对客观事实的陈述，而不得带有猜测性、评论性、推断性的内容。意见证据若违反了司法解释关于证人证言内容的规定，将丧失证据能力。

⑥ 《刑事诉讼法》第 192 条第 3 款规定："公诉人、当事人或者辩护人、诉讼代理人对鉴定意见有异议，人民法院认为鉴定人有必要出庭的，鉴定人应当出庭作证。经人民法院通知，鉴定人拒不出庭作证的，鉴定意见不得作为定案的根据。"最高法《刑诉法解释》第 99 条第 1 款规定："经人民法院通知，鉴定人拒不出庭作证的，鉴定意见不得作为定案的根据。"

⑦ 戴长林、罗国良、刘静坤：《中国非法证据排除制度：原理·案例·适用》，法律出版社 2016 年版，第 253 页。

案件事实之间是否具有关联性。此处的关联性是证据能力意义上的概念,至于具有关联性之后,其与案件事实之间的关联程度如何,是证明力所要讨论的范畴。在此意义上,关联性乃可采性的前提,没有关联性就不可能具有可采性。按照关联性证据规则的要求,只有与本案有关的事实材料才能作为证据使用。然而,如何界定关联性,是各国证据法理论中争议较多的问题。迄今为止,除少数英美法系国家在证据法中有所规定外,其他国家一般都没有针对关联性给出一个定义。以美国为例,《联邦证据规则》第 401 条规定,相关证据是指任何事实的存在具有任何趋向性的证据,即对于诉讼裁判的结果来说,若有此证据将比缺乏此证据时更有可能或无可能。在英美法系的证据法理论中,关联性的含义包括实质性和证明性两个方面。根据美国《联邦证据规则》第 401 条的规定,在决定一项证据材料是否具有关联性的时候,法官必须考虑两个问题:(1)实质性:提出用于证明某个事实的证据对于案件是"要素性"的吗? 即该证据材料与案件中的某个要素性事实有关吗? (2)证明性:该证据实际上将通过使某个事实更可能(或更不可能)存在,从而证明(证伪)那件事实吗? 即该证据材料具有逻辑上的证明作用吗? [①]

二、我国证据法中的关联性审查规则

在我国,《刑事诉讼法》及相关司法解释虽然没有对关联性下一个明确的定义,但是,相关条文对关联性还是有所涉及的。《刑事诉讼法》第 120 条规定:"侦查人员在讯问犯罪嫌疑人的时候,应当首先讯问犯罪嫌疑人是否有犯罪行为,让他陈述有罪的情节或者无罪的辩解,然后向他提出问题。犯罪嫌疑人对侦查人员的提问,应当如实回答。但是对与本案无关的问题,有拒绝回答的权利。侦查人员在讯问犯罪嫌疑人的时候,应当告知犯罪嫌疑人享有的诉讼权利,如实供述自己罪行可以从宽处理和认罪认罚的法律规定。"第 141 条第 1 款规定:"在侦查活动中发现的可用以证明犯罪嫌疑人有罪或者无罪的各种财物、文件,应当查封、扣押;与案件无关的财物、文件,不得查封、扣押。"

最高法《刑诉法解释》第 82 条、第 97 条、第 108 条,最高检《办理网络犯罪案件规定》第 33 条分别对物证、书证、鉴定意见、视听资料、电子数据的关联性进行了规定,要求着重审查这些证据的内容与案件事实有无关联性。首先,针对物证和书证,最高法《刑诉法解释》第 82 条规定:"对物证、书证应当着重审查以下内容:……(四)物证、书证与案件事实有无关联;对现场遗留与犯罪有关的具备鉴定条件的血迹、体液、毛发、指纹等生物样本、痕迹、物品,是否已作 DNA 鉴定、指纹鉴定等,并与被告人或者被害人的相应生物特征、物品等比对;(五)与案件事实有关联的物证、书证是否全面收集。"最高法《刑诉法解释》第 85 条规定:"对与案件事实可能有关联的血迹、体液、毛发、人体组织、指纹、足迹、字迹等生物样本、痕迹和物品,应当提取而没有提取,应当鉴定而没有鉴定,应当移送鉴定意见而没有移送,导致案件事实存疑的,人民法院应当通知人民检察院依法补充收集、调取、移送证据。"其次,针对鉴定意见,最高法《刑诉法解释》第 97 条规定:"对鉴定意见应当着重审查以下内容:……(八)鉴定意见与案件事实有无关联;……"第 98 条规定:"鉴定意见具有下列情形之一的,不得作为定案的根据:……(八)鉴定意见与案件事实没有关联的;……"最后,针对视听资料和电子数据,最高法《刑诉法解释》第 108 条

---

① ［美］罗纳德·J. 艾伦等:《证据法:文本、问题和案例》,张保生等译,高等教育出版社 2006 年版,第 149 页。

第 1 款规定："对视听资料应当着重审查以下内容：……（六）内容与案件事实有无关联。"最高检《办理网络犯罪案件规定》第 33 条规定："对电子数据的关联性，注重审查以下内容：（一）电子数据与案件事实之间的关联性；（二）电子数据及其存储介质与案件当事人之间的关联性。"

第三节　合法性之审查判断

一、合法性审查判断概述

证据材料是否具有证据能力，除了要审查其关联性之外，还需要审查其他事项（如合法性），看该证据材料最终是否满足可采性的要求。也就是说，有关联性，通常就具有可采性。但是，如果有关联性的证据材料不符合其他要求，也不具有证据能力。在我国证据法中，最典型的合法性审查规则就是非法证据排除规则。所谓非法证据排除规则，是指以违反法定程序的方法获取的证据，原则上不具有证据能力，不能被法庭所采纳。例如，我国《刑事诉讼法》第 56 条第 1 款规定："采用刑讯逼供等非法方法收集的犯罪嫌疑人、被告人供述和采用暴力、威胁等非法方法收集的证人证言、被害人陈述，应当予以排除。收集物证、书证不符合法定程序，可能严重影响司法公正的，应当予以补正或者作出合理解释；不能补正或者作出合理解释的，对该证据应当予以排除。"

二、非法证据排除规则

（一）2017 年以前的非法证据排除规则

非法证据排除规则的目标在于通过排除侦查机关以违反法定程序的行为获取的证据来遏制程序违法，从而实现司法公正。由于该证据规则被视为治理我国实践中多发的非法讯问、非法搜查等程序违法行为的良药，因此，近年来学术界对该证据规则给予了充分的重视。在近年来的我国刑事证据制度改革中，无论是 2010 年"两个证据规定"[1]，还是 2012 年《刑事诉讼法》均对该证据规则进行了历史性的改良，确立了初步完整的非法证据排除规则体系。

第一，在制度模式上，确立了"言词证据"与"实物证据"相区别的立法框架。一方面，两院三部《非法证据排除规定》对于非法言词证据，包括犯罪嫌疑人、被告人的供述，证人证言，以及被害人的陈述，适用绝对排除的原则。两院三部《非法证据排除规定》第 2 条明确指出："经依法确认的非法言词证据，应当予以排除，不能作为定案的根据。"《刑事诉讼法》第 56 条第 1 款也规定："采用刑讯逼供等非法方法收集的犯罪嫌疑人、被告人供述和采用暴力、威胁等非法方法收集的证人证言、被害人陈述，应当予以排除。……"另一方面，对于非法实物证据则适用相对排除（即附条件排除）原则。两院三部《非法证据排除规定》第 14 条规定："物证、书证的取得明显违反法律规定，可能影响公正审判的，应当予以补正或者作出合理解释，否则，该物证、书

---

① 两院三部《办理死刑案件证据规定》和两院三部《非法证据排除规定》。

证不能作为定案的根据。"《刑事诉讼法》第 54 条第 1 款规定:"……收集物证、书证不符合法定程序,可能严重影响司法公正的,应当予以补正或者作出合理解释;不能补正或者作出合理解释的,对该证据应当予以排除。"

第二,在排除非法证据的问题上,使用了较多的"有下列瑕疵,经补正或作出合理解释的,可以采用;不能补正或者作出合理解释的,不得作为定案的根据"的条款。例如,针对物证、书证,最高法《刑诉法解释》第 86 条规定,物证、书证的收集程序、方式有下列瑕疵,经补正或者作出合理解释的,可以采用:(1)勘验、检查、搜查、提取笔录或者扣押清单上没有调查人员或者侦查人员、物品持有人、见证人签名,或者对物品的名称、特征、数量、质量等注明不详的;(2)物证的照片、录像、复制品,书证的副本、复制件未注明与原件核对无异,无复制时间,或者无被收集、调取人签名的;(3)物证的照片、录像、复制品,书证的副本、复制件没有制作人关于制作过程和原物、原件存放地点的说明,或者说明中无签名的;(4)有其他瑕疵的。对物证、书证的来源、收集程序有疑问,不能作出合理解释的,该物证、书证不得作为定案的根据。针对讯问笔录,最高法《刑诉法解释》第 95 条规定,讯问笔录有下列瑕疵,经补正或者作出合理解释的,可以采用;不能补正或者作出合理解释的,不得作为定案的根据:(1)讯问笔录填写的讯问时间、讯问地点、讯问人、记录人、法定代理人等有误或者存在矛盾的;(2)讯问人没有签名的;(3)首次讯问笔录没有记录告知被讯问人有关权利和法律规定的。针对证人证言,最高法《刑诉法解释》第90 条规定,证人证言的收集程序、方式有下列瑕疵,经补正或者作出合理解释的,可以采用;不能补正或者作出合理解释的,不得作为定案的根据:(1)询问笔录没有填写询问人、记录人、法定代理人姓名以及询问的起止时间、地点的;(2)询问地点不符合规定的;(3)询问笔录没有记录告知证人有关权利义务和法律责任的;(4)询问笔录反映出在同一时段,同一询问人员询问不同证人的;(5)询问未成年人,其法定代理人或者合适成年人不在场的。

第三,在程序上,确立了从申请到证明再到裁判的非法证据排除程序。《刑事诉讼法》第 58条规定了非法证据排除程序的启动环节,包括依职权启动和依申请启动:"法庭审理过程中,审判人员认为可能存在本法第五十六条规定的以非法方法收集证据情形的,应当对证据收集的合法性进行法庭调查。当事人及其辩护人、诉讼代理人有权申请人民法院对以非法方法收集的证据依法予以排除。申请排除以非法方法收集的证据的,应当提供相关线索或者材料。"第 59条规定了非法证据排除程序的证明环节:"在对证据收集的合法性进行法庭调查的过程中,人民检察院应当对证据收集的合法性加以证明。现有证据材料不能证明证据收集的合法性的,人民检察院可以提请人民法院通知有关侦查人员或者其他人员出庭说明情况;人民法院可以通知有关侦查人员或者其他人员出庭说明情况。有关侦查人员或者其他人员也可以要求出庭说明情况。经人民法院通知,有关人员应当出庭。"第 60 条规定了非法证据排除程序的裁判环节:"对于经过法庭审理,确认或者不能排除存在本法第五十六条规定的以非法方法收集证据情形的,对有关证据应当予以排除。"

(二)2017 年之后的非法证据排除规则

上述规范改变了 1996 年《刑事诉讼法》对非法证据排除规则的"沉默"态度,设定了我国非法证据排除规则的基础框架和操作程序,具有历史性意义。但客观地讲,2012 年《刑事诉讼法》对非法证据排除规则的规范还有一些亟待明确的地方,实践中的情况也亟待进一步理清:(1)2012年《刑事诉讼法》对何谓"刑讯逼供"、变相的刑讯逼供是否属于"刑讯逼供"等重要问题并未给予细致的规范,导致实务中对于何种证据属于非法证据仍然无章可循[①],一定程度上缩小了该证据规则(甚至采取绝对排除模式的非法言词证据排除规则)的适用范围。(2)威胁、引诱、欺骗等非法方法获取的证据应否排除? 是否一律排除? (3)实践中的重复自白问题应如何规制?

对此,2013 年 11 月,十八届三中全会《决定》明确指出:"严禁刑讯逼供、体罚虐待,严格实行非法证据排除规则。"2014 年 10 月,十八届四中全会《决定》再次明确要求健全落实非法证据排除制度,加强对刑讯逼供和非法取证的源头预防,健全冤假错案有效防范、及时纠正机制,阐明了中央对刑事司法的更高要求。为准确惩罚犯罪,切实保障人权,规范司法行为,促进司法公正,2017 年最高人民法院、最高人民检察院、公安部、国家安全部、司法部联合发布了《严格排除非法证据若干问题规定》,其中主要涉及对非法证据排除规则的调整,这是对我国非法证据排除规则的又一次发展。最高法《刑诉法解释》也大量吸收两高三部《严格排除非法证据若干问题规定》的内容。

1. 明确了刑讯逼供的含义

从条文内容看,两院三部《非法证据排除规定》和 2012 年《刑事诉讼法》均未明确刑讯逼供的具体内涵,最高检《刑事诉讼规则》虽然将刑讯逼供具体化为肉刑和变相肉刑,但是,其外延到底包括哪些仍然不够明确。两院三部《严格排除非法证据若干问题规定》第 2 条进一步规定:"采取殴打、违法使用戒具等暴力方法或者变相肉刑的恶劣手段,使犯罪嫌疑人、被告人遭受难以忍受的痛苦而违背意愿作出的供述,应当予以排除。"最高法《刑诉法解释》第 123 条第 12 页也作了类似规定。这样一来,首先,明确了肉刑的范围,即殴打、违法使用戒具等暴力方法。其次,由于对变相肉刑的外延争议较大,因此,两院三部《严格排除非法证据若干问题规定》采纳了"冻、饿、晒、烤、疲劳讯问等手段与变相肉刑不能画等号,判断是否属于刑讯逼供应当考虑诸多因素,而且冻、饿、晒、烤、疲劳讯问的程度在实践中难以量化,无法操作"的意见,仍未明确变相肉刑的范围。

2. 明确规定采用威胁方法取得的供述应当予以排除

2012 年《刑事诉讼法》虽然明确规定,严禁刑讯逼供和以威胁、引诱、欺骗以及其他非法的方法收集证据,但关于非法供述证据的界定基本沿用了两院三部《非法证据排除规定》的表述,即"采用刑讯逼供等非法手段取得的犯罪嫌疑人、被告人供述……属于非法言词证据""经依法确认的非法言词证据,应当予以排除,不能作为定案的根据",并未提及"威胁、引诱、欺骗"方法。这导致实践中对采用威胁、引诱、欺骗方法取得的证据是否应当排除存在较大的争议。两院三部《严格排除非法证据若干问题规定》从规范层面明确了采用特定种类的威胁方法取得的供述应当予以排除。具体而言,两院三部《严格排除非法证据若干问题规定》第 3 条规定:"采用以暴力或者严重损害本人及其近亲属合法权益等进行威胁的方法,使犯罪嫌疑人、被告人遭受难以忍受的痛苦而违背意愿作出的供述,应当予以排除。"也就是说,如果"威胁"达到了使被追诉人遭受难以忍受的精神痛苦而违背意愿作出供述的程度,就应当强制排除。司法实践中,常见的威胁方式有恐吓犯罪嫌疑人将对其使用暴力,揭露个人隐私,对其近亲属采取强制措施,对其配偶、子女追究相应责任,等等。最高法《刑诉法解释》第 123 条第 2 项也作出相同规定。

3. 明确规定采用非法限制人身自由方法取得的供述应当予以排除

2012 年《刑事诉讼法》在列举非法方法时,不仅提到了"刑讯逼供、威胁、引诱、欺骗"等非法方法,还规定了兜底性的"其他非法方法"。立足司法实际,两院三部《严格排除非法证据若

[①]　龙宗智:《进步及其局限:由证据制度调整的观察》,《政法论坛》2012 年第 5 期。

干问题规定》第 4 条规定："采用非法拘禁等非法限制人身自由的方法收集的犯罪嫌疑人、被告人供述,应当予以排除。"最高法《刑诉法解释》第 123 条第 3 项也作出相应规定。

4. 确立重复性供述的排除规则

根据 2012 年《刑事诉讼法》规定,采用刑讯逼供等非法方法收集的犯罪嫌疑人、被告人供述,应当予以排除,但对于后续重复性供述是否排除,即先前的供述系采用刑讯逼供等非法方法收集,但后续讯问并未采用刑讯逼供等非法方法,由此取得的重复性供述是否应当予以排除,法律并没有作出明确规定。最高法《刑诉法解释》第 124 条规定："采用刑讯逼供方法使被告人作出供述,之后被告人受该刑讯逼供行为影响而作出的与该供述相同的重复性供述,应当一并排除……"当然,《刑诉法解释》也对重复性供述排除规则设定了两种例外情形:一是(调查、侦查阶段)主体变更的例外。调查、侦查期间,监察机关、侦查机关根据控告、举报或者自己发现等,确认或者不能排除以非法方法收集证据而更换调查、侦查人员,其他调查、侦查人员再次讯问时告知有关权利和认罪的法律后果,被告人自愿供述的,不适用重复性供述排除规则。二是诉讼阶段变更的例外。即审查逮捕、审查起诉和审判期间,检察人员、审判人员讯问时告知诉讼权利和认罪的法律后果,被告人自愿供述的,不适用重复性供述排除规则。

5. 延伸了非法证言或被害人陈述的排除范围

2012 年《刑事诉讼法》明确规定,采用暴力、威胁等非法手段取得的证人证言、被害人陈述,应当予以排除。除了暴力、威胁方法外,实践中还存在非法限制证人、被害人人身自由等非法方法,据此,两院三部《严格排除非法证据若干问题规定》第 6 条规定："采用暴力、威胁以及非法限制人身自由等非法方法收集的证人证言、被害人陈述,应当予以排除。"最高法《刑诉法解释》第 125 条也作出相应规定。

三、我国证据法中的其他合法性审查规则

除了非法证据排除规则,有些司法实务部门的专家认为,在我国刑事证据法中还有一种非常特殊的合法性审查规则,即真实性存疑的证据排除规则。就真实性存疑的证据排除规则而言,"有些证据材料由于自身的特点(如传闻证据)或者严重违反法定取证程序(如询问证人没有个别进行而取得的证言),导致其具有极大的虚假可能性,一旦采纳极易导致事实认定错误,因此,在规范层面釜底抽薪地否定其作为证据的资格。典型的如英美证据法中的传闻证据规则。此类真实性存疑证据排除规则,实际上是将证明力问题转化为证据资格问题"[1]。本来真实性和可靠性是证明力的范畴,但是,我国刑事证据法对分层思维贯彻得并不彻底,导致真实性存疑证据排除规则与非法证据排除规则很容易产生混淆。从现有的规范来讲,前者也涉及刑事司法机关的程序违法行为,但是,前者考虑的主要是程序违反了法律的规定,很容易导致证据材料本身的真实性存在问题。由于真实性存疑的证据排除规则较为特殊,因此,通常情况下,只有当法律或者规范性文件明确规定某些真实性存疑的证据应当予以排除时,才能排除有关证据。[2]例如,针对物证、书证,两院三部《办理死刑案件证据规定》第 9 条第 1 款规定,经勘验、检查、搜查提取、扣押的物证、书证,未附有勘验、检查笔录,搜查笔录,提取笔录,扣押清单,不能证明物证、书证来源的,不能作为

---

① 戴长林、罗国良、刘静坤:《中国非法证据排除制度:原理·案例·适用》,法律出版社 2016 年版,第 253 页。
② 戴长林、罗国良、刘静坤:《中国非法证据排除制度:原理·案例·适用》,法律出版社 2016 年版,第 253 页。

定案的根据。最高法《刑诉法解释》第 86 条规定,在勘验、检查、搜查过程中提取、扣押的物证、书证,未附笔录或者清单,不能证明物证、书证来源的,不得作为定案的根据。针对证人证言,该解释第 89 条规定,证人证言具有下列情形之一的,不得作为定案的根据:(1)询问证人没有个别进行的;(2)书面证言没有经证人核对确认的;(3)询问聋、哑人,应当提供通晓聋、哑手势的人员而未提供的;(4)询问不通晓当地通用语言、文字的证人,应当提供翻译人员而未提供的。针对被告人供述,上述解释第 94 条规定,被告人供述具有下列情形之一的,不得作为定案的根据:(1)讯问笔录没有经被告人核对确认的;(2)讯问聋、哑人,应当提供通晓聋、哑手势的人员而未提供的;(3)讯问

案例研析

理论探讨

不通晓当地通用语言、文字的被告人,应当提供翻译人员而未提供的;(4)讯问未成年人,其法定代理人或者合适成年人不在场的。针对辨认笔录,上述解释第 104、105 条规定,对辨认笔录应当着重审查辨认的过程、方法,以及辨认笔录的制作是否符合有关规定。辨认笔录具有下列情形之一的,不得作为定案的根据:(1)辨认不是在调查人员、侦查人员主持下进行的;(2)辨认前使辨认人见到辨认对象的;(3)辨认活动没有个别进行的;(4)辨认对象没有混杂在具有类似特征的其他对象中,或者供辨认的对象数量不符合规定的;(5)辨认中给辨认人明显暗示或者明显有指认嫌疑的;(6)违反有关规定、不能确定辨认笔录真实性的其他情形。上述解释第 114 条规定,电子数据具有下列情形之一的,不得作为定案的根据:(1)系篡改、伪造或者无法确定真伪的;(2)有增加、删除、修改等情形,影响电子数据真实性的;(3)其他无法保证电子数据真实性的情形。

【思考题】

1. 证据能力的概念是什么?

2. 我国传统的证据属性理论是什么?

3. 我国最高法《刑诉法解释》对视听资料和电子数据的关联性有哪些规定?

4. 试述构建非法证据排除规则的意义。

思考题参考答案

【参考文献】

1. 卞建林、谭世贵主编:《证据法学》(第四版),中国政法大学出版社 2019 年版。

2. 张卫平:《民事证据法》,法律出版社 2017 年版。

3. 戴长林、罗国良、刘静坤:《中国非法证据排除制度:原理·案例·适用》,法律出版社 2016 年版。

4. 易延友:《证据法学:原则 规则 案例》,法律出版社 2017 年版。

5. [美]罗纳德·J. 艾伦等:《证据法:文本、问题和案例》,张保生等译,高等教育出版社 2006 年版。

6. 陈瑞华:《刑事证据法》,北京大学出版社 2021 年版。

7. 万毅:《论无证据能力的证据——兼评我国的证据能力规则》,《现代法学》2014 年第 4 期。

8. 龙宗智:《进步及其局限:由证据制度调整的观察》,《政法论坛》2012 年第 5 期。

9. 龙宗智:《证据分类制度及其改革》,《法学研究》2005 年第 5 期。

10. 何家弘:《刑事证据的采纳标准和采信标准》,《人民检察》2001 年第 10 期。

第十一章　证明力

■ 导语

　　证明力是指证据对于案件事实的证明所具有的实质上的价值。证据的证明力是证据本身固有的属性,不同的证据,由于其特性及与案件待证事实关系不同,往往具有不同的证明价值,也发挥着不同程度的证明作用。在以证据为判断案件事实的手段的诉讼中,存在着法定证据制度和自由心证制度,两者均是围绕对证据证明力的判断和法官运用证据确认案件事实的方式确立的制度。法定证据制度在历史发展中曾占重要地位,但近现代以来,自由心证制度在英美法系和大陆法系都占据主导地位。证明力判断自由是自由心证制度中最核心的内涵之一,除此之外,各国也都规定了不同的例外情形。

第一节　历史上的证明力法定规则

一、罗马帝国时期的证明力法定规则

　　从共和制时期到帝制时代,罗马发展史上先后出现了三种诉讼程序:民众会议诉讼程序、查问所程序和特别审理程序。前两种诉讼程序下,事实认定者对证据的可信性、证明力均自主判断,不存在任何外在的法定规则的制约,对指控事实是否成立,也以是否形成主观的确信为标准。不过,与现代自由心证相比,这种确信是很主观的。

　　随着职权主义的特别审理程序的出现,证明方式也向法定证据转化。证据的价值被作了人为的区分,口供被视为最有力的证据,即后世所说的“证据之王”。[①] 从自由证明向法定证明转化应主要归因于两方面:一是帝制的强化。诉讼程序向高度的职权主义发展,民众审判为职业法官所取代,法定证据制度一方面起到了抑制法官主观随意性的作用,另一方面也顺应了统治者强化统治的需要。二是长期的诉讼实践为证据规则的出现提供了可能。法定证据规则虽然僵化,但它一定程度上反映了人类证明经验积累的成果。

　　罗马人在诉讼证明方式上提前预演了后世欧洲法制走过的漫长旅途。它的法定证据制度对欧洲的法制产生了重大影响,其早期的自由证明实践也成为法国启蒙思想家反对法定证据制度的思想来源之一,如伏尔泰就鼓吹法官们能够而且应该遵照罗马法早期自由证明的规则,

---

① ［意］朱塞佩·格罗索:《罗马法史》,黄风译,中国政法大学出版社 1994 年版,第 125 页。

使证明达到比白日之光还要明亮的程度。[①]

二、罗马法复兴、教会法生成与法定证据制度的形成

罗马帝国灭亡后,作为体系性的罗马法在西欧就不存在了,其部分与日耳曼法融合成为现实的法律。虽然其在现实中可能没有效力,但并不意味着其不是法律。事实上它还享有尊贵的地位,它是真正的法律、理想的法律,是理性的具体化。正如《圣经》一样,罗马法也被视为一种真理。对查士丁尼汇编的抄本在大约 1080 年的发现,人们以与发现了《旧约全书》中长期失传的一些篇章抄本同样的心情来接受。手抄本的发现大大促进了罗马法的研究,兴起了注释罗马法的热潮。意大利北部的民众法逐渐为罗马法所取代。

随着罗马法的复兴,其后期的职权主义的特别审判程序被意大利法所吸收,并与法兰克时代的纠问式诉讼程序(宗教审判程序)一起,促进了意大利刑事审判纠问程序的生成。在这种诉讼中,证明方式已完全引入了法定证据主义,即不允许法官形成主观的心证,其应遵照事先制定好的规则来进行审判。间接证据被明确区分开来,只靠间接证据不能进行有罪认定。但是在有一定间接证据的情况下,可以进行以获得坦白为目的的拷问。意大利法曾想制定出一种规范来认定嫌疑达到何种程度可以进行拷问。此外,意大利法还对间接证据进行了分类,制定了各自相应的推定规则、概率性规则。[②]

在罗马法复兴的同时,教会法也逐步成型。成体系的教会法大致在 1050 年至 1200 年之间生成。教会法的形成受到了罗马法、《圣经》、日耳曼民俗法的影响。这里的罗马法主要是指 11、12 世纪复兴的经罗马法学家改造过的法律。教会法庭在传统上采用弹劾式诉讼程序,诉讼由原告提起并由其负担相关费用,一旦控告失败,原告还要承担诬告的责任。同时,原告必须有可靠的证人证明曾目睹被告的罪行,而很多罪行是很难为人察知的,这种诉讼对弱势者非常不利。在罗马法和意大利法纠问式诉讼程序的影响下,教会法庭的刑事诉讼程序在 13 世纪由弹劾式向纠问式转变。在这种程序中,私人起诉不再需要了,"但是法官本人并不同时扮演起诉者的角色,启动纠问的是公共舆论:如果社会上有许多人(而不是个别人)持久地(而不是一时地)认为某人犯有特定的罪行,教会当局在知晓之后开始调查,在证实他的罪行后给予相应的惩罚","纠问式程序引入了公共起诉的概念,比控诉式程序更有利于弱势者,对打击罪犯也更便利,很快被世俗法庭所借用,是国家检察制度的渊源,最终成为西方大陆法系刑事程序的基础"。[③]

教会法庭历来不使用神明裁判,因而,在早期的弹劾式诉讼下,法官依自由心证认定事实。如在 12 世纪实行的介于弹劾式诉讼与纠问式诉讼之间的"昭著罪行控诉程序",对众所周知的罪行,为从重从快处罚,不需要目击者的证词,只要众人相信该人有罪就可以定罪了。也就是说,法庭的判决要求建立在"内心确信"的基础上——虽然其主观性过强。在纠问式诉讼早期,还没有引入拷问制度,被告人还享有弹劾式诉讼延续下来的权利保护机制:"他必须被告知指控的内容,必须在审判时到场,反对他的证人也不得对他隐瞒。"[④] 可以合理地相信当时的立证

---

① [英]乔纳森·科恩:《证明的自由》,何家弘译,《外国法译评》1997 年第 3 期。
② [日]庭山英雄:《自由心证主义》,学阳书房 1983 年版,第 185 页。
③ 彭小瑜:《教会法研究——历史与理论》,商务印书馆 2003 年版,第 51 页。
④ 彭小瑜:《教会法研究——历史与理论》,商务印书馆 2003 年版,第 51 页。

方式是自由证明。

随着教会法的发展,书面程序取代了以往的口头诉讼,此时的教会法对书面程序的强调达到了迷信的地步,认为没有记录的程序行为是无效的,法官须将他的判决完全建立在书面记录的基础之上。从而导致法官大多数情况下根据其他官员的审讯记录作出判决,而不是直接审讯当事人和证人。由于采用书面程序,法官远离证人和当事人,那些可在当面陈述中表现出来的作为证明力判断依据的细微差别和难以描述的状况,在单调呆板的书面记录中消失得无影无踪。因而,伴随着书面程序的发展,对各种证据的证明力也作了人为的规定,形成了一套精心设计的证据评价规则。其主要内容是:(1)对证据的量和种类作了限定,即证明某项事实必须具有法定的证据种类和法定的量。这种对证据量化的思想出现较早,12 世纪的一篇著名论文——《宗教修辞学》认为,发现一起争议事件中的真理需要 4 个人物:1 名法官,1 名证人,1 名控告人和 1 名辩护人。法定证据下,证明事实一般需要两名神谕证人或耳闻证人(对于罪行昭彰的事实可根据审判知识确定)。(2)对证据价值主要以提供者的身份加以划分。贵族、伴侣和富有者的证词优于平民、俗人和贫穷者的证词;年长者的证词优于年少者的证词;妇女的证词要么被排除,要么效力大大低于男子的证词。(3)证据的总体评价转向"代数式"计算。纠问程序建立的原始目的是通过司法调查使法官建立起对案件事实真相的"内心确信",但随着证据规则形式化的日益严重,证据分量被人为分为完全证据、半完全证据、1/4 的证据甚至 1/8 的证据,对证据的证明力的评价成为一种"代数式"评估,内心确信的必要性反而受到抑制。在积极法定证据主义下,即使法官没有建立内心确认,只要证据分量计算成立,就应作出有罪判决。(4)确立了证据排除规则。如为了防止引入多余的证据(有关的事实已经查清)、无关的证据(对于本案事实没有证明效果)、含混和不确定的证据(从中无法作出明晰的推论)、过于笼统的证据(它们会导致模糊不清)以及与事物的本性相矛盾的证据(它们令人无法相信)而确立的排除规则。这些规则在 15 世纪以后被欧洲大多数国家抛弃了,只在英国普通法中存留下来。在证据规则越来越形式化后,法定证据制度最终确立起来。当然,作为人类的活动,司法证明完全排除法官的主体性能动活动是不可能的,自由心证被法定证据取代只是说其作为整体的立证方法不存在了。

三、法定证据制度在世俗国家的形成和发展

(一) 法国

公元 9 世纪,查理曼大帝的三个孙子三分帝国,法兰克帝国瓦解,形成当今法、德、意三国的雏形。随着王权的进一步削弱,欧洲进入封建割据时代。各国国王只能在王室领地行使权力,仅是形式的宗主,不能过问封建领地内部事务,中央立法、司法机关事实上已不存在,封建领地内适用各自的地方法,但这些地方法都是在罗马法和日耳曼法的基础上发展起来的。从法国 12、13 世纪早期的情况看,其诉讼形式沿袭了日耳曼早期的民众裁决形式。虽然此时民事与刑事案件已作了区分,但刑事案件仍继续适用类似于民事案件那种"控告"式的起诉程序。在封建领主法院中,法官主持非法律职业者的法庭。法院的判决不是由主持审判的官吏作出,而是由外行的陪审员作出的。把法庭审判人员划分为主持法官和陪审员,恰好像英格兰的陪审团一样。英国的陪审团制度在时间上可以追溯到法兰克人的陪审员制度。此时,欧洲大陆的审判程序尚未走上与英国审判程序分道扬镳之路。随着王权的加强,王室法院的作用进一步增强。

相比于领主法院,王室司法更为合理,因为在绝大多数案件中它废除了司法决斗和共誓涤罪程序。王室法院也更为专业化,由受过专业培训的法官审判。与当时的教会法院比较,二者在诉讼活动中"旨在允许揭露案件的全部事实和问题"这一点上是一致的,但与教会法院不同的是,在教会法院,原告的起诉书和被告的答辩书采取书面形式,而在王室法院则采取口头形式。此时的法兰西诉讼程序受教会法的影响还是有限的,就王室法院而言,其主要继承和发展了法兰克帝国时期的纠问程序。

从当时王室法院的审判活动看,其更着重于寻求事实的真相,这是人类社会发展到一定阶段的必然要求。而神明裁判对这一点是无多大帮助的,神明裁判的没落不可避免。神明裁判的废除为教会法对世俗法的渗透提供了可能。相比于世俗社会的诉讼程序,12世纪的教会法更为现代、更为合理和更为系统,与早先流行于日耳曼审判程序中的较为原始、程式化及多变的法律制度形成了鲜明的对照。教会法学家倡导理性和良心原则正是将它们作为抵制日耳曼法的形式主义和魔法巫术的武器。

神明裁判被废除以后,法兰西诉讼程序在继承法兰克纠问程序的基础上,在教会法和复兴的罗马法的影响下,形成了纠问制诉讼程序,路易十四时代颁布的《刑事诉讼大条例》(1670年)标志着其达到了顶峰。在证明方式上也采用了法定证据制度,实行拷问、嫌疑罚和假释放。

(二)德意志

查理曼帝国解体以后,与法国相似,当时德意志各地的诉讼程序仍主要沿用了日耳曼法的集体判决程序,由与当事人身份相同或同一地方的人进行审判。神明裁判也仍在适用。到了12、13世纪,德意志境内各公国的司法程序趋于合理化和集中化。这些新的"调查"程序,即纠问式诉讼程序渐趋取代旧的共誓涤罪和神明裁判程序。

这种纠问式诉讼程序在德意志自发生成并发展。就其证明方式而言,如前所述,在初期应是自由心证,但纠问程序自身要求其必须发展一些证据规则,而对这一进展产生重大影响的是15、16世纪罗马法的继承和教会法的影响。威廉姆斯宗教会议在1498年对证据法明确作了规定。德意志原业余法官施瓦岑贝格(Schwarzenberg)以其为参考,综合了意大利法(罗马法)和日耳曼法,创立了独特的证据法体系,成为《卡罗琳纳法典》的原型。

《卡罗琳纳法典》对拷问的前提条件和有罪认定的基础条件进行了明确的区分。法典还规定,间接证据不能作为有罪判决的基础。施瓦岑贝格认为,痕迹、推定只能作为拷问的依据,要作出有罪判决,必须有"嫌疑者的坦白"或"二个证人的一致证言"。他的思想在根本上是法定证据主义的,同时他还力求解决证据评价中的错误和存在的困难,以为法官的心证形成提供一种准则。而在制定这种准则上,最大问题是如何对待由拷问获得的坦白。法典规定,即使存在坦白,如果法官不能达到内心确信,也不能作出有罪判决,对两个证人的一致证言也作此处理。从这里可以看到后来出现的消极法定证据主义的原型。此外,施瓦岑贝格从各方面对间接证据进行了分类。但是与后来严格的法定证据主义不同,他的出发点并不在于用成文法规严格约束法官的判断,而是为法官心证的形成提供一种指导。在他看来,"法官应该在深入地比较对照有罪、无罪两种证据之后形成心证,法官不能盲目地把通过拷问得来的坦白作为判决的基础,而应该在充分考虑了证人的证言之后,再决定是否采用"[①]。施瓦岑贝格反对机械地按照法

---

① [日]庭山英雄:《自由心证主义》,学阳书房1983年版,第186—190页。

定规则作出判决。他希望法官不但要有逻辑运用能力,还要具有经得起考验的价值判决能力。在他看来,进行有罪认定的证据基础,不仅是逻辑性法律的运用问题,还是法官的人格和良心问题。

由此可以看出,《卡罗琳纳法典》时期的德意志法相对缓和,特别是施瓦岑贝格的证据法思想达到了相当高的水平。

《卡罗琳纳法典》产生以后,德意志法对意大利法的吸收仍在继续,相对缓和的法典并没有得到以追究犯罪为首要任务的官僚们的青睐。在意大利法影响下,德意志证据法继续向法定证据主义方向强化,施瓦岑贝格的"不能用成文法过分束缚法官"的证据法基本思想被遗忘了。最终,形成了积极的法定证据主义:只要有被告人的坦白或两位证人的一致证言,法官即使违背自己的心证也必须进行有罪判决。德意志普通法时代的证据法历史就是积极法定证据主义强化扩张的历史。①

除了德法两国之外,法定证据制度还逐渐被欧洲大陆其他国家所采用。

从上述的证明方式发展历程看,无论是在罗马法、教会法还是在世俗国家法中,纠问式诉讼产生初期并没有马上采用法定证据制度,而是采用了自由心证,但后来的发展都走向了法定证据制度。其内在的原因在于,相对于原始的弹劾式诉讼,纠问式诉讼更有利于查明事实,实现社会正义,从弹劾式诉讼走上纠问式诉讼是不可避免的。而在纠问式诉讼下,如何在发现真实的前提下防止法官的主观随意性成为一个重要问题,生活及司法经验的积累使根据一般经验提出某种约束规则成为可能;法定证据使诉讼结果更具可预测性从而增强了其可接受性;同时它也对专制统治非常有利,在教皇革命和王权强化之后获得了适宜的发展环境。因而,法定证据制度的出现具有一定程度的必然性。

从欧洲大陆法制发展进程看,法定证据制度的确立是司法文明的重大进步。法定证据制度取代了欧洲中世纪初期采用的决斗、神明裁判等非理性的纠纷解决方法。虽然今天看来,"法定证据制度是武断的、粗放并有失公正的,但它的采用却对司法程序产生了人道主义影响,并使审判程序转向对事实进行理性调查迈进了一大步"。在当时法官权威不足的情况下,"他们难以抵御外界的游说、贿赂或威胁——特别是来自权贵的威胁。因此,法定证据制度为法官提供了隔阻此类压力的屏障"。② 这对于公正司法是有利的。

第二节　近现代的自由评价规则

自由心证的表达,法语为"system de preuves ou del' intime conviction"。作为一项实在法制度,自由心证源于并存在于大陆法系国家。作为法学用语,也主要在大陆法系学术圈中使用。英美法系国家表达类似意思的用语为"free judicial evaluation of evidence""free evaluation of evidence""free proof"或"free evaluation"。在自由评价证据这一核心意义上,两大法系基本一致。汉语中,又有"内心确信"一词。总的说来,"自由心证"与"内心确信"表达的是同一意思。鉴于"自由心证"一词使用的广泛性,为便于行文,此处统一用"自由心证"加以表述。由于我国对自由心证的认识和理解主要源于大陆法系,并且英美法系自由心证发展过程相对简单,因

---

① 〔日〕庭山英雄:《自由心证主义》,学阳书房 1983 年版,第 186—194 页。

② 〔美〕约翰·亨利·梅利曼:《大陆法系》,顾培东、禄正平译,法律出版社 2004 年版,第 124—125 页。

而,本部分对自由心证的介绍虽涉及英国,但以大陆法系为主。

一、近现代自由心证在英国的确立与传播

在英国早期,审判也采用神明裁判或共誓涤罪程序。诺曼人侵入英国后,陪审团制度慢慢发展起来。早期的审判陪审团是知情陪审团,其职能是为法官提供信息咨询,在法官的指导下宣誓讲出与案件纠纷有关的情况。这种陪审团存在的最大问题是,要在每个案件中找到熟悉案件的人来审判。而这一问题随着社会的发展、人口的增加和流动,变得越来越困难,审判人员与证人开始分离,由不熟悉案件情况的人作陪审员进行审判,熟悉案件情况的人作证人。

英国陪审制的生成和发展使其立证方式走了一条不同于欧洲大陆的道路。神明裁判消失之后,英国之所以未采用法定证据主义,可归于两个原因:(1)陪审制使法定证据制度难以适用。在知情陪审团审判中,12个陪审员既是审判者又是证人,案件认定要求陪审团一致同意或多数同意,这使得法定证据制度下案件认定必须有两个证人的一致证言的要求显得毫无意义。同时,陪审员都是业余的,且通常情况下都是文盲,要求其根据既定的、复杂的证据法则评价证据是不可能的。陪审员的业余性也使书面程序成为不可能,其必须根据口头辩论的情况作出事实认定。可以说,正是陪审员的业余性使必须由专业法官操作的纠问式书面诉讼程序和法定证据制度难以实施。(2)相对于欧洲大陆国家,基督教从未在英国取得像其在欧洲大陆国家那样的强势地位。特别是英国比欧洲大陆国家较早建立了强有力的王权,建立了一套统一、自足的法律体系,法律职业阶层初步形成。因而,当罗马法复兴并借助教会法传播时,由于英国教会力量不足和英国自身法律体系业已形成,虽然其吸收了罗马法、教会法的许多因素,但从整体上抵御了罗马法复兴的冲击,保持了自己的法律传统。法定证据制度虽在英国的教会法院有所适用,但未能在英国取得优势地位。

"差不多自1530年以来,在陪审员面前进行证据调查已十分常见。从1650年开始,要求不再偶然依靠个人知识,而应该完全以这种证据调查为依据进行判决。"[1] 随着近现代意义上的陪审制的确立,由中立的、事前对案情无所知的裁判者对证言证明力自由评价并作出事实认定的现代自由心证确立起来。随着英国的殖民扩张,英式陪审团在世界范围内被广泛应用,自由心证成为英美法系的通用证明方式。

当欧洲大陆采用纠问程序和法定证据制度时,英国通过弹劾式诉讼和陪审制保留了自由心证。而后来,"当大陆的制度因专制及缺乏民众参与而遭到批评和反对时,陪审制又被视为抵御非正义的堡垒和与自由民相称的一种制度,于是它被引进或重新引进这片许多世纪以前就与它有着许多渊源的大陆的土地"[2],自由心证也伴随着陪审制重返欧洲大陆。

---

① ［德］拉德布鲁赫:《法学导论》,米健、朱林译,中国大百科全书出版社1997年版,第113页。对于现代意义上的陪审团出现的具体时间,由于资料方面的问题,学者们有分歧。例如,有学者推断1400年陪审团已成为被动的事实评估者,另有学者则认为它是1544—1555年英王玛丽一世保释与犯罪法的结果。但16世纪后半期的审判记录清楚地表明证人出现在法庭上,现代意义上的陪审团此时已形成应无疑问。参见［美］巴巴拉·J.夏皮罗:《对英美"排除合理怀疑"主义之历史透视》,熊秋红译,王敏远主编:《公法》(第四卷),法律出版社2003年版,第46页。

② ［英］R.C.范·卡内冈:《英国普通法的诞生》,李红海译,中国政法大学出版社2003年版,第108页。

二、近现代自由心证在欧洲大陆的确立与传播

（一）近现代自由心证在法国的确立

欧洲大陆自由心证的新时代由法国大革命拉开了序幕。基于启蒙思想家对不断发生的错案的严厉批判，在法国大革命前，法定证据制度已声名狼藉。法国大革命后，1790 年 12 月，杜波尔向宪法会议提出革新草案，建议废除书面程序和法定证据制度，并把法官的内心确信作为诉讼的基础。草案获得通过。1808 年《拿破仑刑事诉讼法典》沿袭了其精神，该法典第 342 条对自由心证的表述是："法律不要求陪审官报告他们建立确信的方法；法律不给他们预定一些规则，使他们必须按照这些规则来决定证据是不是完全和充分；法律所规定的是要他们集中精神，在自己良心的深处探求对于所提出的反对被告人的证据和被告人的辩护手段在自己的理性里产生了什么印象。法律不向他们说：'你们应当把多少证人所证明的每一事实认为是真实的'；它也不向他们说：'你们不要把没有由某种笔录、某种文件、多少证人或多少罪证……所决定的证据，认为是充分证实的'。法律只是向他们提出一个能够概括他们职务上的全部尺度的问题：'你们是真诚地确信吗？'。"

（二）自由心证在法国确立的原因

1. 科学发展带来的证据法革命

法定证据制度下作为判断依据的规则主要是一般经验的总结，缺少经验科学的分析，很多规则经不起严格的验证。至 18 世纪，自然科学有了重大发展。物理学、化学、医学、生物学的发达，带动了法医学、弹道学等与证据的科学鉴定直接关联的学科进步，在中世纪并不十分重要的物证一跃成为诉讼中发现真相的最有力武器之一。诸如此类新的经验在诉讼实践中日益为人们所认识，传统的法定证据制度中区别证据价值高低的标准便逐渐失去了意义。

2. 知识观（认识论）的转变

法定证据制度是与当时关于科学知识来源的思想相吻合的。在当时，科学通常不被认为是一种持续性的探索，而被认为是一种已经完成的体系。人们普遍接受的标准观念是，与那些需要查明之事实有关的知识都依赖于一定的权威。在司法领域，严格规制的证明制度是一种自然且必然的产物。[①] 在立法者看来，法官的能力不足以发现案件事实的真相，他们作为权威者应当制定出发现事实的方法，法官的任务就是按照既定的方法行事。

近代自然科学的飞速发展，使知识来源于权威的经院哲学观念受到批判。在启蒙时代，知识论领域的共同主题是，理性是人的本质，人人具有与生俱来的理性能力，理性也是人获得真知的唯一路径。人们相信，将证据交由法官根据个案情况自由判断，是发现真实的最佳途径，法官判断的结果也更能为人们所接受。在新的知识论面前，法定证据规则丧失了存在的必要性。

3. 意识形态的推动作用

在启蒙时代，自由、平等、人权、权力分立与制衡等观念成为社会的主导话语。新的意识形态下，纠问式诉讼程序和法定证据制度失去了一个重要支柱。在人权保障观念下，权力分立的

---

① ［英］乔纳森·科恩：《证明的自由》，何家弘译，《外国法译评》1997 年第 3 期。

要求使法官独揽的侦查、起诉、审判权力被分解,现代检察官制被创设,纠问式诉讼程序寿终正寝。书面程序也在直接言词原则的冲击下失效。在人民主权学说的指导下,陪审制被创立,而陪审制与法定证据制度是不兼容的。值得一提的是,法定证据制度重视口供所诱发的刑讯逼供,成为新思想攻击的重要对象,“消灭刑讯,意味着同时要抛弃法定证据理论”[1],它是纠问式诉讼程序和法定证据制度崩溃的重要诱因。

4. 法定证据制度本身在实践中带来的严重问题

法定证据制度本身的形式性,束缚了法官根据案件情况判断事实的灵活性,导致发现真实的司法目的难以实现。这一点随着实践不断暴露。俄罗斯 1864 年《刑事诉讼条例》在废止法定证据制度的立法理由中指出:“……这种理论完全不考虑法官个人的确信……法定证据理论的效果是极不能使人满意的。”[2]贝卡里亚更尖锐地揭露了法定证据制度下刑讯逼供对事实发现的危害:“痛苦的影响……给受折磨者留下的唯一自由只是选择眼前摆脱惩罚最短的快捷方式,……罪犯与无辜者间的任何差别,都被意图查明差别的同一方式所消灭了。”[3]法定证据制度不能令人满意的实践是激发改革的重要动力。

5. 英国司法制度的影响

法国启蒙思想家大多有在英国生活的经历。英国的政治学说和司法制度对他们有巨大影响。启蒙思想家对自由心证理想的描述是以英国陪审制为蓝本的,法国大革命胜利后很快采用了英式陪审制。自由心证在英国的现实存在和有效运作,不但激发了思想家们的灵感,也增加了其主张的说服力。

(三)自由心证原则在各国的传播

近现代自由心证在法国确立以后,随着拿破仑的军事扩张和法国的殖民活动,再加上其本身更符合人类理性思维规律的先进性,自由心证在世界各地传播开来,成为大陆法系国家通用的证明方式。

1848 年以后,受法国刑事诉讼法的影响,德意志各邦国相继制定了新的刑事诉讼法,采用了自由心证。其中,普鲁士 1848 年制定了新的《刑事诉讼法》。德意志帝国统一后,1877 年颁布了新的《刑事诉讼法》,采用了自由心证。该法第 260 条规定:“法院应根据从全部法庭审理中所得出的自由心证来确定调查证据的结果。”由于德国《刑事诉讼法》在世界范围内具有重要影响,它的完成,标志着自由心证在大陆法系国家牢固确立起来。受法国和德国等西方国家的影响,日本 1876 年根据司法省“依证据断罪时仅凭法官之理念”的通知,开始采用自由心证。后来各国立法都坚持了自由心证原则。目前大陆法系各国对自由心证原则多有明确规定,如日本《刑事诉讼法》第 318 条规定:“证据的证明力,由法官自由判断。”[4]日本《民事诉讼法》第 247 条规定:“法院作出判决时,应当斟酌口头辩论的全部意旨和调查证据的结果,依据自由心证判断对于事实的主张是否应认定为真实。”德国《刑事诉讼法》第 261 条规定:“法院根据其在整个

---

①　[德]拉德布鲁赫:《法学导论》,米健、朱林译,中国大百科全书出版社 1997 年版,第 122 页。

②　符拉吉米罗夫:《刑事证据学说》,1910 年版,第 88—89 页。转引自[苏联]安·扬·维辛斯基:《苏维埃法律上的诉讼证据理论》,王之相译,法律出版社 1957 年版,第 165 页。

③　[意]贝卡里亚:《论犯罪与刑罚》,黄风译,中国大百科全书出版社 1993 年版,第 32—33 页。

④　《日本刑事诉讼法》,宋英辉译,中国政法大学出版社 2000 年版,第 73 页。

审理中建立起来的、自由的内心确信,判断证据调查结果。"[1] 德国《民事诉讼法》第 286 条规定:"法院应当考虑言词辩论的全部内容以及已有的调查证据的结果,经过自由心证,以判断事实上的主张是否可以认为真实。作为法官心证根据的理由,应在判决中记明。法院只在本法规定的情形下,才受关于证据的法律规定的约束。"[2] 法国《刑事诉讼法》第 353 条对内心确信原则的规定更为明确。[3]

自由心证通过两条路径影响我国:一是由法国、德国通过日本传入我国。清末修法制定刑事诉讼法过程受日本法影响较大。1910 年的《刑事诉讼法草案》第 326 条第一次在法律上明确了自由心证的内容。该条第 2 项明确了自由心证原则:"证据之证明力任推事自由判断。"立法理由指出:"第 2 项采用自由心证主义。按法定证据主义与发现真实主义不合,各国通例仍采自由心证。本律亦拟仿效之。"与此同时完成的《民事诉讼法草案》第 339 条规定:"审判衙门应斟酌辩论意旨及证据调查结果,以自由心证判断事实上主张之真伪,但法律有特别规定者不在此限。得心证之理由应记明于判决。"清朝灭亡时,草案尚未及实施。1912 年 2 月民国政府将两部草案"发并各司法衙门参考暂行援用"。后民国政府以此为基础制定的《刑事诉讼法》第 269 条规定:"证据之证明力,由法院自由判断之。"肯定了自由心证。至新中国成立前,自由心证原则在国内立法和实践层面都已确立。二是由俄国传入我国。俄国 1864 年的司法革新废除了法定证据制度。沙俄 1892 年颁布的《刑事诉讼条例》第 119 条规定:"治安法官应根据建立在综合考虑法庭审理时所揭露的情况的基础上的内心确信,来裁判受审人有无罪过的问题。"1922 年颁布的《苏俄刑事诉讼法典》规定,法院不受任何形式证据的约束,法院可以斟酌案件的情况采取某些证据。对于案内一切证据所作的判断,概由审判员根据建立在综合考虑案件一切情况的基础上的内心确信来进行。[4] 自此,自由心证原则在苏联法中一直被沿用。新中国成立后,苏联法成为我们学习的榜样,但在自由心证问题上,主流意见在相当长时间内持否定态度。这条路径的建设性影响有限。

我国当前立法体现了自由心证原则。最高法《刑诉法解释》第 139 条第 2 款规定:"对证据的证明力,应当根据具体情况,从证据与案件事实的关联程度、证据之间的联系等方面进行审查判断。"最高法《民诉法解释》第 105 条规定:"人民法院应当按照法定程序,全面、客观地审核证据,依照法律规定,运用逻辑推理和日常生活经验法则,对证据有无证明力和证明力大小进行判断,并公开判断的理由和结果。"

三、近现代自由心证的词源与内涵

(一) 词源与概念

汉语中的"自由心证"一词,由日本学者在明治维新时期引进西学时由法语中的"intime conviction"翻译而来。清末法律改革时,由日本引入。将法语的"intime conviction"译为"自由心证"一词,似乎并不贴切。日本当初何以选择"自由心证"一词,日本学者佐伯千仞的解释是:

---

[1] 《德国刑事诉讼法典》,宗玉琨译注,知识产权出版社 2013 年版,第 206 页。

[2] 《德国民事诉讼法》,丁启明译,厦门大学出版社 2016 年版,第 68 页。

[3] 《法国刑事诉讼法典》,罗结珍译,中国法制出版社 2006 年版,第 248 页。

[4] 樊崇义主编:《刑事诉讼法学研究综述与评价》,中国政法大学出版社 1991 年版,第 198 页。

"中国唐诗中有'花空觉性了，月尽知心证''燃灯坐虚室、心证红莲喻'的用法，凡此皆是禅僧坐禅结果，达到将诸多疑团扫除而领悟之境界。明治时期的立法机关者，将裁判官依证据为事实之认定，比喻理解成佛家理解真理、真实时内心应抱持的态度，并觉知这种感慨。那些立法者将'intime conviction'当成'真诚的心证'，即表示保持内心空白而接触证据之结果，达到怀有有罪确信之语义。"①

但汉语中的"自由心证"一词的确易引起误解。现代自由心证是欧洲大陆在法定证据制度的废墟上建立起来的，在该背景下一般不会有歧义的理解。而我国历来不存在法定证据制度，证据的证明力均由裁判者自由判断，现特别强调"自由"二字，易使人误解为可无根据恣意为之。就法律明确规定自由心证的我国台湾地区情况看，此问题颇为突出。"多年以来，不独为一般人所误解，且在实务上亦流于草率擅断，以致仅凭臆想推测，或违背日常生活上之经验法则或论理法则者，屡见不鲜。此于历来判牍反复纠正之情形，可以见之。"因而，李学灯先生认为此种译法"雅而非信"。②

现代自由心证的确立是为了将法官从法定证据规则下解放出来，使之能凭借理性，根据案件情况合理地评价证据，其意在求得心证的合理。虽其在确立当初诉求于陪审团的全人格判断，但这是基于对陪审团的人格信赖，并不意味着允许陪审团恣意妄为。自由心证后来在德国被进一步客观化，明确了合理性的保障机制。因而，自由心证向来无由裁判者任意推测、随心所欲之意，裁判者的自由是一种有限的自由。正如陈朴生先生所言："心证系指合理的心证，科学的心证，即裁判官应本其健全之理性而为合理之判断，并非许裁判官任意擅断，亦非纯粹的自由裁量。"③

由此，在对自由心证下定义时，应突出其合理性要求的一面。可作以下定义：所谓自由心证，是指法律对证据的证明力不作预先规定，裁判者基于经验法则和论理法则，对经合法调查的证据进行合理判断，以形成确信，从而认定案件事实。

（二）自由心证的前提

证据裁判原则是现代证据法的基础性原则，其他原则均以此为根基生成。对证据裁判与自由心证的关系，陈朴生先生的见解是：(1)无证据，即无心证；(2)自由心证，乃选择证据中之证据，并非证据外之证据；(3)自由心证，系判断证明力之心理要素，并非证据裁判主义之例外；(4)由有证据能力之证据形成心证，并非以自由心证判断证据能力，亦不许以自由心证创造证据能力；(5)自由心证系由调查证据形成，既不得以自由心证缩小调查之范围，亦不许证据未经合法调查而形成自由心证；(6)无关联性之证据，既无从形成自由心证，亦不许以心证使证据与事实相关联；(7)心证由直觉或推理而形成；(8)依经验法则形成心证，并非将经验法则作为证据；(9)依论理法则形成心证，并不得将论理法则作为证据；(10)依自由心证判断证据之证明力，并非以心证制造证据，更不得将心证作为证据。④ 这就是说，证据裁判是自由心证的前提，它设定法官自由判断的材料来源范围。它要求法官的心证建立在经调查的合理的证据之上，并且法官对证据的判断应符合经验法则和论理法则。经验法则、论理法则及心证本身

---

① 转引自叶志飞：《刑事诉讼自由心证主义之研究》，台湾政治大学硕士学位论文，第 27 页。
② 李学灯：《证据法比较研究》，五南图书出版公司 1992 年版，第 704—705 页。
③ 陈朴生：《刑事诉讼法实务》（重订七版），1992 年版，第 256 页。
④ 陈朴生：《刑事证据法》，三民书局 1979 年版，第 554—555 页。

不是证据,不得以此为根据进行裁判。只有以证据裁判原则为出发点,才有可能形成合理的心证。如果舍弃证据裁判原则,由法官仅凭理性和良心自由判断,正如"有权力者都易滥用权力"的警言一样,法官的心证不可避免地陷入恣意,这将违背自由心证确立的发现真相的基本目的。

(三)自由心证的具体内容

1. 证据能力评价相对自由

学界对证据能力是否属于心证的范围存在分歧。将证据能力排除于自由心证之外的意见认为,证据能力问题主要是法律问题,证据材料能否作为证据提出关键在于其是否合法。证据应具有合法性这一点是对的,但不可否认的是,一项材料能否作为证据提出,最基本的条件是其与案件事实的关联性,即证据是否对事实查明有帮助。而一项证据是否与案件事实相关是很难用法律明确加以规范的,而必须由法官根据经验甚至直觉自由判断。美国学者华尔兹教授认为:"法官在决定大多数相关性问题时大概都根据:(1)关于所提证据的'感觉';(2)已确立的司法判例或法典化规则,如果有的话。法官有时对证据有一种感觉、一种直觉的反应,基础是他们的经验、常识以及这世界转变方式的知识。"[①] 因而,将证据能力完全排除于自由心证之外不太妥当。

但是,与证明力判断相比,对证据能力的判断受法律约束更多一些,特别是英美法国家的可采性规则更为繁杂。发现真实并非刑事诉讼的唯一目的,在人权保障观念的作用下,证据是否可采是利益权衡的结果,这种权衡往往由立法者直接加以规定。与事实查明有密切关系的证据,也可能基于保护人权的要求被排除,从而排斥了法官自由判断的可能性,限制了法官心证自由的范围。

2. 证据方法自由

法定证据制度下,对证明某一事项需何种证据,往往有严格的要求。如《俄罗斯帝国法规全书》第 312 条规定,对强奸罪的证明必须具备以下情况:切实证明确有强暴行为;证人证明被强奸人曾喊旁人来救助;她的身上,或被告人的身上,或者两个人的身上,显出血迹、青斑或撕破的衣服,能够证明抗拒的情形;立刻或在当日提出报告。[②] 而在自由心证中,原则上对事实证明的证据方法不加限制,只要是与案件事实有关的、具备证据能力的均可作为证据。事实证明也不以某一证据存在为必要,只要法官根据既有证据确信犯罪事实成立即可。证据方法自由也可被纳入广义的证明力判断自由之下。

3. 证明力判断自由

证明力是指证据对于案件事实的证明所具有的实质上的价值。其大致可分为两个方面:一是证据本身是否真实可靠;二是从证据内容本身推导出待证事实的能力。

证明力判断自由是自由心证的最核心意义。证据的证明力由法官自由判断,是由作为判断依据的经验法则的特性决定的。证明力评价过程实际上是以经验法则为大前提,以证据事实为小前提进行三段论推理的过程。而作为推理根据的经验法则具有以下特性:一是无限性。经验法则来源于人类生活,是人们在生活实践中总结出来的知识、经验、常识和法则。探求具体的

---

① ［美］乔恩·R. 华尔兹:《刑事证据大全》,何家弘等译,中国人民公安大学出版社 1993 年版,第 64、66 页。
② ［苏联］安·扬·维辛斯基:《苏维埃法律上的诉讼证据理论》,王之相译,法律出版社 1957 年版,第 107 页。

未知时,通常都可以从人类的知识库中找到有关的知识提供支持。经验法则来自人类知识的总体,而证据评价的对象有无穷的变化,必须根据具体情况选用合适的经验法则,因而判断事实时能够作为前提的经验法则在数量上是无限的。二是盖然性。作为归纳知识,经验法则不具有绝对确定性,不能用全称判断形式来陈述。并且不同的经验法则盖然性差别甚大,适用范围也不同,有确定性非常高、适用范围非常广的数学、自然科学法则,也有确定性较低、仅具地域性的日常生活经验。

经验法则在数量上和盖然性差别上的无限性,是法定证据制度被放弃、自由心证原则被采用的重要原因之一。企图以有限的法律条文涵盖无限的经验法则及其无限的盖然性程度,只能阻碍发现真实,把经验法则的具体选择和运用委于法官的自由判断显然是更为合理的方式。[①]

证明力判断以经验法则为依据,一方面使其判断自由成为必然要求,另一方面也为这种自由设定了界限。作为法官判断依据的经验法则必须具有公共性,即其有效性为人们所公认,不能是判断者个人的私知。即使是专业性的知识,也应当相当程度上为行业内人士所公认。这种公认性同样体现于法官对经验法则的盖然性的判断上。这就使法官选择和适用经验法则具有了一定程度的客观性,成为心证合理性的重要保证。

4. 从主观角度设定证明标准

法定证据制度下,有罪判决必须在存在法定的证据形式时方可作出。并且,法官在存在此种证据时没有选择的余地,无论其主观是否认为被告有罪,均应作出有罪判决。当时主导的观念是,真实存在于物体自身,与主体的评价无关,因而,可以通过法规加以规定。也就是说,法定证据下证明标准是形式化的,也是外在于主体的。

以理性自信为基础的自由心证将证明标准设定于主体内部。这在法国最初确立的条文中最为明显:"……法律所规定的是要他们集中精神,在自己良心的深处探求对于所提出的反对被告人的证据和被告人的辩护手段在自己的理性里产生了什么印象。……法律只是向他们提出一个能够概括他们职务上的全部尺度的问题:'你们是真诚的确信吗?'。"在当时,内心确信就是有罪判决的证明标准,这是以对陪审团的全人格信赖为基础的。随着陪审团实践的失败和被职业法官所取代,出于抑制审判者随意性的需要,证明标准也向客观化转变。德国帝国法院通过判决确立"高度盖然性"的要求。"所谓高度盖然性,一方面指在公开的法庭上通过证据的提示和检验,以及当事者双方的辩论、对质,而逐渐形成的证据在量和质上的客观状态,以及这种客观状态所映照出来的要证事实的明白性、清晰性;另一方面,高度盖然性也指法官对这种客观状态的认识,即证据的客观状态作用于法官的心理过程,而使其达到的确信境地。"[②]显然,高度盖然性包含两个层面:通过证据证明了的案件事实的清晰性和法官对这种清晰性的认识。对案件事实清晰性的要求,为第三者评价法官心证是否适当提供了可能,也带来了第三者评价与主审法官评价冲突的可能性,即第三者认为案件事实已足以清晰而主审法官尚不能获得确信,或者相反。如何协调二者的关系,德国最高法院的判例也走了一条从否定到否定之路。最初的判例仅将盖然性作为法官确信的补充,而后逐步强化,大有取

---

① 王亚新:《刑事诉讼中发现案件真相与抑制主观随意性的问题——关于自由心证原则历史和现状的比较法研究》,《比较法研究》1993 年第 2 期。

② 王亚新:《刑事诉讼中发现案件真相与抑制主观随意性的问题——关于自由心证原则历史和现状的比较法研究》,《比较法研究》1993 年第 2 期。

代法官确信之势;但 20 世纪 50 年代以后,法官确信再次得到强调。德国联邦法院 1983 年 2 月 3 日的判例指出:"事实审法院形成心证时,并不限于绝对性之推论;仅需该推论在思考法则及生活经验中可能存在时,即为已足。其中获得法官个人之确信,当属必要,但亦充分;其症结点则在于法院依照整体证据状况能否确信某特定事实内容为真实。"① 这并不意味着回到法国大革命时期的主观确信。客观化后的证明标准是主观和客观的结合,是有根据的可说明理由的确信。主审法官的主观确信是证明标准的关键因素,只要自由心证存在,从主体角度设置证明标准这一点恐怕都无法彻底动摇。

第三节　国内外关于自由评价规则之例外

自由评价证据是当前各国普遍适用的证据规则,这一原则是以面对复杂多样的案件,由审判者根据案情自由评价更能发现案件真实为基本出发点的。这也意味着,如果立法者有足够自信,相信以统一的立法规定更能实现发现真实的目的,或者诉讼中发现真实的价值需要向其他价值让步,就可能以立法限制审判者评价证据的权力。通过证据排除规则缩小审判者可用的证据范围,是对证据自由评价的限制。同时,证据补强规则对特定证据的证明力进行限制,也是自由心证的重要例外。由于这两种情形在其他章节有专门论述,本部分不予展开。

一、国外关于自由评价规则之例外

(一)民事诉讼中公文书证明力的例外

英美法系传统上认为,不论是公文书还是私文书,证据提出者都应首先证明其真实性。大陆法系则往往对公文书的真实性予以特殊对待。德国《民事诉讼法》第 415 条规定:"由公共官厅在其职权内,或由具有公信权限的人在他的事务范围内,依正规的方式制作的文书,为公文书。"由于公文书制作的特殊性,法律一般推定其为真实。如德国《民事诉讼法》第 437 条规定:"从形式和内容两方面都可以认为是由官厅或具有公信权限的人所制作的证书,推定其本身是真实的。法院对证书的真实性有怀疑时,可以依职权要求制作该证书的官厅或人,对证书的真实性加以证明。"日本《民事诉讼法》第 228 条也有类似的规定。

对公文书,大陆法系国家也往往赋予其完全的证明力,排斥审判者的裁量权。如果有公文书存在,其证明力有优先地位。德国《民事诉讼法》第 415 条规定:"如果其中所记载的是在公共机关或制作文书的人面前所为的陈述,对于这种由公共官厅或制作文书的人以文字记载的事项,公文书提供完全的证明。"第 417 条规定:"由官厅制作的,载有公务上的命令、处分或裁判的公文书,对于其中的内容,提供完全的证明。"第 418 条规定:"除第 415 条和第 417 条所规定的内容以外,具有其他内容的公文书,对于其中所记载的事实,提供完全的证明。"② 法国《民法典》第 1319 条规定:"公证书,在缔结契约的当事人之间以及当事人的继承人或权利继受人之间,具有证明其所记载的各约定事项的完全效力。法官在判决中对当事人在其面前所作的声

---

① 林钰正:《刑事证据证明力之研究》,《司法研究年报》第 13 辑(1993 年 6 月)。
② 《德国民事诉讼法》,丁启明译,厦门大学出版社 2016 年版,第 101—102、104 页。

明作出的认定具有证明效力,此种认定属于伪造之情形除外。同样,上诉法院作出的判决认定一方当事人在辩论中并未提出其受到任何妨害,此种认定有证明力。户籍官员按照《民法典》第76条的规定制作的婚姻证书上没有关于婚姻财产契约的记载,在没有相反证据的情况下,该证书具有效力。"① 意大利《民法典》第2700条规定:"在被提起不实之诉之前,由公共事务官员制作的公证书以及由公共事务官员出具的证实当事人声明的公证书,或者在其面前或由其制作的其他公证书,具有完全的证据力。"②

(二) 民事诉讼中私文书证明力的例外

大陆法系民事诉讼中文书证明力优先,不但体现于公文书,也适用于私文书。不同于公文书的是,对私文书的真实性需要证据提出者证明。而一旦私文书的真实性得到证明,其也具有完全的证明力,从而限制了审判者的自由心证空间。法国《民法典》第1322条规定:"私证书,得到受文书对抗之人的承认,或者依法得到承认时,在其签字人之间以及在签字人的继承人与权利继受人之间,具有与公证书相同的效力。"意大利《民法典》第2702条规定:"在被提起不实之诉之前,如果出具的文件被确认出自签字人,或者文件被视为依法确认,则签名人出具的私证书具有完全的证据力。"

(三) 民事诉讼中证言证明力的例外

法国《民法典》第1341条规定:"一切物件的金额或价值超过法令确定之数额或价值者,即使为自愿的委托,均须于公证人前作成证书,或双方签名作成私证书。证书作成后,当事人不得另行主张证书作成之时、之前或之后有所声明的事项并以证人证言证明之,虽证书的金额低于法令规定的金额或价值者,亦不得以证人加以证明。"这体现了对证言证明力的不信任态度,因为立法者认为证言的主观性较强,易受利益驱动改变证言,或其准确性易随时间流逝而降低。

(四) 民事诉讼中记录证明力的例外

德国《民事诉讼法》第165条规定:"关于是否遵守为言词辩论所规定的方式,只能用记录来证明。只有在能证明记录是伪造时,方可否定记录中关于辩论方式的内容。"此处的记录指法庭记录(或称法庭笔录)。

(五) 民事诉讼中判决的事实构成证明力的例外

德国《民事诉讼法》第314条规定:"判决书中记载的事实,关于当事人的口头陈述的部分,可作为证据。这种证据,只有根据法庭记录,才能失去其证明力。"

(六) 民事诉讼中记录法官指示的案卷记录证明力的例外

德国《民事诉讼法》第139条第4款规定:"法院是否已作出释明,只能由记录的内容证明。能够证明记录是伪造时,方可否定记录中关于法院释明的内容。"

---

① 《法国新民事诉讼法典》(上册),罗结珍译,法律出版社2008年版,第231—233页。
② 《意大利民法典(2004年)》,费安玲等译,中国政法大学出版社2004年版,第720页。

（七）刑事诉讼法中笔录证明力的例外

法国刑事诉讼中,自由心证的一个重要例外是法律对司法警察制作的笔录赋予的证明力。原则上,确认轻罪的笔录仅仅具有提供简单情况的效力,例如,法国《刑事诉讼法》第 430 条规定:"除法律另有规定的情况外,勘验轻罪的笔录与报告,仅作为一般情况而具有价值。"但是,依据法律的某一特别规定,笔录有时也具有证明效力,直至提出相反证据才能推翻,而这种相反证据只能由文书或证人提出;更为特别的情况是,除了能够提出笔录属于伪造的证据之外,笔录都具有证明效力。此外,笔录并不始终都构成确认犯罪的唯一证据,尤其不是确认违警罪的唯一证据。[①] 德国《刑事诉讼法》第 274 条规定:"对法庭审理规定的形式性遵守与否,只能通过笔录证明。对抗涉及此形式性的笔录内容,只准许证明笔录系伪造。"

（八）刑事诉讼中卧底警察证言证明力的例外

在打击有组织犯罪中,根据法国《刑事诉讼法》第 706-87 条规定:"不得唯一依据参加卧底侦查行动的司法警察警官或警员所作的声明宣告任何有罪判决。但是,在司法警察警官或警员以其真实身份作证时,本条规定不予适用。"

（九）刑事诉讼中犯罪记录证明力的例外

根据德国《联邦总登录法》(这是德国登录犯罪记录的法律)第 51 条第 1 款规定,禁止将被告以前已涂销的犯罪记录或因年限将届即将被涂销的犯罪记录作为新的刑事诉讼中对其加重刑罚的证据使用。[②]

二、我国关于自由评价规则之例外

（一）民事诉讼中的自由评价规则之例外

最高法《民诉证据规定》对我国民事诉讼中的证据使用有较为全面的规定,其中一些条款对审判者评价证据的裁量权进行了限制。例如,第 3 条规定:"在诉讼过程中,一方当事人陈述的于己不利的事实,或者对于己不利的事实明确表示承认的,另一方当事人无需举证证明。在证据交换、询问、调查过程中,或者在起诉状、答辩状、代理词等书面材料中,当事人明确承认于己不利的事实的,适用前款规定。"据此,自认是当事人的一种诉讼行为,具有免除对方举证责任的效力。第 4 条规定:"一方当事人对于另一方当事人主张的于己不利的事实既不承认也不否认,经审判人员说明并询问后,其仍然不明确表示肯定或者否定的,视为对该事实的承认。"根据该规定,对不利事实不承认也不否认的,视为承认。这是一种通过行为作出的自认。第 5 条规定:"当事人委托诉讼代理人参加诉讼的,除授权委托书明确排除的事项外,诉讼代理人的自认视为当事人的自认。当事人在场对诉讼代理人的自认明确否认的,不视为自认。"根据该规定,诉讼代理人的自认一般被视为当事人本人的自认,除非授权委托书明确排除了相关事

---

① ［法］贝尔纳·布洛克:《法国刑事诉讼法(原书第二十一版)》,罗结珍译,中国政法大学出版社 2009 年版,第 80 页。

② ［德］克劳思·罗科信:《刑事诉讼法(第二十一版)》,吴丽琪译,法律出版社 2003 年版,第 124 页。

项,或者当事人在场予以明确否认。第 6 条规定:"普通共同诉讼中,共同诉讼人中一人或者数人作出的自认,对作出自认的当事人发生效力。必要共同诉讼中,共同诉讼人中一人或者数人作出自认而其他共同诉讼人予以否认的,不发生自认的效力。其他共同诉讼人既不承认也不否认,经审判人员说明并询问后仍然不明确表示意见的,视为全体共同诉讼人的自认。"该条规定区分了普通共同诉讼与必要共同诉讼中的自认,并对其他共同诉讼人通过行为作出的自认予以明确。

　　上述规定构成了我国民事诉讼中的自认规则。除法定情形外,审判者应认可自认的效力,对自认的事项,对方当事人无须再举证证明,从而限制了审判者证据评价的自由。此外,最高法《民诉证据规定》第 89 条第 1 款规定:"当事人在诉讼过程中认可的证据,人民法院应当予以确认。但法律、司法解释另有规定的除外。"这种证据上的自认,也限制了审判者自由评价证据的权力。

　　最高法《民诉证据规定》第 48 条规定:"控制书证的当事人无正当理由拒不提交书证的,人民法院可以认定对方当事人所主张的书证内容为真实。控制书证的当事人存在《最高人民法院关于适用〈中华人民共和国民事诉讼法〉的解释》第一百一十三条规定情形的,人民法院可以认定对方当事人主张以该书证证明的事实为真实。"① 第 95 条规定:"一方当事人控制证据无正当理由拒不提交,对待证事实负有举证责任的当事人主张该证据的内容不利于控制人的,人民法院可以认定该主张成立。"这两项规定以推定书证内容真实或当事人主张成立的方式,解决司法实践中一方当事人拒绝提交对己方不利证据的问题。

　　最高法《民诉证据规定》第 91 条规定:"公文书证的制作者根据文书原件制作的载有部分或者全部内容的副本,与正本具有相同的证明力。在国家机关存档的文件,其复制件、副本、节录本经档案部门或者制作原本的机关证明其内容与原本一致的,该复制件、副本、节录本具有与原本相同的证明力。"该条规定以国家机关的公信力担保副本、复制件、节录本的真实性,有利于提高诉讼效率。第 92 条第 2 款规定:"私文书证由制作者或者其代理人签名、盖章或捺印的,推定为真实。"私文书证经制作者或者其代理人的签名、盖章或捺印的,被视为真实,但这种真实性弱于公文书证,只是一种推定。在没有反证出现时,审判者的裁量权受到限制,应将其视为真实;如果有反证存在,则是可推翻的。

　　最高法《民诉法解释》第 114 条规定:"国家机关或者其他依法具有社会管理职能的组织,在其职权范围内制作的文书所记载的事项推定为真实,但有相反证据足以推翻的除外。必要时,人民法院可以要求制作文书的机关或者组织对文书的真实性予以说明。"这种文书被推定为真实,是以国家机关或其他组织妥当行使社会职能为前提的,有助于提高诉讼效率。但此类文书是在社会管理活动中形成的,数量大而杂,相对于公文,真实性要低得多,如有相反证据是可推翻的,故其对审判者裁量权的约束力相对较弱。

　　最高法《民诉证据规定》第 94 条规定:"电子数据存在下列情形的,人民法院可以确认其真实性,但有足以反驳的相反证据的除外:(一)由当事人提交或者保管的于己不利的电子数据;(二)由记录和保存电子数据的中立第三方平台提供或者确认的;(三)在正常业务活动中形成的;(四)以档案管理方式保管的;(五)以当事人约定的方式保存、传输、提取的。电子数据的内容经

---

　　① 最高法《民诉法解释》第 113 条规定:"持有书证的当事人以妨碍对方当事人使用为目的,毁灭有关书证或者实施其他致使书证不能使用行为的,人民法院可以依照民事诉讼法第一百一十四条规定,对其处以罚款、拘留。"

公证机关公证的,人民法院应当确认其真实性,但有相反证据足以推翻的除外。"电子数据易被伪造、变造,往往需要由其他证据印证方可确保其真实性。但基于诉讼效率的考虑,上述五种情形中,电子数据的真实性有较高保障的,审判者可以直接确认其真实性。需要注意的是,此处是"可以",而非"推定",更非"应当",其对审判者评价证据仅具有指引性,约束力较弱。

最高法《民诉法解释》有两个条文规范证据证明力评价:第 93 条第 1 款规定:"下列事实,当事人无须举证证明:(一)自然规律以及定理、定律;(二)众所周知的事实;(三)根据法律规定推定的事实;(四)根据已知的事实和日常生活经验法则推定出的另一事实;(五)已为人民法院发生法律效力的裁判所确认的事实;(六)已为仲裁机构生效裁决所确认的事实;(七)已为有效公证文书所证明的事实。"该条规定属司法认知。具备上述情形者,当事人无须举证证明,审判者即应认定相关事实成立。但司法认知是为提高诉讼效率而作出的假定,允许反驳。所以该条第 2 款规定:"前款第二项至第四项规定的事实,当事人有相反证据足以反驳的除外;第五项至第七项规定的事实,当事人有相反证据足以推翻的除外。"

2001 年最高法《民诉证据规定》第 77 条曾规定:"人民法院就数个证据对同一事实的证明力,可以依照下列原则认定:(一)国家机关、社会团体依职权制作的公文书证的证明力一般大于其他书证;(二)物证、档案、鉴定结论、勘验笔录或者经过公证、登记的书证,其证明力一般大于其他书证、视听资料和证人证言;(三)原始证据的证明力一般大于传来证据;(四)直接证据的证明力一般大于间接证据;(五)证人提供的对与其有亲属或者其他密切关系的当事人有利的证言,其证明力一般小于其他证人证言。"这种直接对不同证据的证明力大小予以排序的规则,反映了我国证据规则(包括刑事证据规则)立法中的一种法定证据主义取向。这些规则带有经验总结的性质,反映的是以立法约束法官裁量权,防止法官滥用权力,统一司法和提高效率的价值取向。但正如历史上的法定证据主义,试图以有限的规则规制无限的实践,其后果可能与初衷相背离。对上述规定,2019 年最高法《民诉证据规定》予以废止,放松了对法官自由评价证据的限制。对法官评价证据的规范,可以通过其他更具弹性的措施,如提高法官素质、案例指导、完善上诉制度来实现。

(二)刑事诉讼中的自由评价规则之例外

与民事诉讼相比,刑事诉讼更注重发现事实真相,对效率的追求相对较弱。因而,相对于民事诉讼证明力规则,我国刑事诉讼立法中的证明力规则相对较少。除了口供补强规则之外,还体现在以下几方面:

两院三部《办理死刑案件证据规定》第 27 条、第 29 条要求,对视听资料、电子数据"应当结合案件其他证据,审查其真实性和关联性"。这意味着,审判者不能仅根据视听资料、电子数据本身确定其真实性与关联性,必须有其他证据予以印证。第 40 条第 1 款规定:"审查被告人实施犯罪时是否已满十八周岁,一般应当以户籍证明为依据;对户籍证明有异议,并有经查证属实的出生证明文件、无利害关系人的证言等证据证明被告人不满十八周岁的,应认定被告人不满十八周岁;没有户籍证明以及出生证明文件的,应当根据人口普查登记、无利害关系人的证言等证据综合进行判断,必要时,可以进行骨龄鉴定,并将结果作为判断被告人年龄的参考。"这一规定明确了户籍在被告人年龄证明中的优先地位。

最高法《刑诉法解释》第 141 条规定:"根据被告人的供述、指认提取到了隐蔽性很强的物证、书证,且被告人的供述与其他证明犯罪事实发生的证据相互印证,并排除串供、逼供、诱供等可能性的,可以认定被告人有罪。"这一规定确立了隐蔽性的物证、书证在补强口供时的突出地位,也少有地确立了一条有罪导向的补强证据规则。[1]

【思考题】

1. 如何看待法定证据制度的利与弊?

2. 为什么各国都存在证据证明力评价的例外规则?

3. 为什么法定证据规则在各国不同时期都会存在?

思考题参考答案

【参考文献】

1. [意]朱塞佩·格罗索:《罗马法史》,黄风译,中国政法大学出版社 1994 年版。

2. 曲可伸:《罗马法原理》,南开大学出版社 1988 年版。

3. [英]乔纳森·科恩:《证明的自由》,何家弘译,《外国法译评》1997 年第 3 期。

4. [美]哈罗德·J. 伯尔曼:《法律与革命——西方法律传统的形成》,贺卫方等译,中国大百科全书出版社 1993 年版。

5. [日]庭山英雄:《自由心证主义》,学阳书房 1983 年版。

6. 彭小瑜:《教会法研究——历史与理论》,商务印书馆 2003 年版。

7. [美]约翰·亨利·梅利曼:《大陆法系》,顾培东、禄正平译,法律出版社 2004 年版。

8. [德]拉德布鲁赫:《法学导论》,米健、朱林译,中国大百科全书出版社 1997 年版。

9. [英]R.C. 范·卡内冈:《英国普通法的诞生》,李红海译,中国政法大学出版社 2003 年版。

10.《日本刑事诉讼法》,宋英辉译,中国政法大学出版社 2000 年版。

11.《德国刑事诉讼法典》,宗玉琨译注,知识产权出版社 2013 年版。

12.《德国民事诉讼法》,丁启明译,厦门大学出版社 2016 年版。

13.《法国刑事诉讼法典》,罗结珍译,中国法制出版社 2006 年版。

14. 樊崇义主编:《刑事诉讼法学研究综述与评价》,中国政法大学出版社 1991 年版。

15. [意]贝卡里亚:《论犯罪与刑罚》,黄风译,中国大百科全书出版社 1993 年版。

16. 李学灯:《证据法比较研究》,五南图书出版公司 1992 年版。

17. 陈朴生:《刑事诉讼法实务》(重订七版),1992 年版。

18. [苏联]安·扬·维辛斯基:《苏维埃法律上的诉讼证据理论》,王之相译,法律出版社 1957 年版。

19.《意大利民法典(2004 年)》,费安玲等译,中国政法大学出版社 2004 年版。

20. [德]克劳思·罗科信:《刑事诉讼法》(第二十一版),吴丽琪译,法律出版社 2003 年版。

---

[1]　秦宗文:《刑事隐蔽性证据规则研究》,《法学研究》2016 年第 3 期。

第四编

证明论

第十二章　证明概述

■ 导语

　　证明是裁判的基础,是诉讼的核心内容。诉讼证明是指国家公诉机关和当事人就争议的案件事实,依照法定程序,运用证据向中立的裁判方进行的论证说服活动。诉讼证明是一个完整的制度体系,由证明主体、证明对象、证明责任、证明标准、证明程序、证明方法等要素构成,上述诸要素之间亦具有密切的关联,是诉讼证明制度体系的有机组成部分。证明存在于各种诉讼之中,刑事诉讼证明、民事诉讼证明与行政诉讼证明既有共性,也在证明主体、证明责任、证明标准等方面存在差异。证明活动具有重要的意义:法官裁判所依据的事实是通过证明活动呈现出来的,证明活动的实质化、公开性和公正性决定了司法判决的正当性,也反映了诉讼中人权保障的程度和水平。

第一节　证明的概念

一、对证明的界定

　　证明是人类特有的一种实践活动,广泛地存在于科学研究领域和社会生活当中,是人类认识世界、获取真理的一种方式和过程。例如,科学家通过实验室的科学实验,证明一个假设、命题或者一个自然规律;历史学家通过考古活动证明人类社会的起源和发展;经济学家通过对经济活动的研究,证明价值规律的存在。在现代汉语中,证明就是"据实以明真伪"[①],即"用可靠的材料来表明或者断定人或事物的真实性"[②]。据此,证明是由已知推出未知的活动,旨在验证或者判断某一命题真实与否,它包含论题、论据和论证方式三要素,分别指向"证明什么""根据什么来证明"以及"如何证明"三个方面。

(一) 诉讼证明及其特征

　　在证据法或者诉讼法领域,证明是指国家公诉机关和当事人就争议的案件事实,依照法定程序,运用证据向中立的裁判方进行的论证说服活动。这种证明发生在诉讼活动中,受制于一

[①]　罗竹风主编:《汉语大词典》(第十一卷),汉语大词典出版社 1993 年版,第 430 页。
[②]　中国社会科学院语言研究所词典编辑室编:《现代汉语词典(2002 年增补本)》,商务印书馆 2002 年版,第 1608 页。

定的证据法和诉讼法律规范,因此,又被称为"诉讼证明""司法证明"。诉讼证明或司法证明作为一种具有法律意义的活动,总和一定的诉讼主张紧密相关,证明的主体是国家公诉机关和当事人,证明的对象是争议的案件事实,证明需要依照法定的程序来进行,证明的目的是运用证据论证说服中立的裁判者作出于己有利的裁判。

诉讼证明有其特殊性,表现为:(1)证明活动必须具备基本的结构,由提出主张者、反驳者及接受论证者三方共同参与,缺少其中任何一方,尤其是反驳方的实质参与,都不能称为真正意义上的证明。(2)证明活动要求裁判者的亲历性,这是一种在中立的裁判者面前展开的论证和说服活动,要说服裁判者接受其主张,并作出有利裁决。举证和质证活动只有在裁判者面前进行,才能使裁决者内心形成对案件事实的认识,并依据其内心确信的程度作出裁决。(3)对案件争议事实的证明主要通过举证、质证、认证活动展开,举证、质证和认证活动的实质展开是证明活动实质化的要求和体现,是庭审证明的核心。(4)证明活动需要接受一系列证据规则的制约,以规制证据能力为核心的非法证据排除规则、传闻证据规则等证据规则的确立,能确保证明活动建立在合法有效的证据基础之上。同时,一定的证明力规则也不可或缺,其对于法官形成内心确信具有指引意义。(5)证明要在特定的诉讼程序空间内展开。现代意义上的证明活动之展开依赖完备的、诉讼化的程序空间,没有居中而断的裁判者,没有平等对抗的双方,证明活动就欠缺外在的程序保障,很难实质展开。

(二) 证明与诉讼

在证明概念的界定与理解上,长期以来存在着将证明与诉讼混为一谈的情况,如认为证明是指以公安司法机关及其办案人员为主体,当事人及其辩护人、诉讼代理人参与所进行的收集、运用证据以认定案件真实的诉讼活动,即贯穿于诉讼全过程查明案件事实真相的活动。[①]这一概念之下的证明有以下特点:(1)证明的任务是查明案件的真实情况;(2)证明是一种揭示、认识案情的复杂的实践活动和逻辑思维活动,是司法实践和逻辑思维的统一;(3)证明是在特定的诉讼形式下,依照法定的程序进行的;(4)证明是一个过程,它包括收集证据、审查判断证据和运用证据对案件事实加以认定并得出结论的全部活动,从诉讼程序上说,从立案侦查、采取各种强制措施到起诉、审判,乃至执行中遇到的诉讼变更等,无不涉及证明问题。[②]

上述对于证明概念的模糊认识与错误理解主要基于以下原因:一是在传统"客观真实论"的影响下,认为证明与全部诉讼活动的目的一样,都是查明案件事实。为了完成证明活动,需要在各个诉讼阶段调动所有的诉讼主体对证据进行收集、审查判断和运用。二是长期以来形成的流水作业式诉讼构造之下,三机关的性质和任务具有同质性,审前程序中只存在追诉与被追诉两方的对抗,缺乏中立的裁判方;庭审程序是对审前活动的核查和确认,未形成"以审判为中心"的诉讼构造,反而强调三机关的分工负责、互相配合及互相制约,故公、检、法三机关都承担证明任务。三是受职权主义诉讼模式的影响,证明方式不讲求公开、民主,对当事人的权利重视与保障不够;程序性裁判程序缺失,当事人的基本权利及重要的程序性权利得不到切实有效的维护。一直以来证明仅限于或主要囿于对实体法事实的证明,对程序法事实的证明未能顾及。

---

① 陈光中主编:《刑事诉讼法》(第七版),北京大学出版社、高等教育出版社 2021 年版,第 159 页。
② 陈光中主编:《刑事诉讼法》(第七版),北京大学出版社、高等教育出版社 2021 年版,第 159—160 页。

上述证明概念将证明与整个诉讼活动混同起来,证明即为诉讼,诉讼即证明,最终必然制约证明理论的发展,进而影响对证明对象、证明责任、证明标准、证明程序、证明方法等基本证明要素的清晰界定,也必然影响到司法实践对证明活动的准确理解与把握。因此,应从证明的特殊性出发,将证明与诉讼活动区分开来。证明就是指当事双方就争议的案件事实依照法定程序运用证据向中立的裁判方进行的论证说服活动。

（三）证明与查明

在证明概念的理解上,还应进一步明晰证明与查明的区别。在我国的司法活动中,查明是一个经常使用的概念,也是一个非常容易与证明混淆的概念。所谓的查明,又称“查证”或者“发现”,是通过收集论据来发现未知命题的活动。查明以命题未知为前提,以调查、收集证据和逻辑推理为手段,以发现一个新的命题为结束。[①] 查明属于对未知事实和主张的积极发现,通常被认为是一种认识活动。在刑事诉讼中,典型的查明活动主要发生在侦查阶段,侦查活动以假定犯罪嫌疑人实施犯罪行为为前提,通过广泛收集犯罪证据,运用逻辑推理,调查犯罪事实并查获犯罪嫌疑人。

如前所述,证明是旨在对已知的事实或主张的真实性加以验证的活动,证明活动发生在中立的法官面前,典型的证明活动存在于审判过程之中。与查明不同的是,证明并不能被简单地概括为认识活动,而是一种旨在对某一命题的真实性进行验证的活动。“法官的使命是裁断,而不是发现”这句著名的法律格言说明了庭审证明与审前查明活动的区别:(1)证明的论题是已知的,也就是检察机关起诉书中所主张的犯罪事实,这也是司法证明的主要对象。(2)证明所依据的论据是存在的,也就是检察机关提交法庭的各类不利于被告人的证据,当然也可以包括被告方所提交的各类有利于被告人的证据。(3)证明所运用的论证方式是确定的,也就是根据证据所揭示的证据事实,运用逻辑推理,对检察机关主张的犯罪事实进行当庭验证。显然,证明就是在控辩双方的参与下,在中立的裁判者面前,运用证据事实对某个已知命题的真实性进行当庭验证和判断的过程。

总的来说,查明是证明的基础,证明是查明的目的,但是证明不等于查明,查明也不能代替证明。侦查人员查明案件事实后,若想让检察官、法官和其他有关人员相信这确实是事实,就要靠证明。当事人自己明白案件是怎么回事,但是他要想说服司法人员相信他说的确实是事实,也得靠证明。明晰了查明和证明的区别,不但强化了证明的特殊性质,也进一步区分了审前程序与庭审程序在功能上的差异。

二、证明的分类

按照不同标准,可以将证明进行不同的分类。以对证明的根据和程序的不同要求为标准,可以将证明划分为严格证明与自由证明;以证明对象的性质为标准,可以将证明划分为实体性证明与程序性证明;以是否要求法官获得完全之确信为标准,可以将证明划分为狭义的证明和释明。另外,以实体纠纷的性质和诉讼形式的差异为标准,可以将证明划分为刑事诉讼中的证明、民事诉讼中的证明与行政诉讼中的证明。三种诉讼中的证明既有诸多共性,也有很大差异,

① 陈瑞华:《刑事证据法》(第四版),北京大学出版社2021年版,第426页。

如在证明对象、证明责任的承担主体、证明标准、证明程序以及证明方法方面均有所不同。

(一) 严格证明与自由证明

严格证明与自由证明作为大陆法系国家和地区证据法上的基本概念,最早由德国学者迪恩茨(Ditzen)于 1926 年提出,之后由德国学者将这一理论传至日本以及我国的台湾地区,并在学说和判例中得以发展。尽管这一理论在不同国家和地区有些许不同,但其出发点及追求的价值目标具有共同性。

严格证明与自由证明的区别主要在于二者对证明的根据和程序的要求不同。严格证明是在证明的根据和程序上都受到严格限制的证明。一方面,严格证明中的证据必须符合法定的证据种类且具备证据能力;另一方面,严格证明必须依据法定的证明程序即法定的证据调查程序进行。以上两个方面为严格证明不可缺少的条件。换言之,严格证明所依靠的证据应当是符合法定证据形式且均具备证据能力的证据;对证据的调查应在法庭上依法定程序展开,即要经过举证、质证与辩论、认证等证明环节,并受到证据裁判原则、直接言词原则、自由心证原则等原则的规制,这两大方面的要求相辅相成、缺一不可。严格证明主要适用于对重大争议事项的证明,既包括对实体法事实的证明,也包括对程序法事实的证明。如刑事诉讼中对于犯罪构成要件事实的证明、控辩双方关于证据合法性争议事实的证明;民事诉讼中对于民事争讼案件实体事实的证明。自由证明在证明的根据及程序上都不受上述两项限制,可以采用更为宽泛的证据材料,运用较为灵活的方法来完成,不必遵循严格证明的程序。但刑事诉讼中的自由证明亦应注重对被告人辩护权的保障。自由证明主要适用于对双方争议不大的事项或单方程序性请求事项的证明,如刑事简易程序中对指控事实的证明、对量刑的证明及对强制性措施采取条件的证明,民事诉讼中对法院依职权调查事项的证明、对诉讼要件的调查事项的证明、对诉的合并要件事项的证明,等等。

(二) 实体性证明与程序性证明

传统的证明理论多是围绕案件中的实体性问题展开的,而涉及当事人重大权利的程序性问题并没有被纳入证明的范畴。近年来,随着程序正义理论的弘扬,以及程序性辩护、程序性制裁、程序性裁判理论的提出,与之相对应的程序性证明也受到了学界的关注[1],程序性证明作为一个与传统证明理论相对应的全新证明范畴被正式纳入证明理论体系。进而,以证明对象的性质为标准,就可以将诉讼证明进一步区分为实体性证明与程序性证明。

实体性证明是以实体法事实为证明对象的证明。实体性证明是在诉讼中国家公诉机关或当事人就案件的实体争议运用证据向法官进行的论证说服活动。在刑事诉讼中,任何一项指控犯罪事实的成立,都需要符合刑法所规定的犯罪构成要件,因此,实体性证明主要围绕被告人是否实施了犯罪行为及其罪刑的轻重而展开,包括定罪证明及量刑证明两大方面,是实现刑事诉讼实体公正的基础和关键。我国建立了相对独立的量刑程序,对于各种量刑情节及事由的证明亦属于实体性证明。在民事诉讼中,实体性证明包括对实体法规范构成要件事实的证明、对推导或证明"直接事实"是否存在的间接事实以及辅助事实的证明,等等。实体性证明是诉讼证明的核心内容,对于查明事实和确认主张能否成立具有关键意义。

---

① 闵春雷:《刑事诉讼中的程序性证明》,《法学研究》2008 年第 5 期。

程序性证明是以程序法事实为证明对象的证明。程序性证明是在诉讼中国家公诉机关或当事人就案件的程序性争议或程序性请求运用证据向中立的裁判方进行的论证说服活动。程序性证明围绕程序法规定的程序性事项展开,对于限制公权力滥用、保障当事人的权利意义重大,是实现程序公正的重要途径。与实体性证明解决的问题不同,程序性证明不是解决案件的实体问题,而是围绕程序的合法性,确认某一诉讼行为是否合法有效或决定能否开启某一诉讼程序,如刑事诉讼中围绕证据收集合法性争议的证明、审前程序中强制性措施的采取以及犯罪嫌疑人等申请解除变更强制措施等事项的证明等,民事诉讼中关于不公开审理的事由、管辖不合法的事由、申请证据保全的事由、申请先予执行的事由的证明等。可见,程序性证明的核心问题是通过证明活动防止程序的随意性及权力的滥用,实现对当事人权利的保障,促进程序正义的实现。同时,程序性证明在证明责任、证明标准、证明程序等方面与实体性证明也具有明显差异。

(三) 狭义的证明与释明

按照是否要求法官获得完全之确信,可以将证明分为狭义的证明与释明,二者的区别就在于要求法官心证的程度有所不同,狭义的证明之证明度要比释明的证明度高。狭义的证明是指提出证据而使法官对某一事实达到内心确信的程度。一般而言,对于实体法事实,特别是当事人所主张的事实,都需要证明。释明是指提出证据,仅使法官获得大概可信而形成较为薄弱之心证。通常,对于程序性事项或程序性衍生事项,可以适用释明。例如,在日本刑事诉讼中,检察官由于不得已的事由未能在法定期限内请求羁押被逮捕的犯罪嫌疑人时,可以向法官说明理由,请求羁押犯罪嫌疑人。而释明其原因事实时,当事人只以叙明其证明之方法为已足,无需提出证据;狭义的证明,则不仅应指出证明方法,还应提出证据。[1] 释明必须由法律明文规定。至于释明的方法,既可采取文书的形式,如对当事人主体资格的释明,只需提供身份证或法人身份证明书状即可;也可采取提供担保的方式,如诉前财产保全,由当事人提供相应担保即可。

综上,狭义的证明是让法官确信案件事实为真的证明。释明是法官根据有限的证据可以大致推断案件事实为真的证明。也就是说,对于释明,当事人对自己所主张的事实无需达到使法官确信的程度,仅需要提出使法官能够推测出案件事实大体真实的证据。释明所使用的证据多是能够立即进行调查或者能够即刻利用的,如当事人申请法庭上的人作证、提出现在持有的文书等。

第二节　证明的要素

证明是一个完整的制度体系,由证明主体、证明对象、证明责任、证明标准、证明程序、证明方法等要素构成,分别解决以下问题:证明责任的承担者究竟是谁? 需要证明的案件事实是什么? 证明责任的承担者提不出证据或者无法证明该项事实时,应承担何种不利后果? 对某一案件事实的证明需要达到怎样的程度,才能让裁判者确信该事实的真实性,从而将此事实作为

---

[1]　陈朴生:《刑事证据法》,三民书局 1979 年版,第 113 页。

裁判的依据？证明需要经由哪些程序才能顺利完成？诉讼证明的方法有哪些？上述诸要素之间亦具有密切的关联,是证明制度体系的有机组成部分。

一、证明主体

证明主体是指参与证明活动的各方主体。证明的本质是证明主体间的论证说服活动,因此,"任何证明活动都至少存在两方主体,即论证者和被说服者"[①]。在刑事诉讼中,控辩双方共同处于论证者的地位,是负责证明的主体,需承担证明责任;而法官始终处于被说服者的地位,是接受证明的主体,是证明标准的把握者,两方各有分工,不得混淆。在民事诉讼中,任何提出诉讼主张的当事人都需要承担说服法官相信自己的主张为真的责任,是论证者,因此,都具备成为证明主体的资格,包括原告、被告、第三人、共同诉讼人、诉讼代表人等;而法官则自始至终都是被说服者,是接受证明的主体。

二、证明对象

证明对象也称为"要证事实"或者"待证事实",它主要解决"证明什么"的问题。诉讼中的证明对象,是指在诉讼中证明主体需要用证据予以证明的案件事实,主要包括实体法事实和程序法事实。证明对象具有以下特点:(1)证明对象与诉讼主张紧密相连,它是由证明主体的诉讼主张决定的案件事实,与诉讼主张无关的其他事实被排除在证明对象之外。(2)作为证明对象的事实是由法律明确规定的事实,既包括实体法事实,也包括程序法事实。(3)证明对象是需要运用证据证明的案件事实,对于不需要运用证据证明的事实,称为免证事实,不属于证明对象的范围。证明对象在诉讼证明中具有重要意义:一方面,证明活动是诉讼活动的核心,明晰证明对象可以使各诉讼主体明确自己承担的诉讼任务,明确证明的目标和方向。证明对象既是证明的出发点,也是证明的归宿。另一方面,明确证明对象可以正确界定需要查明的案件事实范围,既可以避免因扩大证明范围而浪费人力、物力或者被与案件无关的事实缠绕,也可以避免因缩小证明范围而遗漏了应当查明的案件事实,影响对案件的正确处理,从而保证在整个诉讼过程中,有目的、有重点地调查收集有关证据。

免证事实是不需要运用证据证明的事实。对此,裁判者可以直接确认其成立,国家公诉机关和当事人也不必举证证明。最高检《刑事诉讼规则》第401条规定:"在法庭审理中,下列事实不必提出证据进行证明:(一)为一般人共同知晓的常识性事实;(二)人民法院生效裁判所确认并且未依审判监督程序重新审理的事实;(三)法律、法规的内容以及适用等属于审判人员履行职务所应当知晓的事实;(四)在法庭审理中不存在异议的程序事实;(五)法律规定的推定事实;(六)自然规律或者定律。"《民诉证据规定》第10条第1款规定:"下列事实,当事人无须举证证明:(一)自然规律以及定理、定律;(二)众所周知的事实;(三)根据法律规定推定的事实;(四)根据已知的事实和日常生活经验法则推定出的另一事实;(五)已为仲裁机构的生效裁决所确认的事实;(六)已为人民法院发生法律效力的裁判所确认的基本事实;(七)已为有效公证文书所证明的事实。"对上述免证事实作出规定,可以缩小证明对象范围,减少证明环节,提高诉

---

① 　吴宏耀、魏晓娜:《诉讼证明原理》,法律出版社2002年版,第6页。

讼效率。

三、证明责任

证明责任是全部证明理论的核心，它主要解决由谁来证明的问题。它起源于古罗马"谁主张、谁举证"的原则，随着诉讼证明理论的发展，具有了更加丰富的内涵。目前，两大法系的双层证明责任理论，即大陆法系的主观证明责任与客观证明责任及英美法系的提供证据的责任与说服责任对我国证据理论影响较大，使人们摆脱了对证明责任认识的局限性，将其从行为责任与结果责任两个方面进行考量，以全面理解证明责任的内涵。

证明责任，亦称举证责任，是指证明主体就其诉讼主张承担的提供证据予以证明的责任。当其没有提供证据或所提供的证据不足以证明其诉讼主张时，要承受其诉讼主张不被裁判者采纳的风险。证明责任包括两个层面的内容：一是行为责任，即证明主体提出证据对自己的诉讼主张加以证明的责任；二是结果责任，即证明主体因不提供证据或者提出的证据达不到法定证明标准时所需承担的不利后果，亦即案件事实真伪不明时所承担的责任。如果承担证明责任的主体不能提出充分证据证明自己的事实主张，法院会认定其主张的事实不存在而作出对其不利的裁判。可见，证明责任具有以下特点：(1)证明责任是诉讼中证明主体需要承担的法律义务；(2)证明责任以提出自己的诉讼主张为前提，既可以包括实体性的诉讼主张，也可以包括程序性的诉讼主张，无诉讼主张即无证明责任；(3)证明责任与裁判结果紧密相连，证明主体若不能达到相应的证明要求，则会承担败诉风险。在刑事诉讼中，基于无罪推定原则，公诉案件的证明责任由控方公诉机关承担，被告人不负担证明自己无罪的责任；自诉案件的证明责任由自诉人承担，自诉人没有证据或者虽有证据但不能完成证明时，法院将驳回自诉人的控诉请求。在民事诉讼中，依据"谁主张、谁举证"原则，当事人对自己提出的主张，有责任提供证据。

证明责任具有重要意义：一方面，证明责任的分配能够最大限度地促进各证明主体在证明活动中发挥作用，有助于案件事实的认定；另一方面，法官在审判中不能因案件事实真伪不明而拒绝裁判，证明责任制度确立了案件事实真伪不明时的风险分配机制，从而有助于法官及时裁判。

四、证明标准

证明标准与证明责任紧密相连，解决对待证事实的证明程度的问题。证明标准不仅是证明责任得以卸除的标志，也决定着证明主体的事实主张能否得到确认，直接关系着案件的结局。因此，"证明标准是指证明责任被卸除所要达到的范围和程度，它实际上是在事实裁判者的大脑中证据所产生的确定性或可能性程度的衡量标尺；也是负有证明责任的当事人最终获得胜诉或所证明的争议事实获得有利的事实裁决结果之前，必须通过证据使事实裁判者形成信赖的标准"[1]。从有罪判决这一最终证明标准来考察，两大法系国家都采用主观证明标准，探寻证明活动在裁判者内心深处发生的作用。大陆法系国家表述为"内心确信"，英美法系国家表述为"排除合理怀疑"。一般来说，刑事案件有罪判决的证明标准应该高于民事案件的证明标准。

[1]　Peter Murphy, *Murphy on Evidence*, 6th ed., Blackstone Press Limited, 1997, p.109.

英美法系国家民事诉讼的证明标准表述为"优势证据"。这就表明,在刑事诉讼中说服裁判者比在民事诉讼中说服裁判者对证据质和量的要求要高。因此,无论是大陆法系还是英美法系,刑事诉讼与民事诉讼都采取了二元化的证明标准,这是由两大诉讼本质上的差异决定的。长期以来我国三大诉讼证明标准的立法表述均为"案件事实清楚,证据确实、充分",这一证明标准主要从客观上对案件事实及证据提出了法定要求,用于限制事实裁判者的自由裁量权,防止出现错判。但是,学者们对三大诉讼适用统一的证明标准早已提出质疑,认为应针对不同性质的诉讼确立多元化的证明标准。

在具体的证明制度中,证明标准是与证明对象、证明责任密切相关的一个概念。具有层次性或差异性。证明对象决定了哪些事实内容需要证明,针对不同的证明对象,法律对证明标准的设置也不相同,具有或宽或严的差异。比如,针对实体法事实所设置的证明标准一般就应高于针对程序法事实所设置的证明标准。证明责任决定了由谁证明证明对象。在刑事诉讼中,法律针对不同主体承担证明责任的情况,在证明标准上也作出了不同的规定。比如,在法律要求被告人承担证明责任的特殊情况下,一般在证明标准上都要宽于对控诉机关的要求。另外,证明活动也要受到外在的诉讼程序的制约和影响,不同程序框架下展开的证明活动,其证明标准的设置也是有差异的,比如,被告人不认罪程序中的证明标准与被告人认罪程序(包括速裁程序、简易程序等)中的证明标准就应具有差异性,定罪程序中的证明标准与量刑程序中的证明标准也应有不同。没有完备的程序保障,要达到较高的证明标准是不现实的。总之,复杂的证明活动体系的存在在一定程度上决定了证明标准体系的复杂性与差异性。

证明标准具有重要的法律意义:一方面,对于证明主体而言,证明标准往往会影响其证明活动的方向和目标,决定着他们各自证明活动的展开及其实际形态。在证明活动中,甚至在为正式的证明活动作准备的阶段,悬挂在证明主体心目中的那根无形之尺就一直在发挥着作用,指导着他们的诉讼行为,预测着他们胜诉的可能性。另一方面,对于事实裁判者而言,证明标准就是法官用来评判争讼双方胜败的重要标尺,是裁判结论具备正当性、合法性和可接受性的保障。

五、证明程序

证明是一个动态的过程,证明活动需要借助特定的程序来展开,证明程序解决的就是诉讼证明需要经由哪些程序才能顺利完成的问题。证明程序是指证明主体就争议的案件事实向法官进行论证说服活动所遵循的步骤及环节。

典型的证明程序由举证、质证、认证及定案四大环节构成。举证是指证明责任的承担者为说明己方的诉讼主张提出证据进行论证的诉讼活动,它是证明的首要环节。质证是指证明主体就已提出的证据在法庭上进行的对质、辩论活动,它围绕证据能力及证明力进行,是证明的关键环节。认证是指法官在举证、质证和辩论的基础上,对单个证据是否具有证据能力以及证明力的有无及大小进行审核、确认的活动,是诉讼证明的决定性环节。定案是指法官在单个证据认证的基础上,根据经验、逻辑与法律,综合全案证据确定案件事实的活动,它是证明活动的结果。至于刑事诉讼审前程序中控辩双方进行证据的收集与审查判断活动,仅仅是为证明活动打基础、做准备,不属于证明活动本身。

六、证明方法

证明方法是证明主体运用证据证明案件事实采用的方法,解决的是如何去证明的问题。证明方法是司法证明的一个基本要素,也是司法证明区别于其他领域证明的重要内容。证明方法总是与其所处时代的发展水平相适应的,从野蛮落后到科学文明,尤其是 20 世纪以来,科学技术的发展日新月异,人类进入"科学证据"时代,现代诉讼证明方法体系正在成为司法证明的重要手段。

证明方法包括逻辑推理、司法认知、推定等。其中,逻辑推理是司法证明中最基本的证明方法,它需要遵循严密的逻辑思维规则,也需要借助一定量的案件证据和经验法则。逻辑推理包含演绎推理和归纳推理两种推理进程相反的方法,它们都是司法证明中直接证明的方法。与之相对,还有间接证明的方法,即通过证明与案件事实相反的事实为假,来证明案件事实为真的方法,包括反证和排除。值得注意的是,因为证据及经验法则都具有可错性,通过逻辑推理得出的案件事实结论是可以推翻的。司法认知是指司法人员对于有待认定的事实,在审判中不待当事人举证,而直接予以确认,作为裁判的依据。司法认知的内容都是一些可靠程度较高或者当事人没有争议的事实,其不需要当事人举证便可直接由法官予以确认,能够大大提高司法证明的效率。可适用司法认知的事实包括众所周知的事实、自然科学定律、当事人承认的事实等。推定是指法律明确规定,当确认某一事实存在时,就应当假定另一事实存在,且这种假定存在的事实不用再加以证明。证明过程中,推定的事实也是可以反驳的,但是反驳一方需要承担举证责任。推定和司法认知的特点是省略一般的取证、举证、质证的复杂程序,都是一种快捷的证明方法。

第三节　证明的意义

证明是诉讼活动的核心和灵魂,在三大诉讼活动中占有举足轻重的地位。证明的意义在于:一方面,法官裁判所依据的事实是通过证明活动呈现出来的,正是通过举证、质证、认证、定案诸证明环节,裁判事实才逐渐得以形成,法官裁判才有了事实依据。另一方面,证明活动的实质化、公开性和公正性决定了司法判决的正当性,国家公诉机关和当事人的举证、质证、认证活动能否实质展开,各项权利能否得到有效的保障,也反映了诉讼中人权保障的程度和水平。因此,明确证明活动的意义,对于推进证明活动实质化,确保司法判决的准确性和公正性具有重要促进作用,也是我们进一步理解证明活动的理论价值和实践价值的关键。证明的意义具体表现在以下几个方面。

一、证明是诉讼活动的核心环节

有裁判必有证明,证明是裁判的基础,构成诉讼的核心内容,集中反映了现代司法的理念和本质。众所周知,诉讼是由一整套法律程序构成的动态过程,为了保证诉讼各方进行的活动整体上符合基本的形式正义的要求,法律通常都会对诉讼的过程分阶段作出明确的规定,并对各阶段的程序提出相应的要求,如起诉和答辩、调查证据、互相辩论、作出裁判等,各个阶段和步骤之间前后衔接,不得逾越。在这些过程中,证明活动镶嵌其中,证明程序开启之前的一切诉讼活动皆为庭上证明活动的实质展开作准备,而开庭审判流程中的核心内容就是证明,最终,法官的裁判也依据证明活动的结果作出。证明是诉讼活动的核心指向,诉讼程序主要为证明活动提供完备的程序保障,并随着诉讼程序的推进,从外部确保证明主体的适当性、证明顺序的合理性、证明方法的科学有效性以及证明结论的合法性等。没有证明,诉讼活动就失去了基本的指向和核心内容,难以顺利进行。如果证明失当,致使证据失实或者虚假,便可能导致诉讼活动无效和重新进行。

二、证明是实现证据价值的动态证据运用活动

在诉讼过程中,诉讼主体都会为了证明其主张而收集各种有利证据。将这些证据呈现给事实裁判者并揭示其证明价值的法定途径就是证明。证明是动态的证据运用活动。在举证环节,提出事实主张的一方将其所掌握的各种证据呈现在法官面前。举证活动并不是简单的证据堆砌或者罗列,举证方以实现其事实主张为宗旨,将所掌握的证据组织成一个有机的证据体系,以完成对事实的最好说明。在质证和认证环节,相关证据的证据能力将受到质疑、挑战和检验,证明力将得到鉴别、核实和确认。简言之,每个证据首先要被确认有证据能力,获得作为定案根据的资格;单个证据不能完成对案件事实的证明,通过证明活动,将诸多证据组合成一个完整的可证明的事实体系,才能接受庭审的检验。证据与证据之间存在的联系,甚至比单个证据本身更有价值,而寻求证据的有机组合以确立符合逻辑规律和生活场景的事实过程恰恰需要通过证明这一流程来完成。诉讼主体发现、收集、提供、核实、判断证据的目的,就是证明案件的事实,以便正确而客观地认定案件事实。离开证明活动,收集、提供的证据将无法发挥其应有的作用。只有在证明活动中,收集、提供并经核实的各个单独的证据,如书证、物证、证人证言、鉴定意见、勘验检查笔录、被告人供述、当事人陈述等,才能形成一个证明体系,证据和证据之间、证据同案件事实之间才能有机地联系在一起共同证明案件事实,证据的证明价值才得以实现。

三、证明是呈现案件事实的法定途径

诉讼以定分止争为目的,以确定事实为前提。依法确定事实是诉讼活动的主要内容。诉讼活动和其他事实探知活动的重要区别就在于确定事实的活动需要遵循法定的程序和规则。从某种意义上来说,这并不是一种简单的事实探知活动,而是一种以正当化的方式呈现案件事实的活动,呈现出来的案件事实可能是案件的真实情况,也可能有所偏离,但事实呈现的正当性、合理性与合法性使得这一事实具有了可接受性,在此基础上作出的裁判结论自然也是具有权威性的。简言之,案件事实已经发生,由于时间的不可逆性,我们可能无法得到案件事实的原貌,但是,这并不意味着法官作出裁判的事实可以随意虚构、猜测和想象。现代诉讼是一个理性化的争议解决过程,对于事实应该通过正当、合理、合法的方式呈现。在诉讼活动中,证明就是承载这种正当性、合理性与合法性要求,并努力呈现案件事实的程序,也是诉讼中确定事

实的法定途径。按照庭审实质化要求,证明活动的实质展开需要确立直接言词原则,当事人通过庭上的积极举证、质证活动,在法官面前论证和反驳诉讼主张,以便法官认证和定案,并据此作出判决。证明为案件事实的呈现提供了特定的空间,在证据规则和证明规则的指引下,将案件事实的确定置于法律程序许可的限度之内,使诉讼证明最大限度地实现了"真"与"善"的统一。

四、证明是实现判决正当性的重要保障

证明是裁判的基础,只有通过证明活动达致证明标准,裁判者才能作出裁判。无论是最终的实体性判决还是诉讼进程中的程序性裁决,都会对当事人的实体性权利和程序性权利产生重大影响,必须确保裁判的公正性。不可否认的是,证明过程呈现的事实不一定与案件事实真相完全符合,以其作为裁判的依据,并对特定公民加以定罪,其正当性是令人质疑的。诉讼证明是一个开放性的过程,在此过程中,最终认定的案件事实是在利益相悖的诉讼双方争辩、质疑、反驳中产生的,既然在此种条件下仍然无法驳斥对该命题的证明,那么结论就已经具有了现实条件下能够得到的最大程度的确定性。尽管其在客观意义上是否必然还需要进一步的检验,但就当前必须作出的裁判而言,这一结论具有了作为裁判依据的道德确定性,据此,裁判也就具有了道德上的合理性。同时,裁判的公正性还取决于裁决机构即接受证明主体的中立性。审判机关行使的司法权是社会正义的代表,是国家权力与公民个人权利冲突的平衡力量,它以实现法秩序为目的,以公正为最高理念,因而具有中立无涉性,能够保证证明及裁判的公正性。

五、证明是实现诉讼价值的重要途径和方式

诉讼价值包括实体正义与程序正义两大方面。首先,庭审证明有利于保障诉讼实体正义的实现。现代诉讼发展的实践表明,要确保审判的公正性,一方面要依靠证据,以证据为基础;另一方面要采用严格证明的方式,只有确保举证、质证等庭审证明过程的实质化,真正实现对质和辩论,才能正确认定案件事实,满足实体公正的现实要求。其次,庭审证明有利于保障程序正义的实现。司法权的公开性决定了证明在法官面前进行能够最大限度地限制权力的滥用,维护当事人的权利。比如,在刑事诉讼中,庭审证明的实质化与保障犯罪嫌疑人、被告人的辩护权密切相关,尤其是对质证权的强化与保障,对于提升刑事程序的法治化水平具有关键影响。同时,在对批准逮捕、排除非法证据等涉及公民基本权利的问题作出裁决时,由请求方向决定方证明其行为的必要性、合法性,可打破原有的侦查封闭性的局限,有效地实现司法权对侦查权的控制,防止侦查权的滥用。另外,证明也有利于实现对诉讼效率价值的追求。现代司法证明是一个规范化、理性化的过程,证明活动中的证据运用既可以防止证据适用的重叠、拖延,又可以限制对证据的取舍,避免证据适用的随意性和盲目性,从而提高诉讼效率。简言之,诸多证明规则的背后体现了特殊的诉讼价值追求,证明活动不仅涉及对案件事实的认定,还包含着法律价值的选择与实现。

【思考题】

1. 传统证明理论认为"证明就是侦查人员、检察人员、审判人员查明案件事实真相的活动"。对此,你有何看法? 如何区别证明与查明?

2. 简述证明的分类。

3. 简述证明标准及其意义。

4. 简述证明程序及其环节。

思考题参考答案

【参考文献】

1. 陈光中主编:《刑事诉讼法》(第七版),北京大学出版社、高等教育出版社 2021 年版。

2. 江伟主编:《民事证据法学》,中国人民大学出版社 2011 年版。

3. 樊崇义主编:《证据法学》(第六版),法律出版社 2017 年版。

4. 卞建林、谭世贵主编:《证据法学》(第四版),中国政法大学出版社 2019 年版。

5. 陈卫东、谢佑平主编:《证据法学》,复旦大学出版社 2016 年版。

6. 陈界融:《证据法学概论》,中国人民大学出版社 2007 年版。

7. 何家弘、刘品新:《证据法学》,法律出版社 2022 年版。

8. 陈瑞华:《刑事证据法》,北京大学出版社 2021 年版。

9. 闵春雷等:《刑事诉讼证明基本范畴研究》,法律出版社 2011 年版。

10. 吴宏耀、魏晓娜:《诉讼证明原理》,法律出版社 2002 年版。

11. 陈朴生:《刑事证据法》,三民书局 1979 年版。

12. 李学灯:《证据法比较研究》,五南图书出版公司 1992 年版。

理论探讨

案例研析

实务研究

第十三章 证据运用的环节

导语

一般来讲,在民事诉讼中,证据运用的环节包括取证、举证、质证、认证和心证五个方面。[1] 其中,取证,是指负有举证责任的一方当事人无法持有证据,须由他人协助向法院提供证据的诉讼行为;举证,是指当事人为实现其诉讼请求而向法院提出相应的事实,并用证据加以证明的诉讼行为;质证,是指双方当事人对庭审过程中展示的证据进行相互质询、诘问或辩论的诉讼行为;认证,是指在当事人举证和质证的基础上,由法官对证据的可采性和关联性进行鉴别、核实并最终确认其效力的诉讼行为;心证,则是指法官在认证之后,依据自己的内心确信对案件事实进行裁判的诉讼行为。可见,取证是举证的先行行为,举证是引起质证和认证的前提,质证是举证的继续和认证的基础,而认证则是举证和质证所追求的结果,最终上述行为都是为了使法官形成心证。举证、质证和认证都是为了最终确定有关证据的可采性和关联性,并依此查明诉讼请求是否应被支持,从而为法庭作出公正的裁判创造条件。正确处理好三者关系,是保障庭审方式顺利、有效进行的关键。

第一节 取 证

一、取证概述

(一) 取证的概念

取证,是指负有举证责任的一方当事人无法持有证据,须由他人协助向法院提供证据的诉讼行为。在采行辩论主义的民事诉讼领域,除当事人之间不争执的事实、公知的事实、法院职务上应当知晓的事实外,受诉法院认定案件事实通常须以当事人提供的证据为基础。当事人欲使

---

[1] 刑事诉讼中证据运用的环节一般包括证据收集与司法证明。证据收集是指国家专门机关、律师或者其他公民通过一定的行为,采取必要的方法获取和收集证据的活动。证据收集一般发生在侦查阶段,目的在于收集犯罪证据、调查犯罪事实以及查获犯罪嫌疑人。司法证明则是法官运用证据对所要证明的案件事实是否存在进行验证和裁判的过程。这个过程又包括举证、质证等关键环节,即控辩双方各自向法官提出证据对所主张事实进行证伪的活动。由此可见,刑事诉讼与民事诉讼有关证据运用的概念与内涵存在一定的差异。在传统证据法教材中,关于民事诉讼证据运用的环节往往被忽略,故本书特设专章详尽介绍相关内容。有关刑事诉讼收集证据的内容,则可在本书第九章"证据形式"中学习。

其主张的于己有利的事实得到法院的认定,便应积极地向法院提供证据并要求法院进行证据调查。作为证据调查对象的证据若为负举证责任的当事人本人持有或支配,该当事人可以主动申请受诉法院对其本人进行询问或将其所持有或支配的证据提交给受诉法院进行调查,这一证据调查途径相对简单且不存在障碍。相反,作为证据调查对象的证据若为不负举证责任之当事人、当事人以外之第三人持有或支配,则必须经由对方当事人或第三人之协力,受诉法院才能进行有效的证据调查。这种须由负举证责任的当事人向法院申请,以求得对方当事人或第三人协助向受诉法院提供证据的诉讼行为称为取证。

(二) 取证的意义

1. 保障法院裁判之实质真实

在民事诉讼中,当事人间的私权争执得以解决的标识乃法院作出了终局性的裁判。为求民事诉讼目的之合理实现,且使双方当事人及公众信赖法院的裁判结果进而尊重司法权威,法院所作之裁判必须公正且适当。这就要求法院在事实认定上不能恣意妄为,而须以客观的、合理的资料为基础,此一资料即证据。若无法向对方当事人或第三人取证,法院仅能依举证人可支配的证据来进行事实认定,事实认定之真实性便难有保障,更难言裁判之公正及适当。向对方当事人或第三人取证则使得法院能够大大拓展证据利用之范围,并能根据全部证据调查结果予以裁判,从而保障裁判之实质真实。

2. 确保当事人主义适用之实效性

在辩论主义之诉讼构造中,证据之提供固然属于当事人的权利,但是从法院原则上不能调查当事人未提供的证据并将其作为事实认定的基础这层意义上讲,证据之提供又属于当事人的责任。在诉讼中,由于双方当事人处于对立状态,因此,就某一证据而言,其仅对于一方当事人有利,或者相比于一方当事人,其对另外一方当事人更为有利乃属当然。双方当事人若皆不能公平、充分地取得、利用各项证据,并以此为基础展开攻击防御,则据辩论主义适用之结果(基于当事人责任,在要证事实处于真伪不明状态之场合,法院即依证明责任规范作出裁判),自难谓裁判公平或适当。

在民事诉讼中,能证明于己有利的主张的证据为举证人自身持有或虽非自身持有却容易取得(如在亲朋好友手中),因此能够不困难地向法院提供证据的场合固属常见,但于举证人有利之证据不为举证人支配因而不能主动向法院提出的场合也并非罕见。此种情形下,若欠缺保障当事人充分地获得于己有利之证据的手段,而一味强调证据的提出属于当事人自己的责任,则势必使得当事人在诉讼中不能充分地展开攻击防御。若当事人诉讼权利的实效性不能被充分地确保,裁判之公平与适当自然不能获得。向对方当事人或第三人取证便是为了使当事人双方能够充分地获取于己有利之证据,从而确保当事人主义适用的实效性。

二、证据保全

(一) 证据保全的概念与功能

1. 证据保全的概念

诉讼是一个过程,从当事人起诉到法院宣判,其间要经过立案、庭前准备、开庭、证据调查、法庭辩论、合议及宣判等一系列环节。这些环节的推进自然需要一定的时间,而在诉讼中,有一些证据会因自然或人为的原因灭失或损坏,有必要采取必要措施对这些证据及时地固定或保护,即对其采取一定的保全措施,以备将来的诉讼环节予以调查,此便涉及证据保全。所谓证据保全,是指在诉讼前或诉讼中,在法定的情况下,法院根据当事人的请求或依职权采取措施对证据加以固定和保护的行为。

证据保全是大陆法系的传统做法,其作为一种制度始创于寺院法,后继受德国普通法并沿用至今,为许多大陆法系国家和地区的立法所采用。[①] 在英美法系证据法上,因有证据开示制度保障证据的提出与展示,其功能和作用与大陆法系证据法上证据保全制度基本相当,故未在证据开示制度之外规定一套独立的证据保全制度。同时,在由拥有强大侦查权的侦查机关进行证据调取的公诉案件中,证据保全基本没有发挥作用的空间,故该制度主要适用于大陆法系的民事诉讼、行政诉讼和刑事自诉领域,其中,又在纠纷双方地位平等的民事诉讼中最显其功用。

2. 证据保全的功能

(1) 保障证据调查的顺利开展。虽然人人皆知证据对于解决争端具有重要作用,但是,一般来讲,出于情面、关系等种种因素的考虑,一般主体基于防患于未然而在纠纷发生前对证据加以保全的观念仍然相当淡薄。而证据调查通常是在诉讼程序进行到一定程度并认为有必要时方予进行,此时难免因情势变迁、物理上的变化或者其他意外而发生有碍证据使用的隐患,因此,证据保全最直接的目的在于事前防范,使特定证据得以顺利进入庭审后的证据调查程序,保障调查的顺利开展。

(2) 疏减讼源。诉讼的发生,并不完全是双方当事人各持己见的结果,而常常是一方当事人未能保全其证据,他方趁机否认其权利所致。如果证据保全完整无缺,在相当程度上便可减少案件发生的概率。同时,当事人如果在起诉前申请证据保全,可以利用法院所保全的证据,就某些事项达成一致,从而促成争议的解决,避免纠纷的扩大。即使当事人在将来提起诉讼,因当事人在诉前证据保全程序中已经就某些争议事项达成一致,故在审理程序,可以减少争点,节省法院的司法资源和当事人的诉讼成本,达到促进诉讼经济的目的。当事人即使在证据保全程序中未能就某些事项达成一致,其事后仍然可以通过和解、调解或仲裁等多种方式促成纠纷的解决。可见,证据保全深层次的功能乃在于疏减讼源,化解纠纷。从各国或地区证据保全制度的发展趋势来看,有逐渐凸显该机能的倾向。当然,与之相配套的是延长证据调查的期间,从诉讼阶段延伸至诉前证据保全阶段。如德国《民事诉讼法》第 492 条第 3 款规定:"在预期可以达成一致时,法院可传唤双方当事人进行口头讨论;和解应记入法庭记录。"我国台湾地区"民事诉讼法"在 2000 年修改之后,增加了第 376 条之一"保全证据程序中之协议及其笔录"的内容,即:"本案尚未系属者,于保全证据程序期日到场之两造,就诉讼标的、事实、证据或其他事项成立协议时,法院应将其协议记明笔录。前项协议系就诉讼标的的成立者,法院并应将协议之法律关系及争议情形记明笔录。依其协议之内容,当事人应为一定之给付者,得为执行名义。协议成立者,应于 10 日内以笔录正本送达于当事人。第 212 条至第 219 条之规定(言词辩论笔录相关规则),于前项笔录准用之。"

---

① 毕玉谦:《证据保全程序问题研究》,《北京科技大学学报(社会科学版)》2001 年第 2 期。

（二）证据保全的情形

从大陆法系国家或地区关于证据保全制度的立法来看,其适用情形主要有以下三种:

1. 证据可能灭失或以后难以取得

为避免证据灭失或以后难以取得而采取一定的固定或保护措施,以期将来得以举证,这是最传统、最广泛的适用证据保全的情形。可能灭失的情形包括证人身患疾病有死亡的可能,鉴定或勘验之物将因天然因素或因对方当事人的行为有消灭、变更的隐患,有关机关保管的文卷已将逾越保存期限有焚毁的可能等情形;以后难以取得的情形包括证人即将远行、证物即将为对方当事人和第三人携带出国等情形。有无证据可能灭失或以后难以取得的危险,应由法官依据案件具体情况加以认定,其应在申请方的证据保全利益和对方当事人的证据保全负担之间进行利害衡量,如对于申请方而言,其以通常程序取得并无困难,即未达到证据保全的条件。如德国《民事诉讼法》第485条第1款规定,在证据有灭失或难以使用之虞时,在诉讼程序进行中或开始前,依一方当事人的申请,可以命令进行勘验、询问证人或由鉴定人为鉴定。日本《民事诉讼法》第234条规定:"法院认为,如不预先进行调查证据则产生难以使用该证据的情形时,根据申请,依照本章的规定,可以进行调查证据。"我国台湾地区"民事诉讼法"第368条第1项规定,证据有灭失或碍难使用之虞,得向法院声请保全。

2. 对方当事人同意

证据虽无灭失或以后难以取得的危险,经对方当事人同意,当事人也可以向法院申请证据保全。其目的不在于保存证据的现状或维持其效用,而在于事前确定事实关系,不必等到诉讼中的证据调查阶段再为证据调查,有助于实现诉讼经济。但实务中,由于当事人之间存在相互冲突的利害关系,通常情况下一方当事人向法院申请保全证据,很难取得对方的同意。所以在日本《民事诉讼法》上,因为一方面使用机会较少,另一方面为防止频繁引发将来的诉讼,故于1926年将之删除。[1] 德国《民事诉讼法》在1990年实行独立证据程序[2] 后,其第485条第1项[3] 仍然保留了这种情形,但实践中除准备合意解决纠纷的当事人会适用该条款外,在其他情形下并无太多的实际意义。我国台湾地区"民事诉讼法"第368条第1项也保留了这种情形,规定经他造同意者,得向法院声请保全。

3. 确定事、物的现状

证据保全的机能除了消极地保存证据而使之不致灭失外,更重要的在于经由先行的证据调查确定案件事实,一方面有助于在本案诉讼系属中集中力量就法律问题或其他较复杂的事实问题进行审理,另一方面某种程度上事实的查清也有助于促成当事人以裁判外的方式解决纠纷。而确定事、物的现状就集中反映了这一目的。如在医疗纠纷中,医院的病历通常并无灭失或以后难以取得的危险,但为确定案件事实,避免遭到篡改,即有申请保全该书证的必要。又如,对于遭受人身伤害的当事人的人身伤害程度及原因也可以申请鉴定。德国《民事诉讼法》

---

① 许士宦:《起诉前之证据保全》,《台大法学论丛》第32卷第6期。

② 德国《民事诉讼法》上的证据保全部分原名为"证据保全",1990年修改后,将证据保全的适用期间从诉讼系属中扩展至诉讼系属之前,故将本部分更名为"独立证据程序"。参见《德意志联邦共和国民事诉讼法》,谢怀栻译,中国法制出版社2001年版,第111页"译者注"。

③ 德国《民事诉讼法》第485条第1款规定,在证据有灭失或难以使用之虞时,在诉讼程序进行中或开始前,依一方当事人的申请,可以命令进行勘验、询问证人或由鉴定人为鉴定。

第 485 条第 2 款规定："诉讼尚未系属于法院时,一方当事人可以申请由鉴定人进行书面鉴定,但以申请人就鉴定事项有法律上的利害关系并须确定下列事项之一为限:(1)确定人身状态或物的价值的状况;(2)确定人身伤害、物的损害或物的损失是否发生;(3)确定为排除人身伤害、物的损害或物的损失所支出的费用。此种确定有助于避免诉讼进行时即有法律上的利害关系。"我国台湾地区 2000 年修订"民事诉讼法"时也加入了这一情形,第 368 条规定,就确定事、物之现状有法律上利益并有必要时,亦得声请为鉴定、勘验或保全书证。

(三) 证据保全的范围

证据保全的范围指在立法上或审判实务上对何种证据可以采取保全措施。就大陆法系主要国家或地区的立法例来看,各个国家或地区的范围有所不同。

从德国《民事诉讼法》第 485 条第 1 项和第 2 项的规定来看,在证据可能灭失或以后难以取得和对方当事人同意两种情形下,其证据保全适用于勘验、证人的询问和鉴定人的鉴定;在确定事、物的现状情形下仅适用于鉴定。但实务中并未排除对书证的适用,可以通过勘验或提起确认证书真伪之诉排除文书的伪造或变造,或经由询问证人、鉴定人的方式间接认识到书证的内容。对于当事人询问,因为在制定第 485 条时,理论上并未将当事人询问认定为一种自由心证下的证据方法,所以德国学界认为在已将当事人询问界定为一种独立的证据方法的现状下,也可以适用证据保全。[①]

日本民事诉讼立法对证据保全的范围并未作出明确的规定,理论上和实践中一般均认为人证、书证、勘验、鉴定及当事人询问等五种证据都可适用证据保全。[②]

我国台湾地区"民事诉讼法"对证据有灭失或碍难使用之虞以及经他造同意两种情形下的适用范围未作明确规定,理论上和实务中采取跟日本一样的解释,即适用于所有种类的证据;在对确定事、物现状的情形下仅适用于鉴定、勘验或书证。[③]

(四) 证据保全的申请

1. 申请主体

证据保全程序原则上是根据当事人的申请而开始的(德国《民事诉讼法》第 485 条;日本《民事诉讼法》第 234 条;我国台湾地区"民事诉讼法"第 368 条第 1 项)。申请通常由认为该证据能够支持其主张的一方当事人提出,但是双方当事人都认为证据有利于其主张的,也可以由双方当事人提出。

当然,在诉讼开始之后,法院如果认为有必要也可以依职权主动进行,以免当事人因申请迟延或不知道可为此项申请导致证据灭失或难以使用。如日本《民事诉讼法》第 237 条规定:"法院认为必要时,在诉讼系属中,可以依职权作出保全证据的裁定。"我国台湾地区"民事诉讼法"第 372 条规定:"法院认为必要时,得于诉讼系属中,依职权为保全证据之裁定。"

2. 申请方式

申请方式是指申请人向法院以何种形式提出证据保全的申请以及在特定形式下应列明或表明何种具体事项。一般来说,保全证据的申请应以书面方式提出,但并非以书面方式为

---

① 沈冠伶:《证据保全制度》,《月旦法学杂志》第 76 期。
② 沈冠伶:《证据保全制度》,《月旦法学杂志》第 76 期。
③ 沈冠伶:《证据保全制度》,《月旦法学杂志》第 76 期。

限,申请人也可以言词方式请求书记员制成笔录(德国《民事诉讼法》第 486 条第 3 款)。有关申请上应表明的具体事项,德国《民事诉讼法》第 487 条规定:"申请应表明下列各点:(1) 对方当事人;(2) 应该证明的事项;(3) 证人的姓名或者第 485 条所许可的其他证据方法;(4) 对于符合于独立的证据程序以及法院有管辖权的事项的释明。"我国台湾地区"民事诉讼法"第 370 条规定:"保全证据之声请,应表明下列各款事项:一、他造当事人,如不能指定他造当事人者,其不能指定之理由。二、应保全之证据。三、依该证据应证之事实。四、应保全证据之理由。前项第 1 款及第 4 款之理由,应释明之。"

3. 对申请作出裁判的形式及程序上的效力

保全证据的申请由接收申请的法院予以裁定(德国《民事诉讼法》第 490 条第 2 款;日本《民事诉讼法》第 238 条;我国台湾地区"民事诉讼法"第 371 条第 1 项)。

在作出裁定前,法院应就保全证据的要件、管辖权的有无、申请是否符合程式等事项予以调查,至于待证事实是否重要不必加以深究。有必要的,在作出裁定前也可进行任意性言辞辩论(德国《民事诉讼法》第 490 条第 1 款)。

法院认为保全证据的申请为正当的,在作出准予保全证据的裁定时,应表明证据及待证事实,以使当事人获悉保全证据的范围(德国《民事诉讼法》第 490 条第 2 款;我国台湾地区"民事诉讼法"第 371 条第 2 项)。

德国《民事诉讼法》第 490 条第 2 款和日本《民事诉讼法》第 238 条规定,对于证据保全的裁定,不管法院是否支持申请,当事人均不得提出不服声明。而我国台湾地区"民事诉讼法"第 371 条第 3 项则规定:"驳回保全证据声请之裁定,得为抗告,准许保全证据之裁定,不得声明不服。"相比较而言,德国和日本民事诉讼法对不服裁定结果的救济均作出禁止性规定,是与其现行法对于证据保全程序适用的范围和程序本身趋于较严格控制一致的,其目的在于强化法院的职权作用,适当弱化申请人主观随意性对诉讼程序可能产生的制衡作用。

(五) 证据保全的管辖

1. 起诉前的管辖

本案系属前,保全证据的申请,并非必须向本案管辖法院起诉,为求得调查证据的便利,应由受询问人居住地或者证物所在地法院管辖。如德国《民事诉讼法》第 486 条第 2 款规定:"诉讼尚未系属时,申请应向在申请人起诉后就本案为裁定的法院提出。在以后的诉讼程序中,申请人不得主张该法院无管辖权。"日本《民事诉讼法》第 235 条第 2 款规定:"提起诉讼前的保全证据的申请,应当向管辖应受询问的人或持有文书的人居所或者勘验物所在地的地方法院或简易法院提出。"我国台湾地区"民事诉讼法"第 369 条第 1 项规定:"保全证据之声请,在起诉前,向受讯问人住居地或证物所在地之地方法院为之。"

2. 起诉后的管辖

保全证据的申请在起诉后提起的,应向受诉法院提出。诉讼属于第一审的,向一审法院提起;诉讼属于第二审的,则应向第二审法院提出。诉讼已在第一审辩论终结尚未上诉于第二审的,仍应向第一审法院提出申请,因为此时该案件尚未系属于第二审法院。但遇到紧急情形时,证据保全的申请也可向受询问人或者证物所在地的法院提出,这属于起诉后的例外情形,不能与起诉前的情形相混淆。如德国《民事诉讼法》第 468 条第 1 款规定:"已发生诉讼系属时,申请向受诉法院提出。"日本《民事诉讼法》第 235 条第 1 款规定:"提起诉讼后的证据保全的申请,应当向使用该证据的审级法院提出。但是,最初的口头辩论的期日被指定或者把案件交付辩论程序或书面准备程序之后至口头辩论终结前的期间,应当向受诉法院提出。"第 239 条规定:"在本法第 235 条第 1 款但书所规定的情况下,法院可以使受命法官调查证据。"我国台湾地区"民事诉讼法"第 369 条第 1 项规定,保全证据之声请,在起诉后,向受诉法院为之。

3. 起诉后有紧急情况时的管辖

起诉后保全证据的申请,本应向受诉法院提出,而保全证据以证据有灭失或难以使用的危险为原因时,常常出现稍纵即逝的紧迫情形,如应保全的证据不在受诉法院所在地,即难以达到保全证据的效果,因此,法律规定此时也可向证人或鉴定人居住地或者证物所在地的地方法院提出。有无急迫情形,由受申请的法院断定。比如,德国《民事诉讼法》第 486 条第 3 款规定:"在有急迫的危险时,申请也可向应询问或应鉴定的人所在的,或应勘验或应鉴定的物所在的初级法院提出。"日本《民事诉讼法》第 235 条第 3 款规定:"在紧急情况下,即使在提起诉讼之后,也可以向本条前款的地方法院或简易法院提出保全证据的申请。"我国台湾地区"民事诉讼法"第 369 条第 2 款规定:"遇有急迫情形时,于起诉后,亦得向前项地方法院声请保全证据。"另外,在诉讼程序合法停止期间,不得从事与本案有关的诉讼行为,但基于保全证据的急迫性,如有证据保全的原因,当事人仍可以申请保全证据。

(六) 证据保全的效力

1. 对保全的证据双方当事人均可加以利用

保全的证据为双方当事人共同或者相互间发生事实关系的证明,不但申请保全证据的当事人可以使用,对方当事人认为该种证据对其有利的也可以使用。

2. 保全的证据效力并不必然及于待证事实

证据保全要么发生于诉讼系属之前,要么发生于虽已进入诉讼系属但尚未进入调查程序的情形,待证事实是否重要,法院无从审查,自然不能直接认定其效力。比如,我国台湾地区"民事诉讼法"第 370 条第 2 项设有保全证据的申请应释明依该证据证明的事实的规定。而所谓释明,是指说明其事实与证据关系的梗概或者提出初步资料即可,并非该证据必须足以证明相关事实。也就是说,所保全证据的效力仅及于保全程序本身,与查明待证事实的证据调查程序并无必然的联系。

3. 已保全的证据证明讼争事实的,仍应在辩论中予以陈述

即使已经保全的证据,事后未经当事人主动向法院提出,法院亦不可直接对其进行法庭调查并采纳为裁判的根据。这种做法乃出于对法官中立、超然地位的认知,以免法官主动介入妨碍当事人各方在自主、对等的条件下从事诉讼活动。比如,日本《民事诉讼法》第 242 条规定:"在保全证据的程序中已经询问的证人,当事人在口头辩论中申请询问时,法院应当对该证人进行再次询问。"我国台湾地区"民事诉讼法"第 375 条之一规定:"当事人就已于保全证据程序讯问之证人,于言辞辩论程序中声请再为讯问时,法院应为讯问。但法院认为不必要者,不在此限。"

4. 证据保全的费用视为诉讼费用

日本《民事诉讼法》第 241 条和我国台湾地区"民事诉讼法"第 376 条均规定,保全证据程序之费用,除另有规定外,应作为诉讼费用之一部定其负担。证据保全程序是证据调查程序的

一部分,因此其产生的费用应属于证据调查费用之列,故自然属于诉讼费用。[①] 但当采取证据保全后,当事人如果未提起诉讼,此时保全费用,依我国台湾地区"民事诉讼法"第 376 条之二第 2 项的规定,应由证据保全申请人承担。

5. 对不遵从证据保全命令的制裁

基于证据保全程序与本案诉讼程序的关联性,受诉法院在诚信原则的指导下,在当事人无正当理由不遵从证据保全命令时,可以在自由心证的范围内以违反证据协力义务为由作出一定的评价,从而使得本案的诉讼结果对其不利。同时,由于证据保全程序具有开示证据而作为本案诉讼准备程序的机能,如果本案诉讼程序因一方当事人不遵从证据保全命令产生迟延,因此产生的相关费用应由该违令方承担。

(七) 我国的现有规定

我国关于证据保全的规定在立法和司法解释中均有体现。

1. 普通民事诉讼程序中的规定

《民事诉讼法》第 84 条第 1、2 款规定:"在证据可能灭失或者以后难以取得的情况下,当事人可以在诉讼过程中向人民法院申请保全证据,人民法院也可以主动采取保全措施。因情况紧急,在证据可能灭失或者以后难以取得的情况下,利害关系人可以在提起诉讼或者申请仲裁前向证据所在地、被申请人住所地或者对案件有管辖权的人民法院申请保全证据。"

最高法《民诉法解释》第 98 条规定,当事人根据《民事诉讼法》第 84 条规定申请证据保全的,可以在举证期限届满前书面提出。证据保全可能对他人造成损失的,人民法院应当责令申请人提供相应的担保。

最高法《民诉证据规定》第 25 条规定:"当事人或者利害关系人根据民事诉讼法第八十一条的规定申请证据保全的,申请书应当载明需要保全的证据的基本情况、申请保全的理由以及采取何种保全措施等内容。当事人根据民事诉讼法第八十一条第一款的规定申请证据保全的,应当在举证期限届满前向人民法院提出。法律、司法解释对诉前证据保全有规定的,依照其规定办理。"第 27 条规定:"人民法院进行证据保全,可以要求当事人或者诉讼代理人到场。根据当事人的申请和具体情况,人民法院可以采取查封、扣押、录音、录像、复制、鉴定、勘验等方法进行证据保全,并制作笔录。在符合证据保全目的的情况下,人民法院应当选择对证据持有人利益影响最小的保全措施。"

可见,无论是《民事诉讼法》还是相应的司法解释,关于普通民事诉讼程序中证据保全的规定都比较简略,有待进一步完善。

2. 海事诉讼特别程序中的规定

1999 年颁布的《海事诉讼特别程序法》第五章"海事证据保全"用第 62 条至第 72 条 11 个条文集中对海事诉讼中的证据保全作了规定。其第 62 条规定:"海事证据保全是指海事法院根据海事请求人的申请,对有关海事请求的证据予以提取、保存或者封存的强制措施。"第 63 条规定:"当事人在起诉前申请海事证据保全,应当向被保全的证据所在地海事法院提出。"第 64 条规定:"海事证据保全不受当事人之间关于该海事请求的诉讼管辖协议或者仲裁协议的约束。"第 65 条规定:"海事请求人申请海事证据保全,应当向海事法院提交书面申请。申请书应

---

① 陈计男:《民事诉讼法论》(上),三民书局 1999 年版,第 511 页。

当载明请求保全的证据、该证据与海事请求的联系、申请理由。"第 66 条规定:"海事法院受理海事证据保全申请,可以责令海事请求人提供担保。海事请求人不提供的,驳回其申请。"第 67 条规定:"采取海事证据保全,应当具备下列条件:(一)请求人是海事请求的当事人;(二)请求保全的证据对该海事请求具有证明作用;(三)被请求人是与请求保全的证据有关的人;(四)情况紧急,不立即采取证据保全就会使该海事请求的证据灭失或者难以取得。"第 68 条规定:"海事法院接受申请后,应当在四十八小时内作出裁定。裁定采取海事证据保全措施的,应当立即执行;对不符合海事证据保全条件的,裁定驳回其申请。"第 69 条规定:"当事人对裁定不服的,可以在收到裁定书之日起五日内申请复议一次。海事法院应当在收到复议申请之日起五日内作出复议决定。复议期间不停止裁定的执行。被请求人申请复议的理由成立的,应当将保全的证据返还被请求人。利害关系人对海事证据保全提出异议,海事法院经审查,认为理由成立的,应当裁定撤销海事证据保全;已经执行的,应当将与利害关系人有关的证据返还利害关系人。"第 70 条规定:"海事法院进行海事证据保全,根据具体情况,可以对证据予以封存,也可以提取复制件、副本,或者进行拍照、录相,制作节录本、调查笔录等。确有必要的,也可以提取证据原件。"第 71 条规定:"海事请求人申请海事证据保全错误的,应当赔偿被请求人或者利害关系人因此所遭受的损失。"第 72 条规定:"海事证据保全后,有关海事纠纷未进入诉讼或者仲裁程序的,当事人就该海事请求,可以向采取证据保全的海事法院或者其他有管辖权的海事法院提起诉讼,但当事人之间订有诉讼管辖协议或者仲裁协议的除外。"

第二节　举　　证

一、举证概述

(一) 举证的概念

举证是指在案件庭审中,诉讼参与人依法采取多种方式向法庭展示证据,以支持自己的事实主张的诉讼行为。对于举证,应注意下面几个问题:

1. 举证与质证

举证和质证都是证明过程中的重要内容,是法庭审理的核心。举证是质证的前提,质证由举证来发动,没有举证在先,质证将成为无源之水、无本之木。但并非所有举出的证据均必然经过质证,只有在举证后对证据存有疑问时才启动质证程序。当然,在质证中也存在着举证,有些举证是由质证引发的,即有时举证是质证的补充,当双方当事人对某一证据的争辩势均力敌时,支持或反驳的一方若能再举出证据予以补强,则优势即会显现。另外,举证的方式是展示、朗读和播放,而质证的方式是质疑、辩驳和辩论,如庭审中对证人、鉴定人的询问即属于质证的范畴,而非举证。

2. 举证与主张

举证与主张有着密切关系。一方面,主张是举证的前提和基础,没有对特定事实的主张,就没有举证的必要,即事实主张的有无决定着举证程序的启动与否。另一方面,举证的目的是支持自己对特定事实的主张。如果举证不能或举证不足，主张的事实就不会被法院认可和支持，即没有举证，主张将丧失成立的依据，会被归于无效。当然，事实主张并不必然启动举证程序，即举证并不是事实主张的必然结果，存在有事实主张而无举证的情况。

3. 举证与证明责任

举证不等同于证明责任，举证属于提供证据责任中的内容。证明责任一般引起举证行为，但举证并不必然以证明责任的存在为前提。如在证明法律关系生效要件的过程中，非主张一方一般不承担举证责任，但在庭审中其也有权举证。对其而言，此时举证不是一种责任，而是一种权利。

(二) 举证的顺序

一般来说，诉讼中主要由原告(控方)承担证明责任，且要在法庭上出示大量证据，而被告(辩方)的举证是为辩驳原告(控方)，所以被告(辩方)的举证受制于原告(控方)的举证，要根据原告(控方)的举证情况来安排。这样，被告(辩方)的举证顺序是根据对方的举证情况随机应变的，而原告(控方)则要在庭前周密安排、合理确定举证顺序。所以，下面所列举的几种常见的举证顺序主要是针对原告(控方)而言的。

1. 按照事件发生的先后顺序确定举证顺序

引起实体法律关系产生、变更或消灭的行为的实施一般都需要一个过程，这个过程包含着先后实施的多个动作，这样就可以按照时间的顺序，即动作发生的先后顺序来进行举证。这种举证顺序主要适用于两类案件：一是行为由一系列相对独立且时间顺序清楚的具体活动构成。以刑事诉讼为例，一个完整的犯罪行为包括犯罪的预备行为、实行行为和结果发生事实等，如投毒案件中的购买药品、制作毒药、投放毒药、中毒结果发生等，公诉方可以按照这些活动或事实的先后顺序进行举证。二是涉及数个行为的案件。如在刑事诉讼的同类数罪情形中，若被告人被指控先后实施了多起同类犯罪行为，公诉方就可按照犯罪行为实施的先后顺序进行举证。对于异类数罪，也可按照时间顺序进行举证。如果被告人被指控间隔实施了同种数罪和异种数罪，如被告人先实施了杀人，间隔半月实施了伤害，又间隔半月实施了杀人，公诉人可以先就同种数罪按照时间先后进行举证，然后再按照时间先后举证异种数罪。

这种举证顺序的优点在于：能够清晰地向法庭展示数个行为发生、发展的脉络，符合人们的认知规律。缺点在于：行为先后顺序不明显的案件难以适用这种举证顺序；这种举证顺序也不易突出重点。

实践中，属于这种方法的还有逆时举证和交叉举证两种。逆时举证，是指按照事件发生的时间顺序从后向前举证，由于后来的证据时间距离庭审近，先行举出，有利于突出重点，也较易抓住人们的心理。交叉举证，是指在总的顺序上按照顺时安排，具体到每一组证据上，可以视案情较为灵活地穿插逆时举证。

2. 按照事实要素在案件中的重要程度确定举证顺序

每一个案件都由一系列的案件事实要素构成，各个事实要素在案件中的重要程度不同，有的属于构成要件事实，有的属于非构成要件事实。举证人可以根据各事实要素在案件中的性质和地位安排举证顺序。这种举证顺序一般有两种情况：第一种是"从内向外"的举证顺序，即先就案件的核心事实要素进行举证，再就案件的外围事实要素进行举证；第二种是"从外向内"的举证顺序，即先就案件的外围事实要素进行举证，再就案件的核心事实要素进行举证。实践中，第一种举证顺序比较常见,其重点突出,主次分明,适合案情复杂、证据庞杂的案件。

3. 按照事实要素之间的因果关系确定举证顺序

在有些案件中,案件事实之间存在比较明确的因果关系,举证就可以按照事实要素之间的因果关系进行。具体可以分为两种情况:一是先因后果的举证顺序,即先就案件中的原因进行举证,再就案件中的结果进行举证;二是先果后因的举证顺序,即先就案件中的结果进行举证,再就案件中的原因进行举证。

4. 按照共同被告(被告人)在案件中的主次地位确定举证顺序

涉及共同被告(被告人)的案件中,一般存在着主要责任人和次要责任人之分,对此,一般可采取先主要责任人后次要责任人的举证顺序。如主犯在共同犯罪中起的是主要作用,一般是犯罪的策划者、组织者、有力的实施者,先对其实施的犯罪进行举证有利于全面了解案件的情况,把握整个案件的性质。另外,如果对主要责任人的举证较为困难,也可以采取迂回包抄的方式,从对次要责任人的举证开始,逐渐向主要责任人深入,这被称为换位举证。

5. 根据证据的证明力强弱来确定举证顺序

为达到较好的举证效果,举证人一般可将自己认为证明力较强的、不易引起争议的证据先予出示,对方不易对其作出有力的反驳,易为法庭所接受,并为下一步的举证做好铺垫。

此外,举证的顺序应该由谁来决定也是当前理论界颇具争议的问题。有观点认为,诉讼中的举证顺序应该由法官决定;也有观点认为,诉讼中的举证顺序应该由当事人决定。[①] 本书认为,在逐渐强调当事人主导诉讼进程的现代庭审模式下,法官仅是居中的裁判者,举证顺序直接关系到举证的效果,自然应属双方当事人的事情,应该由其来决定,即使在采取职权探知主义的刑事诉讼和行政诉讼领域也不例外。当然,如果举证顺序影响了庭审的正常进行,法官可予以制止。

在三大诉讼中,举证阶段涉及项目最多、内容最为丰富的乃民事诉讼领域。因此,本章关于举证期限、证据交换、当事人举证和法院查证的关系以及证据保全的介绍主要以民事诉讼为视角。

二、举证期限

(一)举证期限概述

举证期限,又称举证时限,是指承担证明责任的当事人应在一定期限内提出证明其主张的相应证据,逾期不举证则要承担证据失效的后果的一项诉讼期间制度。具体来说,举证期限包含两方面的内容:一为期限,即法律规定或法院指定的期间;二为后果,即对特定事实负有证明责任的当事人在此期间不提供或不能提供相关证据则会产生诉讼法上的后果——当事人逾期提出的证据不能为法院所采纳,进而丧失其证明效力。

(二)举证期限制度的历史发展

1. 同时提出主义

同时提出主义,亦称法定顺序主义,是历史上最早被用来防止因当事人怠于行使特定诉讼

---

① 周洪波:《刑事庭审举证规则研究》,孙谦、张智辉主编:《检察论丛》(第六卷),法律出版社 2003 年版。

权利而可能导致诉讼迟延的诉讼制度。在德国普通法时代,为防止当事人随性地、漫无目的地提出攻击或防御方法从而导致诉讼的迟延,其就诉讼的推进采取"证据分离主义"。[①] 此种诉讼模式下,作为判决基础的事实的主张与证据资料的提出被分为截然不同的两个阶段。在前一阶段,当事人须将事实主张全部陈述完毕,一旦进入证据调查阶段,即不得再主张事实。因此,同时提出主义要求当事人为达到某一目的,必须同时或在特定期间内提出主张或证据,否则便不能在诉讼中产生效力。同时提出主义可以使当事人的诉讼行为按序进行,对于防止诉讼迟延确可发挥实效。但不能忽视的是,此种模式下,诉讼的不可预知性使得当事人难以确定对方当事人会如何对其主张以及相应证据予以攻击或防御,而此时的失权威胁会迫使当事人把即便只是可能重要而已的主张和证据也全部提出,即在主要陈述之外,后备的、为防止主要陈述被否定的一切可能的诉讼资料亦一并予以提出。这固然可以在一定程度上加速程序的进程,但极易造成诉讼资料的过度膨胀,增加法院的额外负担,效果可能适得其反。同时,如果仅因当事人未遵守法定顺序即产生失权的效果,无疑会削减作为裁判基础的诉讼资料的作用,不利于事实真相的发现和当事人权利的保护。

2. 随时提出主义

人类进入资本主义社会伊始,对自由的极度追求体现在诉讼程序中便是摒弃了对当事人诉讼权利限制过于严苛的同时提出主义,改采对当事人诉讼资料的提出约束极少的随时提出主义。在随时提出主义模式下,法律允许当事人在同一诉讼程序中随时、混合地主张事实和提出证据,在任何时间进行的辩论均具有相同的效果。不可否认的是,随时提出主义的弊端也甚为明显。因当事人在诉讼中可以随时提出诉讼资料,故在审理程序即将终结时,一方当事人可能突然提出某一资料,使得对方当事人防不胜防,难以在短时间内提出有效的攻击防御资料,从而导致突袭性裁判的出现。同时,因随时提出主义与言词辩论整体性原则相结合[②],当事人随时可以提出攻击防御方法,便会导致当事人对诉讼资料的提出漫不经心,甚至基于诉讼战术的考虑,将影响诉讼胜败的重要资料留至第二审辩论终结时提出,导致审理的重点移至第二审。而此种"重二审、轻一审"现象的出现可能妨碍实体正义的实现。

3. 适时提出主义

自20世纪60、70年代开始,各国和地区学者纷纷对随时提出主义的审理结构提出强烈批判,指责此种分割断裂的审理模式不但造成案件审理的散漫与无效率,亦与直接审理主义与言词审理主义之基本原则相悖。[③] 有鉴于此,大陆法系国家和地区从20世纪70年代开始,陆续向以集中审理主义为核心的适时提出主义转化。[④] 在适时提出主义模式下,当事人被科以诉讼促进义务,必须在庭审前特定阶段提出具体、特定的攻击防御方法,从而促进案件争议焦点的明确与特定,否则将遭受被法院驳回其逾时提出攻击防御方法的不利后果。

---

① ［日］新堂幸司:《新民事诉讼法》,林剑锋译,法律出版社2008年版,第324页。

② 王甲乙等:《自有顺序主义之检讨》,民事诉讼法研究会主编:《民事诉讼法之研讨(三)》,三民书局1997年版,第335页。

③ 邱联恭等:《民事诉讼审理方式之检讨》,民事诉讼法研究会主编:《民事诉讼法之研讨(一)》,三民书局1986年版,第341—356页;王甲乙等:《自有顺序主义之检讨》,民事诉讼法研究会主编:《民事诉讼法之研讨(三)》,三民书局1997年版,第335—350页。

④ Rudolf B. Schlesinger, Hans W. Baade, Peter E. Herzog & Edwoed M. Wise, *Comparative Law*, New York: The Foundation Press, 1998, pp.461—465.

（三）有关国家或地区的举证期限立法例

1. 美国

历经长期的经验积累,美国当今的民事诉讼已充分认可在审判程序开始之前,争点的明确对实现诉讼目标的重要性与必要性。而肩负此重任的,为衔接证据开示程序与审判程序的预审会议制度。预审会议制度是指法官在开庭审理之前召集双方当事人及其律师为处理案件而进行的会议。①1938年美国《联邦民事诉讼规则》制定之初,其第16条对预审会议制度的规定为:"(a)法院有根据案件的具体情况召开预审会议并要求当事人及其代理律师参加的权力。预审会议的主要功能是为审判程序作准备,具体内容包括整理案件争点、协商确定诉答书状的内容、就先需举证的事实进行自认以及确定鉴定人等活动。(b)法院可以依本条前款之规定所达成的协议为基础作出预审命令。该命令一经作出,除不可避免的且显失正义的情况下可以被要求修改之外,后续的审判程序须遵此进行。"可见,预审会议的首要功能,在其创设之初即被清楚地定位在使法院与当事人均掌握案件涉及的争点以降低在审判程序中发生攻击防御方法突袭的风险上。②在赋予当事人通过证据开示制度知晓对方所掌握的相关攻击防御方法的机会后,法院在审判程序进行之前召开预审会议,可以明确有必要在审判程序中进行实质审理的案件争点,使双方当事人作好审判前的准备活动,避免最终的判决结果完全取决于当事人的诉讼策略和程序上的技术问题,从而削弱其在实体上的公信力。此外,在将案件完全交由当事人及其代理律师负责组织和进行的单纯的证据开示不能让人完全满意的情况下③,预审会议的设置可以加强法院在庭审之前对案件的管理和掌控。

为加强法官对证据开示程序的控制,在诉讼经营(case management)理念下④,美国《联邦民事诉讼规则》于1983年进行修正时,大幅扩张了预审会议的功能,使其由审判的准备程序进一步扩及整个预审程序,原则上要求法官举行早期预审会议并作出计划命令(a scheduling order),从而控制整个预审程序及证据开示的进行。修改后的美国《联邦民事诉讼规则》第16条(a)款规定:"在民事诉讼中,为实现下列目标,法院可以根据案件的具体情况要求双方当事人以及代理律师参加一次或多次预审会议:(1)推进及加速诉讼的进程;(2)及时建立持续、合理控制审理进程的管理计划从而避免诉讼迟延情形的出现;(3)削减无谓的审前准备活动;(4)提高预审程序的质量以提升审判程序的效率;(5)推进诉讼和解的达成。"不过,就攻击防御方法的逾期提出而言,焦点仍集中在法官在预审程序即将终结时所作成的最后预审命令(pretrial order)上。⑤依美国《联邦民事诉讼规则》第16条(e)款的规定,在所有预审会议终结之后,法官应作出命令表明其已采取的措施并据以控制后续审判程序的进行。对于预审程序中所作出的命令,法官虽可以依案件的具体发展状况予以变更或修改,但对于在最终预审会议后作出的命令,除非为了避

---

① Bryan A. Garnar, *Black's Law Dictionary*, 8th ed., West, Thomson Business, 2004, p.1226.

② Miller & Mary K. Kane, *Federal Practice and Procedure*, 2nd ed., 6A Charles A. Wright, Arthur R, 1990, p.1521.

③ 齐树洁主编:《美国司法制度》,厦门大学出版社2006年版,第435页。有学者指出,由于缺乏法官的介入,当事人以及代理律师在证据开示程序中会无限制地向第三方和对方当事人收集证据,从而导致整个诉讼程序的迟延。同时,收集证据所花费的高额律师费用亦会大幅增加当事人的诉讼成本。参见王亚新:《社会变革中的民事诉讼》,中国法制出版社2001年版,第81页。

④ 就法官基于诉讼经营思潮的抬头而产生的态度与角色的转化,参见黄国昌:《比较民事诉讼法下的当事人图象——由审理基本原则、证据收集权及证明度切入》,《政大法学评论》2003年第76期。

⑤ 在1983年美国《联邦民事诉讼规则》第16条被大规模修正时,其中关于预审命令的规定乃少数未经修正的部分。

免"显失正义（manifest injustice）"情形的出现，法官不得再进行变动。由于该最后的预审命令将确定接下来在审判程序中法院所必须审理的争点范围，故在实际效果上，预审命令可以排除当事人未于预审程序中提出的攻击防御方法，形同对当事人逾期提出的攻击防御方法所施加的失权制裁。

2. 德国

德国《民事诉讼法》于 1877 年颁布，一直到 1924 年修改时，德国《民事诉讼法》才吸收了适时提出主义的部分内容。[①] 具体而言，主要有四方面的表现：(1)加强有关辩论期日的准备，且法院不仅有采取准备程序的权力，更有采取准备程序的义务，以便案件尽可能经一次言词辩论即可终结；(2)对逾期提出攻击防御方法的行为予以失权制裁（主要是将攻击方法亦纳入失权制裁的范围）；(3)当事人申请前置的要件被废除；(4)就程序迟延是否因当事人故意或重大过失所致由法院依自由心证认定。为达到一次言词辩论终结诉讼的目的，法院有权确定期限要求当事人就案件争点予以说明并提供证据，否则法院有权驳回当事人（包括原告和被告）无正当免责事由逾期提出的攻击防御方法。而在随后 1933 年进行的修改中，驳回逾期攻击防御方法的条件进一步放宽，如果当事人未在准备的书状中对欲提出的攻击防御方法予以记载，法院亦可予以驳回。可见，德国在 20 世纪上半叶将适时提出主义初步导入民事诉讼领域时，即以一次言词辩论终结诉讼为目标，并配以失权制裁作为威慑的武器。该基本思路即便经过 1976 年《简化及加速法院程序法》的修正亦不曾改变。与 1924 年和 1933 年两次修改不同，1976 年《简化及加速法院程序法》对《民事诉讼法》予以修改的宗旨便是"诉讼程序的集中与加速"，即通过系统化的调整在德国民事审判中全面确立适时提出主义。此次修改的目的有三：审理整体程序的促进、审理具体环节的促进和法院审理民事案件负担的减轻。[②] 相应的具体措施亦有三：明确设置两种言词辩论的准备措施供选择、强化失权规定以及创设当事人诉讼促进义务这一适时提出主义的连结概念。[③]

考虑到实务中当事人仍有逃避这些关于第二审中新攻击防御方法限制措施的可能性，立法者乃于 2001 年以《民事诉讼法改革法》[④] 对德国《民事诉讼法》相关内容予以修正。修正后的第 531 条第 1 款以"在第一审被驳回的攻击防御方法，当事人在第二审中仍不得提出"之规定进行了预防性设置，即在第一审中禁止提出的攻击防御方法在第二审中仍会产生失权效果，其范围包括同法第 296 条第 1、2、3 款规定的第一审中已经失权的情形，此规定乃第二审法院的义务性规定。修改后的第 529 条第 1 款亦规定："第二审法院审理案件及判断时，如无具体理由怀疑第一审法院对于裁判上重要事实认定的正确性或不完整，原则上应受第一审事实认定的

---

①　Wiezorek/Schutze/Prutting，ZPO，Einl．Rn．5．转引自吴从周：《"集中审理原则"实施满五周年再考——着重于回顾其在德国民事诉讼法史上之起源与在台湾之双重继受》，杨日然教授纪念文集编辑委员会主编：《杨日然教授纪念文集》，元照出版公司 2006 年版，第 399 页。

②　MunchKomm-ZPO/Prutting，1993，§ 296，Rn．1；Putzo，Die Vereinfachungsnovelle．Geaetz zur Vereinfachung und Beschleunigung gerichtlicher Verfahren，NJW 1977，1，4；转引自吴从周：《阐明时效抗辩与法官回避——浏览与备忘 2004 年以来德国学说与实务见解的最新发展》，《台湾本土法学杂志》2005 年第 10 期。

③　Prutting，Anwaltschaft，Rechtsschutz und Prozeβokonomie，In 50 Jahre freiheilichdemokratischer Rechtsstaat，Vom Rechtsstaat zum Rechtwegstaat，Baden-Baden 1999，S.277，282；转引自吴从周：《"集中审理原则"实施满五周年再考——着重于回顾其在德国民事诉讼法史上之起源与在台湾之双重继受》，杨日然教授纪念文集编辑委员会主编：《杨日然教授纪念文集》，元照出版公司 2006 年版，第 413 页。

④　［德］罗森贝克、施瓦布、戈特瓦尔德：《德国民事诉讼法》，李大雪译，中国法制出版社 2007 年版，第 1014 页。

约束。"

3. 日本

以德国《民事诉讼法》为母法的日本《民事诉讼法》在攻击防御方法的提出方面原本亦采取随时提出主义。1996年,日本《民事诉讼法》迎来了自颁行百年后的最大规模的修正并于1998年1月1日正式实施。此次修改主要涉及四个方面的内容:(1)为加速诉讼程序,大幅修正准备程序以促进整理争点,进而集中证据调查;(2)为集中调查证据,扩大和完善当事人收集证据的手段和程序;(3)为减轻最高法院的负担,限制第三审上诉的条件;(4)为加速较小金额纠纷的审理与裁判,增设小额诉讼程序。改革重点虽有四项,但争点及证据整理的完备和证据收集程序的扩充两项无疑是此次修改的主轴,即以争点整理及集中审理为中心,以促进诉讼审理的充实为最重要课题。其中,争点与证据整理是否成功是证据调查成功与否的关键,并影响审理的充实度,可以说是此次整个《民事诉讼法》改革成功与否的中心枢纽,而言词辩论期日能否真正实现集中审理,当然亦与争点整理有关。

通过1996年日本《民事诉讼法》的大规模修改,日本民事诉讼的审理速度明显加快,审判效率大幅提升。然而,对于错综复杂的新型诉讼、现代性诉讼以及团体诉讼等案件,审理期限冗长的积习并未得到实质性改观。鉴于此,日本《民事诉讼法》在2003年又有所修正,其中涉及举证期限制度的便是新法第147条之二和第147条之三确立的"审理计划"制度。为了实现公正、迅速审理案件的目标,法院和当事人必须有计划地推进诉讼进程(第147条之二),即将谋求诉讼程序的计划性推进规定为法院及当事人的义务。与此同时,着眼于复杂案件诉讼迟延的现实状况,新法特别规定了法院应制订审理计划的情形、制订的方法、审理计划中应确定的事项(第147条之三第1、2款)。此外,还规定法院可以通过指定当事人就特定事项提出攻击防御方法的期间等来确定计划性推进程序所必要的事项(第147条之三第3款)。

4. 我国台湾地区

我国台湾地区传统的审理模式是"分割审理主义"[①],即同一受诉法院同时并行审理数个案件,就某一特定案件的言词辩论在时间上予以分割,在各个时间段分别多次对该案件进行审理。此种审理方式可以使数个案件同时得到审理而不必等待,在案件较少、案情简单、法官工作负荷较轻的年代可以使数个案件的当事人在最短的时间内均获得裁判结果,其便捷、快速的优点显而易见。但当案件日益增加、案情逐渐复杂时,法官的工作负荷显著增加,其同时审理数个案件时对具体个案的记忆较易模糊,加之当事人往往在言词辩论期间提出书状,从而导致法官无法在庭审当日就案件进行深入调查而不得不将时间往后一改再改,这既加重了当事人的各项支出,亦使司法资源遭致无谓耗费。鉴于此,21世纪伊始,我国台湾地区即对其"民事诉讼法"进行了大规模的修订。此次修订的核心内容,便是在民事诉讼领域摒弃分割审理主义,确立与之相对的"集中审理主义"。[②]

从我国台湾地区失权制度的规范发展历程来看,其现有规则层面的举证期限效果较接近于德国法上的严格失权规定,但其集中审理改革的目标却并不像德国那样设定在集中言词辩论于一次期日终结诉讼的高度,而只设定在与日本一样的争点整理层面,即仅要求将审理程序

① 黄国昌:《逾时提出攻击防御方法之失衡制裁:是"效率"还是"公平"?》,《台大法学论丛》2008年第2期。
② 许士宦:《集中审理制度之新审理原则》,《台大法学论丛》2009年第2期。

区分为争点整理[①]与言词辩论两个阶段，以便将审理有计划地推进而已。此时虽无法一次辩论终结，但可以减少开庭次数。易言之，德国集中审理原则的落实包括言词辩论准备程序和失权制裁两部分，而日本和我国台湾地区则以争点整理程序代替德国法上的言词辩论准备程序，与失权制裁一并成为该国（地区）集中审理的两大重点。从这一角度观察即可发现，正是因为德国法上的集中审理具有较高的目标设定，故须辅之以极具威胁性的严格失权手段；[②]而日本法上的集中审理则仅具有较低的目标要求，故其失权制裁亦相对柔和。而我国台湾地区在继受日本集中审理的低度目标设定的同时，却吸收了德国的高度失权制裁手段，此种"杂糅"式的借鉴似乎忽略了手段与目标应相匹配的基本要求。而正因此种手段与目标的失衡，我国台湾地区在目前的实务运用上仍停留在只限于争点整理的目标阶段，或者说只是作为一种集中审理方法而已，未见失权手段的协调配合，进而成为名不符实的制度。法官似乎一直犹豫不敢使用失权手段，律师更是强烈反对严格执行，失权的威胁仅沦为绝少使用的吓人道具而已。[③]

（四）我国的相关规定及评述

我国现行《民事诉讼法》在 1991 年颁布时并未对当事人举证的时间作出限制，最高人民法院在 1992 年颁布的《民诉适用意见》第 76 条中对当事人的举证时间作了一定限制，即"人民法院对当事人一时不能提交证据的，应根据具体情况，确定其在合理期限内提交。当事人在指定期限内提交确有困难的，应在指定期限届满之前，向人民法院申请延期。延长的期限由人民法院决定"。该规定在一定程度上可以理解为以法院指定期限的方式设定了举证期限。但要注意的是，该条款并未对延期届满后是否可以再次延期作出规定，即法院无禁止当事人不断申请延期的权限；同时，其亦未明确规定超出举证期限当事人所应承担的法律后果，对于当事人随时提出的证据法院无权拒绝采纳。故可以认为，《民诉适用意见》第 76 条实质上并未确立起举证期限制度，尚无法满足司法实践对举证期限的要求。

经过近十年理论上的探讨和实践中的摸索，最高人民法院终于在 2001 年底颁布的最高法《民诉证据规定》中确立了真正意义上的举证期限制度。2019 年修正的最高法《民诉证据规定》第 50 条规定："人民法院应当在审理前的准备阶段向当事人送达举证通知书。举证通知书应当载明举证责任的分配原则和要求、可以向人民法院申请调查收集证据的情形、人民法院根据案件情况指定的举证期限以及逾期提供证据的法律后果等内容。"第 51 条规定："举证期限可以由当事人协商，并经人民法院准许。人民法院指定举证期限的，适用第一审普通程序审理的案件不得少于十五日，当事人提供新的证据的第二审案件不得少于十日。适用简易程序审理的案件不得超过十五日，小额诉讼案件的举证期限一般不得超过七日。举证期限届满后，当事人提

---

① 德国人提到整理争点与诉讼资料时，不会进一步谈如何整理争点。或许是因为他们认为这是一个法律人在接受职业教育的过程中应该当然具备的处理案件的能力，而不属于诉讼法学者讨论的问题。参见李木贵：《民事诉讼法》，元照出版公司 2007 年版，第 934 页；吴从周：《"集中审理原则"实施满五周年再考——着重于回顾其在德国民事诉讼法史上之起源与在台湾之双重继受》，杨日然教授纪念文集编辑委员会主编：《杨日然教授纪念文集》，元照出版公司 2006 年版，第 424 页。

② 即便在德国，法官似乎亦不情愿对逾期提出的攻击防御方法施加严厉的失权制裁。在实际运行中，第一审法院很少适用第 296 条拒绝接受新理由，该权力在很大程度上是忠告性的。参见宋冰编：《读本：美国与德国的司法制度及司法程序》，中国政法大学出版社 1999 年版，第 319 页。

③ 吴从周：《"集中审理原则"实施满五周年再考——着重于回顾其在德国民事诉讼法史上之起源与在台湾之双重继受》，杨日然教授纪念文集编辑委员会主编：《杨日然教授纪念文集》，元照出版公司 2006 年版，第 424 页。

供反驳证据或者对已经提供的证据的来源、形式等方面的瑕疵进行补正的,人民法院可以酌情再次确定举证期限,该期限不受前款规定的期间限制。"

2012 年修改之前的《民事诉讼法》并未约束当事人提出证据的时间,在该问题上采取的乃随时提出主义的模式。而最高法《民诉证据规定》确立的举证期限制度乃对适时提出主义予以认可的产物,其实质上已突破了民诉法的规定,无疑是以一种"良性违法"的方式对现行法进行的修正。应该承认,在立法整体水平相对落后的我国现阶段,由审判机关通过实践探索和经验积累创设一些审理规则在一定程度上不失为一种"短、平、快"的权宜之计,但若通过规范性文件的形式将之固定为可予长期适用的审判制度,无疑会极大地动摇法律的严肃性和权威性。当然,最高人民法院并未忽视这一点,其在进行司法解释时亦在现行法的罅隙中寻求举证期限制度可予成立的微小空间,尽量维持一种"虽有突破但不至走远"的态势。即便谨小慎微,此种"夹缝中求生存"的做法仍难免与法律保留原则相左。作为世界各国通行的立法基本准则,法律保留原则是指对于社会关系中的重大事项必须由全国性立法机关通过制定法律的形式予以设定。基于具体国情之考量,各国在规定法律保留的范围上有所差异,但均将诉讼制度的设置归入法律保留范畴。如我国《立法法》第 11 条第 10 项即规定,有关诉讼制度的事项只能制定法律。该原则体现在民事诉讼领域,便是对当事人诉讼权利的设定应由法律来规制。证据失权显然是一种从时间上对当事人举证权的约束,理所当然应由全国人大及其常委会以制定法律的形式予以设置。仅凭最高人民法院从司法解释层面加以设定无疑层级偏低,且有违法律保留原则,于维护法律的严肃性以及强化证据失权制度的权威性均无实益。而现行《民事诉讼法》第 68 条第 2 款"人民法院根据当事人的主张和案件审理情况,确定当事人应当提供的证据及其期限。当事人在该期限内提供证据确有困难的,可以向人民法院申请延长期限,人民法院根据当事人的申请适当延长。当事人逾期提供证据的,人民法院应当责令其说明理由;拒不说明理由或者理由不成立的,人民法院根据不同情形可以不予采纳该证据,或者采纳该证据但予以训诫、罚款"之规定对举证期限的明确和逾期提出证据后果的规定应该说是对上述争议的最终定论,是对该制度的明显肯定,亦提升了该制度的规范层级,实值得赞同和肯定。

2022 年修正的《民诉法解释》对现行《民事诉讼法》第 68 条第 2 款规定的举证期限制度进行了细化。依该解释第 99 条至第 102 条之规定,人民法院应当在审理前的准备阶段确定当事人的举证期限。举证期限可以由当事人协商,并经人民法院准许。人民法院确定举证期限,第一审普通程序案件不得少于 15 日,当事人提供新的证据的第二审案件不得少于 10 日。举证期限届满后,当事人对已经提供的证据,申请提供反驳证据或者对证据来源、形式等方面的瑕疵进行补正的,人民法院可以酌情再次确定举证期限,该期限不受上述规定的限制。当事人申请延长举证期限的,应当在举证期限届满前向人民法院提出书面申请。申请理由成立的,人民法院应当准许,适当延长举证期限,并通知其他当事人。延长的举证期限适用于其他当事人。申请理由不成立的,人民法院不予准许,并通知申请人。当事人逾期提供证据的,人民法院应当责令其说明理由,必要时可以要求其提供相应的证据。当事人因客观原因逾期提供证据,或者对方当事人对逾期提供证据未提出异议的,视为未逾期。当事人因故意或者重大过失逾期提供的证据,人民法院不予采纳。但该证据与案件基本事实有关的,人民法院应当采纳,并依照《民事诉讼法》第 68 条、第 118 条第 1 款的规定予以训诫、罚款。当事人非因故意或者重大过失逾期提供的证据,人民法院应当采纳,并对当事人予以训诫。当事人一方要求另一方赔偿因逾期提供证据致使其增加的交通、住宿、就餐、误工、证人出庭作证等必要费用的,人民法院可予支持。

三、证据交换

(一)证据交换概述

证据交换,是指在庭审开始之前,一方当事人将自己已掌握的证据与对方当事人已持有而自己没有的证据予以交换,从而为诉讼的进一步开展做准备的审前机制。与举证期限制度一样,证据交换制度也是审前准备程序的重要内容,两者都可以促使当事人适时地提出证据并让对方当事人知道彼此所持有的证据,从而有效地预防"证据突袭",避免法庭审理的反复和拖延,保证质证活动得以顺利进行。但二者在实现这一目标中的功能是不同的,仅有举证期限制度而没有证据交换制度予以保障,举证期限的约束力便会流于浮泛,难以避免当事人的"证据突袭";而仅有证据交换制度而无举证期限制度予以支撑,证据交换便会遥遥无期,很难达到加快诉讼节奏、推进诉讼进程的目的。

(二)证据交换的域外立法例

证据交换在英美法系证据法上被称为证据开示,其源于 16 世纪英国衡平法的司法实践,形成于 19 世纪英国的司法改革,在美国 1938 年出台的《联邦民事诉讼规则》中被正式确定为一项法定程序制度。[①]

1. 英国

自 17 世纪末以来,英国一直实行事实诉答制度。诉答文书本身具有明确争点的功能,除记载诉讼请求外,还须记载支持当事人诉讼请求的重要事实(即只要证明为真就能胜诉的事实),当事人和法院都受该事实的约束。随后的证据开示也应限制在诉答文书记载的范围内。

英国证据开示的方式主要有:(1)文书的披露与查阅;(2)对对方当事人的书面质问;(3)笔录证人证言和鉴定报告的交换;(4)通过勘验、取样实验、医疗检查等方式披露实物证据;(5)对书证材料和事实的自认。

英国不允许口头询问当事人笔录证言,只能要求对方以宣誓的方式书面答复问题。即使是书面质问,在英国也受很多限制。通常情况下,当事人不能于审前强制证人提供证言。只有在证人不可能出庭口头作证的情况下,才可以申请法院签发命令,要求笔录证言。可见,其目的不在于披露,而在于保全证据。笔录证言在法官、法院的证人询问官或法院委托的其他人员面前进行,对证人的询问与证人在开庭审理时出庭作证的方式相同。通过此种方式调取的笔录证言,在审理时可以作为证据使用。

英国文书披露的范围包括所有现在或以前在当事人拥有、保管或控制中的与争议事项有关的文书。传统的司法实践中具体解释为四大类:一是披露方自己要依赖的对自己有利的文书;二是披露方知悉的对自己不利或对对方有利的文书;三是不属于以上两类,即不明显支持任何一方的请求,但属于案情或其背景的组成部分的文书;四是可能引出一连串的质询从而带来一、二类文书的后果的文书。也就是说,所有与案情有一定联系的文书都属于文书披露的范围,并不要求必须是可被接受为证据的文书。当然,这一范围无疑太广泛、太宽松,不易解释和

---

① 杜闻:《英美民事证据开示若干问题研析》,《证据科学》2008 年第 6 期。

适用,需要披露的有关文书太多,费用太高。而且,当事人常常会以要求对方披露一连串质询类型的文书的方式迫使对方进行更多的投入以达到逼迫对方放弃诉讼的目的。后来经过一系列的改革,英国对不同案件采用不同的披露标准,且基本上取消了传统司法实践中的界定。如对于小额请求案件,不适用通常的证据披露程序,只是在案件分配之后作出标准指令,要求各方当事人至少于确定的庭审期日前 14 日向法院提交和向对方当事人送达其准备在庭审时依赖的文书的副本,以减少披露文书的数量,节约费用。如果一方当事人希望对方作更多的披露,或通过标准披露显示还有对对方不利的文书尚未披露,可以向法院申请特定披露。至于法院是否会下令披露更多的文书,则要看案件具体情况。[①]

2. 美国

美国的证据开示制度可以说是世界上最具特色也最为完备的。自 1938 年《联邦民事诉讼规则》出台以来,美国一直实行通知诉答制度,诉答文书只起通知对方当事人的作用,只简明记载当事人的诉讼请求或对请求的抗辩,并不记载支持请求或抗辩的事实和细节。当事人要想从对方了解任何有关案件的信息,包括对方的事实主张、证据所在等情况,必须通过其后的证据开示程序。证据开示的要求由当事人提出,并通过要求与答复形式进行。笔录证言的进行要有法院书记员在场,但通常法官或其他司法官员并不出席。有关证据开示要求的正当性,通常通过协商解决。如果这一纠纷通过此种方式不能得以解决,可以请求法院作出裁决。证据开示程序纠纷可以由专门负责的法官或助理法官裁断,或由被指派审理该案的法官予以裁断。[②]

(1) 开示的范围。美国证据开示的范围相当宽泛,根据《联邦民事诉讼规则》第 26 条第 2 款第 1 项的规定[③],任何一方当事人都可以要求对方当事人提出与诉讼标的有关联且不属于保密特权范围的任何证据开示。可见,可以被开示的证据不仅包括在法庭审理阶段作为证据的材料,还包括不作为证据但与案件标的有关联的所有信息。对于证据开示要求,只有四种反对是有效的:①该开示是不合理的重复,或通过一些更简便、更少累赘或更少花费的其他来源可以获得;②请求开示的当事人已有充分的机会通过诉讼中的发现活动获得所要求的信息;③提出开示的负担或花费超过它的利益;④开示要求搜寻属于保密特权范围的信息。但由于对开示范围限制的相关解释是宽松的,美国的司法实践对开示范围几乎没作任何限制。

(2) 开示的方式。进行证据开示的方式主要有:①笔录证言(第 27、30、31 条),即经一方当事人提起,在双方当事人及其律师在场的情况下,让证人宣誓后,对证人录取证言,这是最常用的开示方式。②质问书(第 33 条),即当事人可用书面形式质问对方当事人,对方当事人必须全面地作出书面答复并附以书面宣誓。质问书的目的是弥补录取证言有时无法有效获取相关姓名、年龄、住所、文书名称以及日期等情报的不足。③查验文件(第 34 条),即要求收集对方当事人持有或者在他控制下的文书或者物证。对提供书证或物证的要求,被要求人必须以书面方式答复,然后再提供具体文件和材料。④身体和精神状态检查(第 35 条),即当事人可以请求检查对方当事人、当事人监护的人或在其依法监督下的人的身体或精神状态。⑤要求自认(第 36 条),即一方当事人以书面方式要求对方当事人自认与案件有关联的事实是否真实,或有关文书的作成是否真实的,对方当事人必须以书面方式答复要求自认的事实和文书或者提出异议,如果

① 郭纪元、刘珣:《取证权:困境与出路》,法律顾问网 http://www.51fagu.com,访问日期:2019 年 10 月 25 日。
② [美]杰弗里·C.哈泽德、米歇尔·塔鲁伊:《美国民事诉讼法导论》,张茂译,中国政法大学出版社 1998 年版,第 118 页。
③ 白绿铉:《美国民事诉讼法》,经济日报出版社 1996 年版。以下对美国《联邦民事诉讼规则》条文的引用,如无特别说明,均以此版本为准。

对方当事人不作任何回答,就视为自认。

在上述五种方式中,除了检查受害人的身体或精神状况必须经过法院许可并由法院指定检查人外,其他方式都不需要得到法院的许可。只有在发生争议时,经一方当事人申请,法院才会介入,作出保护命令或相应的证据开示命令。向对方当事人收集证据无须通过法院,只需向对方当事人进行合理通知或提出请求,在法院外直接进行。向诉讼外第三人收集证据则必须经过法院,得到一份由法院书记官签发的命令第三人出庭作证或交出文件的传票。但经过法院向第三人传唤,并不是说询问证人或要求第三人提供文书或物证必须经过法院的许可,只是说必须以法院的名义向他们发出传票,强制其提供证据。与立法所采取的广泛证据开示原则和法官消极介入机制相关的是,证明责任由反对证据收集的一方承担,其必须使法院相信所寻求的资料与诉讼标的不存在可信的联系或有其他可以拒绝提供的正当理由。因此,通常对一方当事人提出的广泛的证据开示要求,对方当事人或第三人采取宽容忍耐的态度,法院对当事人双方的证据收集活动也并不进行审查。

(3)违反开示的制裁。如当事人不遵守证据开示命令,法院可以作出如下制裁:①免除一方证明责任。即有关事实或其他指定事实,依获得命令的当事人所宣称的诉讼目的视为已经证明。②禁止提出证据。法院对不遵守命令的当事人,可禁止其对相关请求或抗辩进行证明,或者禁止其将指定的事物作为证据提出。如禁止提出的证据是案件的主要事实,对诉讼有决定性影响,法院还可以驳回诉讼。③驳回诉讼或缺席判决。对不遵守命令的当事人,法院可宣布诉答文书全部或部分无效,或在其遵守命令之前中止诉讼程序,或撤销全部或部分诉讼程序,或对不遵守命令的人作出败诉的缺席判决。④判处藐视法庭罪。笔录证言人收到法院命令后拒绝宣誓或答复,或当事人不遵守证据开示命令,或当事人不遵守依据第26条第6款作出的命令等的,法院可裁决其藐视法庭。当事人或诉讼外第三人触犯民事上藐视法庭罪的,将被处以罚金或拘留。这是不遵守法院命令的最严重的制裁措施。①

可见,证据开示制度是美国审前程序的基石。法院主持召开的审前会议也是为了巩固证据开示的成果,形成一个制约庭审程序进行的审前命令。经过卓有成效的证据开示,双方当事人对案件情况已基本了解,甚至某些情形下开庭审理已不必要,判决的结果呼之欲出并趋于明朗。

3. 大陆法系国家

证据交换制度为英美法系证据法上特有的制度,传统大陆法系证据法中并未予以确认。大陆法系国家虽然也逐渐设置了审前准备程序,但与英美法系国家相比,尤其是与美国相比,无论是在制度设置还是在实际操作上都要简单许多,且基本上是在法官的主导或主持下进行的。大陆法系国家为保障证据的有效提出和诉讼的顺利进行,虽然都要求持有特定证据的主体将其提供给法院,但这一义务针对的是国家所负的公法上的义务,当事人之间并没有相互直接交换证据的义务,一方当事人也不得强迫对方披露其所掌握的与案件有关的证据,而只能向法院提出申请,通过法院向对方发出命令来获得有关的证据。更为重要的是,这一义务基本在庭审中发挥作用,对庭前准备阶段是否适用尚无明确的规定,即使有也大多起到一种警示作用,使违背证据提出义务的当事人对进入庭审后可能会遭受的不利后果有所预期,并不像英美法系

①　马志星:《美国证据开示制度对我国庭前证据交换制度建立和完善的启示》,法律教育网 http://www.chinalawedu.com,访问日期:2019年10月25日。

证据法那样在审前阶段即直接对违背证据开示制度的当事人予以制裁。当然,大陆法系国家的证据法并非没有任何关于证据交换的规定,尤其是随着两大法系制度的日益融合,大陆法系国家的证据法也逐渐显露出一些证据开示制度的雏形。

如法国《民事诉讼法》第 132 条规定:"援用某项文件、字据的当事人应将此文件、字据送交诉讼的其他当事人阅知。相互传达书证应自动进行。在上诉审,已提交一审审理辩论的文件、字据,不要求再行传达之。"第 134 条规定:"法官确定当事人相互传达书证的期限,如有必要,确定传达书证的方式;必要时,得规定科处预期罚款。"第 135 条规定:"未在有效期间内传达的书证,法官得将其排除在辩论之外。"

德国《民事诉讼法》第 134 条规定:"当事人在相当时间内经过催告后,应将其所有的曾在准备书状中引用的文书,在言词辩论前交给书记科,并且通知对方当事人。对方当事人有三天的时间阅览文书。此期间可由审判长申请予以延长或缩短。"第 135 条第 1 款规定:"律师可以凭收据自由交换文书。"而依第 130 条第 5 项的规定,准备的书状中应包括当事人用来证明或反驳事实主张的证据方法。

而深受美国影响的日本则打破了传统大陆法系诉讼中当事人之间不经过法院就不得直接向对方收集和了解与案件有关信息的做法,借鉴美国的证据开示制度创设了当事人照会制度。其《民事诉讼法》第 163 条规定,在诉讼系属之中,当事人为了准备主张或证明必要事项,可以向对方当事人提出书面照会,要求其在指定的适当期间内,以书面作出回答。此外,其民事诉讼中的争点和证据整理程序(具体分为准备性口头辩论、辩论准备程序和书面准备程序三类)也对庭审前双方当事人了解对方所持的证据作了设置。如第 165 条第 1 款规定:"准备性口头辩论终了,应视为法院和当事人之间确认了此后的调查证据中应证明的事实。"第 167 条规定:"在准备性口头辩论终了之后,当事人提出的攻击或防御方法,如果对方当事人要求,则应向其说明在准备性口头辩论终了之前未能提出的理由。"第 170 条第 1 款规定:"(辩论准备程序中)法院可以使当事人提出准备书状。"依第 161 条第 2 款第 1 项的规定,准备书状中应包括当事人攻击或防御的方法。

(三) 我国的相关规定及评述

1. 我国现有的相关规定

我国《民事诉讼法》并无关于证据交换的专门规定,只是在审前原告通过法院递交给被告的起诉状副本中有"证据和证据来源、证人姓名和住址"部分,但该规定对原告并无任何实质约束力,在实践中完全流于形式,原告可以完全不予理会;而对于被告,则连庭前与证据提出有关的形式上的要求都没有,被告通过法院递交给原告的答辩状副本中根本无证据相关部分。加之依《民事诉讼法》的规定,我国采取的是证据随时提出主义,可能导致我国的庭审在一无争点和证据的事先准备、二无证据时限要求的情况下陷入久拖不决的状态,损害诉讼解决纠纷的功能与效用。

已失效的最高法《民事审改规定》第 5 条第 7 项曾规定,案情比较复杂,证据材料较多的案件,法院可以在开庭前组织当事人交换证据。从而初步确立了我国民事诉讼中的证据交换制度。但这一规定显然过于抽象,难以指导具体的诉讼实践。最高法《民诉证据规定》则较为详细和具体地对我国民事诉讼中的证据交换制度进行了设置。其第 56 条规定:"人民法院依照民事诉讼法第一百三十三条第四项的规定,通过组织证据交换进行审理前准备的,证据交换之日举证期限届满。证据交换的时间可以由当事人协商一致并经人民法院认可,也可以由人民法院指定。当事人申请延期举证经人民法院准许的,证据交换日相应顺延。"第 57 条规定:"证据交换应当在审判人员的主持下进行。在证据交换的过程中,审判人员对当事人无异议的事实、证据应当记录在卷;对有异议的证据,按照需要证明的事实分类记录在卷,并记载异议的理由。通过证据交换,确定双方当事人争议的主要问题。"第 58 条规定:"当事人收到对方的证据后有反驳证据需要提交的,人民法院应当再次组织证据交换。"

2. 评述

(1) 适用范围。证据交换的适用范围包括案件适用范围和证据适用范围。

案件适用范围是指何种案件需要进行证据交换。最高法《民诉证据规定》将庭前证据交换作为一种例外加以规定,即仅适用于证据较多或疑难复杂案件及当事人申请的案件。对于案情简单或证据不多的案件,除当事人申请外,仅通过指定举证期限来固定证据和争议焦点,不适用证据交换。最高法《民诉证据规定》未把证据交换设置为民事诉讼普遍适用的一般规则,其出发点显然在于通过缩小其适用范围达到提高诉讼效率的目的。但本书认为,这种以案情难易或证据多寡为标准来确定是否适用证据交换的制度存在较大的主观随意性,而且,案情的难易及证据的多寡在证据交换前根本就无法确定。因此,证据交换的适用应完全由法律予以明确规定,不应由当事人申请或法官臆断,即应当采用法定型的证据交换,而非申请型或法官裁量型的证据交换。同时,应当将证据交换作为一般原则,由法律明确规定适用的例外情形。

至于证据适用范围,最高法《民诉证据规定》并未予以明确,但依举证的基本理论可推知,凡是与案件在事实上和法律上有关联的将在法庭上使用的证据,原则上都应被提交和交换。

(2) 证据交换的主体。最高法《民诉证据规定》虽然规定由审判人员主持证据交换,但并未明确由合议庭组成人员还是由其他审判人员主持。理论上对此产生了不少争议,实践中也出现了不同做法。一种观点认为,为防止证据交换可能对审案法官产生预决,应采取证据交换主持法官与庭审法官相分离的原则,由立案庭法官或专门法官主持证据交换。另一种观点认为,由立案庭法官或专门法官主持证据交换,在实际操作中容易造成庭前准备工作与案件审判工作相脱节,使庭审法官对案件整体的把握受到限制,故应由合议庭评审法官来主持交换,但同时应禁止审判人员与当事人单独接触。[1] 本书认为,当事人交换证据只是为了查阅、辨认和掌握对方的证据,为当庭质证做准备。法官主持交换证据的目的在于明确和固定双方的诉讼请求和争点,并非在开庭前对证据进行实质性的调查。只要在庭前证据交换中严格把握程序性原则,只进行程序性的交换与核对,不进行证据的质证和认证,无论是由立案庭法官或专门法官主持,还是由合议庭评审法官主持,都应当被允许。

目前有些法院在推行证据交换制度过程中,主持法官不仅对证据进行交换,而且进一步对证据进行质证和认证,使证据交换变成预备庭审或开庭审理。这种做法不仅不符合庭前证据交换制度的设立目的,也不符合我国目前的审判组织形式。对于普通案件的审理,我国法院行使审判权的组织是合议庭,而非某个法官个人,故对证据的质证和认证应由合议庭全体成员共同进行。主持证据交换的法官即便是合议庭法官之一,其个人也只能主持进行证据交换的程序性工作,证据的质证和认证只能由合议庭在庭审时进行。

---

[1]　李国光主编:《最高人民法院〈关于民事诉讼证据的若干规定〉的理解与适用》,中国法制出版社 2002 年版,第 298 页。

（3）证据交换的形式。最高法《民诉证据规定》未对证据交换的具体形式作出规定。目前域外通行的关于庭前证据交换的形式是当事人照会制度和审前会议制度,且效果较好：一方面可以为庭审作好准备,另一方面也为当事人的庭前调解和和解创造了机会。因此本书认为,我国也可以采用会议制的方式进行证据交换,即由法官在庭审前组织双方当事人及其诉讼代理人召开会议,围绕双方争议的焦点进行证据交换,并在形式上对当事人的证据交换提供指导和帮助。

对于证据不多、案情不复杂的案件,或者当事人在外地,交换证据不便的案件,一律要求举行审前会议进行证据交换较为费时、费力,可以选择采取交换证据目录及证据复印件的方式。由法院在送达起诉状副本、传票、应诉通知书的同时确定提交证据的时间（可把时间确定在答辩期内）,然后把一方的证据目录及证据复印件送达对方即可,无须双方同时在场,并且可由书记员完成。日本的书面准备程序即属于类似做法,在当事人居住于相隔很远的地方或在其他相当的情况下,法院在听取当事人意见之后,可以决定采用书面准备程序,即当事人不出庭,通过提出准备书状等方法整理争点和证据。当然,在简易交换过程中,如发现双方提交的证据较多,案情较复杂,也可转换为审前会议的形式。

（4）证据交换的时间、地点和次数。从最高法《民诉证据规定》第56条可以看出,证据交换制度和举证期限制度的时间刚好对接,两者的适用在时间上存在连续性,证据交换之日即为举证期限届满之日,人民法院准许当事人延期举证的,证据交换日相应顺延。

对于证据交换的地点,虽然最高法《民诉证据规定》未予明确,但根据我国的民事审判实践,一般应由当事人亲自到交换地法院进行,如有一方当事人确属特殊情况无法亲自到达交换地法院,可以委托其诉讼代理人代为办理证据交换,如果确实无法到场,法院可以视具体情况,允许其以邮寄、传真或电子邮件等方式交换证据。

由于证据的种类和表现形式不同,以及当事人对不同证据的认识不同,诉讼实践中对对方当事人提出的证据完全不加反驳的情形是非常少见的。因此,法院主持证据交换时,一次达到目的的情况并不多,为平等保护当事人诉讼权利,法院应组织多次证据交换,但为了防止当事人尤其是被告利用证据的多次交换拖延诉讼,应对证据的次数作出必要的限制。

（四）证据交换和当庭举证、质证、认证

依我国《民事诉讼法》的规定,举证、质证和认证应当当庭进行,以充分保障双方当事人参与诉讼的权利,保障法院所作裁判的中立性、公开性和公正性。而证据交换则是庭审前在法院的主持下,由双方当事人共同参与,就案件的证据进行程序性处理。其目的在于固定、保全证据,确立争点,为庭审中对证据的认证和对事实的认定作准备。在庭前证据交换过程中,除当事人自己对案件证据和事实作出实体认可和处分外,法院在证据交换中不涉及对实体问题的处理。当事人的当庭举证应当以在庭前证据交换过程中提出举证主张为前提,即使当事人在庭前证据交换过程中,确因客观原因不能出示证据,也应当以证据目录或其他的形式提出举证主张,否则,除非对方当事人同意,法院一般不组织当庭质证。因此,证据交换制度与当庭举证、质证和认证是统一的,前者的有效实行是后者顺利进行的基础和保障,后者的顺利推进则是前者实行的目的和任务。

四、当事人举证与法院查证的关系

(一) 民事诉讼法的规定及评述

在我国,自新中国成立初期即逐步形成了带有浓重苏联色彩的民事诉讼模式。此种模式最为突出的特征在于,法院可以在当事人的请求范围之外依职权主动调查收集证据并将其作为认定案件事实的根据,而当事人的举证反倒成为法院认定案件事实的辅助手段,诉讼的最终结果往往在相当大程度上或者根本与当事人举证全然无关。1982 年颁行的《民事诉讼法(试行)》极为典型地折射出了此种基本上由法院包揽证据调查收集的民事诉讼格局。该法第 56 条第 1 款虽然规定"当事人对自己提出的主张,有责任提供证据",但紧接着在该条第 2 款要求"人民法院应当按照法定程序,全面地、客观地收集和调查证据"。两款之间自相矛盾的逻辑关系以及第 1 款中当事人举证行为与诉讼结果的完全脱钩,直接造成了当事人对其证明责任的敷衍塞责甚至完全放弃,并使以查明案件事实为己任的人民法院背上了全面调查取证的沉重包袱。严重失调的诉讼格局和低下的诉讼效率对于他方当事人及人民法院来讲,均已成为苦不堪言的重负。

人民法院全面调查收集证据的畸形机制终于被 1991 年修改的《民事诉讼法》中人民法院只能有限度地调查收集证据的规定所取代,并一直沿用至今。《民事诉讼法》第 67 条规定:"当事人对自己提出的主张,有责任提供证据。当事人及其诉讼代理人因客观原因不能自行收集的证据,或者人民法院认为审理案件需要的证据,人民法院应当调查收集。人民法院应当按照法定程序,全面地、客观地审查核实证据。"可见,在通常情况下,证据均应由当事人负责收集并向法院提供,而人民法院只在某些特殊情况下才有调查取证之职责。但不能否认的是,《民事诉讼法》第 67 条第 1 款规定的当事人应负的证明责任仍仅仅停留在行为要求的层面上,依旧与诉讼结果的应有制约相互分离,加之该条第 2 款前一句式语义上的含混模糊和后一句式对适用情形的概括无度,无异于赋予了人民法院在证据的调查收集上拥有几乎不受任何限制的自由裁量权。由此观之,在当事人举证与人民法院查证之间,实际上并未形成泾渭分明、各自独立的适用界限。此种立法现状,直接致使审判实践中的证据收集活动产生紊乱。其主要表现是,要么在证据的收集上出现当事人与人民法院均拒绝涉足的"真空地带",致使相当一部分案件长期处于悬而未决的"梗阻"状态;要么人民法院基于所谓审理案件的"需要"而在证据的调查收集上大包大揽,致使当事人之举证名存实亡,而这种大包大揽的背后,通常都与地方保护主义甚至枉法裁判之间有着若隐若现的联系。此种状况的客观存在虽然尚不足以表明我国现行《民事诉讼法》所设定的证据收集范式就是《民事诉讼法(试行)》原有规定的简单复归,但若要说二者之间存在多大的实质性差异显然也是一种自欺欺人的溢美之辞。[①]

(二)《民诉适用意见》和《民事审改规定》的规定及评述

最高人民法院用《民诉适用意见》第 73 条"依照民事诉讼法第六十四条第二款规定,由人民法院负责调查收集的证据包括:(1) 当事人及其诉讼代理人因客观原因不能自行收集的;

---

① 赵钢、占善刚:《也论当事人举证与人民法院查证之关系》,《法商研究》1998 年第 6 期。

（2）人民法院认为需要鉴定、勘验的;（3）当事人提供的证据互相有矛盾、无法认定的;（4）人民法院认为应当由自己收集的其他证据"的规定对《民事诉讼法》作了相应的补充性解释。但令人遗憾的是,即便撇开因司法解释本身所固有的刚性不足之弱点故而难以完全弥补立法上的缺漏不谈,单就其内容而言,其实亦远未能对立法上的模糊规定作出具有可操作性的精巧设计。就其中所含适用情形的数目而言,确实要较立法上的列举为多,似乎已有改良,然而究其实际内容,除去第 3 项之外,其余诸项所涵括的内容与立法上之规定其实并无二致,不过是对立法规定的如实"复印"而已。具体来讲,其中第 1 项显然只是对 1991 年《民事诉讼法》第 64 条第 2 款中前一句式所做的机械移植,而第 2 项、第 4 项则因均含有"人民法院认为"这一弹性十足且主观色彩极为浓重的字眼,而在实际上与 1991 年《民事诉讼法》第 64 条第 2 款中之后一句式的内涵如出一辙,亦无任何新意。就第 2、4 两项的彼此关系来讲,前者充其量只是后者之徒具象征意义的"例证"而已。至于第 3 项"当事人提供的证据互相有矛盾、无法认定"之规定,虽然具有"扩充"立法规定之相对独立内涵,但将其列举为人民法院依职权主动调查收集证据的第三种情形,显然是有违证明责任原理的。道理很简单,因为在案件审理过程中,一旦出现"当事人提供的证据互相有矛盾、无法认定"这种状况,即表明此案件陷入了真伪不明、曲直难辨的状态。在这种情况下,人民法院所要做的也只能是适用证明责任规则对案件作出裁判,即判决负有证明责任的一方当事人败诉,而不能越俎代庖地去主动调查收集证据。事实上,即便是人民法院置证明责任机制于不顾地去主动调查收集证据,也未必就能及时收集到足以打破因当事人提供的证据互相矛盾而使案情陷入真伪不明、曲直难辨状态所需的证据。基于不得拒绝作出裁判的诉讼原理,人民法院到头来往往还得依证明责任规则对案件作出裁判。[1] 接下来的《民事审改规定》第 3 条第 1 款对人民法院查证情形的规定与《民诉适用意见》第 73 条基本如出一辙,仅是用该条第 2 款"上述证据经人民法院调查,未能收集到的,仍由负有举证责任的当事人承担举证不能的后果"的规定明确了法院查证不能的后果,并未实质性地厘清两者之间的关系。

（三）《民诉证据规定》的规定及评述

最高法《民诉证据规定》在法院查证问题上有较为根本的改观。对于当事人申请法院调取相关证据的方式以及当事人申请法院调取相关证据的时间,第 20 条规定:"当事人及其诉讼代理人申请人民法院调查收集证据,应当在举证期限届满前提交书面申请。申请书应当载明被调查人的姓名或者单位名称、住所地等基本情况、所要调查收集的证据名称或者内容、需要由人民法院调查收集证据的原因及其要证明的事实以及明确的线索。"

（四）《民诉法解释》的规定及评述

2022 年《民诉法解释》进一步丰富了法院调查收集证据的情形并细化了相关条件和要求。该解释第 94、95 条规定,《民事诉讼法》第 67 条第 2 款规定的当事人及其诉讼代理人因客观原因不能自行收集的证据包括:（1）证据由国家有关部门保存,当事人及其诉讼代理人无权查阅调取的;（2）涉及国家秘密、商业秘密或者个人隐私的;（3）当事人及其诉讼代理人因客观原因不能自行收集的其他证据。当事人及其诉讼代理人因客观原因不能自行收集的证据,可以在举证

---

[1]　赵钢、占善刚:《也论当事人举证与人民法院查证之关系》,《法商研究》1998 年第 6 期。

期限届满前书面申请人民法院调查收集。当事人申请调查收集的证据,与待证事实无关联、对证明待证事实无意义或者其他无调查收集必要的,人民法院不予准许。第 96 条细化了法院可以依职权主动调查收集证据的情形:(1)涉及可能损害国家利益、社会公共利益的;(2)涉及身份关系的;(3)涉及《民事诉讼法》第 58 条规定诉讼的;(4)当事人有恶意串通损害他人合法权益可能的;(5)涉及依职权追加当事人、中止诉讼、终结诉讼、回避等程序性事项的。除上述五种情形之外,人民法院调查收集证据,应当依照当事人的申请进行。至于法院调查收集证据的程序,该解释第 97 条要求,人民法院调查收集证据,应当由两人以上共同进行。调查材料要由调查人、被调查人、记录人签名、捺印或者盖章。

第三节 质 证

一、质证概述

(一)质证的概念和构成要素

质证,是指当事人在庭审过程中,对双方当事人或其他诉讼参加(与)人提供的证据进行公开的辨认、说明、质疑、质问和辩驳,以供法官对证据的可采性和关联性予以判断的一项法律制度。在旧的审判方式中,审查核实证据几乎完全是法官的工作,当事人在这一过程中基本处于消极被动状态;而将质证导入诉讼程序后,当事人变被动为主动,变消极为积极,其质证活动成为法官认证结果的决定性因素。从质证的概念可以看出,其主要包括以下构成要素:

1. 质证主体

质证主体是指从事质证活动的行为人,也就是因实施质证行为而享有一定权利或承担一定义务的主体。一般来说,法官认证的效果及于何人,质证的主体自然应为何人。可见,双方当事人自然应为质证的主体,而代理当事人进行诉讼的诉讼代理人则不属于质证主体——虽然司法实践中大量的质证活动是由诉讼代理人代当事人行使的。

2. 质证对象

质证对象是指质证主体从事质证行为所指向的客体。法定的所有种类的证据都应是质证的对象,而不管其是由当事人提出的,还是由法院依职权主动调取的。

3. 质证内容

质证内容是指质证主体对证据进行质证所涉及的范围。具体包括两方面:(1)对证据能力之质问,即就该证据本身是否具有合法的进入诉讼的资格进行质问;(2)对证明力之质问,即就该证据在多大程度上可以证明案件的事实真相进行质问。

4. 质证方式

只有科学的质证方法,才能达到预期的质证效果。质证方式主要有以下几种:

(1)一证一质。即举证方每提出一项证据,对方即进行质疑。此种方式比较适合案件事实争议不大、法律关系较为清楚和法律适用较为明确的案件。

(2)数证一质。即举证方将诸多证据全部举出,由质证方一次质证。此种质证方式较适合当事人人数多、案情层次较简单、证据数量多但其内容大多相同,所证明的事实较为一致的案件。

（3）一事一质。案件由多个事实组成,而每一事实又由数个证据来证明的,可将证明一个事实的诸个证据一并质证。

（4）根据证据类型质证。案件所涉及的证据类型很多时,可将每一种类型的证据一并质证。

（5）交叉质证。案件的法律关系较少,但诉讼主体多样的,可以由各方针对各自的主张采取交叉质证方法相互质证。

（6）分类综合质证。即将所有证据根据所要证明问题的性质分别归类,一类问题一类问题地进行质证。这种质证方式脉络清楚、重点突出、层次分明,在实践中经常被采用。

（二）质证的具体内容

针对不同的证据方法,质证的具体内容或重点有所不同。

1. 书证

对书证的质证一般从是否伪造或变造,是否原本、正本、副本或者节录本,与本案事实是否有联系,获取渠道是否合法,书证的作者,以及与其他证据是否有矛盾等几个方面入手。

2. 勘验

对勘验物的质证一般侧重于是否为原物、搜集的方式、来源、保存方式、是否与案件事实有联系、有无其他证据予以佐证及与其他证据是否有矛盾等几个方面。

3. 证人

对证人的质证是通过对其加以询问进行的,主要有五个步骤:一是查明证人的身份、年龄、性别、职业、文化程度等基本情况,以向法庭明示证人的资格;二是要求证人就其了解的案件事实进行连贯性的陈述;三是证人作连贯陈述后,当事人应当就证人没有陈述清楚或陈述有遗漏、矛盾的内容向证人发问,以查清事实,找出问题;四是针对对方当事人提出的问题进行发问,通过询问来查明对方陈述的关联性;五是证人进行虚假陈述时,应当通过发问澄清事实,必要时,应当对比其他证人的有关证言,以达到证明其虚伪陈述的目的。

4. 对方当事人

对方当事人是诉讼的直接利害关系人,案件的处理结果如何同其有直接的利害关系,因此,当事人陈述虚假的可能性较大。因此,对对方当事人的质证应注意分析对方当事人陈述的合理性、陈述的动机和条件、陈述与其他证据有无矛盾、陈述来源是直接的还是间接的及陈述的内容是否矛盾等。

5. 鉴定

对鉴定这种专业证据质证的焦点在于鉴定人资格、所使用的设备是否完善、聘请是否合法、鉴定中是否受外界影响和掺杂个人因素、采用的方法和操作程序是否科学、鉴定所依据的检材是否充分可靠、论证是否充分、推断是否合理及是否排除了一切可疑情况等。

（三）两大法系质证程序的比较

英美法系广泛采取以当事人主义为主要特征的质证模式,质证活动完全由当事人主导,法官在质证过程中始终处于消极的地位,仅作为质证程序的组织者或质证秩序的维护者。英美法系的质证程序以对证人证言真实性的发现为中心,采用当事人交叉询问的方式进行,质证程序在证据开示、审前会议及庭审三个阶段进行。而在大陆法系,法官的职权色彩在证据调查中较为突出,在采取职权探知主义的刑事诉讼和行政诉讼中,法官主持质证活动并始终指挥质证活动的进行,当事人在质证过程中的诉讼行为始终受法官约束,处于消极被动的地位;在采取辩论主义的民事诉讼中,法官的作用也非常显著,质证一般实行职权询问,采取以法官为主、以当事人为辅的询问方式进行,而是否采取交叉询问的方式完全听凭法官的自由裁量。

两种质证模式在查明案件客观真实性这一根本目的上虽然一致,但在具体制度设置上则有一定的差异,各有优劣。英美法系的质证模式在展示程序正当性方面具有优势,但由当事人主导质证的进程容易导致诉讼的拖延;而大陆法系的质证在精通法律的法官的主导下进行,能较为高效地推进诉讼的进程,但不易避免法官的主观判断对质证程序正当性和质证效果的妨碍和影响。从发展趋势上来看,两大法系均有"取彼所长、补我所短"的动向。例如,作为传统大陆法系国家的日本,其民事诉讼模式即有借鉴英美法系质证制度的趋向。如现行日本《民事诉讼法》第 2002 条第 1 款关于"询问证人,按申请询问该证人的当事人、其他当事人、审判长的顺序进行"的规定即在大陆法系原有质证体制中引入了英美法系的交叉询问,实行审判长指挥下的交叉询问方式。

(四) 我国的规定及评述

1. 质证的原则

《民事诉讼法》第 71 条仅是原则性地规定了"证据应当在法庭上出示,并由当事人互相质证",对质证的程序和效果均未作规定。现已失效的《民事审改规定》第 12 条初步规定了质证之效果,即未经庭审质证的证据,不能作为定案的根据。《民诉法解释》第 103 条第 1 款进一步明确了质证的原则,即"证据应当在法庭上出示,由当事人互相质证。未经当事人质证的证据,不得作为认定案件事实的根据"。该款明确了质证是法院认证的前提,即除另有规定外,未经质证的证据不能作为定案根据。

2. 质证的特殊情况

《民诉法解释》规定了有关质证的两种特殊情况:(1)在庭前交换证据中无争议的证据无须质证。《民诉法解释》第 103 条第 2 款规定,当事人在审理前的准备阶段认可的证据,经审判人员在庭审中说明后,视为质证过的证据。(2)涉密证据的质证。《民诉法解释》第 103 条第 3 款规定:"涉及国家秘密、商业秘密、个人隐私或者法律规定应当保密的证据,不得公开质证。"至于这些涉密证据是否需要质证,此处规定并不明确。《民事诉讼法》第 71 条规定:"……对涉及国家秘密、商业秘密和个人隐私的证据应当保密,需要在法庭出示的,不得在公开开庭时出示。"该条规定并未要求涉密证据必须出示,只要求需要在法庭上出示的,不得在公开开庭时出示。既然有些涉密证据连出示都不必要,更无质证可言了。因此,依法需要保密的证据既非一概不出示,也非一概出示,是否出示由法庭确定。法庭认为需要出示的,应当在不公开开庭时出示;法庭决定不出示的,当然也不存在质证问题。通常而言,如果不存在对国家利益、社会公共利益或者个人利益的重大损害,依法需要保密的证据原则上都要经过庭审出示和质证,不能出示和质证只能作为例外情况。

3. 质证的程序

最高法《民诉证据规定》第 60—84 条规定了质证的具体程序。最高法《民诉证据规定》第 62 条设置了质证的顺序:"质证一般按下列顺序进行:(一)原告出示证据,被告、第三人与原告进行质证;(二)被告出示证据,原告、第三人与被告进行质证;(三)第三人出示证据,原告、被告与第三人进行质证。人民法院根据当事人申请调查收集的证据,审判人员对调查收集证据的情况进行说明后,由提出申请的当事人与对方当事人、第三人进行质证。人民法院依职权调查收集的证据,由审判人员对调查收集证据的情况进行说明后,听取当事人的意见。"第 67 条至第 82 条规定了对证人证言(包括鉴定结论)进行质证的具体要求。第 61 条对书证、物证、视听资料的质证作了规定。

二、交叉询问

(一) 交叉询问的概念和特点

1. 交叉询问的概念

交叉询问,又称交互诘问,一般有两种含义:一是指一种特定类型的法庭调查制度;二是指一种特定的诉讼行为,即当事人,尤其是提出证人一方的相对方对证人进行的盘诘。交叉询问的具体模式也有两种:一是纯粹由当事人主导的典型的交叉询问模式,传统英美法系采取该模式;二是由法官参与的混合式交叉询问模式。随着审判实践的发展和两大法系的互相交融,混合式交叉询问模式正逐渐替代典型的交叉询问模式,如属于传统大陆法系的日本和我国台湾地区在"二战"后相继确立了混合式交叉询问模式。

2. 交叉询问的特点

(1) 纯粹由当事人主导的典型的交叉询问模式的特点。在交叉询问模式基础上建立起来的交叉询问制度是英美法系诉讼制度的核心部分,是当事人主义对抗制诉讼模式中最具特色的制度之一。交叉询问起源于 19 世纪的英国,并在稍后出现的美国证据体系中得到进一步的发展。[1] 不管何种类型的案件,在通常的诉讼程序中,只要有证人出庭,都将进行对证人的交叉询问。由于交叉询问是一种专业性很强的法庭技术,所以一般都由双方律师进行。交叉询问首先由申请提出该证人(也称为"己方证人")的当事人(通常是该当事人的律师)对该证人进行询问,称为"主询问"(direct examination);然后由对方当事人(通常也是该当事人的律师)对该证人进行询问,称为"反询问"(cross-examination)。最初询问证人的当事人或律师还可以对证人进行再询问,称为"复主询问"(redirect examination);复主询问之后,也允许实施反询问的当事人或律师实施"复反询问"(recross-examination)。[2] 具体来说,其有以下几个主要特点:

第一,有严格的形式性要求,询问的顺序、内容和方式等都受到相当的限制。此种严格的规则对于采行陪审制的英美法系具有十分重要的意义。因为陪审员只是一般民众,并无专业的法律素养,在交叉询问中若无严格限制,律师往往可以通过诉讼技巧的运用轻易操控证人的回答,从而影响陪审员心证的形成,更何况陪审员对案件事实的认定并不需要说明理由,更容易造成交叉询问反而无法发现真相的疑虑,所以各种询问规则的要求其实是针对陪审制提出的。对诉讼参与(加)人的限制,以及法官诉讼指挥权的运作,可避免陪审员的心证因受律师技巧的影响而使事实真相难以被发现。

---

[1] 张卫平:《交叉询问制:魅力与异境的尴尬》,《中外法学》2001 年第 2 期。

[2] 张丽卿:《刑事诉讼法理论与运用》,五南图书出版公司 2004 年版,第 379—381 页。

第二,交叉询问制度以完备的审前程序为前提。在英美法系的审前程序中,当事人双方通过证据开示等程序,对彼此将要提出的证据已有所了解,可以为庭审中交叉询问的顺利进行作出充分的准备,保证审理程序集中、顺利地进行。

第三,在英美法系诉讼程式中,证人是"当事人的证人"。证人出庭接受交叉询问应由当事人保证,法院没有义务保证证人出庭。

第四,只有当事人或当事人的律师才能询问证人,法官不得询问证人。

第五,对证人的询问应采取一问一答的方式,且询问的问题必须具体和特定。

第六,可以实施诱导性询问。所谓诱导性询问,是指询问者指示证人如何回答或将回答的文句嵌入问话中,强烈地暗示证人按提问者的要求作出回答的询问方式。凡足以使证人遵循询问者的要求作答的问话均属于诱导性询问。该种发问方式主要被运用在反询问中,目的是通过该种技巧发现证人证言中的破绽。如在对一起伤害案件审理的过程中,辩护律师向控方提供的证人提出"你当时不是看见被告人未碰那个男子吗"这一问题,该询问就属于诱导性询问,目的在于获得证人对被告人未伤害被害人这一事实给予的肯定性答复。

(2) 由法官参与的混合式交叉询问模式的特点。以日本和我国台湾地区为代表的部分大陆法系国家或地区在"二战"后陆续借鉴了英美法系交叉询问制度的某些做法,并结合大陆法系传统的诉讼模式加以改造,从而形成了颇具特色的由法官参与的混合式交叉询问模式。其特点在于:

第一,尽管规定当事人可以在证人询问中进行交叉询问,但并没有排除法官对证人的询问。当然法官的询问一般被限制在当事人询问终了后,只有当审判长认为有必要时才能先于当事人对证人实施询问。

第二,证人的性质是英美法系与大陆法系的折中。如前所述,英美诉讼的证人是"当事人的证人",大陆法系诉讼的证人是"法院的证人",而由法官参与的混合式交叉询问模式下的证人则具有两重性。在是否采用该证人、传唤证人及证人询问顺序等方面由法院决定,表明该证人的法院属性;但在当事人可以预先与证人沟通方面又具有当事人的属性。当然,这种预先的接触范围没有英美法系那样广泛,如在日本,证人除了"原告的证人"和"被告的证人"外,还有一些证人属于中立的证人,即不能与原告和被告任何一方沟通,不为原告和被告任何一方利用。[①]

第三,证人询问原则上采取一问一答式,同时也允许采取大陆法系传统的概括或陈述式方式。即证人可以通过陈述的方式先总体性地描述案情,在其叙述完毕后,如有必要,当事人及法官再采用一问一答的方式进行询问。

日本 1948 年修改后的《民事诉讼法》第 294 条关于询问顺序是这样规定的:"证人由提出对其询问的当事人先行询问,在其询问终了后,其他当事人可以对其询问。审判长在当事人询问终了后,可以询问证人。审判长认为必要时,可以随时自行询问或准许当事人询问。当事人的询问与已进行的询问重复或涉及与争点无关的事项或认为有特殊必要时,审判长可以限制询问。其他审判官在向审判长报告后,可以询问证人。"[②]1955 年制定的《民事诉讼规则》第 33

① 张卫平:《交叉询问制:魅力与异境的尴尬》,《中外法学》2001 年第 2 期。

② 1996 年日本修改《民事诉讼法》时对该条作出调整,修改后的《民事诉讼法》第 202 条规定"询问证人,按申请询问该证人的当事人、其他当事人、审判长的顺序进行。审判长认为必要时,听取当事人的意见后,可以变更本条前款所规定的顺序。对于根据本条前款规定的变更,当事人提出异议申请时,法院应以裁定对该异议作出裁判",从而限制了法院对询问程序的主导权。

条规定:"当事人对证人的询问按以下顺序:(1)提出询问申请的当事人询问;(2)对方询问;(3)提出询问申请的当事人再次询问。当事人经审判长许可可以再询问。当事人询问终了后,审判长可以询问。审判长认为必要时任何时候都可以询问证人。陪审法官告知审判长后可询问证人。"

我国台湾地区对交叉询问制度的确立较日本晚,其对于交叉询问顺序的系统规定直到2003年修改"刑事诉讼法"时才确定下来。该法第166条规定:"当事人、代理人、辩护人及辅佐人声请传唤之证人、鉴定人,于审判长为人别讯问后,由当事人、代理人或辩护人直接诘问之。被告如无辩护人,而不欲行诘问时,审判长仍应予讯问证人、鉴定人之适当机会。前项证人或鉴定人之诘问,依下列次序:一、先由声请传唤之当事人、代理人或辩护人为主诘问。二、次由他造之当事人、代理人或辩护人为反诘问。三、再由声请传唤之当事人、代理人或辩护人为覆主诘问。四、再次由他造当事人、代理人或辩护人为覆反诘问。前项诘问完毕后,当事人、代理人或辩护人,经审判长之许可,得更行诘问。证人、鉴定人经当事人、代理人或辩护人诘问完毕后,审判长得为讯问。同一被告、自诉人有二以上代理人、辩护人时,该被告、自诉人之代理人、辩护人对同一证人、鉴定人之诘问,应推由其中一人代表为之。但经审判长许可者,不在此限。两造同时声请传唤之证人、鉴定人,其主诘问次序由两造合意决定,如不能决定时,由审判长定之。"[①]

作为最为传统的大陆法系国家,德国的《刑事诉讼法》中也有关于交叉询问的规定,但同时还设有轮替询问制度,且实务中以轮替询问为主。[②] 轮替询问是指所有诉讼参与人(包括被告)均可以直接对所有在场的证人、鉴定人或被告发问,至于进行方式则取决于审判长的诉讼指挥权。轮替询问可谓完全不注重程序的形式性,与交叉询问的要求大相径庭,仍是典型的法官职权主导型的证据调查模式。

(二) 交叉询问的内容

交叉询问一般分为四个步骤:主询问、反询问、复主询问、复反询问。证人总是由传唤者先询问(主询问);再由他方当事人询问(反询问);传唤者对于反询问的内容再为询问(复主询问);他方再次反问(复反询问),且询问的范围越来越小。

1. 主询问

主询问是指就待证事实及相关事项以及为争辩证人供述证明力所必要的事项所作的询问。因当事人对其自己申请传唤的证人的证言内容最为了解,故自然应该先由该方当事人或其诉讼代理人进行主询问。主询问的目的主要是通过对证人的询问使该证人将有利于己方的有关案件事实反映出来,作出支持自己主张的证言,以取得事实审理者——陪审团或法官的理解。

由于主询问的对象是己方提出的证人,其范围是待证事实、待证事实的相关事项及证人陈述的证明力,故通常达到下列目标时才是成功的主询问:(1)以证言及证物提出证明;(2)完成对实体法律关系的构成要件的证明;(3)确保陪审团或法官对证言听得清清楚楚;(4)使证人显得可信;(5)使陪审团或法官相信证言已经足够精确;(6)强调证言的重要部分;(7)缩小证人的弱点,

---

① 2003年修改之前,其"刑事诉讼法"第166条对于交叉询问顺序规定得非常粗略:"证人、鉴定人由审判长讯问后,当事人及辩护人得直接或声请审判长诘问之。证人、鉴定人如系当事人声请传唤者,先由该当事人或辩护人询问,次由他造之当事人或辩护人诘问,再次由声请传唤之当事人或辩护人复问。但复问以关于因他造诘问所发现之事项为限。"

② 陈卫东、王静:《我国刑事庭审中交叉询问规则之重构》,《人民检察》2007年第22期。

扩大其论点的优势。[①]

　　主询问下,受询问者往往为主询问者的"友性证人",容易迎合询问者的意思而为陈述,因此,以下询问行为虽然在反询问中可以为之,但在主询问(包括复主询问)中则应被禁止:(1)与本案无关的询问。此种询问显然会浪费时间,并有可能使无关联性的证据进入庭审,影响陪审团或法官的正确判断,因而在主询问或复主询问程序中不得为此询问。但在反询问时,为击破证人虚伪或不明确陈述的证明力或证明其对反询问的危害性,原则上可为与本案无关的询问。(2)责难性询问。此种询问会影响证人供述的自由意志,且有迎合询问者意思的倾向,因而在主询问或复主询问时,除有发现真相的必要,原则上应予禁止。而在反询问时,因证人通常为反询问者的"敌性证人",对有作伪证嫌疑或不认真作证的证人,有时若不施加适当的指责或非难性的询问,无法起到反询问的功效,因此,在反询问时可以进行责难性询问。(3)重复询问。此种询问显然浪费时间,因而非有必要,主询问或复主询问不得进行。而对于反询问,有时重复询问可用以击破"敌性证人"虚伪或不明确的陈述,达到削弱证人供述证明力的目的。(4)诱导性询问。在主询问程序中,以禁止诱导性询问为原则,从而避免主询问方与证人就待证事实相互唱和。[②]不过,在例外情形下,主询问方也可进行诱导性询问。如美国《联邦证据规则》第611条(c)款规定,为进一步展开证人的作证,对证人的主询问可以实施诱导性询问。我国台湾地区"刑事诉讼法"第166条之一第3项规定:"行主诘问时,不得为诱导诘问。但下列情形,不在此限:一、未为实体事项之诘问前,有关证人、鉴定人之身份、学历、经历、与其交游所关之必要准备事项。二、当事人显无争执之事项。三、关于证人、鉴定人记忆不清之事项,为唤起其记忆所必要者。四、证人、鉴定人对诘问者显示敌意或反感者。五、证人、鉴定人故为规避之事项。六、证人、鉴定人为与先前不符之陈述时,其先前之陈述。七、其他认有诱导诘问必要之特别情事者。"

　　2. 反询问

　　证人被主询问后,再由他方当事人或诉讼代理人进行反询问。反询问的目的,首先在于发现主询问所隐藏或未触及的事项,或使证人说出与主询问自相矛盾或不一致的事项;其次在于使证人说出足以削弱或推翻其主询问时所为陈述的证明力的事项,以排除或降低其证言的证明力。简言之,因反询问的对象为"敌性证人",所以其最终目的在于打击、削弱该证人证言的可信度,进而得出有利于己方的事实。

　　反询问涉及的问题比主询问更广泛,具有间接性,在一定范围内可以向证人提出暗示性的问题。反询问的主要内容有以下几个方面:(1)就争议的事实反询问证人,使证人在回答中提供有利于反询问者的证言。(2)对证人信誉反询问。如果能通过对这类问题的询问和回答,证明证人信誉上有问题,即可达到证明该证人提供的证言值得怀疑的目的。在英美国家,品格证据对证明当事人的行为无意义,但对证明证人提供证言行为则具有说服力。(3)对证人证言的可信度进行反询问,达到直接推翻证人在主询问中提供的证言的目的。为达到反询问的目的,反询问方可以使用以下发问技巧:(1)进行诱导性询问;(2)以先前的陈述反驳证人;(3)逼迫证人回答所提出的问题;(4)避免让证人进行解释性回答;(5)避免让证人注意到想表达的重点。[③]

　　反询问的范围包括两方面:(1)因反询问是针对主询问的询问,故应以主询问的询问范围为限,未经主询问的事项不得进行反询问;(2)对于经反询问程序新发现的可信性疑问,无既定

---

　　①　张丽卿:《交互诘问之新规定》,《东海大学法学评论》第18期。

　　②　张丽卿:《交互诘问之新规定》,《东海大学法学评论》第18期。

　　③　张丽卿:《交互诘问之新规定》,《东海大学法学评论》第18期。

范围可言,凡足以反驳证人证言可信性的事项均可进行反询问。例如,美国《联邦证据规则》第611条(b)款规定:"交叉询问(即反询问)应限于直接询问(即主询问)时的主题和与证人诚信有关的问题。法庭经斟酌决定,可以允许像直接询问(即主询问)时那样对附加的问题进行询问。"我国台湾地区"刑事诉讼法"第166条之二第1项规定:"反诘问应就主诘问所显现之事项及其相关事项或为辨明证人、鉴定人之陈述证明力所必要之事项行之。"第166条之三第1款规定:"行反诘问时,就支持自己主张之新事项,经审判长许可,得为诘问。"

3. 复主询问

复主询问由申请传唤证人一方当事人或其诉讼代理人进行,即由先前为主询问的一方发问。复主询问乃针对反询问结果进行的必要询问。证人经反询问后,依主询问陈述的证明力可能被推翻或动摇,为说明、修正或推翻反询问所发现的事项以恢复或增强证人在主询问时陈述的证明力,有必要进行复主询问。[①] 故复主询问的范围自然应以反询问所发现事项及增强证言证明力所必要的事项为限。此外,复主询问应依主询问的方式进行,主询问的规则对复主询问基本完全适用。应注意的是,复主询问主要针对对方反询问所提出的疑问进行澄清或解释,并非抛开反询问的内容单纯就主询问本身存在的缺陷或不足进行补充或修补。

4. 复反询问

复反询问由申请传唤证人一方的对方当事人或其诉讼代理人进行,即由先前为反询问的一方发问。复反询问乃复主询问结果引起的必要询问,其以反对复主询问所发现的证言证明力的必要事项为限,应依反询问的方式进行,反询问的规则对复反询问基本完全适用。[②]

在当事人对证人进行交叉询问之外,法庭可以对证人进行补充性或继续性的询问(美国《联邦证据规则》第614条(b)款;日本《民事诉讼法》第202条第1款;我国台湾地区"刑事诉讼法"第166条第4项、第166条之六第2项)。不过,法庭的补充询问应该尽量少用。诉讼胜败应由双方当事人负主要责任,不应由法院给予协助或加以打击。根据美国的经验,虽然上诉审法院一般比较尊重事实审法院的决定,但有时会因法官问得太多而撤销原判决,发回原审法院重新审判。

(三) 我国现有规定及评述

我国《刑事诉讼法》第194条规定:"证人作证,审判人员应当告知他要如实地提供证言和有意作伪证或者隐匿罪证要负的法律责任。公诉人、当事人和辩护人、诉讼代理人经审判长许可,可以对证人、鉴定人发问。审判长认为发问的内容与案件无关的时候,应当制止。审判人员可以询问证人、鉴定人。"不难看出,我国现行《刑事诉讼法》已将询问证人的主导权交给了控、辩双方,法官虽然也有询问证人的权力,但其询问一般是在控、辩双方结束对证人的询问之后的补充性询问。但是并不能因此就认为我国刑事诉讼领域已确立了严格意义上的交叉询问制度。我国现有对证人的询问制度主要存在着以下四个方面的缺陷:一是询问的顺序不够具体、明确,只是笼统地规定了提请传唤作证方先询问再由对方询问的顺序,而对一些特殊情况下的询问方式未作具体规定;二是对询问的范围未作任何限制性规定,模糊了主询问与反询问的功能设置;三是缺乏一系列有效的交叉询问规则的制约,极易导致交叉询问的无序性,使庭审拖

---

① 张丽卿:《刑事诉讼法理论与运用》,五南图书出版公司 2004 年版,第 380 页。

② 张丽卿:《刑事诉讼法理论与运用》,五南图书出版公司 2004 年版,第 381 页。

沓冗长;四是交叉询问配套制度不完善,间接影响了交叉询问制度在我国刑事诉讼中的真正确立和切实贯彻。

我国在民事诉讼和行政诉讼领域,关于证人证言的调查程序规定得非常简略和粗陋。现行《行政诉讼法》对证人证言的调查程序只字未提,《民事诉讼法》仅在第 142 条第 2 款规定:"当事人经法庭许可,可以向证人、鉴定人、勘验人发问。"最高法《民诉证据规定》第 68 条第 1 款规定:"人民法院应当要求证人出庭作证,接受审判人员和当事人的询问。证人在审理前的准备阶段或者人民法院调查、询问等双方当事人在场时陈述证言的,视为出庭作证。"第 82 条规定:"经法庭许可,当事人可以询问鉴定人、勘验人。询问鉴定人、勘验人不得使用威胁、侮辱等不适当的言语和方式。"对于专案辅助人,《民诉法解释》第 123 条第 1 款规定,经法庭准许,当事人可以对出庭的具有专门知识的人进行询问,当事人各自申请的具有专门知识的人可以就案件中的有关问题进行对质。《行诉证据规定》第 39 条第 2 款和第 3 款分别规定,经法庭准许,当事人及其代理人可以就证据问题相互发问,也可以向证人、鉴定人或者勘验人发问;当事人及其代理人相互发问,或者向证人、鉴定人、勘验人发问时,发问的内容应当与案件事实有关联,不得采用引诱、威胁、侮辱等语言或者方式。可见,两个司法解释对交叉询问也仅规定了一个雏形,今后的完善仍任重道远。

第四节　认证与心证

一、认证概述

(一)认证的概念

认证,是指在当事人举证和质证的基础上,由法官对证据的可采性和关联性进行鉴别、核实并最终确认其效力的诉讼行为。认证是举证和质证需要达到的目的,是案件事实得以确定的基础和前提,是整个证明过程的最终阶段,是法官行使审判权的体现,因此在证明过程中具有重要的意义和价值。

(二)认证的本质

认证实质上是事实认定者对证据的证明力的有无和证据能力的强弱进行判断。在大陆法系,认定事实和适用法律都由训练有素的职业法官完成,其对证明力和证明能力的认定都经由其自由心证,没有形成法律上系统的认证规则;而英美法系因有由陪审团认定事实的传统,为防止未经职业训练的陪审团成员被一些干扰因素误导,对证明力的认定(甚至包括某些证据能力的认定)发展出较为系统和完备的认证规则。近年来我国法学界和司法实践中对认证规则的认识受英美法系证据法的影响较大,吸收了英美法系的一些认证规则。但无论证据规则如何详尽,在由职业法官认定证据效力的我国,不可能也没必要排除法官在认证中的自由裁量。例如,最高法《民诉证据规定》即采用了以法官自由心证为认证基础,辅之以特定的认证规则的思路。其第 85 条第 2 款明确规定:"审判人员应当依照法定程序,全面、客观地审核证据,依据法律的规定,遵循法官职业道德,运用逻辑推理和日常生活经验,对证据有无证明力和证明力大小独立进行判断,并公开判断的理由和结果。”

(三)认证的时间

认证的时间主要有两种:

1. 当庭认证

当庭认证,又称庭审中认证,是指在法庭调查中通过诉讼当事人的举证和质证,最后由法官在庭审中公开确认证据的效力。当庭认证是为了避免审判活动中的“暗箱操作”“先判后审”,提高庭审的透明度,增强司法的公正性而采取的措施,但是在审判实践中仍然存在极大的争议。一方面,当庭认证不易操作。由于认证是审判活动中的一项具体内容,因此它应由独任庭审判员或合议庭成员合议后作出,合议的过程应由书记员记录在案。实践中,对于认证的过程,独任庭审判员无须与谁商议,但合议庭在法庭上往往是简单交换意见或作出某种暗示后就作出认定其证明力的决定。在庭审中审判人员交头接耳进行商议,不仅使庭审活动显得不严肃,且书记员也无法准确地记录合议过程,更重要的是当庭认证违反了秘密合议规则,让有的当事人听到会产生对审判人员的抵触情绪,影响了法官和法院的公正形象。另一方面,当庭认证不利于庭审顺利进行。在法庭调查过程中,如果法官当场认定证据的证明力,势必影响当事人在法庭辩论中的积极性,不利于当事人充分发表意见,间接地剥夺了当事人的诉讼权利,甚至会出现当事人当场与审判人员就证据效力问题进行争辩的场面,影响庭审的质量。

2. 庭后认证

庭后认证,是指法庭对诉讼当事人在庭审中提供的证据不能当庭确认其效力时,审判长宣布待庭后认证或指令诉讼当事人限期补充证据。

我国三大诉讼法及有关的司法解释均把庭审过程分为“法庭调查——法庭辩论——合议——宣判”几个阶段,没有对认证的具体方式作出明确规定。以民事诉讼领域为例,我国现行《民事诉讼法》和《民诉法解释》均没有关于认证时间的规定。只有已失效的《民事审改规定》对认证的时间作过初步的界定。其第12条规定:“经过庭审质证的证据,能够当即认定的,应当当即认定;当即不能认定的,可以休庭合议后再予以认定;合议之后认为需要继续举证或者进行鉴定、勘验等工作的,可以在下次开庭质证后认定。未经庭审质证的证据,不能作为定案的依据。”分析这一规定可以看出它似乎确定了三种认证时间:一是“当即”,即审判人员在庭审过程中即席合议认证;二是“休庭合议后”由合议庭成员进行认证;三是“下次开庭质证后”。但该规定并未实质性地解决认证的时机问题,使得审判人员在实践中各行其是,恣意为之。

(四)认证的方式

认证的具体方式主要有三种,即个别审查、比较印证和综合分析。

1. 个别审查

个别审查是对单个证据是否具有证明力以及具有多大程度上的证明力的审查。如最高法《民诉证据规定》第87条规定:“审判人员对单一证据可以从下列方面进行审核认定:(一)证据是否为原件、原物,复制件、复制品与原件、原物是否相符;(二)证据与本案事实是否相关;(三)证据的形式、来源是否符合法律规定;(四)证据的内容是否真实;(五)证人或者提供证据的人与当事人有无利害关系。”第90条规定:“下列证据不能单独作为认定案件事实的根据:

(一)当事人的陈述;(二)无民事行为能力人或者限制民事行为能力人所作的与其年龄、智力状况或者精神健康状况不相当的证言;(三)与一方当事人或者其代理人有利害关系的证人陈述的证言;(四)存有疑点的视听资料、电子数据;(五)无法与原件、原物核对的复制件、复制品。"

2. 比较印证

比较印证是对同类证据或者证明同一事实的不同证据的对比分析。如最高法《民诉法解释》第 108 条第 2 款规定:"对一方当事人为反驳负有举证证明责任的当事人所主张事实而提供的证据,人民法院经审查并结合相关事实,认为待证事实真伪不明的,应当认定该事实不存在。"

3. 综合分析

综合分析是对全部证据进行总体分析并据此得出整个案件事实的结论。如最高法《民诉证据规定》第 88 条规定:"审判人员对案件的全部证据,应当从各证据与案件事实的关联程度、各证据之间的联系等方面进行综合审查判断。"《民诉法解释》第 105 条进一步明确,人民法院应当按照法定程序,全面、客观地审核证据,依照法律规定,运用逻辑推理和日常生活经验法则,对证据有无证明力和证明力大小进行判断。

二、心证概述

(一)心证的概念

"心"即良心、良知和理性。法官通过对案件证据的审查、判断、认可以及对案件事实的最终评定,完全按照内心信念形成"心证",当这种"心证"达到深信不疑或者排除任何合理怀疑的程度时,便成为"确信"。通常所说的自由心证则指法官审判案件只根据自己的心证对案件事实进行裁判形成"内心确信"。

(二)心证的原则

现代诉讼确立了自由心证原则[①]作为心证的基本原则,要求一切诉讼证据的证明力的大小及其取舍均由法官根据自己的理性自由判断,且在判断的过程中一般不受任何规则的约束。换句话说,法律不预先设定机械的规则来指示或约束法官,而由法官针对具体案情,根据经验法则、逻辑法则和自己的理性良心等自由判断证据和认定事实。自由心证反映了一个问题的两个方面:一是证据证明力的大小、强弱及其真伪的判断和取舍,均由法官凭借自我理性的启迪和良心的感受,独立地形成自己的意见;二是法官对案件事实的评定必须建立在内心深处对自己的主观判断确信无疑的基础之上。

当然,自由心证的"自由"是相对的,自由的结果应是比较公正的,并非容许法官为恣意的判断。为了保障自由心证能够正常、合理地发挥作用,人们为探寻建立限制自由心证恣意性的客观标准不断努力。在当今采取自由心证主义的国家,为求得合理的心证,一方面尽量保障法官心证形成的自由,另一方面也通过相关规则的设置对此加以合理的制约。

---

① 关于自由心证原则详见本书第三章第三节与第十一章第二节、第三节的相关内容,本节不再赘述。

（三）心证的约束

一般来说，对于心证的约束主要包括以下几个方面：

1. 外部机制

（1）审判独立。此处的审判独立不仅指法院的独立，更关键的是审理具体案件的法官个人独立，这是形成正当自由心证的根本前提。审案法官只有既独立于非审判人员，又独立于其他审案法官，排除来自外部的非法干预，方能产生自由的心证。

（2）合议制。对一般案件的判断采用复数主体制度，即合议制，通过复数审判人员相互之间的监督和制约，来达到防止单一法官恣意形成不当的自由心证的目的。

（3）回避制。回避制保证的是法官与案件本身以及当事人双方及诉讼代理人无关联且中立的诉讼地位，也就是与双方当事人保持同等的诉讼距离，进而保证法官的心证是公正、客观、不偏不倚的，不因与案件或当事人特定的关系而影响其中立地裁判案件。

2. 内部机制

在审理案件时，法官必须通过一定的论理法则和经验法则进行推理。[①]

经验法则具有一般性，是不证自明的显然性命题，是法官评价证据的主要依据。司法实践中，经验法则的特殊性表现为法官把那些不证自明的经验作为法律逻辑的一种推理方法，它并非由法律加以具体规定，而是一种客观上的普遍知识，无须借助任何证据便能确认，其作为基本常识为一般人所认同。经验法则对于法官认定事实有积极作用，对于法官适用法律甚至有决定性的影响。而论理法则有所不同，其主要作用是为人们提供以经验法则为根据，从已知事实推导出未知事实的逻辑工具。逻辑是法律思维的工具，正确的自由心证需要逻辑力和逻辑程序加以保障。

推理及日常生活经验是对法官的论理法则和经验法则的规制提出的基本要求，可以简单概括为理性。法官应该是一个理性的人，其自由心证应该建立在理性的基础之上。论理法则和经验法则构成了对自由心证的内在制约。

3. 心证公开

公开审判是诉讼制度文明和民主的重要标志之一，是现代法治国家的一项基本诉讼原则。将诉讼这种密切关系当事人利益的特殊社会活动置于当事人和公众的监督之下，既有利于法官严格依法认证，提高案件的审判质量；又能使当事人充分了解认证的过程和理由，提高司法判决的权威性。采取自由心证主义的国家在此框架下，大多还规定了心证的公开。

心证公开，是指在庭审时及庭审后的裁判中，法官就自己形成的内心确信，包括对案件事实和法律适用认证的过程、结论和理由，向当事人或利害关系人乃至社会公众公开，使其有所知悉、认识或理解。一般来说，其主要包括以下五项内容：

（1）前提公开。心证的前提包括人的前提和制度前提。人的前提是指优秀的法官。要实行心证过程公开，必须首先实行法官的职业化和专业化，实行严格的法官遴选制度。法官只有熟练地掌握法律知识，娴熟地进行法律推理和逻辑推理，熟悉各种认定事实的法律规则，才能根据实际情况作出准确的心证。制度前提包括国家所颁布的法律和法规的内容应当严谨、翔实，尽量减少明显

案例研析

---

① 有关论理法则和经验法则的内容详见本书第三章第三节，此处不再赘述。

的疏漏。

（2）过程公开。法官办案的过程、如何对待当事人提供的证据、对相关法律的适用情况、对证据规则的运用及对当事人权益的保障等，均应该为当事人所知晓。

（3）结果公开。法官应将通过自由心证得到的最终判决结果公开。

（4）理由公开。法官在心证过程中采用某一证据或者认定某一事实的理由应该在裁判文书中公开，为当事人和社会公众所知晓。

（5）救济公开。法官形成错误的心证结果时，当事人应能够得到及时、合理的救济。

【思考题】

1.《民事诉讼法》第 81 条第 3 款关于证据保全程序参照适用保全程序的规定是否合理？

2. 简要分析证据随时提出主义的特点。

3. 试论证据同时提出主义的特点。

4. 简述证据适时提出主义的基本内容。

思考题参考答案

【参考文献】

1.《德意志联邦共和国民事诉讼法》，谢怀栻译，中国法制出版社 2001 年版。

2. ［日］新堂幸司：《新民事诉讼法》，林剑锋译，法律出版社 2008 年版。

3. 齐树洁主编：《美国司法制度》，厦门大学出版社 2006 年版。

4. 王亚新：《社会变革中的民事诉讼》，中国法制出版社 2001 年版。

5. ［德］罗森贝克、施瓦布、戈特瓦尔德：《德国民事诉讼法》（下），李大雪译，中国法制出版社 2007 年版。

6. 宋冰编：《读本：美国与德国的司法制度及司法程序》，中国政法大学出版社 1998 年版。

7. ［美］杰弗里·C. 哈泽德、米歇尔·塔鲁伊：《美国民事诉讼法导论》，张茂译，中国政法大学出版社 1998 年版。

8. 白绿铉：《美国民事诉讼法》，经济日报出版社 1996 年版。

9. 李国光主编：《最高人民法院〈关于民事诉讼证据的若干规定〉的理解与适用》，中国法制出版社 2002 年版。

10. 张丽卿：《交互诘问之新规定》，《东海大学法学评论》第 18 期。

第十四章　证明标准

■ 导语

　　证明的过程是法官围绕要证事实逐渐深化认识并达到结论的心证形成过程。当诉讼到最后阶段时,无论法官对要证事实的认识达到了什么程度,都必须作出判决。证明标准就是法官对要证事实的认识所达到的法律上要求的程度。诉讼中确立证明标准的目的就是为诉讼当事人和事实裁判者进行相应的诉讼行为提供基准和参照。在诉讼法领域,因诉讼性质不同,在充分考虑诉讼成本、诉讼效益、诉讼结构的平衡等因素的前提下,刑事诉讼、民事诉讼、行政诉讼的证明标准所应达到的程度、证明标准的体系和层次设置均有所不同。

第一节　刑事诉讼的证明标准

　　从法官或裁判者的角度来说,证明的过程是其对于案件事实的思维重构过程,思维重构的最终指向是法官或裁判者自我说服,即思维重构最终是以法官内心形成一定的确信或无法形成确信为终结的。这是一个主观性的过程,对于达到何种程度的确信才可作出结论,一般来说没有预先存在的标准,而完全取决于思维者自身的心灵反映。在法律的空间内,作为裁判者的法官根据其内心的确信所作出的判决直接关系着当事人权利、义务的重新分配,"法院之任务在裁判具体案件,亦即通过法律之适用将法律所规定之法律效果及于一个具体的法律事实"[①],由此,就有必要为法官的这种内心确信人为地划定一条终点线,使法庭审判不再是无止境的过程,而是一种有限度的活动,以适应诉讼终局性的实际需要。证明标准就是法律人为地为诉讼证明活动划定的一条最低的终点线,是诉讼证明活动主体的关键标尺。

一、刑事诉讼证明标准的概念及意义

　　刑事诉讼证明的基本结构从形式上看是裁判者对控辩双方对立的主张作出判断。那么,如何才能防止裁判者在评价控辩双方主张的过程中不会恣意妄为呢? 这就需要立法制定一个确定的标准供裁判者遵循,裁判者只能根据该标准适用法律,作出判决,这个标准就是证明标准。因此,刑事诉讼证明标准就是承担证明责任的一方运用证据证明待证事实所要达到的法定的程度或者要求。

---

① 黄茂荣:《法学方法与现代民法》,中国政法大学出版社 2001 年版,第 243 页。

刑事案件所处诉讼阶段、证明主体、证明对象等不同,证明标准也会有所不同,故刑事诉讼证明标准具有体系性、多层次的特点。在多层次的证明标准体系中,有罪判决的证明标准位于刑事诉讼证明标准的最高点。因为,一旦法官依据证明标准认定了犯罪事实,作出了有罪判决,就意味着被告人的人身自由、财产乃至生命将面临被限制或者被剥夺的危险,因此,法律应为有罪判决的证明标准设计出最高的要求。与定罪证明标准相比,除了对被告人从重处罚适用与其相同的标准外,通常情况下,量刑的证明标准会低于定罪标准。基于诉讼公正及效率的要求,辩方的证明标准也会低于控方的证明标准。对于管辖、回避等程序法事实的证明标准亦应低于实体法事实的证明标准。同样,审前程序中的证明环节(如批准逮捕)的标准也会低于定罪证明标准。上述对证明标准差异性的描述还仅仅停留在学理探讨之中,有待在立法中明确规定,以形成科学合理、可操作性强的证明标准体系。

证明标准是诉讼证明活动主体的关键标尺,具有较强的实践意义。具体来说:

一方面,对于控辩双方而言,证明标准往往会影响其诉讼活动的方向和目标,决定着他们各自诉讼活动的展开及实际形态。负担证明责任的控方将依循证明标准确定和组织用于证明的证据,努力按照证明标准履行自己的举证义务;不负担证明责任的辩方则依循证明标准来抨击或质疑控方的举证行为,确定己方是否有必要提供用来反驳的证据。在证明活动中,甚至在为正式的证明活动作准备的阶段,悬挂在控辩双方心目中的那根无形之尺就一直在发挥着作用,指导着他们诉讼行为的展开,预测着他们胜诉的可能性。

另一方面,对于事实裁判者而言,证明标准则是法官用来评判争讼双方胜败的重要标尺。在事实认定阶段,在对呈现在其面前的那幅错综复杂、散乱无章的案件事实图画进行整理、剪裁之后,法官可以依据法定的证明标准衡量内心对案件法律事实的确信程度,并最终下一个定论。

二、国外刑事诉讼的证明标准

在立法例上,由于法庭审判结构不同,两大法系对于证明标准的规定也存在一定差异。

(一) 英美法系的排除合理怀疑

在英美法系国家,由于实行陪审团制,刑事有罪判决的证明标准是排除合理怀疑。据威格莫尔考证,英国最早在判例法上确立"排除合理怀疑"证明标准的时间是18世纪初期,但那时只适用于死刑案件,对于其他案件并未作如此要求。在其他的刑事案件中,最初适用的证明标准是对被告人的定罪量刑必须具有"明白的根据"。嗣后,又交替使用过各种不同的用语,旨在表示"信念"的不同程度。直到1789年,在都柏林审理的谋逆案件中,才将信念程度落在"疑"字上,形成了一直沿用至今的"排除合理怀疑"的刑事证明标准。那么,"排除合理怀疑"表述的究竟是一种什么样的内涵呢?在英美证据法上,按照证明所需的确定性程度划分,证明标准由高到低共有以下几个层次:(1)绝对的确定性——任何法律目的均不作此要求。(2)排除合理怀疑——刑事案件中为有罪认定所必需。(3)明晰且有说服力的证明——适用于某些民事案件、某些管辖法院对死刑案件中保释请求的驳回以及对公民逮捕的执行。(4)优势证明——适用于多数民事案件以及刑事诉讼中被告人的肯定性抗辩。(5)可成立的理由——适用于逮捕令状的签发,无证逮捕、搜查及扣留,控诉书和起诉状的发布,以及缓刑及假释的撤销。(6)合理相信——适用于阻截和搜身。(7)有合理怀疑——适用于无罪释放被告人。(8)怀疑——适用于调查的开始。(9)没有消息——对任何法律目的均不充分。① 在上述九等证明标准中,排除合理怀疑位居第二等,但由于第一等的"绝对的确定性"是无法达到的标准,所以,对于刑事有罪判决来讲,排除合理怀疑实际上是最高要求。

理解排除合理怀疑的关键点在于如何解释"合理怀疑"这一概念,而这恰恰是个难点。就连英美学者自己也认为,"排除合理怀疑"这一术语中的"合理怀疑"一词不可能被精确地定义,但完全可以说它是存在于那种根据普遍接受的人类常识和经验而被认为是合理的可能性或或然性之中的怀疑。② 所以,一般认为,合理怀疑不是一种想象出来的怀疑,也不是一种基于推测的怀疑,它是一种实际的和实质的怀疑,它来源于证据,来源于证据所证明的事实或情况,或者来源于公诉方缺乏证据。合理怀疑是指案件的这样一种状态,即在全面比较和考虑了所有证据之后,在陪审团成员心目中留下了这样的印象:他们不能说自己对指控事实的真实性和确信感到有一个可以容忍的定罪。③ 被人们普遍认可和应用的关于合理怀疑的定义来自《加利福尼亚州刑法典》第 1096 条 a 款的表述:"它不仅仅是一个可能的怀疑,还是指该案的状态,在经过对所有证据的比较和考虑之后,陪审员的心理处于这种状况,他们不能说他们感到对指控罪行的真实性得出永久的裁决已达到内心确信的程度。"也就是说,所谓的合理怀疑,指的是陪审员在对控告的事实缺乏道德上的确信,对有罪判决的可靠性没有把握时所存在的心理状态。我国台湾地区学者李学灯先生运用排列的方式列举了七种合理怀疑的形式,即"非任意妄想的怀疑(fanciful doubt);非过于敏感悬想的怀疑(ingenious doubt);非仅凭预测的怀疑(conjecture doubt);非吹毛求疵、强词夺理的怀疑(captitious doubt);非证言无微(unwarranted by the testimony)而只系出于辩护人或法庭的机智之怀疑;非徒以哀吟为怀故为被告解脱(toescape conviction)所生之怀疑;非对于被告或与其有关系之人,因本于同情心的激励(prompted sympathy)所生之怀疑。如果属于以上各种的怀疑,即非通常有理性的人所为合理、公正、诚实的怀疑"④。总之,对合理怀疑界定的困难使人们在如何理解排除合理怀疑这一标准上同样陷入困难。英国著名法官丹宁勋爵(Lord Dsuning)在 1947 年的一个案件中对排除合理怀疑作了进一步的界说。他认为:"证明标准必须得到妥适的确定。尽管这种标准不必达到绝对的肯定性,却必须具有相当高的盖然性。排除合理怀疑的证明并不意味着此种证明已没有丝毫可疑的影子,如果不利于某人的证据非常有力,而有利的可能性甚微,那么,此种可能性也可由这样的判决加以消除,即'当然它是可能的,但一点也不确实'。倘若如此,此案的证明即已达到了排除合理怀疑的程度,但任何小于此种程度的证明都不够充分。"⑤ 从丹宁勋爵的这一界说可以看出,排除合理怀疑并不是要求排除一切可能的怀疑,而仅要求此种被排除的怀疑能够说出理由、摆出道理,经得起理性论证,而不是无故质疑、吹毛求疵。

值得一提的是,加拿大联邦最高法院也曾对合理怀疑作出过一种著名的解释:"顾名思义,一项合理的怀疑准确地说就是一项建立在理性基础上的怀疑,亦即建立在逻辑推理过程之上的怀疑。它不是一种想象出来的怀疑,也不是基于同情或者偏见而产生的怀疑。它是这样一种

---

① 汤维建、陈开欣:《试论英美证据法上的刑事证明标准》,《政法论坛》1993 年第 4 期。

② 毕玉谦:《证明标准研究》,陈光中、江伟主编:《诉讼法论丛》(第三卷),法律出版社 1999 年版。

③ [美]罗纳德 J. 艾伦等:《证据法:文本、问题和案例》,张保生等译,高等教育出版社 2006 年版,第 818 页以下。

④ 李学灯:《证据法比较研究》,五南图书出版公司 1992 年版,第 666—667 页。

⑤ Peter Murphy, *A Practical Approach to Evidence* (4th ed.), Blackstone Press Limited, 1992, p.106.

怀疑,也就是如果你问自己'为什么我要怀疑'的时候,你能够通过回答这一问题,而给出一种逻辑上的理由。这种逻辑上的理由可以是指与证据有关联的理由,包括你在考虑了全案证据之后所发现的矛盾,也可以是指与某一证据的不存在相关的理由,而该证据在这一案件中属于定罪的前提条件。"[1]"合理怀疑"解释的困难也说明了它所要求的作出有罪裁决的严格证明程度,反映了排除合理怀疑这一证明标准的确立是以无罪推定的理念为支撑的。也就是说,"如果在对全案证据继续仔细地考虑之后,你内心之中仍然对被告人有罪存有合理的怀疑,这就意味着公诉方没有满足法律所要求的证明标准,无罪的推定也就仍然成立,因此你必须——而非'可以'——作出无罪的裁断。相反,如果对全案证据经过仔细的考虑,你对被告人的有罪不存在合理的怀疑,这就意味着无罪推定已经被推翻,你要作出有罪的裁断"[2]。

(二) 大陆法系的内心确信

大陆法系国家实行法官自由心证制度。根据自由心证原则,法律不对每个证据的证明力的大小强弱作出限制性规定,法律也不对裁判者形成内心确信的理由作出任何要求,对案件事实的认定完全交由法官、陪审员根据经验、理性和良心,根据其在法庭审判过程中所形成的主观印象,进行自由裁判。由此,证明标准更直接地指向了法官、陪审员的内心确信状态,也称为法官、陪审员的内心确信,亦即对于犯罪事实的认定,法官、陪审员应该依据在整个审判过程中获得的内心确信作出裁决。法国是最早确定"内心确信"证明标准的国家。法国《刑事诉讼法》第353条规定:"法律不责问审判官员形成确信的理由,也不规定他们应当特别依据全部足够证据的规则;法律仅规定审判官员必须冷静沉思,向自己提问并根据理智,根据已取得的反对受审人的证据及其答辩理由,以真诚之心探求浮显出什么印象。……法律仅向审判官员提出惟一的一个包括衡量他们全部职责的问题,你们具有内心确信吗?"这就是法国立法当中对于"内心确信"这一证明标准的复杂表述。根据自由心证原则,心证可划分为四个等级:微弱的心证;盖然的心证;盖然的确实心证;必然的确实心证。有罪判决的证明标准为"必然的确实心证",法官须以"提交庭审辩论并经各方当事人自由争论的材料"作为形成内心确信的依据。自由心证原则并不意味着由法官任意证明,而"要求法官根据他个人的自由确信确认证据。法官的个人确信,是指他的个人确认。这种确认,必须依据明智推理,建立在对证据结果之完全、充分、无相互矛盾地使用之上";"调查证据后,法院未确认被告人有罪时,必须宣告他无罪"。实际上,大陆法系国家刑事诉讼中的这一证明标准就是排除了任何疑问的内心确信。在证据法理论中,常将其概括为"高度盖然性",这与英美法系国家的"排除一切合理怀疑"的证明标准在实质上是同一证明标准互为表里的两种表述。[3]

内心确信的标准从表面上看似乎主观性非常强,但是实际上,其是受到诸多条件限制的,并不意味着法官、陪审员可以随意地进行主观判断。法官不仅要在法庭上尽力查清案件事实,认定其具有高度客观的可能性,还可以通过行使庭外调查权发现新的证据和事实。法官在形成内心确信时应当兼顾多种可能性,并对被告人无罪的可能性予以排除;法官不得依据无法经受客观验证的经验法则确立其心证;法官的内心确信应当建立在客观事实的基础之上,并经得起

---

① David Watt, *Watt's Manual of Criminal Evidence*, Thomson Canada Limited, 1999, pp.152—155.

② 转引自陈瑞华:《比较刑事诉讼法》(第二版),北京大学出版社 2021 年版,第 224 页以下。

③ 卞建林、谭世贵主编:《证据法学》(第四版),中国政法大学出版社 2019 年版,第 492 页。

反复的验证。[①] 据此,所谓的自由心证并不是完全自由的,内心确信也不是纯主观的确信,而应具有客观的事实基础和可反复验证的效果。

总的来说,排除合理怀疑和内心确信是一个标准的两个方面,是一项标准的两种操作性表述。日本的田口守一教授亦认为:"'高度盖然性'的标准是双重肯定的评价方法,'无合理的怀疑'的证明标准是排除否定的评价方法。两者是同一判断的表里关系。"[②] 无论是大陆法系国家规定的法官"内心确信",还是英美法系国家奉行的"排除合理怀疑",都是人类认识活动规律在刑事诉讼中的体现,是对刑事证明活动经验的总结。

三、我国刑事诉讼的证明标准

我国《刑事诉讼法》第 200 条第 1 项规定:"案件事实清楚,证据确实、充分,依据法律认定被告人有罪的,应当作出有罪判决。"可见,我国刑事诉讼证明标准的立法表述为"案件事实清楚,证据确实、充分",主要从客观上对案件事实及证据提出了法定要求,用于限制事实裁判者的自由裁量权,防止出现错判。

对于"案件事实清楚,证据确实、充分"这一证明标准的理解,应重点从以下几个方面来把握。

(一) 关于"案件事实清楚"的理解

所谓案件事实清楚,主要是指证明主体对待证事实完成了证明,使其达到了真实的程度。证明应努力达到事实认定符合客观真相、办案结果符合实体公正、办案过程符合程序公正的严格司法的要求。

(二) 关于"证据确实、充分"的理解

为了使上述证明标准更加科学和具体,便于在实践中适用,《刑事诉讼法》第 55 条第 2 款对"证据确实、充分"作出进一步明确规定,指出证据确实、充分应当符合以下条件:(1)定罪量刑的事实都有证据证明;(2)据以定案的证据均经法定程序查证属实;(3)综合全案证据,对所认定事实已排除合理怀疑。上述规定中关于"排除合理怀疑"的表述,强化了证明标准的主观性,因此形成了我国特有的主客观相结合的证明标准。对于上述三项条件,应进一步作如下理解:

第一,"定罪量刑的事实都有证据证明"是对证据量的要求。该项条件以证明对象为参照标准,要求犯罪构成要件等相关事实和影响量刑的各种情节都要有相应的证据证明,即有关犯罪嫌疑人、被告人是否犯罪、犯何种罪、应否处以刑罚以及处以何种刑罚的事实都要有相应证据加以证明,无证据即无事实认定。如果未能提出相应证据,就未达到"有证据证明"的要求,未达到证明标准。"定罪量刑的事实都有证据证明"是认定"证据确实、充分"的基础,也是证据裁判原则的体现。

第二,"据以定案的证据均经法定程序查证属实"是对证据质的要求。其中,"经法定程

①　[德]克劳思·罗科信:《刑事诉讼法(第二十一版)》,吴丽琪译,法律出版社 2003 年版,第 117 页以下。
②　[日]田口守一:《刑事诉讼法》(第七版),张凌、于秀峰译,法律出版社 2019 年版,第 444 页。

序"是对证据能力的要求,即凡作为认定案件事实依据的证据本身均应当经过公安司法机关依法律规定的程序进行查证,即应从证据的来源、表现形式、收集程序等方面审查其是否具有合法性,以排除非法证据;"查证属实"是对证据证明力的要求,即要审查证据是否具有客观性、真实性,以鉴别虚假证据。"据以定案的证据均经法定程序查证属实"既强调了用以定案的证据是查证属实的结果,又强调了对各种证据查证属实的过程。

第三,"综合全案证据,对所认定事实已排除合理怀疑"要求办案人员在对每一个证据进行查证属实的基础上对全案证据进行综合审查,运用逻辑、经验和常识进行判断和推理,使所认定的案件事实达到不存在合理怀疑的程度。2012 年《刑事诉讼法》对于排除合理怀疑标准的引入具有重要的理论意义和实践意义。

首先,排除合理怀疑标准的引入表明了我国刑事证明标准立法的主观转向,以克服证明标准客观性的不足。在证明标准的问题上,我国的理论及立法一直秉持一种客观性的取向,试图以证明标准的客观化来取代其主观性,从而避免案件事实认定上的主观恣意。实际上,对事实的认定是一种主观世界的活动,它虽依赖于客观存在的证据及证据链,但最终还需要裁判者在内心深处实现对事实的判断以完成对事实的认定。无论是大陆法系的"内心确信"还是英美法系的"排除合理怀疑",都属于主观证明标准,追求通过亲历审判而在内心深处产生的一种"道德确实性",即排除偏见地确信被告人实施了犯罪,排除了其他可能性。"排除合理怀疑"这一主观标准的引入,要求裁判者不能仅仅满足于法庭呈现的案卷证据表象,哪怕它们看起来是确实、充分的,也必须结合庭审实际情况,在内心深处不断对自己进行追问:认定被告人有罪的确是确实无疑吗? 这一反向追问有助于发现案件疑点,并努力将疑点排除。

其次,排除合理怀疑证明标准的引入确立了疑点的发现、验证和排除的方法,增强了证明标准的可操作性。"案件事实清楚,证据确实、充分"是从客观角度表述的证明标准,排除合理怀疑是对事实裁判者主观方面的要求,从而使得我国关于证明标准的规定更为全面、准确、严谨,也更容易理解和适用。从操作层面上看,"排除合理怀疑"提供了一种事实认定的方法,即疑点的发现、验证和排除的方法。排除合理怀疑标准的适用要求在证明过程中寻求其薄弱环节,进行疑点发现及其消除性检验。疑点排除方法的要点包括:一是发现疑点,即对证据和事实作合理怀疑检验,注意发现矛盾与可疑之处。二是进行疑点验证,即用经验法则和逻辑法则验证怀疑是否合理。如果存在矛盾,确定属何种性质,是根本性矛盾冲突还是非根本性矛盾冲突,能否合理解释,是否可能解决。三是进行疑点排除。通过证据综合分析,以及进一步搜集运用证据,看疑点和矛盾能否消除,最终确定事实可否认定。[①]

最后,排除合理怀疑证明标准的引入严格了证明标准的适用,避免了事实认定的机械和僵化。由于传统的"案件事实清楚,证据确实、充分"标准较为笼统和模糊,容易造成事实认定机械化、证明标准虚置的问题,排除合理怀疑标准的引入,规范、强化了证明标准的适用效果。一方面,排除合理怀疑的标准更有利于疑罪从无原则的适用,进一步强调了疑罪的处理原则,能最大限度地避免实践中对于"疑罪"降格处理的方式。另一方面,排除合理怀疑的标准强调了证明的合理性要求。根据排除合理怀疑的标准,控诉方必须更加深入细致地进行证明活动,才能将不合常理甚至匪夷所思的案件定罪量刑,这样裁判者才能依据逻辑法则和经验法则认定案件事实,这就对证明标准的适用提出了更严格的标准,也在实际上缩小可能指控和定罪量刑

---

①   龙宗智:《中国法语境中的"排除合理怀疑"》,《中外法学》2012 年第 6 期。

的范围。此外,排除合理怀疑的标准还能够避免事实认定的表面化、机械化。依据传统的印证规则,似乎只要案件事实的每个环节都有证据证明,就形成了所谓的证据体系或者证据链,案件事实就能成立,而不论是否存在其他可能性。据此,事实认定就被异化成对证据量的要求,似乎在案证据越多,就表明证据越充分。但是,根据排除合理怀疑的标准,在案证据再多,如果不能排除合理怀疑,也不能认定为达到了证明标准。因此,排除合理怀疑的标准将促使诉讼各方更为重视证据和证明的质量,而非数量。

四、疑罪从无

疑罪从无是指在刑事诉讼中,对案件主要事实的认定处于真伪不明状态,证据不够确实、充分,不足以对指控犯罪进行确凿的证明的,不能认定被告人有罪,从而推定被告人无罪,对被告人作出无罪的处理决定。在现代刑事诉讼中,根据证明责任的规定,证明被告人有罪的责任由控方承担,辩护方不承担证明被告人无罪的责任;如果控方不能证明被告人有罪,则不应当起诉或者应对其宣告无罪。疑罪从无原则是无罪推定精神的集中体现,有利于抑制并防止国家权力的滥用,为犯罪嫌疑人、被告人的人权保障提供了制度依托。

理解疑罪从无原则的关键是明确何谓疑罪。对此,应重点把握以下内容:(1)疑罪是案件事实的存疑状态,主要是对犯罪嫌疑人、被告人是否实施了被指控的犯罪行为存在疑问。至于事实得以查清后,应否定罪、构成此罪还是彼罪、一罪还是数罪等争议,均属于法律适用范畴,不属于疑罪范畴。(2)疑罪受法定诉讼期限的限制。对犯罪嫌疑人被羁押的案件,侦查、起诉、审判各阶段均有法定的诉讼期限,而疑罪指的是在法定诉讼期限内既无法证实也不能证伪的案件,而非那些客观上永远不可能查清的案件。明确这一点,可以避免案件久拖不决,保障公民的基本权利。(3)疑罪可能存在于刑事诉讼的侦查、起诉和审判阶段。如果缺乏相关证据,将导致是否构成犯罪无法确定。在刑事诉讼的各主要阶段均可能存在疑罪处理问题,只不过在不同的诉讼阶段,对疑罪有着不同的处理方式。在侦查阶段,对被羁押的犯罪嫌疑人,如果存在犯罪事实不清、证据不足的情形,应及时变更或解除强制措施;在审查起诉阶段,经过二次补充侦查,检察机关仍认为证据不足、不符合起诉条件的,应依法作出不起诉的决定;在审判阶段,人民法院认为指控证据不足,不能认定被告人有罪的,应作出证据不足、指控的犯罪不能成立的无罪判决。

犯罪是一种十分复杂的社会现象,人们对其认识能力有限,加之对犯罪的认识还要受到诉讼时效、羁押期限等的限制,往往会产生疑罪。对此,应当结合无罪推定的理念面对并解决这一现实问题,即确立疑罪从无原则。在我国,无罪推定理念的缺失曾导致实践中对待疑罪往往久拖不决,被告人遭受长期羁押,其人身自由受到严重侵犯。随着无罪推定理念的逐步确立,疑罪从无在 1996 年《刑事诉讼法》中得以正式确立。在刑事诉讼中确立疑罪从无原则是无罪推定理念的体现,对于被告人的人权保障具有重要意义。德国法学家耶林指出:"刑罚如两刃之剑,用之不得其当,则国家与个人两受其害。"[1] 疑罪从无原则的确立不仅可以强化司法人员的人权保障意识,还可以有效促进侦控机关侦查及证实犯罪能力与水平的提高。

理论探讨

---

[1]　林山田:《刑罚学》,台湾商务印书馆 1985 年版,第 127 页。

第二节   民事诉讼的证明标准

对于民事诉讼的证明标准,两大法系的差别不大,表述方式也基本相同,一般都是用"盖然性占优势"这一词语,另外还有使用"优势证据"等表述的。盖然性占优势,是指如果证明责任的承担者所提供的证据在总体的分量上高出对方当事人或者更为可信,那么,证明责任承担者便完成了他的证明责任;相反,如果双方当事人提供的证据分量相等或者反证者的证据分量更重,那么证明责任承担者便要承受败诉的结果。盖然性占优势并非意味着哪一方的证据在数量上占优势即可胜诉,而是看哪一方的证据在总体上对案件事实的证明程度更高,也就是质量更高。《民事诉讼法》没有对证明标准作出直接的规定,而间接体现为该法第 177 条第 1 款第 3 项规定:第二审人民法院对上诉案件,经过审理,认为原判决认定基本事实不清的,裁定撤销原判决,发回原审人民法院重审,或者查清事实后改判。该规定将证明标准以否定的方式进行表达,即"基本事实不清",那么,肯定的表达就应当是"事实清楚,证据确实、充分"。可见,民事诉讼与刑事诉讼的证明标准基本一致。一般认为,案件"事实清楚,证据确实、充分"的含义包括四项内容:(1)案件事实均有必要的证据予以证明;(2)证据之间、证据与案件事实之间的矛盾得到合理的排除;(3)据以定案的证据均已查证属实;(4)对案件事实的证明结论是唯一的,排除了其他的可能性。

该证明标准的最显著特点是凸显对客观真实的追求。人民法院依据案件的客观真实情况裁判,当然是司法所要追求的最理想的状态。从本质上说,案件的审理过程是法官依据所掌握的各种证据形成心证的过程。首先通过证据寻求其形成特定事实的原因,也就是确定每个证据与事实间的因果关系;然后对全部事实原因进行归纳,得出证明结论,以确定需证明的行为事实是否客观真实。可见,对案件事实的证明采用的是从个别到一般的归纳证明的逻辑形式。运用这种逻辑形式进行证明,需要注意两个潜在问题:一是在确定证据与形成它的行为事实间的因果关系时,鉴于因果关系的复杂性,加上人们认识经验上直线性的思维方式,所确定的行为事实往往是一种或然性真实;二是对个别证据确定的行为事实进行归纳,因这些个别证据是有限的,归纳得出的证明结论自然具有或然性。由此可见,诉讼证明在证明案件事实的客观真实上是有限的,也就是说是一种或然性真实,绝对的客观认识是不可能的。如果无视现实而一味苛求所谓客观真实这一标准,势必会造成法官的绝大部分工作不是裁量案件而是查明案件真相。这样无疑会破坏对抗式纠纷解决机制的应有功能,降低法院裁决的公信力,并造成诸多无法查明真相的案件累积,法官的裁判职能也难以正常发挥。因此,在证明案件事实问题上,应当确定一个法律上的客观真实标准。

同时,民事诉讼仅涉及私权争议,其性质远不如刑事案件严重,绝大多数案件即便达不到很高的证明程度,也可以顺利解决,因此对它的证明标准可以比刑事诉讼低一些。因此,三大诉讼法对三个诉讼领域的证明标准进行整齐划一的界定,并不符合诉讼的本质要求。诉讼的目的是解决纠纷,发现案件事实真相只是解决纠纷的工具和手段,并非诉讼的最终目的。因纠纷的性质不同,对案件事实的证明要求自然应有所不同。

《民诉法解释》第 108 条将"高度盖然性"作为我国民事诉讼领域的证明标准,即对负有举证证明责任的当事人提供的证据,人民法院经审查并结合相关事实,确信待证事实的存在具有高度可能性的,应当认定该事实存在。对一方当事人为反驳负有举证证明责任的当事人所主张事实而提供的证据,人民法院经审查并结合相关事实,认为待证事实真伪不明的,应当认定该事实不存在。《民诉法解释》第 109 条,《民诉证据规定》第 86 条还针对特殊事实规定了"排除合理怀疑""可能性较大"等多样化证明标准。

实务研究

第三节　行政诉讼的证明标准

我国《行政诉讼法》没有规定行政诉讼证明标准。行政诉讼证明标准的问题,直到 20 世纪 90 年代还未论及,当时讨论较多的是举证责任和取证规则问题。[①] 最高人民法院在那个时期先后发布的两部司法解释——《最高人民法院关于贯彻执行〈中华人民共和国行政诉讼法〉若干问题的意见(试行)》和《最高人民法院关于执行〈中华人民共和国行政诉讼法〉若干问题的解释》都没有对证明标准作出规定。[②]

案例研析

《行诉证据规定》于 2002 年 6 月 4 日由最高人民法院审判委员会第 1224 次会议通过,自 2002 年 10 月 1 日起施行。在起草《行诉证据规定》时,曾考虑对证明标准作出规定,肯定证明标准的灵活性,由法庭根据法律和《行诉证据规定》的有关规定,并考虑行政案件的性质、对当事人权益的影响等因素,在具体案件中具体确定认定案件事实的证明标准。并在此基础上,根据行政案件的性质设定了三类证明标准,以明显优势证明标准为原则、以优势证明标准和排除合理怀疑标准为补充。但考虑到证明标准问题的灵活性,最后通过的稿子删除了证明标准部分。[③]

理论探讨

无论是否在立法和司法解释上作出明确规定,法院在审判活动中进行事实认定时,都必然要适用证明标准。因此,关于行政诉讼的证明标准,理论探讨一直持续,司法实践也在不断探索。

实务研究

【思考题】

1. 证明标准对于法院作出公正判决有何意义?

2. 我国刑事诉讼不同阶段的证明标准分别是什么?

3. 行政诉讼的证明标准为何原则上采用介于刑事诉讼所采用的"排除合理怀疑标准"与民事诉讼所采用的"优势证明标准"之间的"明显优势证明标准"?

思考题参考答案

4. 行政诉讼中采用作为补充的"排除合理怀疑标准"的案件类型,与刑事诉讼案件有何

①　张尚鷟主编:《走出低谷的中国行政法学——中国行政法学综述与评价》,中国政法大学出版社 1991 年版,第 497—505 页。

②　姜明安主编:《行政法与行政诉讼法》(第五版),北京大学出版社、高等教育出版社 2011 年版,第 478 页。

③　孔祥俊:《行政诉讼证据规则与法律适用》,人民法院出版社 2005 年版,第 226—227 页。"当时考虑到证明标准的弹性较大,最后通过的《行政诉讼证据司法解释》将送审稿中的'证明标准'部分删去了,暂不作规定。"参见姜明安主编:《行政法与行政诉讼法》(第五版),北京大学出版社、高等教育出版社 2011 年版,第 478 页。

类似之处?

5. 行政诉讼中采用作为补充的"优势证明标准"的案件类型,与民事诉讼案件有何类似之处?

【参考文献】

1. 王亚新:《对抗与判定——日本民事诉讼的基本结构》(第二版),清华大学出版社 2010 年版。

2. 黄茂荣:《法学方法与现代民法》,中国政法大学出版社 2001 年版。

3. 易延友:《证据法学:原则 规则 案例》,法律出版社 2017 年版。

4. 陈瑞华:《比较刑事诉讼法》(第二版),北京大学出版社 2021 年版。

5. 李学灯:《证据法比较研究》,五南图书出版公司 1992 年版。

6. 应松年、马怀德主编:《当代中国行政法的源流:王名扬教授九十华诞贺寿文集》,中国法制出版社 2006 年版。

7. 甘文:《行政诉讼证据司法解释之评论——理由、观点与问题》,中国法制出版社 2003 年版。

8. 张尚鷟主编:《走出低谷的中国行政法学——中国行政法学综述与评价》,中国政法大学出版社 1991 年版。

9. 姜明安主编:《行政法与行政诉讼法》(第五版),北京大学出版社、高等教育出版社 2011 年版。

10. 孔祥俊:《行政诉讼证据规则与法律适用》,人民法院出版社 2005 年版。

11. 马怀德、刘东亮:《行政诉讼证据问题研究》,何家弘主编:《证据学论坛》(第四卷),中国检察出版社 2002 年版。

12. [美]罗纳德 J. 艾伦等:《证据法:文本、问题和案例》,张保生等译,高等教育出版社 2006 年版。

13. [德]克劳思·罗科信:《刑事诉讼法(第二十一版)》,吴丽琪译,法律出版社 2003 年版。

14. [日]田口守一:《刑事诉讼法》(第七版),张凌、于秀峰译,法律出版社 2019 年版。

第十五章　证明责任

■ 导语

    证明责任问题在诉讼证据制度中占有显要地位,对于保证诉讼程序的顺利进行和案件的公正处理,意义重大。证明责任这一证据制度的作用机制是:对诉讼当事人(包括控诉一方)科以行为意义上的证明责任,以求案件事实得到证明。在案件事实得不到证明的情形下,推定应当证明的一方当事人没有履行法律责任,判决该当事人承担由此引起的法律后果(即诉讼中的不利后果)。刑事诉讼、民事诉讼、行政诉讼证明责任的分配,基于不同理论基础和制度背景而有明显差异,具体体现为证明责任分配原则、证明责任承担主体、证明责任承担不能的后果等方面。

第一节　证明责任概述

    证明责任是诉讼法中举足轻重的问题。证明责任是法律设定的一种风险,即承担证明责任的一方当事人应当提出自己的主张、证明自己的主张,否则将承担败诉后果的一种风险。早在罗马法时代,人们就已经开始了对证明责任的研究。当时,人们主要在民事诉讼中从当事人证明活动的角度来观察和表述证明责任,认为证明责任是当事人提出主张后,应当向法院提供证据证明自己的主张。这种有关证明责任的表述被认为是主观的证明责任,也叫行为意义上的证明责任。后来,法国学者尤里乌斯·格尔查(Julius Glaser)在其《刑事诉讼导论》中认为,证明责任是指在案件审理终结后,对争议事实的真伪仍然无法判断而法院又不能拒绝裁判时,由哪一方承担不利后果的问题。这被称为客观的证明责任,也叫结果意义上的证明责任。

    概言之,证明责任的概念包括两个方面:一方面是诉讼终结时即使要件事实陷入真伪不明的状态仍可能使裁判得以作出的结果责任;另一方面是当事人在诉讼过程中必须提出证据进行证明的行为责任。[①] 对证明责任的理解,首先有主观证明责任与客观证明责任之分,其次有具体证明责任与抽象证明责任之别。[②] 主观证明责任与客观证明责任的界限是远比其他任何问题都重要的问题。主观证明责任(亦称提供证明责任、形式证明责任、诉讼上的证明责任或虚假证明责任)回答的是哪一方当事人应当对具体的要件事实举证。与此相对的是客观证明责任(亦称判定责任、实质证明责任、非常的证明危险、证明风险、争议风险或者判定之风险),即诉讼中的一项事实主张最终不能被证明时,亦即在法官对该项事实主张存在或者不存在始终

---

① 王亚新:《对抗与判定——日本民事诉讼的基本结构》(第二版),清华大学出版社 2010 年版,第 169 页。
② [德]普维庭:《现代证明责任问题》,吴越译,法律出版社 2006 年版,第 9 页。

不清楚的情况下,由何方承担不利后果的问题。[1]

理论探讨

证明责任分配的问题不仅在不同性质的诉讼中遵循不同的原则,其制度背后的原理也分别受不同法系的影响,进而导致各自使用的概念也存在一定的区别。具体而言,刑事诉讼主要受英美法系影响,经常使用说服责任、提证责任等概念;民事诉讼主要受大陆法系尤其是德国法影响,经常使用客观责任、主观责任等概念。[2] 证明责任的转换或者倒置,是使负有证明责任但存在着结构性举证困难的当事人减轻证明负担的一种直截了当的方法。[3]

第二节　刑事诉讼的证明责任

刑事诉讼的证明责任是刑事诉讼中控辩双方或一方为论证自己的诉讼主张而需要承担的法律义务,如不能达到法定的证明标准,则会承担相应的风险。如一旦出现指控事实真伪不明的情况,需要依据无罪推定原则和疑罪从无原则作出裁判。《刑事诉讼法》第 51 条规定:"公诉案件中被告人有罪的举证责任由人民检察院承担,自诉案件中被告人有罪的举证责任由自诉人承担。"该条区分公诉案件与自诉案件,对刑事诉讼中的证明责任予以规定。在我国的刑事诉讼中,证明责任的承担主体首先是控诉机关和负有证明责任的当事人,即公诉案件中的公诉人和自诉案件中的自诉人,只有他们才应依照法定程序承担证明犯罪事实是否发生,犯罪嫌疑人或被告人有罪、无罪以及犯罪情节轻重的责任,这是证明责任理论中"谁主张、谁举证"的古老法则和现代无罪推定原则的要求,犯罪嫌疑人、被告人不负证明自己无罪的责任。所以,从整体上看,刑事诉讼中的证明责任是一个专属于控诉方的概念。但也有一些例外,在少数法律推定其有罪的特定案件中,如巨额财产来源不明案及非法持有国家秘密、机密文件、资料、物品案,犯罪嫌疑人和被告人也负有证明自己无罪的责任,各国刑法及刑事诉讼法对此大都有所规定。

一、公诉案件中证明责任由公诉人承担

这主要是由无罪推定原则决定的。无罪推定原则的重要内容是由控诉方承担被告人有罪的证明责任。在刑事诉讼中,控诉方若要推翻被告人无罪这一推定,需要提供证据证明并达到相应的证明标准。因此,刑事诉讼中以控诉方承担证明责任为原则,只有控诉方提出确实、充分的证据证明被告人有罪,才能对被告人定罪。在刑事诉讼中,由控诉方承担证明责任具有两层内涵:(1)控诉方需提供证据证明被告人有罪,而被告人无须提供证据证明自己无罪。当然这并不排斥被告人及其辩护人提供证据证明自己无罪,但其提供证据主要目的在于反驳对方的指控,这是其行使辩护权的表现,而不是履行证明责任的要求。(2)在被告人是否实施了犯罪行为的案件事实处于真伪不明状态时,即控诉方不提供证据或者提供的证据不足以排除合理怀疑时,法院应当作出宣告被告人无罪的判决。

---

[1]　[德]普维庭:《现代证明责任问题》,吴越译,法律出版社 2006 年版,第 10—11 页。

[2]　易延友:《证据法学:原则 规则 案例》,法律出版社 2017 年版,第 477 页。

[3]　王亚新:《对抗与判定——日本民事诉讼的基本结构》(第二版),清华大学出版社 2010 年版,第 176 页。

《刑事诉讼法》第51条规定:"公诉案件中被告人有罪的举证责任由人民检察院承担,自诉案件中被告人有罪的举证责任由自诉人承担。"据此,公诉机关是刑事公诉案件证明责任的主要承担者,其证明责任主要表现在以下四个方面:(1)提出诉讼证明的主张。《刑事诉讼法》第176条第1款规定:"人民检察院认为犯罪嫌疑人的犯罪事实已经查清,证据确实、充分,依法应当追究刑事责任的,应当作出起诉决定,按照审判管辖的规定,向人民法院提起公诉,并将案卷材料、证据移送人民法院。"提起公诉的方式是向人民法院移送起诉书,载明被告人所触犯的罪名和犯罪事实、犯罪情节,提请法院依法惩处。《刑事诉讼法》第189条规定:"人民法院审判公诉案件,人民检察院应当派员出席法庭支持公诉。"公诉人不仅要在法庭上宣读起诉书,提出其诉讼主张,还要发表公诉词,以进一步论证或补充其诉讼主张。(2)提供证据的责任。根据《刑事诉讼法》第176条的规定,人民检察院向人民法院提起公诉时要将案卷材料、证据移送人民法院。《刑事诉讼法》第195条规定:"公诉人、辩护人应当向法庭出示物证,让当事人辨认,对未到庭的证人的证言笔录、鉴定人的鉴定意见、勘验笔录和其他作为证据的文书,应当当庭宣读。审判人员应当听取公诉人、当事人和辩护人、诉讼代理人的意见。"(3)说服责任。说服法官或者合议庭形成内心确信,支持自己的起诉主张,是开庭审理中控诉方的主要目的。公诉方的一切活动都是围绕这一目的展开的,因此,其不仅要出示、宣读所提供的证据,还要对证据的证据能力和证明力、证据与案件事实的关系等问题进行严密的逻辑推理和论证,使证据之间相互印证,形成证据链,使自己的诉讼主张得到充分的证明。(4)不利后果的承担责任。刑事诉讼中的控诉方与被告方的立场和目标是针锋相对的。控诉方的目标就是证明其对被告人的指控罪名成立,使被告人受到刑事处罚。为了达到这一目标,控诉方必须竭尽全力地提供证据并进行论证和说服。如果控诉方不能提供证据或者提供的证据不能证明犯罪事实,则被告人的罪名不能成立,控诉方的目标就没有达到。从诉讼的意义上讲,这一结果就是刑事控诉方的"不利后果"。同时,这也意味着指控的失败,是对公诉人甚至检察机关工作业绩的否定,这也可以理解为一种"不利后果"。在刑事公诉案件中,被告人基于无罪推定原则,在一般情况下不负证明责任,仅在法律有特殊规定的情况下承担一定的证明责任。因此,公诉案件证明责任的承担明显地表现出"一边倒"的特征,这是由刑事诉讼当事人先天不平等的诉讼结构以及刑事诉讼惩罚犯罪与保障人权并重的特殊任务决定的。

二、自诉案件中证明责任由自诉人承担

基于"谁主张、谁举证"的原则,自诉人应对指控的犯罪事实承担证明责任,否则,会承担不利的法律后果。根据《刑事诉讼法》第51条的规定,自诉人在自诉案件中须承担证明被告人有罪的责任,不仅要向法院提交自诉状,还必须提供相应的证据,否则,法院将根据《刑事诉讼法》第211条第1款第2项规定,说服自诉人撤回自诉,或者裁定驳回。最高法《刑诉法解释》第321条规定,对已经立案,经审查缺乏罪证的自诉案件,自诉人提不出补充证据的,人民法院应当说服其撤回起诉或者裁定驳回起诉。已经开庭审判,自诉人提供的指控证据不足的,应作出被告人无罪的判决。据此,首先,自诉人有自己具体的诉讼主张,该主张既限定了法院审理的范围,也是自诉人履行证明责任的对象。其次,自诉人对其起诉主张必须承担提供证据加以证明的责任,该责任履行与否是人民法院决定是否受理自诉人起诉的重要条件。最后,自诉人提出证据后,其证明责任并未卸下,他还必须在整个诉讼过程中积极履行说服责任,即运用已经提

出的证据尽量去影响法官,使法官最终作出被告人有罪的认定。如果自诉人未能完成其证明责任或者其证明行为未能使法官形成对其有利的心证,自诉人必须承担败诉的不利后果。因此,自诉人是自诉案件证明责任的承担者。在自诉案件中,被告人同样不负证明责任,仅在例外情形下或者当被告人提出反诉时,被告人才会成为证明责任的承担者。

三、被告人不承担证明责任,法律另有规定的除外

基于诉讼公正的要求,在刑事诉讼中由控方承担证明责任是一般原则,被告人不承担证明自己无罪的证明责任。但是,作为控诉方承担证明责任的例外,在法律有明文规定的情况下,被告人仍需承担一定的证明责任。刑事被告人证明责任的设立并非对无罪推定原则的违反,相反,有关刑事被告人证明责任的规则是以无罪推定原则为基础的,是在无罪推定原则的指引和规制下形成的现代刑事诉讼中的具体制度。以正当法律程序闻名的英国和美国,在明确承认并严格奉行无罪推定原则的同时,也许可成文法和普通法上对被告人证明责任的设定。法国、德国、日本、意大利等国也均如此。被告人承担证明责任主要包括以下情形:

(一)制定法明确规定应由被告人承担证明责任的情形或者其他可反驳的法律上的推定

所谓推定,是指依照法律规定或者由法院按照经验法则,由已知的基础事实推断未知的推定事实存在。推定是经验法则在诉讼证明中的运用,具有可反驳性。所以,一般来说,推定可分为可反驳的推定和不可反驳的推定。制定法上明文规定由被告人承担证明责任的情形均属于可反驳的推定,凡是对被告人不利的可反驳的推定,特别是那些法律明确将证明责任分配给被告人的案件,应由被告人负证明责任。由推定引起的举证责任倒置在诉讼法和证据法比较发达的国家已经成为普遍认可的实践。《牛津法律大词典》称:"在某些情况下,法律规定某些特定行为可由一定事实(如占有毒品)推定有罪,并对被告人科以申辩无罪的义务。"

例如,我国《刑法》第 395 条第 1 款规定:"国家工作人员的财产、支出明显超过合法收入,差额巨大的,可以责令该国家工作人员说明来源,不能说明来源的,差额部分以非法所得论,……"根据这一规定,在巨额财产来源不明案中,被告人需就其明显超出其合法收入部分财产的来源承担证明责任,若不能证明其来源合法,被告人将承担相应的不利后果。这一规定被公认为举证责任倒置的代表。再如,《刑法》第 282 条第 2 款规定:"非法持有属于国家绝密、机密的文件、资料或者其他物品,拒不说明来源与用途的,处三年以下有期徒刑、拘役或者管制。"这也是将举证责任分配给被告人的表现。也有刑法学者指出,对于持有型犯罪,"除了持有、使用假币外,司法机关只需发现行为人持有、私藏、携带、拥有特定物品或超过合法收入的巨额财产的客观现状,便可认定行为人构成上述犯罪(排列式罪名中的其他行为自当别论),而无须证明行为人在主观上具有故意或过失的心态"[1]。

(二)阻却违法性及有责性的事实

从世界各国的有关立法和司法判例来看,精神不正常、无意识、不可抗力、意外事件、正当防卫、紧急避险等事实一般由被告方承担证明责任。这些事实在刑法理论上称为阻却违法性事

---

① 　陈兴良:《刑法哲学》,中国政法大学出版社 1992 年版,第 49 页。

实和阻却有责性事实。该类事实由被告方承担证明责任的理论依据在于,在构成要件事实已经被证明存在的情况下,一般认为得对其违法性及有责性予以事实上的推定,被告为证明阻却违法性事由之存在,不得不提出反证。[①]

例如,不可抗力是指行为在客观上虽然造成了损害结果,但不是出于故意或过失,而是由不能抗拒的原因引起的情形。在这种情况下,行为人虽然已经认识到危害结果的发生,但意志上受到外力的作用,丧失了意志自由,因而主观上缺乏罪过,不认为是犯罪。例如,驾驶人员驾车行驶在马路上,刹车突然失灵,致使汽车失去控制撞死、撞伤行人。对刹车失灵这一不可抗拒的外力,被告人有责任提出证据予以证明,因为对此免责事由,被告人是独知的。

(三) 被告方的某些积极抗辩主张

根据被告方抗辩内容的不同,有积极抗辩和消极抗辩之分。对于消极的抗辩事由,被告方只提出主张即可;而对于积极的抗辩事由,一般要求被告方提供相应的证据予以支持,否则不仅该辩护主张不被法官所确认,在某些情况下,被告方还会遭致不利甚至有罪的判决。被告方提出积极抗辩的目的在于动摇法官内心逐渐形成的被告人有罪的心证,为了使这种对被告方不利的心证减弱,被告方只提出抗辩事由还远远不够,他必须同时提供一定的证据加以证明,从而使法官内心的天平向对被告方有利的方向倾斜。

例如,《刑事诉讼法》第 42 条提及的辩护律师需要向公安机关、人民检察院及人民法院及时告知的三种情形,即犯罪嫌疑人不在犯罪现场、未达到刑事责任年龄、属于依法不负刑事责任的精神病人,都属于被告方的积极抗辩主张。如果被告方主张上述事实成立,则需要承担证明责任。其原因在于:一方面,这些证据的提出支持的是一种积极抗辩主张,如果其成立,控诉方的有罪证明就会被完全推翻;另一方面,对于上述证据事实,被告方举证更为便利,因为相对控诉方来说,被告方更加清楚事实的情况。如关于被告人精神状态的证明责任,一般情形下,都推定行为人是在神志正常的状态下进行的,因而对行为人的精神状态没有必要加以证明。但一旦被告方主张被告人行为时属于精神不正常的状态,实际上是对正常精神状态推定的否定,因而证明其精神不正常的证明责任必然要由被告方承担。同时,对于被告人实施犯罪行为时的精神状态,被告方更容易提供证据证明。

(四) 被告方主张的程序性事实

《刑事诉讼法》第 58 条第 2 款规定:"当事人及其辩护人、诉讼代理人有权申请人民法院对以非法方法收集的证据依法予以排除。申请排除以非法方法收集的证据的,应当提供相关线索或者材料。"在非法证据排除程序的启动过程中,被告方也需要承担提供相关线索或者材料的初步证明责任,否则,无法启动非法证据排除程序。

首先,对于程序性争议的证明,由控诉方承担证明责任。这里实际上存在证明责任倒置的情况。由于程序性争议主要是被告方针对侦控机关程序违法事实提出的,如果根据"谁主张、谁举证"的一般原则要求被告方提供证据证明控诉方程序违法,在诉讼实践中既不现实也不公平。因为在刑事诉讼中,被告人没有收集证据的权利,辩护律师的证据调查权也十分有限,故实难完成对刑讯逼供等程序违法事实的证明。所以,在此情况下,应借鉴英美法系的做法,适用证

① 卞建林、谭世贵主编:《证据法学》(第四版),中国政法大学出版社 2019 年版,第 487 页。

明责任倒置的理论,由控诉方负担证明责任。这样既符合诉讼公正和效率的要求,又有助于促进侦控机关严格遵守法定程序,实现刑事诉讼的文明和公正。其次,对于控诉方主张的程序性请求,由控诉方承担证明责任。根据"谁主张、谁举证"的原则,对于诸如拘留、逮捕、搜查、监听等强制性侦查措施的请求,控诉方均需要运用证据进行证明。正是控诉方的程序性证明活动,使得上述强制性侦查措施的开启获得了合法性与正当性,与此同时,限制了国家刑罚权的滥用,从实质上保障了被告人的基本权利。最后,对于被告方主张的程序性请求,由被告方承担证明责任,如被告方提出的申请回避的请求、影响采取或变更某项强制措施的请求、申请恢复诉讼期间的请求、申请证据保全的请求、排除非法证据的请求[①] 等。被告方积极履行证明责任,能够促进其诉权的实现,切实维护其诉讼权利。同时,被告方承担证明责任也在一定程度上防止了当事人对诉权的滥用。[②]

四、人民法院不承担证明责任

《刑事诉讼法》第 52 条规定:"审判人员、检察人员、侦查人员必须依照法定程序,收集能够证实犯罪嫌疑人、被告人有罪或者无罪、犯罪情节轻重的各种证据。……"《刑事诉讼法》第 54 条第 1 款规定:"人民法院、人民检察院和公安机关有权向有关单位和个人收集、调取证据。有关单位和个人应当如实提供证据。"《刑事诉讼法》第 196 条第 1 款规定:"法庭审理过程中,合议庭对证据有疑问的,可以宣布休庭,对证据进行调查核实。"据此,有学者认为,法院也应承担证明责任。这种认识将法院的庭外调查权与证明责任混淆在一起,掩盖了证明责任的本意,值得商榷。

第一,上述法律规定强调的是公检法三机关依法收集证据的职责,并不是关于证明责任的规定。我国采取职权主义诉讼模式,基于查明案件事实的需要,赋予了法官庭外调查权。但是,法官的庭外调查权并不是一种证明责任的归结,而且其是有一定限度的,即需要在控辩双方当庭所举证据的基础上展开调查,以查清事实,并非抛开控辩双方的举证任意取证。

第二,就证明责任的本身来说,其是一种提出主张并加以证明的责任,否则将承担不利的后果。人民法院在刑事诉讼中既无独立的诉请请求,也无自己的诉讼主张,其只是刑事诉讼的居中裁断者,即使法院没有取证或者取证不力,也不会遭受败诉的不利后果。控辩双方的证明活动要在法官面前展开,努力说服法官作出于己有利的裁决是控辩双方的主要目标,法官作为接受证明的主体,其裁决结论是在证明过程中产生的。

简言之,《刑事诉讼法》对证明责任的规定是明确的,公诉案件主要的证明责任在控诉方,法院作为中立的裁判者应当对控辩双方证明责任的履行情况进行审查判断,最终定罪量刑。法官不是证明责任的承担者,否则将混淆控审职能,丧失其中立无偏的地位。

案例研析

---

① 根据证明责任的分层理论,此处被告方对非法证据的证明仅承担提出证据的责任,说服责任则倒置给控诉方承担。
② 闵春雷等:《刑事诉讼证明基本范畴研究》,法律出版社 2011 年版,第 33—34 页。

第三节　民事诉讼的证明责任

一、证明责任的概念及内涵

证明责任是指在民事诉讼案件审理终结时,若要件事实仍处于真伪不明状态,则应由提出该事实主张的当事人承担不利后果的责任。证明责任的适用前提在于法律预先规定的要件事实处于真伪不明的状态,即双方当事人均未积极举证该事实的成立或不成立,或虽进行了举证但主张本身未成立。证明责任的适用范围为案件的主要事实而非间接事实和辅助事实。证明责任承担不能的法律后果可能是一种与案件客观事实不符的法律拟制性判断。

证明责任在民事诉讼中的作用在于:首先,为各方当事人提供了展开攻击或防御的方向;其次,突破了认识能力的客观局限性,在要件事实处于真伪不明状态时为法院及时裁判提供了依据;最后,为法官提供了裁判方法,避免产生法官因案件真伪不明而无法裁判或拒绝裁判的局面。

"证明责任"在理论界也时常被称为"举证责任",可分为行为意义的证明责任和结果意义的证明责任(详见表15-1)。我国现行《民事诉讼法》和相关司法解释没有使用"证明责任"这一概念。《民事诉讼法》第67条第1款规定,当事人对自己提出的主张有责任提供证据。最高法《民诉法解释》创造性地使用了"举证证明责任"这一概念,该解释第90条规定,当事人对自己提出的诉讼请求所依据的事实或者反驳对方诉讼请求所依据的事实,应当提供证据加以证明,但法律另有规定的除外。在作出判决前,当事人未能提供证据或者证据不足以证明其事实主张的,由负有举证证明责任的当事人承担不利的后果。

表 15-1　行为意义的证明责任和结果意义的证明责任比较

证明责任的种类	证明责任承担不能的表现形式	法律后果
行为意义的证明责任	判决作出前,当事人未能提供证据或所提供的证据未能达到法定的证明标准	负有证明责任的当事人承担不利的后果
结果意义的证明责任	判决作出前,待证事实仍处于真伪不明的状态	

证明责任的承担是本证与反证的确立标准(详见表15-2)。本证是要件事实提出者根据其所负有的证明责任对要件事实的成立进行的顺向证明,是其所负的诉讼义务;反证是要件事实提出者的对方当事人对要件事实的不成立进行的反向证明,是其享有的诉讼权利。在证明过程中可能出现的情形包括:首先,本证和反证均不存在,即事实提出方未进行顺向证明,对方也未进行反向证明。其次,仅存在本证,即事实提出方进行了较为充分的顺向证明,对方未进行反向证明。再次,仅存在反证,即事实提出方未进行顺向证明,而对方已进行了反向证明。最后,本证和反证同时存在,具体包括:(1)事实提出方的顺向证明较为充分,对方的反向证明不充分;(2)事实提出方的顺向证明不充分,对方的反向证明较为充分;(3)双方都提出了较为充分的证据;(4)双方都进行了证明,但都证明不足。

表 15-2　本证与反证的比较

项目	本证	反证
主体	对要件事实负有举证责任的一方当事人	对要件事实不负有举证责任的一方当事人
对象	同一要件事实	
证明目的	达到法定证明标准；形成法官内心确信；要件事实成立	将本证拉低至真伪不明以下；动摇法官内心确信；要件事实不存在、不真实
证据种类	积极性攻击证据	消极性防御证据
产生时间	前提和基础，可单独存在	通常针对既有本证而产生，特别情况下也可单独存在
属性	诉讼义务	诉讼权利
次数	可能一次，也可能多次	
法律后果	1. 既无本证又无反证 2. 仅存在本证：负有举证责任的当事人就要件事实提出相关证据 3. 仅存在反证 4. 本证和反证同时存在：(1)一方证据的证明力明显大于另一方的，对证明力较大的证据予以确认；(2)双方证据的证明力大小相当的，均不能作为认定案件事实的根据，要件事实处于真伪不明的状态，依据举证责任分配由本证方承担证明不能的后果	

二、证明责任的分配

证明责任的分配是指法律按照一定的规范或标准，将承担要件事实真伪不明的不利后果风险在双方当事人之间予以安排。对证明责任分配的属性目前尚存一定的争议：(1)证明责任的分配属于事实问题还是法律问题，涉及人民陪审员能否参与认定，以及在实行三审制的国家能否以证明责任分配存在错误为由提起第三审等问题；(2)证明责任的分配是实体性问题还是程序性问题，涉及在仲裁案件中证明责任分配存在错误的情况下法院能否撤销仲裁裁决等问题。

(一)证明责任的一般分配

证明责任的一般分配，是指在法律无特别规定情况下证明责任的常态性分配。目前我国法律采取了法律要件分类说作为证明责任一般分配的基本规则。根据法律要件分类说，民事诉讼中的法律要件事实可以分为法律关系发生的要件事实、妨碍法律关系发生的要件事实以及法律关系的消灭、变更、受制的要件事实。主张权利的人，应就该权利赖以存在的实体法上规定的要件事实承担证明责任；主张权利不存在的当事人，应就存在权利妨碍要件事实、权利消灭或受制的要件事实承担证明责任。最高法《民诉法解释》第91条规定："人民法院应当依照下列原则确定举证证明责任的承担，但法律另有规定的除外：(一)主张法律关系存在的当事人，应当对产生该法律关系的基本事实承担举证证明责任；(二)主张法律关系变更、消灭或者权利受到妨害的当事人，应当对该法律关系变更、消灭或者权利受到妨害的基本事实承担举证证明责任。"

此外,部分实体法和司法解释对具体案件中证明责任的一般分配进行了细化规定,形成了明确的法律规则,具有可操作性。比如,《民法典》第 1218 条规定,患者在诊疗活动中受到损害,医疗机构或者其医务人员有过错的,由医疗机构承担赔偿责任。

(二) 证明责任的特殊分配:证明责任的倒置

证明责任的特殊分配,是指按照证明责任分配的一般规则本应由一方对某些事实的构成要件承担的证明责任,基于特定的原因转移给对方当事人承担。证明责任特殊分配的本质是部分证明责任的倒置,其原因在于从民事诉讼的平等和公平原则考量,证明责任一般分配规则存在固有缺陷,在个案中难免会出现当事人证据收集能力的不平衡、与证据的距离远近不一致、某一证据本身存在一定举证难度以及对损害的预防和救济等情形。"证明责任的倒置是以法律要件分类说作为分配证明责任的标准为前提的,属于对该学说的局部修正。"[①] 在证明责任特殊分配的情形中,并非将某一事实主张的所有构成要件全部实行证明倒置,而是将对部分要件事实证明的主张负担、提供证据负担和承担败诉风险负担进行倒置,而其他要件仍由该事实的提出者负责证明。

鉴于证明责任特殊分配在数量上,与证明责任分配的一般规则相比,仍属于少数情况,故作为一般原则的例外,只有在法律明文规定的情况下才可适用。但实体法律关系具有多样性和复杂性,应实行证明责任特殊分配的案件随着社会的不断发展而日益增多,加之成文法本身具有滞后性的特点,故现行法对证明责任特殊分配的规定必然是有限的、不完整的。《民法典》从实体法的角度对证明责任的特殊分配即特殊侵权案件中举证责任的倒置作出了规定。比如,《民法典》第 1230 条规定:"因污染环境、破坏生态发生纠纷,行为人应当就法律规定的不承担责任或者减轻责任的情形及其行为与损害之间不存在因果关系承担举证责任。"

需要注意的是,证明责任一般分配中对权利妨害要件的证明,即对免责、减责事由的证明,以及在以过错推定原则为归责方式的案件中对无过错的证明,不属于证明责任倒置的情形。比如,《民法典》第 1237 条规定,民用核设施或者运入运出核设施的核材料发生核事故造成他人损害的,民用核设施的营运单位应当承担侵权责任;但是,能够证明损害是因战争、武装冲突、暴乱等情形或者受害人故意造成的,不承担责任。第 1238 条规定,民用航空器造成他人损害的,民用航空器的经营者应当承担侵权责任;但是,能够证明损害是因受害人故意造成的,不承担责任。第 1240 条规定,从事高空、高压、地下挖掘活动或者使用高速轨道运输工具造成他人损害的,经营者应当承担侵权责任;但是,能够证明损害是因受害人故意或者不可抗力造成的,不承担责任。被侵权人对损害的发生有重大过失的,可以减轻经营者的责任。第 1253 条规定,建筑物、构筑物或者其他设施及其搁置物、悬挂物发生脱落、坠落造成他人损害,所有人、管理人或者使用人不能证明自己没有过错的,应当承担侵权责任。所有人、管理人或者使用人赔偿后,有其他责任人的,有权向其他责任人追偿。第 1245 条规定,饲养的动物造成他人损害的,动物饲养人或者管理人应当承担侵权责任;但是,能够证明损害是因被侵权人故意或者重大过失造成的,可以不承担或者减轻责任。第 1202 条规定,因产品存在缺陷造成他人损害的,生产者应当承担侵权责任。

---

① 　宋朝武主编:《民事诉讼法学》(第五版),中国政法大学出版社 2018 年版,第 198 页。

（三）法院在证明责任分配中的自由裁量权

鉴于证明责任的一般分配具有不可能适用于所有案件类型的缺陷,加之在新型民事实体法律关系不断涌现下,既有的法定证明责任特殊分配存在滞后性和有限性,因此将对证明责任分配的自由裁量权交由法官行使是必要的。法官可在证明责任一般分配的基础上,考虑对某一特殊案件是否需要在法无明文规定的情况下实施证明责任的特殊分配,以公平合理地分配证明责任。但是,自由裁量权对法官的业务水平和道德标准提出了很高的要求,并且在法官各自行使裁量权的情况下如何实现司法审判的统一也是一个必须面对的问题。法官在依自由裁量权分配证明责任时应综合考虑公平原则、诚实信用原则以及当事人举证能力等因素。目前,我国现行法及司法解释并未赋予法官对证明责任分配的自由裁量权。

第四节　行政诉讼的证明责任

我国《行政诉讼法》第34条第1款规定:"被告对作出的行政行为负有举证责任,应当提供作出该行政行为的证据和所依据的规范性文件。"第67条第1款规定:"人民法院应当在立案之日起五日内,将起诉状副本发送被告。被告应当在收到起诉状副本之日起十五日内向人民法院提交作出行政行为的证据和所依据的规范性文件,并提出答辩。人民法院应当在收到答辩状之日起五日内,将答辩状副本发送原告。"从这两款规定来看,我国行政诉讼法采用的是结果意义上的证明责任。它没有规定原告在起诉时应当向法院提交证据证明自己主张以推进诉讼的进程,而是规定由被告证明其被诉行政行为合法。

根据《行政诉讼法》的规定,行政诉讼的证明责任基于证明事项的不同表现为两个方面:一方面,被告对被诉行政行为的合法性承担举证责任;另一方面,对行政行为合法性以外的问题,则遵循"谁主张、谁举证"。需要特别指出的是,在行政诉讼中,法院没有也不应当有为当事人特别是被告查明事实的义务,只要被告不能证明自己的行政行为合法,无须原告证明其行政行为违法,法院就可以判决撤销被告的行政行为,或者确认被告的行政行为违法。这是依法行政原则和行政诉讼的合法性审查原则的集中体现。

一、对于被诉的行政行为的合法性,被告承担证明责任

《行政诉讼法》第34条第1款规定:"被告对作出的行政行为负有举证责任……"这就从立法上明确了被告应当举出证据证明行政行为的合法性,原告不承担被告行政行为合法性的证明责任。即无论原告能否证明被告的行政行为违法,只要被告不能证明其行政行为合法,其都将承担败诉的法律后果,原告不会因为举不出证据证明行政行为违法而败诉。《行诉证据规定》第6条进一步明确规定:"原告可以提供证明被诉具体行政行为违法的证据。原告提供的证据不成立的,不免除被告对被诉具体行政行为合法性的举证责任。"

由被告承担被诉行政行为合法性的证明责任,主要有三个方面的理由:

第一,行政行为符合法定程序的最基本的顺序规则是"先取证、后决定",即行政机关在作出决定前,应当充分收集证据,然后根据事实、依据法律作出行政行为。因此,当行政机关被诉

至法院时,有充分的事实材料证明其行政行为的合法性。这是被告承担证明责任的基础。

第二,在行政法律关系中,行政机关居于支配地位,其实施行政行为时无须征得公民、法人或其他组织的同意,而公民、法人或其他组织处于被动地位。基于行政法律关系中双方当事人的这种不同地位,原告无法或者很难收集到证据。即使收集到,也可能难以保全。因此,为了体现诉讼中双方当事人地位的平等性,应当要求被告证明其行为的合法性,否则应当承担败诉的后果。

第三,行政机关的举证能力比原告强。在一些特定情况下,证据的取得需要一定的知识、技术手段、资料和设备,而这些又往往是原告所不具备的,如是否对环境造成污染、污染的程度多大,某项独创是否获得发明专利,以及伪劣药品的认定等,这些都是原告无法收集、保全的,因而要求原告举证便超出了其承受能力。[①]

《行政诉讼法》规定被告对被诉行政行为的合法性承担举证责任,有两个方面的重要意义:一方面,有利于促进行政机关依法行政,严格遵守"先取证、后决定"的规则,防止其实施违法行为和滥用职权。另一方面,有利于保护原告的合法权益。当被告不能证明其行政行为合法,法院又不能放弃审判时,便作出有利于原告的判决,以防公民、法人或者其他组织的合法权益遭受不法行政行为的侵害。[②]

二、对于行政行为合法性以外的待证事实,坚持"谁主张、谁举证"

行政诉讼的核心问题是审查行政行为是否合法,但是,除此以外,行政诉讼中还会涉及其他问题,对于这些问题的证明责任仍然坚持"谁主张、谁举证"。

根据《行政诉讼法》《行诉法解释》和《行诉证据规定》的规定,对于以下三种情形原告承担证明责任:

第一,原告应当举证证明其起诉符合法定条件。比如,原告应当举出证据证明行政行为的存在,但被告认为原告起诉超过起诉期限的除外。被告认为原告起诉超过法定期限的,由被告承担举证责任。

第二,在起诉被告不作为的案件中,证明其提出申请的事实。即原告应当提供其在行政程序中曾经提出申请的证据材料,但下列两种情形除外:(1)被告应当依职权主动履行法定职责的;(2)原告基于正当理由不能提供证据的。

第三,在行政赔偿、补偿诉讼中,原告应当对被诉行政行为造成损害的事实提供证据。因被告的原因导致原告无法就损害情况举证的,应当由被告就该损害情况承担举证责任。对于各方主张损失的价值无法认定的,应当由负有举证责任的一方当事人申请鉴定,但法律、法规、规章规定行政机关在作出行政行为时依法应当评估或者鉴定的除外;负有举证责任的当事人拒绝申请鉴定的,由其承担不利的法律后果。当事人的损失基于客观原因无法鉴定的,人民法院应当结合当事人的主张和在案证据,遵循法官职业道德,运用逻辑推理和生活经验、生活常识等,酌情确定赔偿数额。

---

① 沈福俊、邹荣主编:《行政法与行政诉讼法学》(第三版),北京大学出版社 2019 年版。
② 沈福俊、邹荣主编:《行政法与行政诉讼法学》(第三版),北京大学出版社 2019 年版。

【思考题】

1. 刑事诉讼中证明责任的承担主体有哪些?

2. 简述我国民事诉讼证明责任分配的主要内容。

3. 简述民事诉讼中证明责任的特殊分配及其意义。

4. 行政诉讼证明责任的确定依据是什么?

5. 行政诉讼中,被告应就哪些事项承担证明责任?

思考题参考答案

【参考文献】

1. 卞建林、谭世贵主编:《证据法学》(第四版),中国政法大学出版社2019年版。

2. 宋朝武主编:《民事诉讼法学》(第五版),中国政法大学出版社2018年版。

3. 易延友:《证据法学:原则 规则 案例》,法律出版社2017年版。

4. 陈光中主编:《证据法学》(第三版),法律出版社2015年版。

5. 王亚新:《对抗与判定——日本民事诉讼的基本结构》(第二版),清华大学出版社2010年版。

6. 闵春雷等:《刑事诉讼证明基本范畴研究》,法律出版社2011年版。

7. 陈兴良:《刑法哲学》,中国政法大学出版社1992年版。

8. [德]普维庭:《现代证明责任问题》,吴越译,法律出版社2006年版。

9. 孔祥俊:《行政诉讼证据规则与法律适用》,人民法院出版社2005年版。

10. 姜明安主编:《行政法与行政诉讼法》(第五版),北京大学出版社、高等教育出版社2011年版。

郑重声明

高等教育出版社依法对本书享有专有出版权。任何未经许可的复制、销售行为均违反《中华人民共和国著作权法》，其行为人将承担相应的民事责任和行政责任；构成犯罪的，将被依法追究刑事责任。为了维护市场秩序，保护读者的合法权益，避免读者误用盗版书造成不良后果，我社将配合行政执法部门和司法机关对违法犯罪的单位和个人进行严厉打击。社会各界人士如发现上述侵权行为，希望及时举报，我社将奖励举报有功人员。

反盗版举报电话 （010）58581999　58582371

反盗版举报邮箱 dd@hep.com.cn

通信地址 北京市西城区德外大街 4 号
高等教育出版社法律事务部

邮政编码 100120

读者意见反馈

为收集对教材的意见建议，进一步完善教材编写并做好服务工作，读者可将对本教材的意见建议通过如下渠道反馈至我社。

咨询电话 400-810-0598

反馈邮箱 gjdzfwb@pub.hep.cn

通信地址 北京市朝阳区惠新东街 4 号富盛大厦 1 座
高等教育出版社总编辑办公室

邮政编码 100029